Schoppmann

Nationalsozialistische Sexualpolitik und weibliche Homosexualität

Frauen in Geschichte und Gesellschaft

Herausgegeben von Annette Kuhn und Valentine Rothe

Band 30

Nationalsozialistische Sexualpolitik und weibliche Homosexualität

Claudia Schoppmann

Centaurus-Verlagsgesellschaft
Pfaffenweiler 1991

CIP-Titelaufnahme der Deutschen Bibliothek

Schoppmann, Claudia:
Nationalsozialistische Sexualpolitik und weibliche
Homosexualität / Claudia Schoppmann. – Pfaffenweiler :
Centaurus-Verl.-Ges., 1991
(Frauen in Geschichte und Gesellschaft ; Bd. 30)
Zugl.: Berlin, Freie Univ., Diss., 1990
ISBN 3-89085-538-5
NE: GT
D 83
ISSN 0933-0313

Gedruckt auf alterungsbeständigem Papier.
Umschlagabbildung: Gluck, *Medaillon,* 1937
Satz: Centaurus-Satz
Druck: Difo-Druck GmbH, Bamberg

Vorwort

Das Selbstbestimmungsrecht aller Frauen sowie einer Minderheit von Männern - bis heute negiert und kriminalisiert durch die §§218 und 175 des StGB - ist in diesen Tagen des deutsch-deutschen Einigungsprozesses erneut in der Diskussion. Über die historischen Wurzeln des sexual- und bevölkerungspolitischen staatlichen Machtanspruchs und seine Konsequenzen will dieses Buch informieren.

Auch mehr als 45 Jahre nach Kriegsende gibt es "vergessene" Seiten im unrühmlichsten Kapitel deutscher Geschichte. So war die Einstellung der Nationalsozialisten zur Homosexualität, und insbesondere die hier im Mittelpunkt stehende Geschichte lesbischer Frauen, für die Geschichtswissenschaft bisher kein Thema. Wohl nicht nur, weil die Behandlung lesbischer Frauen nur teilweise mit eindeutigen Verfolgungskriterien zu erfassen ist, und weil, wie es der Historiker George L. Mosse formulierte, "die Geschichte der am Rande oder außerhalb der Gesellschaft Stehenden <...> sich nur ungleich schwerer rekonstruieren"[1] läßt.

Während etwa umfangreiche Studien zur Judenvernichtung und zur Verfolgung politischer Gegner vorliegen, blieben andere Aspekte bzw. Opfergruppen nationalsozialistischer Erfassung, Aussonderung, Verfolgung und Vernichtung lange unerforscht. Erst in den letzten Jahren wurde die nationalsozialistische Politik gegenüber den sozial Unerwünschten der "Volksgemeinschaft" ansatzweise thematisiert und erforscht. Die Homosexuellenpolitik der braunen Machthaber als ein Mosaikstein der "qualitativen" Sozial- und Bevölkerungspolitik wurde jedoch lange vernachläßigt, und insbesondere die Geschichte lesbischer Frauen blieb dabei völlig im Dunkeln.

Wie in einem extrem geschlechterhierarchischen Regime die soziale Kategorie "Geschlecht" die Homosexuellenpolitik modifizierte, wie diese Politik aussah, wer sie ausführte und wie sie ideologisch legitimiert wurde, diesen Fragen widmet sich dieses Buch. Die Geschichte der Homosexualität - insbesondere der weiblichen - in Deutschland, der Stellenwert der Homosexualität im komplexen System der NS-"Rassen"politik und nicht zuletzt die Geschlechtergeschichte sollen damit begreifbarer werden.

Folgenden Personen und Institutionen, die zum Zustandekommen dieser Arbeit beigetragen haben, möchte ich danken: dem Hamburger Institut für Sozialforschung sowie dem Berliner Senat, die mir durch Stipendien diese Arbeit finanziell

---

1 George L. Mosse: Nationalismus und Sexualität. Bürgerliche Moral und sexuelle Normen. München/Wien 1985, S.8.

ermöglicht haben; Prof. Rüdiger Lautmann, Prof. Gerhard Baader und Prof. Wolfgang Wippermann für fachliche Unterstützung; Prof. Reinhard Rürup, der sich als Doktorvater zur Verfügung stellte, für die wissenschaftliche Betreuung sowie Prof. Karin Hausen, die sich zum Zweitgutachten bereitfand.

Weiter danke ich für Kritik und die Durchsicht des Manuskripts Prof. Ilse Kokula, Astrid Schuhl, Ulla Baumann, Annette Dröge sowie Elaine Holliman, der ich kontinuierliche Ermutigung und tatkräftige Unterstützung verdanke. Ute Dümpelfeld erleichterte mir die technische Erstellung des Manuskripts.

Mein Dank gilt insbesondere allen Zeitzeuginnen und Zeitzeugen, die bereit waren, mir ihre oft schmerzlichen Erfahrungen mitzuteilen, sowie dem Centaurus Verlag, der das Erscheinen dieser im Dezember 1989 an der TU Berlin (Fachbereich Kommunikations- und Geschichtswissenschaften) als Dissertation eingereichten und für die Veröffentlichung leicht überarbeiteten Untersuchung erst ermöglicht hat.

Berlin, im März 1991
Claudia Schoppmann

Inhaltsverzeichnis

Medizin und Psychiatrie

Homosexuellenverfolgung

Einleitung

I. Die vorliegende Arbeit versteht sich als Beitrag zur feministisch-historischen Forschung, der es nicht nur um das "Sichtbarmachen" von Frauen in der Geschichte geht, sondern auch um eine Veränderung des herkömmlichen Geschichtsbildes.[1]

Hauptanliegen der feministisch-historischen Forschung ist es, "Geschlecht" als soziale, historische und kulturelle Kategorie wahrzunehmen und so die aus männlichem Blickwinkel dargestellte Geschichte, die den Anspruch auf Allgemeingültigkeit erhebt, zu korrigieren. Als mächtigstes Hindernis, Geschlecht als soziale Kategorie wahrzunehmen, nennt die Historikerin Gisela Bock eine sich auf "Biologie" berufende Sichtweise, derzufolge soziale Prozesse und Faktoren als "natürlich" und unabänderlich deklariert und deshalb auch nicht hinterfragt werden.[2] Will eine Geschichtsschreibung den Anspruch auf Allgemeingültigkeit erfüllen, dann muß der Blick auf die Geschlechterverhältnisse als eine wichtige Kategorie bei der wissenschaftlichen Analyse historischer Prozesse praktiziert werden; andere wichtige Kategorien wie Klasse oder ethnische Herkunft dürfen jedoch deshalb nicht negiert werden. Hier soll nun untersucht werden, wie die Kategorie "Geschlecht" sich auf die nationalsozialistische Bekämpfung der Homosexualität und die Verfolgung der Homosexuellen auswirkte - in einer Zeit, in der das Geschlechterverhältnis immens politisiert wurde.

In noch viel stärkerem Maß als die allgemeine feministisch-historische Forschung befindet sich die historische Forschung zur weiblichen und männlichen Homosexualität hierzulande in einer Randposition, vor allem im akademischen Bereich. Aus mehreren Gründen: Der Wissenschaftsbetrieb tut sich schwer, Homo-

---

1 Ute Frevert: Bewegung und Disziplin in der Frauengeschichte. Ein Forschungsbericht, in: Geschichte und Gesellschaft. 14.Jg. 1988, H.2, S.240-262, hier:253. U. Frevert gibt einen Überblick über die Entwicklung und die wichtigsten Arbeiten in der bundesdeutschen feministisch-historischen Forschung. - S. auch Gisela Bock: Geschichte, Frauengeschichte, Geschlechtergeschichte, in: Geschichte und Gesellschaft, 14.Jg. 1988, H.3, S.364-391. - Dies.: Historische Frauenforschung: Fragestellungen und Perspektiven, in: Hg. Karin Hausen: Frauen suchen ihre Geschichte. Historische Studien zum 19. und 20. Jahrhundert. München 1983, S.22-60. - Einen guten Überblick, auf dem Hintergrund französischer Verhältnisse, gibt Corbin/Farge/Perrot u.a.: Geschlecht und Geschichte. Ist eine weibliche Geschichtsschreibung möglich? Frankfurt/M. 1989.

2 Bock 1988, S.374.

sexualität als eine ebenso sozialgeprägte Kategorie wie Geschlecht und als "seriöses Thema" anzuerkennen. Hinzu kommen spezifische Gründe. Obwohl es in allen Kulturen und zu allen Zeiten homosexuelles Verhalten gab, das sich allerdings sehr unterschiedlich äußern konnte, kann man von einer homosexuellen und lesbischen Persönlichkeit bzw. einem solchen Selbstverständnis erst seit dem letzten Drittel des 19. Jahrhunderts sprechen. Es bestehen deshalb erhebliche Unstimmigkeiten darüber, was als "homosexuell" oder "lesbisch" definiert werden soll. Darüber hinaus ist die Materiallage problematisch.

Zur Definition des Begriffs gibt es die unterschiedlichsten Positionen. Nur so viel scheint festzustehen: die Begriffe "homosexuell", "lesbisch" und natürlich auch "heterosexuell" haben keine universale, unveränderliche, ahistorische Bedeutung. Sie sind nicht oder nur sehr eingeschränkt - nämlich im wesentlichen für das 20. Jahrhundert - als Kategorien brauchbar. Wird in bezug auf die heutige oder eine frühere Zeit von lesbischem oder homosexuellem Verhalten gesprochen, bin ich - im Unterschied etwa zu manchen US-amerikanischen Forscherinnen - der Meinung, daß dieses Verhalten erotische und/oder sexuelle Komponenten miteinschließen oder zumindest nicht prinzipiell ausschließen sollte.[3] Mit einer derartigen "Entsexualisierung" soll auch das vor allem von Medizinern, aber nicht nur von diesen vertretene Konzept zurückgewiesen werden, das Homosexualität auf einen genitalen Akt reduziert und Homosexuelle als "Triebmenschen" darstellt; diese Betonung des Sexuellen zeigt sich ja auch im Wort selbst. Dennoch würde dieser Ansatz zu einer unzulässigen Ausdehnung des Begriffs führen und - trotz durchaus existierender fließender Übergänge - eine Unterscheidung zwischen homosozial, homoerotisch sowie homosexuell und lesbisch unmöglich machen.

II. Historische Selbstzeugnisse homosexueller Männer und Frauen sind aufgrund gesellschaftlicher Ächtung sehr selten in die Geschichtsschreibung eingegangen, und nicht zuletzt dem Nationalsozialismus ist es anzulasten, daß der größte Teil des in Deutschland vorhandenen Materials vernichtet wurde. Alle anderen Zeugnisse, in denen von Homosexualität die Rede ist, verraten in erster Linie etwas über den Autor oder die Autorin, den sozialen und historischen Kontext und andere Faktoren, die einen Text prägen. Anhand solcher Texte kann man also in erster Linie die Einstellung einer Person oder Gruppe zur Homosexualität darstellen, die jedoch keine direkten Rückschlüsse auf das Selbstverständnis und die Lebensrealitäten Homosexueller zulassen.

---

3 S. Carroll Smith-Rosenberg: "Meine innig geliebte Freundin!" Beziehungen zwischen Frauen im 19. Jahrhundert, in: Hg. Claudia Honegger/Bettina Heintz: Listen der Ohnmacht. Zur Sozialgeschichte weiblicher Widerstandsformen. Frankfurt/M. 1981, S.357-392. - Blanche Wiesen Cook: Female support networks and political activism: Lilian Wald, Crystal Eastman, Emma Goldman, Jane Addams, in: dies. (Hg.): Women and support networks. New York 1979, S.13-41. - Zu den Schwierigkeiten der "lesbian and gay history" vgl. Jonathan Ned Katz: Gay/lesbian almanac. A new documentary. New York 1983, S.1-19.

Die bundesdeutsche historische Forschung zur weiblichen Homosexualität steckt - anders als etwa in den USA[4] oder den Niederlanden[5] - erst in den Anfängen.[6] Im Unterschied zu ihrem männlichen Pendant muß sich die historische Forschung zur weiblichen Homosexualität häufiger die Frage nach der Existenz und nach Beweisen für die Existenz ihres "Forschungsgegenstands" stellen (lassen).[7] Dies beruht z.T. auf der Reduzierung von Homosexualität auf sexuelle Akte - bei einer gleichzeitigen Asexualisierung von Frauen. Andererseits stehen homosexuelle Männer aufgrund ihrer Geschlechtszugehörigkeit meist im Mittelpunkt der Diskussionen und des "öffentlichen Interesses". Spuren weiblicher Homosexualität sind dagegen kaum in die Männergeschichtsschreibung eingegangen.

Soziale Gemeinsamkeiten zwischen lesbischen Frauen und homosexuellen Männern, die nicht zuletzt auf die gesellschaftliche Ächtung zurückzuführen sind, dürfen nicht dazu führen, die Geschichte lesbischer Frauen unter diejenige homosexueller Männer zu subsumieren oder mit dieser gleichzusetzen. Hinter dem Kollektivbegriff "Homosexuelle" verbarg sich eben kein "Drittes Geschlecht", sondern in erster Linie Männer oder Frauen, was diese Arbeit in besonderem Maße zeigen wird.

Weibliche Homosexualität ist weder in der allgemeinen Faschismusforschung, noch in der Forschung über Frauen im Nationalsozialismus noch in der Faschismusforschung über männliche Homosexualität ein Thema. Auch gibt es aufgrund fortbestehender Diskriminierung fast keine Selbstzeugnisse von Frauen, die über ihre Erfahrungen in der NS-Zeit aus lesbischer Perspektive berichten.[8] Die spezifi-

---

4 Das "Committee on lesbian and gay history" ist ein auch an den Universitäten des Landes verankertes Forum, das in seinem Rundbrief über neue (Forschungs)Arbeiten u.a. informiert.

5 Hier gibt es bspw. an den Universitäten Utrecht und Amsterdam den interdisziplinären Studiengang "homostudies".

6 Als Beiträge sind hier u.a. zu nennen: Ilse Kokula: Weibliche Homosexualität um 1900 in zeitgenössischen Dokumenten. München 1981. - Gudrun Schwarz: "Mannweiber" in Männertheorien, in: Hg. Hausen, S.62-80. - Eldorado. Homosexuelle Frauen und Männer in Berlin 1850-1950. Geschichte, Alltag und Kultur. Hg. Berlin Museum. Berlin 1984; im folgenden zit. als Eldorado. - Claudia Schoppmann: "Der Skorpion". Frauenliebe in der Weimarer Republik. Kiel 1985. - Obwohl mit Schwerpunkt Österreich auch Hanna Hacker: Frauen und Freundinnen. Studien zur "weiblichen Homosexualität" am Beispiel Österreich 1870-1938. Weinheim/Basel 1987.

7 Vgl. Frances Doughty: Lesbian biography, biography of lesbians, in: Frontiers. A journal of Women Studies. Vol.IV Nr.3, Herbst 1979, S.76-79.

8 Ilse Kokula: Jahre des Glücks, Jahre des Leids. Gespräche mit älteren lesbischen Frauen. Kiel 1986. - Die Niederländerin Marian van der Ruit schildert in ihrem als Autobiographie bezeichneten Roman "De Onschuld" (Amsterdam 1981), wie sie 1938 als 16jähriges Dienstmädchen nach Deutschland in den Haushalt einer jüdischen Zahnärztin kam, mit der sie bald eine Liebesbeziehung hatte. Wegen "Verführung Minderjähriger" wurde die Zahnärztin eines Tages von der Gestapo abgeholt, konnte aber durch die Protagonistin und einen Freund befreit werden. Beide Frauen flüchten daraufhin nach Berlin, wo die Zahnärztin Anfang der 40er Jahre an Krebs stirbt. Der Roman hält jedoch einer historischen Überprüfung nicht stand.

sche Forschung erschöpfte sich von daher bislang in wenigen Aufsätzen.[9]

Die Untersuchungen zum geschlechtsneutral formulierten Thema "Homosexuelle" im Nationalsozialismus beschränken sich fast ausschließlich - ob eingestandenermaßen oder nicht - auf die männliche Homosexualität bzw. das Schicksal homosexueller Männer.[10] Gelegentlich wird darin auch am Rande auf lesbische Frauen bzw. die Ungleichbehandlung der männlichen Homosexualität und der weiblichen durch die Nazis verwiesen und diese mit der gesellschaftspolitischen Randstellung von Frauen erklärt; zu einer ausführlicheren oder gar systematischen Darstellung kommt es aber in keinem Fall. Dies gilt auch für die auf umfangreichen Studien, insbesondere von Gestapoakten, beruhende und jüngst erschienene Arbeit zur Verfolgung homosexueller Männer von Burkhard Jellonnek, "Homosexuelle unter dem Hakenkreuz".[11]

III. Zum inhaltlichen Aufbau der Arbeit: Im Mittelpunkt meiner Untersuchung steht die unterschiedliche Bekämpfung männlicher Homosexualität einerseits und weiblicher andererseits und die Analyse der zugrundeliegenden gesellschaftspolitischen Ursachen; der Schwerpunkt liegt, soweit dies möglich ist, auf der weiblichen Homosexualität bzw. der Situation lesbischer Frauen. Neben der wenigen themenspezifischen Sekundärliteratur, die zur männlichen Homosexualität Anhaltspunkte bot, begann ich nach gedruckten und ungedruckten Quellen zu suchen, die die Bedeutung der Homosexualität in der Frauen- und Bevölkerungspolitik, der Rassenhygiene, der Strafrechtspolitik, der medizinisch-psychiatrischen Forschung und dem Verfolgungsapparat klären könnten. Dabei erschwerte Verschiedenes meine Arbeit: viel Material ist gegen Kriegsende von den Nationalsozialisten vernichtet

---

9 Lesben und Faschismus, o.Verf. <Heinz-Dieter Schilling>, in: Schwule und Faschismus. Hg. Heinz-Dieter Schilling. Berlin 1983, S.152-173. - Ilse Kokula: Lesbisch leben von Weimar bis zur Nachkriegszeit, in: Eldorado, S.149-161. - Dies.: Zur Situation lesbischer Frauen während der NS-Zeit, in: Beiträge zur feministischen Theorie und Praxis 25/26: Lesben. Nirgendwo und überall. Köln 1989, S.29-36.

10 Erhard Vismar: Perversion und Verfolgung unter dem deutschen Faschismus, in: Hg. Rüdiger Lautmann: Seminar: Gesellschaft und Homosexualität. Frankfurt/M. 1977, S.308-325. - Rüdiger Lautmann/Winfried Grikschat/Egbert Schmidt: Der rosa Winkel in den nationalsozialistischen Konzentrationslagern, in: ders., S.325-365. - Hans-Georg Stümke/Rudi Finkler: Rosa Winkel, rosa Listen. Homosexuelle und 'Gesundes Volksempfinden' von Auschwitz bis heute. Reinbek 1981. - Richard Plant: The pink triangle. The Nazi war against homosexuals. New York 1986. - Walter Wuttke: Homosexuelle im Nationalsozialismus (Ausstellungskatalog). Ulm 1987. - Jean Boisson: Le triangle rose. La déportation des homosexuels (1933-1945). Paris 1988. - Hans-Georg Stümke: Homosexuelle in Deutschland. Eine politische Geschichte. München 1989. - Günter Grau: Die Verfolgung und "Ausmerzung" Homosexueller zwischen 1933 und 1945 - Folgen des rassehygienischen Konzepts der Reproduktionssicherung, in: Hg. A. Thom/G.I. Caregorodcev: Medizin unterm Hakenkreuz. Berlin/DDR 1989, S.91-110.

11 Burkhard Jellonnek: Homosexuelle unterm Hakenkreuz. Studien zur Verfolgung von Homosexuellen durch Polizei, Justiz und Medizin im Dritten Reich. Diss.phil. Münster 1989; neuerdings erschienen u.d. Titel: Homosexuelle unter dem Hakenkreuz. Die Verfolgung von Homosexuellen im Dritten Reich. Paderborn 1990.

worden, um die Spuren der Mordtaten zu verwischen; anderes, insbesondere die Unterlagen der zentralen Erfassungs- und Verfolgungsbehörde, der "Reichszentrale zur Bekämpfung der Homosexualität und Abtreibung", muß als verschollen gelten. Auch Datenschutzgesetze erschwerten meine Arbeit nicht unwesentlich.

Quellenproblematisch war die durch die Randstellung lesbischer Frauen bedingte geringere Thematisierung. Wenn in den Akten bspw. geschlechtsneutral von "Homosexualität" die Rede war, war implizit oft nur die männliche gemeint. Eine direkte Zuordnung, wie sie der §175 StGB für die männliche Homosexualität darstellt, existiert für Frauen nicht.

Auch bei den Interviews mit Zeitzeuginnen gab es spezifische Schwierigkeiten. Zu den generellen Problemen der oral history kam hinzu, daß inzwischen viele Zeitzeuginnen verstorben sind. Außerdem gibt es keine Organisation, die als Ansprechpartner hätte dienen können, wie sie andere Verfolgtengruppen haben. Die betroffenen Frauen sind durch die Ächtung ihrer Lebensweise, die offene Kriminalisierung homosexueller Männer im "Dritten Reich" sowie die fortgesetzte Diskriminierung in der Nachkriegszeit so belastet, daß sehr viele über ihre Erlebnisse nicht sprechen wollen oder können.

Die Arbeit geht von der Hypothese aus, daß die nationalsozialistische Homosexuellenpolitik geschlechtsspezifisch war, und daß die Behandlung lesbischer Frauen stärker bestimmt wurde durch die NS-Frauenpolitik als durch die Homosexuellenpolitik. Deshalb wird im 1. Kapitel die NS-Ideologie und Politik gegenüber denjenigen Frauen umrissen, die nicht primär von rassistischer Verfolgung bedroht waren.

2. Kapitel: Rassenhygiene. Welche Rolle spielte Homosexualität im Konzept und in der Praxis der nach der Machtübernahme zur Staatsdoktrin erhobenen Rassenhygiene, dieser auf "Qualität" - definiert nach pseudomedizinischen, sozialen Kriterien - abzielenden Bevölkerungspolitik, deren Maßnahmen von Asylierung bis zu Zwangssterilisation und Euthanasiemord reichten?

3. Kapitel: Justiz und Strafrechtspolitik. Im Mittelpunkt steht hier die Frage, wie die seit Mitte des 19. Jahrhunderts praktizierte markante strafrechtliche Ungleichbehandlung von Männern und Frauen bei homosexuellem Verhalten von den Juristen theoretisch legitimiert wurde. Eine Ungleichbehandlung, die - was zunächst überraschen mag - auch in der NS-Zeit fortgesetzt wurde. Welche macht- und bevölkerungspolitischen Gründe waren hierfür ausschlaggebend?

Im 4. Kapitel wird dargestellt, welche unterschiedlichen medizinisch-psychiatrischen Konzepte zur Homosexualitätsforschung existierten. Wie beteiligten sich die Mediziner und Psychiater mit ihrer Forschung an der Legitimierung und Durchführung der Homosexuellenverfolgung?

5. Kapitel: Homosexuellenverfolgung. Hier werden verschiedene staatliche Formen der Homosexuellenverfolgung im "Dritten Reich" dargestellt. Wie ging das Regime zunächst gegen die sichtbarste Form, die organisierte Homosexuellenbewegung vor? Wie wirkte sich die strafrechtliche Nichtkriminalisierung auf die Verfolgungssituation lesbischer Frauen aus und wie reagierten diese auf die Zerstö-

rung ihrer Lebensform nach 1933? Untersucht wird ferner, inwieweit insbesondere die unspezifische "Asozialen"verfolgung durch die Polizei Handhabe auch zur Verfolgung lesbischer Frauen bot. Nach einem Überblick über die Homosexuellenverfolgung in den von Deutschland besetzten Ländern wird schließlich auf die Situation lesbischer Frauen im KZ eingegangen.

Die Arbeit endet mit einem Resümee und mit einem Ausblick auf die Situation in den beiden deutschen Staaten nach Kriegsende.

IV. Einige grundsätzliche Bemerkungen sind nun noch anzufügen:

1. Kennzeichnend für den Nationalsozialismus ist u.a. die hierarchische Bewertung der Menschen nach Kriterien wie ethnische Zugehörigkeit, Geschlecht, Klasse, Erbanlage etc. und die politische Umsetzung dieser biologistisch verbrämten Klassifizierung, die zur Aufhebung des Selbstbestimmungsrechts und der Unversehrtheit führte. Das "Werte"konzept hatte für Angehörige verschiedener Gruppen unterschiedliche Konsequenzen. Der Rassismus - die offene Kampfansage gegen die aufgrund ihrer ethnischen Zugehörigkeit als "minderwertig" Abqualifizierten, also insbesondere Juden, Sinti und Roma, Afrodeutsche - hatte im NS-Regime in bezug auf Intensität und Radikalität der Durchsetzung absoluten Vorrang - was allerdings nicht heißt, das der Rassismus völlig geschlechtsneutral war. Gleichzeitig war dem Nationalsozialismus die rassenhygienisch motivierte "Aufartung der Rasse" immanent. Die vermeintliche "Aufartung" der vielbeschworenen "Volksgemeinschaft" sollte durch die "Unschädlichmachung" von Teilen der "eigenen" Volksgruppe erreicht werden; der diesbezügliche Maßnahmenkatalog reichte von Ehe-, Zeugungs- und Gebärverboten bis hin zur physischen Vernichtung. Um jedoch die unterschiedlichen Konsequenzen der begrifflich mehrdeutigen "Rassenpolitik" für die verschiedenen als "minderwertig" Klassifizierten, die es trotz unbestreitbar gemeinsamer ideologischer Wurzel gab, nicht zu verwischen, will ich die Verwendung des Begriffs "Rassismus" auf die Verfolgung aufgrund der ethnischen Zugehörigkeit beschränken.

2. Die Homosexuellenpolitik ist, wie noch gezeigt wird, in erster Linie im Zusammenhang der "Aufartung der Rasse" zu sehen. Die angestrebte und lauthals verkündete Eliminierung der Homosexualität führte nicht mehrheitlich zur physischen Vernichtung aller Homosexuellen; sie setzte vielmehr auf "Abschrekkung durch Strafe" und "Umerziehung". Die spezifische Homosexuellenpolitik und -verfolgung beschränkte sich also im wesentlichen auf "arische" Deutsche, weshalb mit dem Begriff "Homosexuelle" in dieser Arbeit im allgemeinen "arische" Männer und Frauen gemeint sind. Dem widerspricht nicht, daß bspw. homosexuelle Jüdinnen und Juden in Deutschland, insbesondere vor Beginn der Massenvernichtung, Opfer einer spezifischen, mehrfachen Verfolgung werden konnten.

3. Immer wieder wird in dieser Arbeit die Ungleichbehandlung männlicher und weiblicher Homosexualität angesprochen. Wenn Gisela Bock meint, die Unsichtbarkeit von Frauen in der Geschichte sei "in erster Linie einem Geschlechterverhältnis zu verdanken, das analytisch-sozialtheoretisch mit Phallologozentrismus,

Androzentrismus oder Sexismus umschrieben wurde",[12] so gilt das in besonderem Maß für lesbische Frauen. Die Unsichtbarmachung, die Tabuisierung und das Nichternstnehmen weiblicher Homosexualität als Lebensperspektive ist ein fest etabliertes, wenn auch nur in Ausnahmefällen thematisiertes Struktur- und Herrschaftsmerkmal jeder mehr oder weniger sexistischen Gesellschaft, und dies gilt insbesondere für den Nationalsozialismus mit seiner strengen Geschlechterhierarchie.

Der US-amerikanischen Professorin für Frauenstudien Janice Raymond zufolge ist dieser "Heterosexismus" ein Teil der "Hetero-Realität", in der "fast alle persönlichen, sozialen, politischen, beruflichen und wirtschaftlichen Bezüge von Frauen durch die Ideologie bestimmt sind, die Frau sei für den Mann da"[13] - nicht jedoch umgekehrt. Diese Ideologie stützt sich auf die als biologisch deklarierten und determinierten Unterschiede zwischen männlicher und weiblichen "Natur". Gesellschaftlicher und politischer Status von Frauen wird nur auf der Grundlage von Mann-Frau-Beziehungen verliehen, alles andere steht im gesellschaftlichen Abseits. Die Frau erhält, auch in sexueller Hinsicht, nur durch den Mann ihre Existenzberechtigung, während die Beziehung des Mannes zur Frau nur eine unter vielen ist. Der Mann lebt dagegen in einer "homo-bezogenen" Kultur, die auf allen Ebenen auf Männerbeziehungen, -bündnissen und -institutionen aufgebaut ist.

Auf diesem Hintergrund wird vielleicht eher verständlich, warum die Nationalsozialisten weibliche Homosexualität nur sehr selten explizit thematisierten, während andererseits stets paranoid das Schreckgespenst einer den Männerbund bedrohenden homosexuellen Männerclique an die Wand gemalt wurde.

4. Wie jede Arbeit, die sich mit dem Nationalsozialismus oder anderen menschenverachtenden Systemen beschäftigt, bestand auch bei dieser die Schwierigkeit, mich von den diffamierenden Begriffen der NS-Sprache und den transponierten Inhalten abzugrenzen. NS-Begriffe benutze ich, zum Zweck der Distanzierung in Anführungsstriche gesetzt, möglichst nur dann, wenn eine sprachlich neutrale Umschreibung zu aufwendig oder zu ungenau ist. Auch der Begriff "Homosexuelle" ist im Kontext dieser Arbeit weder unproblematisch noch wertneutral, handelt es sich doch in den meisten Fällen um nationalsozialistische Projektionen und Zerrbilder von Homosexualität; aus Gründen der Lesbarkeit verzichte ich in diesem Fall jedoch auf die Anführungsstriche.

Problematisch ist der Begriff darüber hinaus, weil er in der Betonung des Sexuellen eine pathologisierende Wirkung hat. Die Heterosexualität ist dagegen als Norm fest etabliert und wird in aller Regel weder thematisiert noch problematisiert. Aus Gründen sprachlicher Vereinfachung verwende ich, wenn ich nicht von "lesbi-

---

12 Bock 1983, S.25.

13 Janice G. Raymond: Frauenfreundschaft. Philosophie der Zuneigung. München 1987, S.20. Vgl. auch Adrienne Rich: Zwangsheterosexualität und lesbische Existenz, in: Hg. Dagmar Schultz: Macht und Sinnlichkeit. Ausgewählte Texte von Adrienne Rich und Audre Lorde. Berlin 1983, S.138-168.

schen Frauen" spreche, "homosexuell" und "Homosexuelle" teilweise sowohl für Männer als auch als Kollektivbegriff für Männer und Frauen.

FRAUENIDEOLOGIE UND -POLITIK

Ausgehend von der Hypothese, daß die nationalsozialistische Homosexuellenpolitik geschlechtsspezifisch war und daß die Einstellung der Nationalsozialisten zur weiblichen Homosexualität wesentlich durch die Geschlechterpolitik bestimmt wurde, ist zunächst eine Beschreibung der frauenpolitischen Maßnahmen vonnöten. Wenn im folgenden die strukturelle Benachteiligung aller "arischen" Frauen - und nur diese waren gemeint, wenn die Nazis von "der Frau" sprachen - im Vergleich zur männlichen Bezugsgruppe beschrieben wird, darf daraus jedoch nicht geschlossen werden, alle Frauen seien im "Dritten Reich" unterschiedslos Opfer gewesen.

Das Frauenverständis der Nationalsozialisten entsprach bruchlos dem biologistischen Menschenbild, das die NS-Weltanschauung insgesamt prägte. Die Frauenpolitik war untrennbar mit der Rassenhygiene - der auf "Qualität" abzielenden Bevölkerungspolitik - und dem Rassismus verknüpft, denn sie implizierte den Ausschluß und die Verfolgung "Erbkranker" und als nichtdeutsch apostrophierter Frauen (Jüdinnen, Sintizzas und Romni, Afrodeutsche). Diesem rassistisch-biologistischen Verständnis zufolge war es selbstverständlich, daß sich die Frauen"förderung" auf die "arische", "erbgesunde" Frau bezog - auch wenn dies nicht explizit gesagt wurde -, während gleichzeitig andere Frauen in mörderischer Konsequenz dieser "Auslese"-Politik verfolgt und ermordet wurden.

Frauenfrage und Homosexualität vor 1933

Ein festumrissenes Konzept zur gesellschaftlichen Rolle von Frauen hatten die Nationalsozialisten nicht; dies gilt auch für ihre Einstellung zur Homosexualität. Das Parteiprogramm der NSDAP von 1920 nannte Frauen nur indirekt, dazu erst unter Punkt 21, und zwar ausschließlich in ihrer Eigenschaft als Mutter, die es zu schützen gelte.[1] Auch in Hitlers "Mein Kampf" findet man kaum Aussagen zur

1 Gottfried Feder: Das Programm der N.S.D.A.P. und seine weltanschaulichen Grundgedanken.

Rolle der Frauen. Der Nationalsozialismus war von Anfang an als Männerbund konzipiert. Folgerichtig wurden seit 1921 Frauen aus den führenden Parteigremien ausgeschlossen. Die gesellschaftliche Anerkennung von Frauen sollte an die Mutterschaft gekoppelt sein. Behauptet wurde eine "natürliche Andersartigkeit" der Geschlechter, die Mann und Frau verschiedene Arbeits- und Lebensbereiche zuwies und die Frau rechtlich, politisch und sozial dem Mann unterordnete. Mit dieser biologistischen Begründung, die im übrigen eine lange Tradition hatte,[2] sollte die soziale und politische Ungleichbehandlung bzw. Unterdrückung der Frau gerechtfertigt werden.[3]

Diese "natürliche" Ungleichbehandlung war seit der Jahrhundertwende - nicht zuletzt durch die starke Zunahme der außerhäuslichen Erwerbsarbeit von Frauen - infragegestellt. Darüber hinaus wurde von der bürgerlichen Frauenbewegung die Gleichstellung von Mann und Frau auf (fast) allen Gebieten gefordert und die Doppelmoral angeprangert, die bei Männern sexuelles Verhalten tolerierte, das bei Frauen kritisiert oder gar kriminalisiert wurde.

Seit der Jahrhundertwende, besonders aber in der Weimarer Republik, gab es heftige Abwehrreaktionen gegen die Politik der Gleichberechtigung. So wurde das von den Frauen lang erkämpfte und im November 1918 endlich zugestandene Wahlrecht auch von bürgerlichen Männern und Parteien abgelehnt oder bekämpft, nicht nur von den Nationalsozialisten oder den Völkischen. Die Frauenbewegung wurde für den seit 1900 zunehmenden Geburtenrückgang verantwortlich gemacht.[4] Die sozialen Ursachen dieses in allen Industrienationen zu beobachtenden Phänomens, wie verringerte Kindersterblichkeit und wirtschaftliche Notlagen, auf die die Frauen nun "verhütend" reagierten, wurden negiert. Stattdessen wurde den Frauen Pflichtvergessenheit und Vergnügungssucht unterstellt und die Frauenbewegung angeklagt, sie stelle die Ehe, Grundlage des bürgerlichen Staates, infrage und lehne die Mutterschaft ab. Die politischen Forderungen der Frauenbewegung wurden sexuell diffamiert; so hieß es z.B. fälschlicherweise, sie propagiere eine zügellose (außereheliche) "freie Liebe". Forderungen wie nach der rechtlichen Besserstellung unverheirateter Mütter und unehelicher Kinder - hier als Ruf nach "freier Liebe" diffamiert - wurden jedoch nur von einer kleinen Gruppierung der Frauenbewegung, von Helene Stöckers "Bund für Mutterschutz und Sexualreform" erhoben, der aber in den "Bund Deutscher Frauenvereine" (BDF), der Organisation der

---

München 1933, S.21.

2 Zur Etablierung dieser unterschiedlichen Geschlechtsnormen im 18./19. Jhdt. vgl. Karin Hausen: Die Polarisierung der "Geschlechtscharaktere" - eine Spiegelung der Dissoziation von Erwerbs- und Familienleben, in: Hg. Werner Conze: Sozialgeschichte in der Familie der Neuzeit Europas. Stuttgart 1977, S.363-393.

3 Vgl. zu diesem Abschnitt Claudia Koonz: Mothers in the fatherland. Women, the familiy and Nazi politics. New York 1987, S.19ff. sowie die Kritik am Buch von Koonz von Gisela Bock: Die Frauen und der Nationalsozialismus, in: Geschichte und Gesellschaft 15, 1989, S.563-579.

4 Vgl. Anneliese Bergmann: Frauen, Männer, Sexualität und Geburtenkontrolle. Zur "Gebärstreikdebatte" der SPD 1913, in: Hg. Hausen, S.81-109.

gemäßigten bürgerlichen Frauenbewegung, wegen dieser radikalen Position nicht aufgenommen wurde.

Teil der sexuellen Diffamierungstaktik war es, die Frauenbewegung als "lesbisch unterwandert" zu attackieren - ein Angriff, der sich grundsätzlich gegen alle ledigen Frauen richtete, die sich in der Frauenbewegung engagierten. Um die Emanzipationsforderungen zu diskreditieren, wurden sie häufig in einen ursächlichen Zusammenhang mit weiblicher Homosexualität gestellt.[5] Sicher haben sich auch lesbische Frauen in der Frauenbewegung engagiert - schließlich hatten sie ein unmittelbares Interesse an der Verbesserung bspw. von Bildungs- und Berufschancen für Frauen. Doch setzten sie sich dort nicht für Belange ein, die ihre Homosexualität betrafen. Dazu war das Thema, Sexualität überhaupt, in der Frauenbewegung zu sehr tabuisiert. Die Diffamierungskampagne dürfte jedoch zusätzlich dazu beigetragen haben, daß sich die Frauenbewegung zunächst nicht öffentlich zur (weiblichen) Homosexualität äußerte.

Diese Tabuisierung der weiblichen Homosexualität in der Frauenbewegung, die auch während der Weimarer Republik vorherrschte, dürfte zu der separaten Organisierung lesbischer Frauen beigetragen haben.[6] Diese hatten sich seit der Jahrhundertwende, wenn auch nur vereinzelt, in den von Männern initiierten und dominierten Homosexuellengruppen organisiert, so in dem 1897 von dem Arzt und Sexualforscher Magnus Hirschfeld (1868-1935) gegründeten "Wissenschaftlich-humanitären Komitee" (WhK), das vor allem die Abschaffung des §175 StGB, der homosexuelle Handlungen zwischen Männern kriminalisierte, und die wissenschaftliche Aufklärung der Öffentlichkeit über Homosexualität zum Ziel hatte. Die starke Ausrichtung auf eine Strafrechtsreform und die (akademische) Struktur dieser Organisation, die darauf bedacht war, prominente Persönlichkeiten für ihren Kampf zu gewinnen, haben mit dazu beigetragen, daß Frauen, die erst 1908 zu den Universitäten zugelassen wurden, in diesen Gruppen nicht stärker vertreten waren. Darüber hinaus verboten bis 1908 Vereinsgesetze in den meisten deutschen Ländern die "politische" Organisierung von Frauen.

Erst die Errungenschaften der Demokratie, Versammlungsfreiheit sowie Freiheit der Meinungsäußerung und der Presse, ermöglichten nach 1918 eine Organisierung und Sichtbarwerdung lesbischer Frauen, wie sie bis dahin in Deutschland nicht existiert hatte. Zentrum der homosexuellen Kultur und Emanzipationsbewegung war zweifellos Berlin.[7] Hier, aber auch in anderen Großstädten, gab es in den 20er Jah-

---

5 S. etwa Dr. Philos (i.e. Franz Scheda): Die lesbische Liebe, in: Zur Psychologie unserer Zeit, H.9, 1907.

6 Zur Geschichte lesbischer Frauen in Deutschland im ersten Drittel des 20. Jhdts. s. bes. Kokula 1981; dies.: Freundinnen. Lesbische Frauen in der Weimarer Zeit, in: Hg. Kristine v. Soden/Maruta Schmidt: Neue Frauen. Die Zwanziger Jahre. Berlin 1988, S.160-166; Eldorado; Sabine Hark: "Welches Interesse hat die Frauenbewegung an der Lösung des homosexuellen Problems?" Zur Sexualpolitik der bürgerlichen Frauenbewegung im Deutschland des Kaiserreichs, in: Beiträge zur feministischen Theorie und Praxis 25/26, 1989, S.19-27.

7 Die Anonymität der Großstadt und ein fortschrittlicheres Klima hatten dies begünstigt. Demgegenüber war die soziale Kontrolle durch Familie und Umwelt auf dem Land und in den

ren eine Vielzahl von Vereinen und Lokalen, die für ein lesbisches Publikum reserviert waren bzw. diesem zumindest offenstanden (allein für Berlin konnten rund 70 solcher, wenn auch z.T. nur kurzlebiger, Klubs nachgewiesen werden).[8] Die Vereine und Lokale, die sich nach der sozialen Zusammensetzung ihrer Besucherinnen unterschieden, boten ihrem Publikum häufig vielfältige soziale und kulturelle Angebote und unterstützten damit den politischen Emanzipationsprozeß. Z.T. waren diese Vereine wiederum Mitglied in großen gemischten Homosexuellenorganisationen, wie dem 1923 gegründeten "Bund für Menschenrecht e.V." (BfM), der eigenen Angaben zufolge zeitweise 48000 Mitglieder hatte, und dessen Hauptanliegen der Kampf gegen den §175 sowie Aufklärungsarbeit und der Zusammenschluß homosexueller Menschen war.[9] Zwischen 1923 und 1932 war Friedrich Radszuweit (?-1932) Vorsitzender des BfM; er war auch einer der wichtigsten Verleger homosexueller Medien, die dank der (wenn auch eingeschränkten) Pressefreiheit in der Weimarer Republik erscheinen konnten und insgesamt Millionenauflagen erreichten. Einige der Zeitschriften richteten sich speziell an lesbische Frauen und waren in Berlin am Kiosk erhältlich oder über Abonnement zu beziehen, wie z.B. "Ledige Frauen", "Frauenliebe", "Garçonne", "Blätter für ideale Frauenfreundschaft" sowie "Die Freundin". Die letztere war die bekannteste und erschien mit Unterbrechungen zwischen 1924 und 1933. Daneben gab es ein vergleichsweise reichhaltiges Angebot an lesbischer Belletristik, die ebenfalls identitätsstiftend sein konnte.

Doch auch diese kleinen Freiräume, die sich homosexuelle Frauen und Männer in der demokratischen Weimarer Republik hatten erkämpfen können, blieben nicht ungefährdet. Es erschienen zahlreiche antihomosexuelle und antifeministische Pamphlete.[10] So wandte sich Ehrhard F.W. Eberhard in seinem umfangreichen, 1924 erschienenen Buch "Die Frauenbewegung und ihre erotischen Grundlagen",[11] das eine schier unerschöpfliche Sammlung von antifeministischen Vorurteilen enthielt, gegen die Frauenbewegung und machte diese für nahezu alle echten oder vermeintlichen gesellschaftlichen Mißstände verantwortlich. In dem Kapitel "Tribadie und Frauenemanzipation" forderte er, wie andere Autoren auch, die Kriminalisierung der weiblichen Homosexualität. Die Frauenbewegung stelle nicht

---

Kleinstädten viel repressiver.

8 Unveröffentlichte, anhand der Anzeigen in der einschlägigen Presse zusammengestellte Liste von Katharina Vogel. - S.a. Adele Meyer (Hg.): Lila Nächte. Die Damenklubs der Zwanziger Jahre. Köln 1981.

9 1919 war der "Berliner Freundschaftsverband" gegründet worden, der sich 1920 mit ähnlichen Bünden aus anderen Städten zum "Deutschen Freundschaftsverband" (DFV) zusammenschloß. 1923 erfolgte die Umbenennung in BfM.

10 Z.B. Anton Schücker: Zur Psychopatholgie der Frauenbewegung. Leipzig 1931; Franz Scheda: Abarten im Geschlechtsleben. Die lesbische Liebe. O.O. 1930 (weitgehend identisch mit der Schrift von "Dr. Philos", 1907); Th. v. Rheine: Die lesbische Liebe. Zur Psychologie des Mannweibes. Berlin 1933.

11 Ehrhard F.W. Eberhard: Die Frauenbewegung und ihre erotischen Grundlagen. Wien/Leipzig 1924.

nur die herrschenden Machtstrukturen ungerechtfertigterweise infrage; er warf der angeblich lesbisch unterwanderten Frauenbewegung außerdem vor, Frauen zu "verführen", sie dem Mann, der Institution Ehe und damit auch dem Staat zu entziehen. Die Homosexualität sei bei Frauen in viel größerem Umfang als beim Mann Pseudohomosexualität, also ein aufgrund verschiedener Umstände erworbenes Laster, was Strafbestimmungen aufgrund der leichteren "Verführbarkeit" sogar noch stärker rechtfertige als beim Mann. Die weibliche Homosexualität sei eine "schwere sittliche Gefahr"[12] für das Volk, und die Frauenbewegung, die deren Verbreitung begünstige, sei deshalb auch als sittliche Gefahr anzusehen. Mit der Kriminalisierung der weiblichen Homosexualität sollte also die Frauenbewegung getroffen und in ihrem Einfluß beschränkt werden, was Eberhard "im Interesse einer gesunden Fortentwicklung des Volkslebens berechtigt und notwendig"[13] erschien.

Gegen die sichtbare homosexuelle Subkultur wurde auch das am 18.12.1926 verabschiedete "Gesetz zum Schutze der Jugend gegen Schund- und Schmutzschriften" eingesetzt, mit dem oftmals homosexuelle Zeitschriften verboten bzw. ihr öffentlicher Verkauf eingeschränkt wurde: so wurde z.B. die "Freundin" im Juni 1928 für 12 Monate verboten;[14] die "Garçonne" erhielt im Juni 1931 ein 12monatiges Aushangverbot.[15]

Weiter gab es Vereine, zu deren Zielsetzung die Bekämpfung der Homosexualität gehörte wie der "Deutsche Bund für Volksaufartung und Erbkunde e.V." oder der katholische "Volkswartbund", der den "Volkswart - Monatsschrift zur Bekämpfung der öffentlichen Unsittlichkeit" herausgab[16] und anderes ähnliches Material publizierte, wie z.B. die Denkschrift "§175 muß bleiben!",[17] die sich gegen die geforderte Streichung des §175 richtete. Der Volkswartbund hatte übrigens die Mitgliederzahl des BfM auf zeitweilig 100000 geschätzt, wobei es sich aber vermutlich um propagandistische Übertreibung handelte.[18]

Darüber hinaus reichten die Aktionen gegen Homosexuelle vom Verbot öffentlicher Tanzveranstaltungen und Versammlungen 1932 durch Rudolf Diels,[19] Chef der Politischen Polizei im Berliner Polizeipräsidium und nach 1933 erster Chef der

---

12 Ebd., S.559.

13 Ebd.

14 Katharina Vogel: Zum Selbstverständnis lesbischer Frauen in der Weimarer Republik. Eine Analyse der Zeitschrift "Die Freundin" 1924-1933, in: Eldorado, S.162-168, hier:162.

15 Petra Schlierkamp: Die Garçonne, in: Eldorado, S.169-179, hier:176.

16 Vgl. Th. Böser: Die homosexuelle Propaganda und ihre Bekämpfung, in: Volkswart, 22.Jg. Nr.4, April 1929, S.49-56 sowie ders.: Die homosexuelle Propaganda und ihre Bekämpfung II, in: Volkswart, 22.Jg. Nr.5, Mai 1929, S.67-70.

17 Ernst Lennartz/Hahn/A.J. Burgwalder: §175 muß bleiben! Denkschrift des Verbandes zur Bekämpfung der öffentlichen Unsittlichkeit an den Deutschen Reichstag. Köln 1927. - 1927 erfolgte die Umbennung des "Verbandes zur Bekämpfung der öffentlichen Unsittlichkeit" in "Volkswartbund".

18 Böser, April 1929, S.51.

19 Kokula 1984, S.153.

Gestapo, Razzien in den Lokalen bis hin zu tätlichen Angriffen, z.B. gegen Magnus Hirschfeld.[20]

Von nationalsozialistischer Seite sind aus dieser Zeit nur wenige Stellungnahmen zur Homosexualität bekannt, die meist im Zusammenhang mit der geplanten Reform des §175 standen und sich von daher insbesondere gegen homosexuelle Männer richteten. Am 22. Juni 1927 stand der von einem Ausschuß, dem u.a. BfM und WhK angehörten, erarbeitete "Gegenentwurf" des Sexualstrafrechts, in dem die Straffreiheit homosexueller Handlungen zwischen erwachsenen Männern gefordert wurde, zum ersten Mal vor dem Reichstag zur Debatte. Die NSDAP, die über 14 Abgeordnete verfügte, ließ am selben Tag durch Wilhelm Frick - ab 1930 Innenminister in Thüringen - erklären, "daß diese Leute des §175, also die widernatürliche Unzucht unter Männern, mit aller Schärfe verfolgt werden müssen, weil solche Laster zum Untergang des deutschen Volkes führen müssen".[21]

Am 14.5.1928 antwortete die NSDAP auf eine an alle Parteien verschickte Umfrage des WhK anläßlich der Reichstagswahl am 20. Mai, in der die Parteien zu ihrer Einstellung zum §175 befragt wurden:

> "Suprema lex salus populi! Gemeinnutz vor Eigennutz!
> Nicht nötig ist es, daß Du und ich leben, aber nötig ist es, daß das deutsche Volk lebt. Und leben kann es nur, wenn es kämpfen will, denn leben heißt kämpfen. Und kämpfen kann es nur, wenn es sich mannbar hält. Mannbar ist es aber nur, wenn es Zucht übt, vor allem in der Liebe. Unzüchtig ist: Freie Liebe und zügellos. Darum lehnen wir sie ab, wie wir alles ablehnen, was zum Schaden des Volkes ist. Wer gar an Mann-männliche oder Weib-weibliche Liebe denkt, ist unser Feind. Alles, was unser Volk entmannt, zum Spielball seiner Feinde macht, lehnen wir ab, denn wir wissen, daß Leben Kampf ist und Wahnsinn zu denken, die Menschen lägen sich einst brüderlich in den Armen. Die Naturgeschichte lehrt uns anderes. Der Stärkere hat Recht. Und der Stärkere wird immer sich gegen den Schwächeren durchsetzen. Heute sind wir die Schwächeren. Sehen wir zu, daß wir wieder die Stärkeren werden! Das können wir nur, wenn wir Zucht üben. Wir verwerfen darum jede Unzucht, vor allem die Mann-männliche Liebe, weil sie uns der letzten Möglichkeiten raubt, jemals unser Volk von den Sklavenketten zu befreien, unter denen es jetzt frohnt."[22]

Homosexualität wird hier unter den Oberbegriff "Unzucht" subsumiert, worunter die Nazis jede außereheliche und nicht primär auf Fortpflanzung ausgerichtete

---

20 Ein Überfall auf Hirschfeld, der nach einem Vortrag in München 1920 von völkischen Studenten lebensgefährlich zusammengeschlagen worden war, wurde von dem bayrischen Volksschriftsteller Ludwig Thoma freudig begrüßt: "In München haben wir doch mit der Hinrichtung des Eisner und der Prügelstrafe gegen den Magnus Spinatfeld <gemeint war Hirschfeld,C.S.> den Nachweis geliefert, daß es uns nicht an Temperament fehlt." Vor kurzem wurde die Urheberschaft Thomas für eine Reihe anonym im "Miesbacher Anzeiger" 1920/21 erschienener Artikel übelster antisemitischer Machart nachgewiesen. S. Frankfurter Rundschau v. 16.9.1989.

21 Verhandlungen des Reichstags, 3. Wahlperiode 1924/28, Bd. 393, Berlin 1927, S.10993.

22 Das NSDAP-Pamphlet erschien zunächst in: Eros. Werbeheft der Kampf- und Kunstzeitschrift 'Der Eigene', Nr.8, o.J.; hier zit.n. Rudolf Klare: Homosexualität und Strafrecht. Hamburg 1937, S.114.

Sexualität verstanden. Diese sollte aber - so suggeriert es jedenfalls der Artikel - nötig sein, um einen angeblich notwendigen Krieg führen zu können. Die "Befreiung des Volkes" erlaubte keine selbstbestimmte Form von Sexualität - auch keine Homosexualität.

Während die o.g. Stellungnahme noch etwas diffus und nur in der Homosexuellenpresse zu lesen war, fanden sich die nächsten Statements der NSDAP in ihrem offiziellen Organ, dem "Völkischen Beobachter" (VB). Im November 1930 ging es wieder einmal um den §175. Der Strafrechtsausschuß hatte am 16. Oktober 1929 den "Gegenentwurf" angenommen, der die Straffreiheit einvernehmlicher homosexueller Handlungen unter volljährigen Männern vorsah, und empfahl nun dem Reichstag, den §175 zu streichen. Im NSDAP-Organ hieß es dazu:

> "Wir gratulieren zu diesem Erfolg, Herr Kahl und Herr Hirschfeld![23] Aber glauben Sie ja nicht, daß wir Deutschen solche Gesetze auch nur einen Tag gelten lassen, wenn wir zur Macht gelangt sein werden.<...> Alle boshaften Triebe der Judenseele, den göttlichen Schöpfungsgedanken durch körperliche Beziehungen zu Tieren, Geschwistern und Gleichgeschlechtlichen zu durchkreuzen, werden wir in Kürze als das gesetzlich kennzeichnen, was sie sind, als ganz gemeine Abirrungen von Syriern, als allerschwerste, mit Strang oder Ausweisung zu ahndende Verbrechen."[24]

Während noch 1928 nur von der "Verwerflichkeit" der "mann-männlichen" bzw. "weib-weiblichen" Liebe, nicht aber von konkreten Gegenmaßnahmen die Rede war, wurde in dieser Haßtirade, in der bereits siegessicher die Machtübernahme angekündigt wurde, mit der Todesstrafe gedroht. Gleichzeitig wurde Homosexualität als eine jüdische "Erfindung" bezeichnet (eine "Theorie", die auch nach 1933 gern zur Erklärung der Homosexualität herangezogen wurde).[25]

Möglicherweise war Alfred Rosenberg (1893-1946),[26] seit 1923 Chefredakteur des "Völkischen Beobachters", der Autor jener Artikel. Im "Dritten Reich" war er "Beauftragter des Führers für die Überwachung der gesamten geistigen und weltanschaulichen Schulung und Erziehung der NSDAP" und einer der führenden Theoretiker des Nationalsozialismus. In seinem Hauptwerk "Der Mythus des 20. Jahrhunderts" (Erstauflage 1930), das zu Schulungszwecken in allen NS-Organisationen verwendet wurde und sehr hohe Auflagen (1942: über 1 Million) erreichte, zeigt sich Rosenberg als extremer Vertreter des Männerbundes.[27] Die Geschlech-

---

23 Beide gehörten dem Strafrechtsausschuß an; Kahl war Jurist und DVP-Mitglied.

24 VB v. 2.8.1930.

25 Mit der Bezeichnung "Syrier" wurden Juden als Nichtdeutsche ausgegrenzt und zum Sündenbock gemacht. In die gleiche Richtung gingen bereits die antisemitischen Angriffe des VB v. 31.10.1928 gegen Hirschfeld, wobei gleichzeitig mit Attacken gegen die verhaßte Weimarer Republik, die man für die "sittliche Volksvergiftung" verantwortlich machte, nicht gespart wurde.

26 Dies vermutete auch Kurt Hiller, s. Stümke 1981, S.112. Rosenberg sprach auch sonst gern von den "Syriern vom Kurfürstendamm", wenn er Berliner Juden meinte.

27 Vgl. hierzu Christine Wittrock: Weiblichkeitsmythen. Das Frauenbild im Faschismus und seine Vorläufer in der Frauenbewegung der 20er Jahre. Frankfurt/M. 1983. Kap. 4: Das Frauenbild der männerbündischen Position am Beispiel Alfred Rosenbergs.

terpolarität sah er als Naturgesetz von ewiger Gültigkeit. Die Frau sollte als "Konkurrenz" des Mannes im Berufsleben ausgeschaltet werden. Gleichzeitig machte er ihre "erotische Anarchie" für die Gefährdung der "Rassereinheit" verantwortlich. Als "erste Forderung" galt für ihn die "Emanzipation der Frau von der Frauenemanzipation".[28] Seiner Abscheu vor weiblicher (Homo)Sexualität gab er in "Der Sumpf"[29] freien Lauf, in dem er mit der Weimarer Republik und all den verdammungswürdigen Erscheinungen der Demokratie, wie z.B. "Päderastie, Lesbos und Zuhältertum"[30] abrechnete. Er wetterte gegen die Aufführung eines Dramas mit lesbischem Inhalt, "Die Gefangene" von Eduard Bourdet[31] sowie gegen lesbische Zeitschriften wie die "Frauen-Liebe".[32] Zu Rosenbergs Leid schrieben darin Jüdinnen und "Deutsche" Leitartikel - durch die Anführungsstriche kennzeichnete er damit die (weibliche) Homosexualität als den Antibegriff des Deutschen und als jüdische Eigenart. Weiter polemisierte er - unter der Rubrik "Schmutz und Schund" - gegen Bücher wie "Freundinnen" von Maximiliane Ackers[33], wobei er lesbischen Frauen gar das Menschsein absprach, oder "Berlins lesbische Frauen" von Ruth Margarete Roellig,[34] von der im fünften Kapitel noch die Rede sein wird, sowie gegen die Empfehlung des Strafrechtsausschusses zur Reform des §175.[35]

Wurde in einem Artikel im VB vom Februar 1929 noch die Zwangssterilisation von Homosexuellen gefordert,[36] so gab es ab etwa 1930/31 offenbar keine weiteren Stellungnahmen der NSDAP zur Homosexualität mehr. Auch in einem programmatischen Artikel zum Sittenstrafrecht, der im Januar 1932 von der NSDAP publiziert wurde, wurde das Thema Homosexualität auffällig umgangen.[37] Das hing wohl damit zusammen, daß 1931 die Homosexualität des SA-Stabschef Ernst Roehm aufgrund von Briefveröffentlichungen "entdeckt" wurde und in der Presse 1931/32 für Wirbel sorgte, der den Nazis sehr ungelegen kommen mußte. Insbesondere die SPD startete, z.T. in ihrer Zeitung "Münchner Post", eine Artikelserie zum Thema "Faschismus und Homosexualität", die sich gegen die Doppelmoral der Nazis richtete - mit dem Ziel, die NSDAP politisch zu diskreditieren. Die SPD benutzte dazu jedoch die Homophobie der Bevölkerungsmehrheit und trug damit zur Stimmungsmache gegen Homosexuelle bei. Auch die KPD äußerte ähnliche Ansichten, wenn auch weniger häufig. Doch Hitler und selbst Himmler stellten

28 Alfred Rosenberg: Der Mythus des 20. Jahrhunderts, S.493f., 497f., zit.n. Annette Kuhn/Valentine Rothe: Frauen im deutschen Faschismus. Bd.1, Düsseldorf 1983, S.58-60, hier:60.

29 Ders.: Der Sumpf. Querschnitt durch das "Geistes"-Leben der November-Demokratie. München 1930.

30 Ebd., S.109.

31 Ebd.

32 Ebd., S.114ff.

33 Ebd., S.121f.

34 Ebd., S.138f.

35 Ebd., S.139ff.

36 Stümke 1981, S.110, jedoch ohne Beleg.

37 Vismar, S.309.

sich schützend vor Roehm, auf den Hitler zur Durchsetzung der Machtübernahme nicht glaubte verzichten zu können.[38]

Wenn sich also die NSDAP mit öffentlichen Äußerungen zur Homosexualität in der Folgezeit zurückhielt, unterlag dies taktischen Überlegungen, was mancher Parteigenosse mit einem Umdenken in der Homosexualitätsfrage, ja gar mit Akzeptanz verwechseln mochte.[39] Doch dies änderte nichts an der prinzipiellen Kampfansage gegen die Homosexualität - insbesondere gegen die sichtbare und politisch organisierte Form. Sie war logischer Bestandteil einer Ideologie, die die Menschen der freien Selbstbestimmung über ihre Sexualität beraubte.

Frauenpolitik als Familien- und Bevölkerungspolitik

Auch nach 1933 gab es kein festumrissenes frauenpolitisches Programm der NSDAP. Die frauenpolitischen Maßnahmen beschränkten sich im wesentlichen - neben der Erfassung und ideologischen Beeinflussung der Frauen - auf familien- und bevölkerungspolitische Ziele und wurden, wenn es nötig war, kriegswirtschaftlichen oder anderen Erfordernissen untergeordnet. Materielle Hilfen, Mutterschafts- und Ehepropaganda sowie die Diffamierung lediger Frauen wurden als Mittel zur Durchsetzung dieser Politik eingesetzt.

Zu Ehe und Mutterschaft bestimmt?

Die nationalsozialistische Frauenideologie, die selbstverständlich nur für "arische" und "erbgesunde" Frauen galt, beinhaltete eine prinzipielle Bestimmung der Frau zu Mutterschaft und Ehe sowie strikt getrennte Lebens- und Arbeitsbereiche für Mann und Frau. Während für den Mann Erwerbsarbeit, Öffentlichkeit und Staat reserviert sein sollten, war das dem Mann untergeordnete "Reich" der Frau ihr

---

38 S. hierzu ausführlich Jellonnek, S.57-79.

39 Darauf deuten die Zeilen eines homosexuellen Nazis hin, dem Anfang 1932 ausnahmsweise in den "Mitteilungen" des WhK die Möglichkeit gegeben worden war, sich zur diesbezüglichen Position seiner Partei zu äußern. S. Mitteilungen des Wissenschaftlich-Humanitären Komitees 1926-1933. Faksimilie-Nachdruck. Hg. Friedemann Pfäfflin. Hamburg 1985, Nr.32 v. Jan./März 1932, S.344f.

Haus, ihre Familie. Diese geschlechtsspezifische Arbeitsteilung mit den daran geknüpften unentgeltlichen Reproduktionsarbeiten war nicht nur für die Bevölkerungspolitik, sondern auch ökonomisch von großer Bedeutung. Um diese Benachteiligung zu verschleiern, wurde betont, die Frau sei nicht etwa etwas "Minderwertiges", sondern nur etwas "Anderwertiges"[40] (Goebbels). Daß die Realität des "Dritten Reiches", z.B. bezüglich der Frauenerwerbsarbeit, von diesen "Idealvorstellungen" oft erheblich abwich, bedeutete jedoch keine prinzipielle Abkehr von diesen Positionen.

Eine pronatalistische, auf eine Steigerung der Geburtenrate abzielende Bevölkerungspolitik war eine unabdingbare Voraussetzung für die von den Nazis angestrebte kriegerische Eroberungspolitik - besonders angesichts eines Geburtendefizits, das zwischen 1915 und 1933 - im Vergleich zu den 18 vorangegangenen Jahren - auf 14 Millionen geschätzt wurde.[41] 1933 hatte Reichsinnenminister Frick in einer programmatischen Rede vor dem "Sachverständigenbeirat für Bevölkerungs- und Rassenpolitik", einem wichtigen bevölkerungspolitischen Gremium im Innenministerium, zusätzlich "30% an Gebärleistungen der deutschen Frauen" eingeklagt, "um den *Volksbestand in der Zukunft zu sichern*",[42] und 1934 die Zahl auf 300.000 fehlende Geburten jährlich präzisiert.[43]

Eine Ehe war unter diesen Voraussetzungen nicht Selbstzweck, nicht "mehr nur Sache der Liebe, sondern steht unter politischer Verantwortung, unterliegt den Forderungen der Rassenpflege und Rassenpolitik. Kinder zeugen und gebären ist eine nationale Pflicht <...>".[44] Die "echte Frau", so hieß es im "Schwarzen Korps", dem Organ der SS, leide schwer unter Ehelosigkeit, "aber sie leidet nicht an dem ihr fehlenden Geschlechtsverkehr, sondern an dem ihr fehlenden Kind, an der Nichterfüllung ihrer Bestimmung zur Mutterschaft."[45]

Die trotz des angeblichen "Muttertriebs" nach wie vor bestehenden kinderlosen Ehen wurden demzufolge heftig attackiert. Der prominente Bevölkerungswissenschaftler Friedrich Burgdörfer (1890-1967) etwa bezeichnete sie als "völkische Fahnenflucht",[46] und Walter Bohm sprach von "biologischem Hochverrat".[47] Auf

---

40 Joseph Goebbels: Rede zur Eröffnung der Ausstellung "Die Frau" am 18.3.1933, zit.n. Norbert Westenrieder: "Deutsche Frauen und Mädchen!" Vom Alltagsleben 1933-1945. Düsseldorf 1984, S.11.

41 Rita Thalmann: Frausein im Dritten Reich. München, Wien 1984, S.123.

42 Wilhelm Frick: Bevölkerungs- und Rassenpolitik. Ansprache des Reichsministers des Innern Frick auf der ersten Sitzung des Sachverständigenbeirats am 28.6.1933. Langensalza 1933, S.6, Hervorheb.i.Org.

43 Ders.: Die deutsche Frau im nationalsozialistischen Staate. Langensalza 1934, S.8.

44 Horst Becker: Die Familie, 1935, S.146, zit.n. "Dem Führer ein Kind schenken". Mutterkult im Nationalsozialismus, in: Hg. Elefanten Press: Frauen unterm Hakenkreuz. Berlin 1983, S.74-94, hier:80.

45 Das Schwarze Korps, 3.Jg. Folge 42 v. 21.10.1937, zit.n. ebd., S.80.

46 Friedrich Burgdörfer: Bevölkerungsentwicklung im Dritten Reich, 1937, zit.n. Westenrieder, S.31.

47 Walter Bohm: Biologischer Hochverrat, in: Natur und Gesundheit 5, 1944, S.23-26, zit.n.

die Propaganda allein konnte man sich jedoch zur Erreichung des gewünschten Ziels - Anstieg der Eheschließungen und damit, so hoffte man, auch der Geburtenzahlen - nicht verlassen. Deshalb wollte man einerseits bestimmte Eheschließungen und Verheiratete materiell - etwa mithilfe von Ehestandsdarlehen - fördern, verbot aber gleichzeitig die Abtreibung. Dies waren zwei - wenn auch in ihren Konsequenzen für die einzelne Frau sehr unterschiedliche - Seiten derselben Politik. Gleichzeitig standen allen Versuchen zur erzwungenen Mutterschaft Verbote von Mutterschaft gegenüber, die von Zwangssterilisation bis zum Mord reichten, wovon in erster Linie jüdische und als "erbkrank" klassifizierte Frauen betroffen waren.[48]

Die Kehrseite materieller Förderung waren finanzielle Benachteiligungen von Ledigen bzw. kinderlosen Ehen. So wurde das Ehestandsdarlehen, das bis Ende 1939 an 1,37 Millionen Ehemänner gezahlt wurde, vor allem über eine sog. Ledigensteuer finanziert.[49] Zudem mußten Ehepaare, die länger als fünf Jahre kinderlos blieben, ab Februar 1938 "Strafsteuersätze" zahlen. Wurden insbesondere Beamte und NS-Mitglieder beruflich benachteiligt, wenn sie unverheiratet und kinderlos waren, wurde die Bevölkerungsmehrheit bei Kinderlosigkeit nur steuerlich benachteiligt.

Das neue Ehe- und Scheidungsrecht, das am 1.8.1938 in Kraft trat, senkte das Heiratsalter und führte damit die "Frühehe" ein.[50] Die wichtigste Neuerung betraf jedoch das Scheidungsrecht: neben der Einführung des "Zerrüttungsprinzips" konnte nach §48 eine Ehe bei "Nachwuchsverweigerung" und Unfruchtbarkeit geschieden werden.[51] Darüber hinaus lag ein Scheidungsgrund vor, wenn "ein Ehegatte an einer schweren, ansteckenden oder ekelerregenden Krankheit leidet und ihre Heilung in absehbarer Zeit nicht erwartet werden kann" und damit "Sinn und Zweck der Ehe nicht mehr verwirklicht werden können."[52] Die Zahl der Ehescheidungen stieg von 1938 bis 1939 kräftig an;[53] in 60% der wegen "Fortpflanzungsverweigerung" oder Unfruchtbarkeit und Krankheit geschiedenen Ehen gab man der Frau die Schuld.[54]

Zwar bestand für Frauen die innereheliche "Beischlafpflicht" nach dem Bürgerlichen Gesetzbuch (§§1353 und 1568), doch einen direkten staatlichen Zwang zum Gebären konnte es nicht geben. Erstaunlicherweise wurde nur die Werbung für, nicht jedoch der Verkauf und die Herstellung von Verhütungsmitteln (insbesondere

---

Walter Wuttke-Groneberg (Hg.): Medizin im Nationalsozialismus. Tübingen 1980, S.263f.

48 Gisela Bock: "Zum Wohle des Volkskörpers...". Abtreibung und Sterilisation im Nationalsozialismus, in: Elefanten Press (Hg.) 1983, S.95-102.

49 Westenrieder, S.35f.

50 Thalmann, S.139.

51 Aus der Begründung zur Ehereform, erschienen im Reichsanzeiger Nr. 157 1938, zit.n. Westenrieder, S.31.

52 Ebd., S.31f.

53 Von 1938: 49497 Scheidungen auf 1939: 61789. S. Dirk Blasius: Ehescheidung in Deutschland 1794-1945. Göttingen 1987, S.253.

54 Westenrieder, S.32.

Kondomen) verboten, wobei sicher die Angst vor Geschlechtskrankheiten, zu deren Vermeidung ja vor allem Kondome benutzt werden sollten, eine wichtige Rolle spielte.[55] Das Abtreibungsverbot sollte zur Erhöhung der Geburtenrate beitragen: mit Gesetz vom 22.5.1933 wurden Abtreibung und Sterilisation schärfer als zuvor verfolgt, und zwar Abtreibung mit Gefängnis bis zu zwei Jahren; ab 1943 war in besonderen Fällen sogar die Todesstrafe möglich.[56] Doch auch in ihrem Kampf gegen die "Abtreibungsseuche" waren die Nazis trotz aller Strafen kaum erfolgreich. Die Zahl der Abtreibungsprozesse stieg zwar "sprunghaft" (Bock)[57] an, doch die nur sehr schwer schätzbare Zahl der illegalen Abtreibungen blieb im Vergleich zur Weimarer Republik in etwa konstant,[58] dürfte jedoch in den Kriegsjahren eher noch zugenommen haben. Als "furchtbarste Folge" dieser ehelichen und unehelichen Abtreibungen nannte Himmler 1938, "daß etwa 50000 Frauen jährlich durch Abtreibungen für immer unfähig werden, Mutter zu sein. Darüber hinaus verlieren wir Jahr für Jahr weitere 30000 Frauen, die an den Folgen der Abtreibung zugrunde gehen."[59] Diese nicht überprüfbare Aussage legt ein beredtes Zeugnis von Himmlers Zynismus ab: er beklagte vernichtetes "Mutterschaftspotential" - eine Folge der von ihm forcierten Bevölkerungspolitik.

Obwohl es die Absicht des Regimes war, ihnen genehme Frauen zu "Zuchtstuten"[60] (Göring) zu machen, war der diesbezügliche Erfolg des Regimes gering: sowohl die Zahl der Eheschließungen als auch die Zahl der Geburten stieg nur geringfügig an. Die Zahl der Heiraten nahm zwischen 1933 und 1939 nur um 840000 zu, verglichen mit den sieben davorliegenden Jahren.[61] Während die jährliche Geburtenquote im Schnitt während des "Dritten Reiches" unter dem Niveau der Weimarer Republik lag, war es den Nazis jedoch gelungen, den Trend der seit der Jahrhundertwende ständig sinkenden Geburtenzahl zu stoppen. Zwischen 1933 und 1939 stieg die Geburtenzahl erstmals von 147 auf 204 Lebendgeborene pro 10000 Einwohner; allerdings hielt der Trend zur Kleinfamilie an.[62] Der Geburtenzuwachs im "Dritten Reich" war also nicht auf eine größere "Gebärfreudigkeit" der

---

55 Mit Gesetz vom 26.5.1933. S. Zur Rolle der Frau in der Geschichte des deutschen Volkes (1830-1945). Hg. Hans-Jürgen Arendt/Siegfried Scholze. Leipzig 1983, S.226.

56 Gesetz vom 22.5.1933, RGBl.I S.295. §226a betraf die Sterilisation; §§219 und 220 wurden zusätzlich zu §218 eingeführt und kriminalisierten die Abtreibung. S. Bock 1983, S.95 sowie Jill Stephenson: Women in Nazi society. London 1975, S.62, 68.

57 Bock 1983, S.100. Westenrieder, S.38, nennt für 1938 "knapp 7000" gerichtlich bekannte Fälle, gegenüber etwa 4000 Ende der 20er Jahre.

58 Stephenson, S.68, spricht von etwa 6-700000 Abtreibungen jährlich, was etwa den Zahlen von 1918-1933 entsprochen habe.

59 Heinrich Himmler: Ahnen und Enkel, in: Der Hoheitsträger, 2. Jg. Dez. 1938, S.10-12, hier: 10.

60 S. Thalmann, S.157: "Mit den Worten 'Zuchtstute oder Arbeitspferd' erklärt Reichsmarschall Göring im April 1942 Fritz Sauckel, dem Generalbevollmächtigten für Arbeitseinsatz, das Dilemma, vor dem die Machthaber des Regimes hinsichtlich der Frauen stehen."

61 Ebd., S.124.

62 Westenrieder, S.37f.

einzelnen Frau zurückzuführen, sondern darauf, daß sich mehr Frauen dazu bereit fanden, Mutter zu werden.[63]

Bevölkerungspolitik und weibliche Homosexualität

Insbesondere lesbische Frauen waren von der Propaganda gegen die ledige und die kinderlose Frau betroffen, da sie aus naheliegenden Gründen in stärkerem Maß unverheiratet waren als heterosexuelle Frauen.[64] Nach 1933 heirateten etliche, um dem gesellschaftlichen Druck zu entgehen und um sich zu tarnen. War der Ehemann nicht über ihre wahre Orientierung informiert oder war er nicht bereit, darauf Rücksicht zu nehmen, so waren auch lesbische Frauen bspw. mit dem Problem einer ungewollten Schwangerschaft konfrontiert. Im günstigsten Fall konnten die Frauen einen homosexuellen Mann heiraten, dem die Eheschließung ebenfalls größeren, wenngleich keineswegs absoluten Schutz bot. Einen solchen Fall schildert eine Frau, die in einem großen Verlag in Berlin Modezeichnerin war und die das "Dritte Reich" als "Zeit der Maskierung" bezeichnete. Über die Veränderungen in ihrem Leben nach 1933 schreibt sie:

> "Ich lebte schon seit Jahren mit meiner Freundin zusammen. Manchmal munkelten die Leute: 'Haben die was zusammen?' Als das Dritte Reich 'ausbrach', hieß es dann bösartig: 'Die haben doch was zusammen!' Da waren die Hauswarte und Blockwarte, die in unser Privatleben 'hineinleuchteten' und Meldungen erstatten sollten. Unsere Zimmervermieterin wurde ausgefragt, ob sie etwas über unser 'Intimleben' wüßte. Eines Tages kam unser Chefredakteur zu mir ins Atelier und sagte ungeduldig, ich müsse endlich heiraten oder er könne mich nicht weiter beschäftigen."[65]

Die Modezeichnerin und ihre Freundin beschließen, mit zwei homosexuellen Freunden zusammenzuziehen und so zu tun "als ob".

> "Aber damit hatten wir den 'Geboten der neuen Zeit' noch nicht Genüge getan. Wieder war es der Hauswart mit dem Parteiabzeichen, der uns sagte: 'Sie können doch nicht in wilder Ehe leben, das ist nicht im Sinne des Führers.' Dabei war der Mann nicht böswillig, sondern ein netter Berliner. Immerhin, wenn der schon so redete...Also beschlossen wir zwei Frauen, unsere zwei Freunde zu heiraten. Das jedoch stürzte uns in neue Konflikte. Ich brauchte jedenfalls lange, um mich daran zu

---

63 Ebd.

64 Verläßliche Zahlen über die lesbische Population gibt es nicht; geht man jedoch von den von Alfred Kinsey 1938 in den USA ermittelten 4% an der Gesamtbevölkerung aus, so ergeben sich für das Deutsche Reich etwa 1,4 Millionen lesbische Frauen.

65 K.v.Sch.(anonym): Es begann die Zeit der Maskierung, in: Hg. Rolf Italiaander: Wir erlebten das Ende der Weimarer Republik. Düsseldorf 1982, S.98f., hier:98.

> gewöhnen, daß mich jemand fragte, wie es meinem Mann ginge. 'Wieso?' fragte ich zurück. Und erst dann fiel mir ein, daß ich mich mit einer Heirat tarnte."[66]

Daß dies kein Einzelfall war, bestätigten mir einige meiner Interviewpartnerinnen, die nach 1933 aus den gleichen Gründen geheiratet hatten.[67]

Was andererseits lesbische Frauen für die Bevölkerungspolitik bedeuteten, wurde in den Strafrechtsdebatten im Reichsjustizministerium (RJM) deutlich, in denen es um die Verschärfung des §175 und die erörterte Ausdehnung auf Frauen ging. Zwar gab es einige Nationalsozialisten - wie z.B. den Juristen Rudolf Klare, der sich besonders für die "Lösung der Homosexuellenfrage" engagierte -, die die Gefahr einer "Verführung" heterosexueller durch lesbische Frauen heraufbeschworen, und die den so entstandenen Geburtenausfall anprangerten. Insbesondere bei der "angeborenen Tribadie[68]", die sich auf die "Verführung" heterosexueller Frauen spezialisiert habe, sei diese Gefahr groß. Der Staat, so formulierte es ein anderer Jurist, habe ein großes Interesse daran, "daß der normale Geschlechtsverkehr <...> im Vordergrund steht und nicht durch andere Perversitäten beeinträchtigt werden soll".[69] In der Mehrzahl waren die Juristen und Bevölkerungspolitiker jedoch offenbar der Meinung, daß die Gefahr der "Verführung" bei Frauen für den Staat deswegen "lange nicht so groß" sei wie bei homosexuellen Männern, da "eine verführte Frau dadurch nicht dauernd dem normalen Geschlechtsverkehr entzogen werde, sondern bevölkerungspolitisch nach wie vor nutzbar bleiben werde".[70] Denn es werde, so wurde argumentiert, "durch die Ausübung dieses Lasters die Psyche der Frau lange nicht so beeinträchtigt wie beim Mann <...>."[71] Die "lesbisch veranlagten Frauen" seien "trotzdem fortpflanzungsfähig" geblieben.[72] Der misogyne Philosoph Ernst Bergmann rief 1933 gar dazu auf, das "Geschlecht der Mannweiber" "zwangsweise zu begatten, um sie zu kurieren, müßte man nicht fürchten, daß sie ihre Entartung auf die Nachkommenschaft vererben".[73]

---

66 Ebd.

67 Auch Kokula 1984, S.157, bestätigt diese Beobachtung aufgrund eigener Interviews.

68 Ab der Jahrhundertwende gebräuchlicher Begriff für weibliche Homosexualität (griech.-lat. Ursprungs).

69 Bundesarchiv Koblenz (BA) R 22/973, Bl.4. Senatspräsident Klee am 18.9.1934 auf der 45. Sitzung der Strafrechtskommission im RJM.

70 BA R 61/127, Bl.198. Ministerialdirigent Schäfer am 2.3.1936 im "Unterausschuß für Rechtsfragen der Bevölkerungspolitik" der Akademie für Deutsches Recht.

71 Ebd.

72 BA R 61/332, Bl.332. Landesgerichtspräsident Strauß am 16.4.1937 im "Erweiterten Ausschuß für Strafrecht" der Akademie für Deutsches Recht. - Diese Erklärung bestätigt auch Stephenson, S.63: "Female homosexuality was treated simply as undesirable but not particularely damaging, since it was believed that lesbians were also often heterosexual and therefore much less likely than homosexual men to fail to contribute to the birth rate." Dies ist eine der ganz wenigen Stellen in der Faschismusforschung über Frauen, in der weibliche Homosexualität überhaupt erwähnt wird.

73 Ernst Bergmann: Erkenntnisgeist und Muttergeist. Eine Soziosophie der Geschlechter. Breslau [2]1933, S.404.

Im Gegensatz dazu galten homosexuelle Männer als "bevölkerungspolitische Blindgänger": "Je mehr 175er herumlaufen, um so weniger Nachwuchs kommt auf die Welt", formulierte es ein hochrangiger Jurist 1937 plastisch:

> "Wenn diese Leute sich zu einer Ehe entschließen sollten, dann <...> fällt ein großer Teil des männlichen Geschlechts für die Erzeugung des Nachwuchses aus. Ich habe von Ärzten gehört, daß bei einer Ehe eines 175ers das, was in der Ehe erreicht werden soll, was insbesondere der Staat erstreben muß, nicht zur Verwirklichung kommt. Es tritt insbesondere sehr häufig die psychische Impotenz auf."[74]

Der Oberlandesgerichtspräsident, der es "fürchterlich" fand, daß man im Ausland von Homosexualität als der "deutschen Krankheit" spreche, forderte ein schonungsloses Vorgehen gegen homosexuelle Männer:

> "Man muß radikal durchgreifen und muß einen unverbesserlichen 175er entmannen. Um solchen Kerl ist es nicht schade.<...> Vielleicht kommt auch noch eine kleine Sicherungsverwahrung in Betracht.<...> Wir stehen hier vor einer Tatsache, die für unsere Bevölkerungspolitik schwerste Folgen hat."[75]

Anders ausgedrückt: im Zentrum der Homosexuellengesetzgebung stand "in erster Linie der Zeugungswille des deutschen Mannes".[76] Thierack, Justizminister ab 1942, bestätigte dies 1934: Der Zweck des "Unzuchts"paragraphen sei "doch nur der Schutz der Zeugungsfähigkeit. Die Frau ist - anders als der Mann - stets geschlechtsbereit."[77] Und so hieß es denn auch 1935 in der Begründung der Strafrechtskommission im Reichsjustizministerium zur Nichtausdehnung des §175 auf Frauen:

> "Bei <homosexuellen,C.S.> Männern wird Zeugungskraft vergeudet, sie scheiden zumeist aus der Fortpflanzung aus, bei Frauen ist das nicht oder zumindest nicht im gleichen Maß der Fall."[78]

Diese auffallend divergierende Beurteilung von männlicher Homosexualität einerseits und weiblicher andererseits basiert auf der unterschiedlichen Beurteilung von männlicher und weiblicher Sexualität im allgemeinen. Zurückzuführen ist diese wiederum auf die unterschiedliche Bewertung von Männern und Frauen qua Geschlecht, die in einer streng geschlechterhierarchischen Gesellschaft wie dem Nationalsozialismus besonders ausgeprägt war. Die - um mit Janice Raymond zu sprechen - heterosexistische Struktur des NS-Regimes postulierte eine umfassende, "naturgegebene" Abhängigkeit der Frau vom Mann - auch und besonders in sexu-

---

74 BA R 61/128, Bl.8. Oberlandesgerichtspräsident Bertram im "Ausschuß für Rechtsfragen der Bevölkerungspolitik" der Akademie für Deutsches Recht am 16.1.1937.

75 Ebd., Bl.9.

76 Institut für Zeitgeschichte München (IfZ) MA 624, Bl.4227. Bericht über eine Tagung des RJM am 3. u. 4.2.1944 über Abtreibung, Homosexualität u.a.

77 BA R 22/973, Bl.5. Bericht über die 45. Sitzung der Strafrechtskommission des RJM am 18.9.1934.

78 Franz Gürtner (Hg.): Das kommende deutsche Strafrecht. Besonderer Teil: Bericht über die Arbeit der amtlichen Strafrechtskommission. Berlin 1935. Darin Abschnitt "Unzucht" von Gleispach, S.116-129, hier:125.

eller Hinsicht - und versuchte, diese so weit wie möglich gesetzlich und institutionell auch durchzusetzen. Basierend auf einer jahrhundertealten patriarchalischen Tradition, die Passivität zum weiblichen Geschlechtscharakter erklärte, schien eine selbstbestimmte weibliche Sexualität, und umsomehr Homosexualität, undenkbar. Daß die lesbische Lebensweise - verstanden als "Unabhängigkeit vom Mann in jeder Beziehung" (Klare) - darüber hinaus einen absoluten Affront gegen die patriarchalische Ordnung mit potentiell weitreichenden Folgen darstellte, wurde in den meisten Fällen übersehen. Oder war schon die bloße Vorstellung zu bedrohlich? Wie dem auch sei, weibliche Homosexualität wurde zumeist, wie in den oben genannten Aussagen über die allzeitige "Geschlechtsbereitschaft" und "Fortpflanzungsfähigkeit" der lesbischen Frau, als "Pseudohomosexualität" und damit "kurierbar" entschärft, wenn sie überhaupt erwähnt wurde.

Zur Aufrechterhaltung der beschriebenen heterosexistischen Gesellschaftsstruktur - und damit auch zur Durchsetzung der Frauen- und Bevölkerungspolitik - war die ständige Propagierung der Geschlechtsnormen ein wichtiges Mittel. Homosexualität stellte die Geschlechterrollen, auf denen der Staat basierte, per se infrage. Dazu George Mosse in seinem Buch "Nationalismus und Sexualität":

> "Lesbierinnen wie männliche Homosexuelle gefährdeten die Unterscheidung der Geschlechter und rückten so direkt den Wurzeln der Gesellschaft zu Leibe. Tatsächlich stellten Lesbierinnen, falls überhaupt möglich, sogar eine noch größere Bedrohung dar als männliche Homosexuelle, wenn man an die Rolle der Frau als Schutzheilige und als Mutter der Familie und der Nation denkt. Mutterschaft stand im Zentrum des Bildes der Frau, die, wie die Madonna, Keuschheit und Mutterschaft zugleich verkörpern sollte."[79]

Um einen Ausbruch von Frauen aus dieser Ordnung zu verhindern, wurde ihnen mit dem Vorwurf der "Vermännlichung" gedroht, dem auf der andern Seite die fast noch größere Abscheu vor dem "weibischen", dem effeminierten Mann gegenüberstand, der nicht zum Krieger taugen sollte. Die Drohung, keine "richtige" Frau zu sein und damit die Existenzberechtigung zu verlieren, betraf prinzipiell alle, nicht nur lesbische Frauen. Die "Vermännlichung" konnte sich auf Äußerlichkeiten wie Kleidung und Frisur beziehen. So hieß es im NS-Frauenbuch von 1934 warnend:

> "Zeigen sich in der Frauenkleidung Merkmale einer Geschlechtsverwischung, wie das Betonen eines schmalen Unter- und eines breiten Oberkörpers, also ein Anlehnen an männliche Körperformen, so sind das Entartungserscheinungen einer fremden Rasse, die fortpflanzungsfeindlich und daher volkszerstörend sind. Gesunde Rassen werden Geschlechtsunterschiede nicht künstlich verwischen."[80]

Dieses Normbild beeinflußte auch lesbische Frauen. Zwei meiner Interviewpartnerinnen betonten, daß sich viele Frauen aus ihrem Freundinnenkreis nach 1933 die Haare hätten wachsen lassen und femininere Kleider - das Tragen von Hosen war sowieso unmöglich und konnte nach §183 (Erregung öffentlichen Ärgernisses)

---

79 Mosse 1985, S.129.

80 NS-Frauenbuch 1934, zit.n. Westenrieder, S.47.

kriminalisiert werden - wählten, um Anpöbeleien auf der Straße zu vermeiden. Frieda S., die einen homosexuellen Mann geheiratet hatte, wurde als "ungermanisch" beschimpft, da sie hartnäckig an ihrem Bubikopf festhielt.[81]

Auch das Eindringen in als männlich reklamierte (Arbeits)Bereiche und Verhaltensformen - "eine deutsche Frau raucht nicht" - wurden als "vermännlicht" disqualifiziert. Andererseits, so klagte Goebbels, fördere gerade das vom Regime vorgeschriebene militaristische Gehabe in den NS-Frauenorganisationen die "Verrohung und Vermännlichung unserer Frauen".[82]

Himmler und die "neue Moral"

Auch Himmler (1900-1945) prangerte die "Vermännlichung" der Frau an und sah im Abweichen von der Geschlechterpolarität eine Ursache für die Homosexualität.[83] Was Himmler zur Homosexualität zu sagen hatte, war bedeutsam, unterstand ihm doch als "Reichsführer-SS und Chef der Deutschen Polizei" ab 1936 die zentrale Organisation zur Erfassung und Verfolgung Homosexueller, die "Reichszentrale zur Bekämpfung der Homosexualität und Abtreibung", sowie die lokalen Polizeibehörden. Bekannt ist, daß sich Himmler 1937 mehrmals zur Homosexualität äußerte.[84] In einer Rede vor SS-Gruppenführern im Februar 1937 äußerte er die Befürchtung, mangelnde "weibliche Reize" könnten im "Männerstaat" zur Homosexualität führen:

> "Wir dürfen die Qualität des Männerstaates und die Vorzüge des Männerbundes nicht zu Fehlern ausarten lassen. Wir haben insgesamt m.E. eine viel zu starke Vermännlichung unseres ganzen Lebens, die so weit geht, daß wir unmögliche Dinge militarisieren, daß wir - das Wort darf ich hier ganz offen aussprechen - nichts können in der Perfektion, als Menschen antreten, ausrichten und Tornister packen lassen. Ich empfinde es als eine Katastrophe, wenn ich Mädel und Frauen sehe - vor allem Mädel -, die mit einem wunderbar gepackten Tornister durch die Gegend ziehen. Da kann einem schlechtwerden. Ich sehe es als Katastrophe an, wenn Frauenorganisationen, Frauengemeinschaften, Frauenbünde sich auf einem Gebiet betätigen, das jeden weiblichen Reiz, jede weibliche Anmut und Würde zerstört. Ich sehe es als Katastrophe an, wenn wir die Frauen so vermännlichen, daß mit der Zeit der Geschlechtsun-

---

81 Interview mit Johnny F. am 13.5.1987, Margarete Knittel am 5.5.1986 und Frieda S. am 9.4.1986.

82 Goebbels 1942, zit.n. Westenrieder, S.51.

83 Eine lesenswerte Himmler-Biographie findet sich bei Plant, S.71-104.

84 Himmler, S.10: hier erwähnt Himmler eine Rede, die er 1937 in Stuttgart über "bestimmte Schäden, die ich als Chef der deutschen Polizei bekämpfe, vor allem über die Frage der Homosexualität", hielt. Ein Bericht darüber befand sich offenbar in "Der Hoheitsträger"

terschied, die Polarität verschwindet. Dann ist der Weg zur Homosexualität nicht weit."[85]

Und in einer Rede im Juni 1937 vor dem "Sachverständigenbeirat für Bevölkerungs- und Rassenpolitik" im Reichsinnenministerium sah Himmler die größte Gefahr darin, daß homosexuelle Männer zur "Tarnung" heirateten, dadurch die Ehefrauen, die Himmler auf eine Million bezifferte, zum Ehebruch trieben und, schlimmer noch, deren generatives Potential "blockierten".[86] Die in solchen Ehen zur "Tarnung" in die Welt gesetzten Kinder seien zusätzlich noch - da durch die "Anlage" zur Homosexualität belastet - erbbiologisch minderwertig (was aber für Himmler hier offenbar nur von zweitrangiger Bedeutung war):

> "Ich will Ihnen offen zugeben: wir alle haben noch vor zwei oder drei Jahren gesagt: völlig ausgeschlossen, daß der Mann homosexuell ist; er hat ja Kinder, so nette, reizende Kinder und eine nette Frau! Das ist aber gar nicht ausgeschlossen. In der Mehrzahl dieser Fälle heiratet dieser Feigling von Mann die Frau und setzt noch zwei oder drei Kinder in die Welt, die meiner Überzeugung nach noch mit dem Hang zur Homosexualität belastet sind und sein wirkliches Ausleben hat er mit seinen homosexuellen Freunden und Jungen. Die Frau geht drüber kaputt und dann kommt der Fehltritt. Dann heißt es: diese schlechte Frau hat Ehebruch getrieben und ihren Mann betrogen, und dabei hat sie doch ihre Kinder! Das ist eine sexuelle Belastung, diese 1 Million Frauen, deren Männer sich dem gleichen Geschlecht zugewendet haben. Das ist viel, viel schlimmer, als Sie alle annehmen."[87]

In einer Rundfunkansprache im Januar 1937 äußerte sich Himmler auch vor einer großen Zuhörerschaft.[88] In dieser Rede anläßlich des "Tages der Deutschen Polizei" nennt Himmler die Bekämpfung der Homosexualität und Abtreibung als die zwei Hauptaufgaben der Polizei, denn ein "Fortleben dieser beiden Seuchen" bringe "jedes Volk an den Abgrund". Deshalb sei er "unnachsichtig an die Verfolgung dieser Scheußlichkeiten herangegangen", und zwar nach der bekannten zweigleisigen Methode: "unbarmherziges Vorgehen gegen die Verführer" einerseits und "Erziehung verführter junger Burschen" andererseits.[89] Nicht zufällig nannte Himmler in dieser öffentlichen Rede keine Zahlen. An anderer Stelle schätzte er 1-2 Millionen "Homosexuelle in Deutschland" - gemeint waren Männer. Seine "Experten" sprachen gar von 2-4 Millionen - eine Zahl, die Himmler jedoch zu hoch fand.[90] Diese Zahlen sind freilich mit Vorsicht zu genießen; sie dienten

---

2/1937 und 3/1938; beide Folgen standen mir jedoch nicht zur Verfügung. -

85 Himmler am 18.2.1937 vor SS-Gruppenführern in Bad Tölz, zit.n. Bradley F. Smith/Agnes F. Peterson (Hg.): Heinrich Himmler: Geheimreden 1933-1945 und andere Ansprachen. Frankfurt/M. 1974, S.93-104, hier:99.

86 BA NS 2/41, Bl.57-73. Rede Himmlers am 15.6.1937 vor dem Sachverständigenbeirat für Bevölkerungs- und Rassenpolitik.

87 Ebd., Bl.60.

88 BA NS 19/4004, Bl.1ff. Rundfunkansprache Himmlers anläßlich des "Tages der Deutschen Polizei" am 15.1.1937.

89 Ebd., Bl.4f.

90 Himmler am 18.2.1937, zit.n. Hg. Smith/Peterson, S.93.

u.a. dazu, das scharfe Vorgehen gegen homosexuelle Männer zu rechtfertigen. Legt man jedoch wiederum die von Kinsey geschätzten 4% zugrunde, so dürfte sich die Anzahl homosexueller Männer auf etwa 1,4 Millionen belaufen haben und kam damit der von Himmler geschätzten nahe.

Explizit ging Himmler in seinen mir bekannten Reden auf lesbische Frauen nicht ein. Wurde er jedoch in der Praxis mit weiblicher Homosexualität bzw. dem Verdacht derselben konfrontiert, war er um eine "Lösung" nicht verlegen, insbesondere wenn es die (bislang kinderlose) Ehe eines hochrangigen SS-Mannes betraf. So bspw. im Fall des SS-Gruppenführers und Befehlshabers der Ordnungspolizei im Generalgouvernement Polen, Herbert Becker, der an der Deportation von deutschen Juden nach Polen beteiligt war.[91] Offenbar hatte Himmler aus einem Briefwechsel zwischen Beckers Frau und einer Frau W. auf ein lesbisches Verhältnis zwischen beiden Frauen geschlossen und daraufhin Becker zur Rede gestellt. Was zwischen beiden Frauen tatsächlich "vorgefallen" war, läßt sich nicht feststellen - der inkriminierte Briefwechsel und die näheren Umstände seiner Entdeckung sind nicht bekannt. Wichtig ist, wie Himmler mit einem solchen Verdacht umging.

Zur Rede gestellt versicherte Becker seinem Reichsführer in einem Brief vom 13.2.1943, daß seine Frau

> "niemals, auch nicht ein einziges Mal, diese Verirrung ausgeübt habe und daß sie das auch niemals tun werde. Sie habe gar keinen Sinn für solche Widernatürlichkeiten und habe sich im Gegenteil vom Beginn ihrer Ehe an nichts sehnlicher gewünscht als Kinder!<...> Meine Frau gibt ferner an, daß Frau W. niemals auch nur andeutungsweise den Versuch gemacht habe sich ihr in der in Rede stehenden Weise zu nähern."

In der Tat, so gibt Becker zu, sei die Freundschaft zwischen den Frauen

> "außerordentlich herzlich gewesen. Dementsprechend herzlich sei auch der Ton ihrer Briefe gewesen. Die überschwengliche und verstiegene Ausdrucksweise erkläre sich einerseits daraus, daß Frau W., die sich für eine Schriftstellerin hält, einen pretiösen Stil bevorzugt habe und andererseits daraus, daß meine Frau, gequält von tiefstem Mitleid mit der vermeintlich gänzlich unschuldig in Verdacht geratenen Frau W., sich selbst in eine derartig übertriebene Schreibweise hineinsteigerte. Alles was in den Briefen geschrieben stehe, erkläre sich aber entweder völlig harmlos oder es sei dummes Zeug und habe jedenfalls mit lesbischer Liebe nicht das geringste zu tun."[92]

Becker versprach Himmler weiterhin, sich nicht, wie er vorhatte, scheiden zu lassen, sondern "zu einem klaren, von nationalsozialistischen Erkenntnissen getragenen ehelichen Zusammenleben" zurückzufinden, und er hoffte, "in der Zukunft auch mit Kindern gesegnet zu werden". Das war der Preis, um dessentwillen Himmler ganz pragmatisch bereit war, die erhobenen Vorwürfe zu vergessen: Beckers Ehe solle "durch die Geburt von Kindern den wahren, bleibenden Sinn und

---

91 BDC, Personalakte Herbert Becker, Bl.56944ff. Den Hinweis auf diese Akte verdanke ich Burkhard Jellonnek.

92 Ebd., Bl.56944f.

Inhalt"[93] erhalten. Nicht bekannt ist, ob Beckers Frau diesem Befehl Himmlers nachkam, und auch nicht, ob Frau W. eine ebensolche "Bewährungsprobe" eingeräumt wurde.

Es ist bekannt, daß Himmlers Ansprüche an SS-Angehörige in bevölkerungs- und "rassen"politischer Hinsicht besonders weitgehend waren: so sollte für SS-Ehepaare die "Mindestkinderzahl einer guten und gesunden Ehe" bei vier liegen.[94] Himmlers diesbezügliche Vorstellungen beschränkten sich jedoch nicht auf seine Elite-Organisation. Nach dem Krieg sollte jede "arische" Frau unter 35 Jahren, ob verheiratet oder ledig, zur Geburt von vier Kindern verpflichtet werden! Nach den Worten von Kaltenbrunner, Chef des Reichssicherheitshauptamtes ab 1943, sollten diese Kinder von "reinrassigen einwandfreien deutschen Männern" stammen; dabei sollte es keine Rolle spielen, ob die Erzeuger bereits verheiratet waren.[95]

Besonders ab 1939 gab es Vorschläge zur "unorthodoxen" Geburtensteigerung. Ein Autor beklagte schon 1933 das "riesengroße Brachfeld" lediger Frauen, deren "prangende Tragfähigkeit auszunutzen" sei.[96] Himmler, die SS, der "Stellvertreter des Führers", Hess u.a. forderten eine "neue Moral", die nicht in den bürgerlichen, kirchlich geprägten Sexual- und Ehevorstellungen befangen sein sollte. Hierbei ging es in erster Linie um die Frage der unehelichen Mutterschaft, die Stellung unehelicher Mütter und Kinder, aber auch um die Frühehe.

In seiner bereits erwähnten Rede vor dem Sachverständigenbeirat im Juni 1937 forderte Himmler, diese Probleme "mit einer einigermaßen germanischen Großzügigkeit"[97] zu behandeln. "Soldatisch gesehen" sei diese Frage sehr wichtig: die (potentiellen) unehelichen Kinder, die derzeit noch abgetrieben würden, ergäben in 30 Jahren eine zusätzliche Armee von 400000 Mann. Himmler rügte den "pharisäischen" Umgang der Partei mit Sexualität nach dem Motto "Zuerst Eheschließung und dann Zeugung":[98]

> "Denn alles, was wir hier zu stark einschränken, landet drüben auf der andern Seite bei den Homosexuellen. Irgendwo geht es hin, irgendwohin weicht es ab. Wenn wir die Natur absperren, bekommen wir die Zustände, wie wir sie heute haben",[99]

orakelte Himmler und berief sich auf Hitler, der der gleichen Meinung sei wie er.

In diesem Kampf gegen Abtreibung und (männliche) Homosexualität war das Problem der Prostitution für Himmler nur ein vergleichsweise geringes. Im Gegenteil - sie war ihm vielmehr als scheinbares Mittel zur Bekämpfung der männlichen Homosexualität willkommen. Himmler in seiner Rede vor den SS-Gruppenführern 1937:

---

93 Ebd., Bl.56989. Brief Himmlers an Becker vom 20.2.1943.
94 Himmler am 13.9.1936, zit.n. Westenrieder, S.33.
95 Westenrieder, S.44.
96 Otto Wille: Die Frau die Hüterin der Zukunft, 1933, zit.n. ebd., S.39.
97 BA NS 2/41, Bl.62.
98 Ebd., Bl.73.
99 Ebd., Bl.72.

"Wir werden auf dem Gebiet <der Prostitution,C.S.> großzügig bis dorthinaus sein; denn man kann nicht einesteils verhindern wollen, daß die ganze Jugend zur Homosexualität abwandert und andererseits jeden Ausweg sperren. Das ist Wahnsinn. Schließlich bringt jede Möglichkeit, mit Mädchen in Großstädten zusammenzukommen - auch wenn es für Geld ist -, die ich zusperre, ein großes Kontingent auf die andere Seite."[100]

Dies hieß allerdings nicht, daß Prostituierte, die sich etwa der rigiden Reglementierung der Prostitution zu entziehen versuchten, auf milde Behandlung hoffen konnten. Die Gesetzesnovelle vom 26.5.1933 zum §361,6 StGB bot Handhabe für die Verhaftung zahlreicher Prostituierter und solcher Frauen, die man unter dem Vorwand der Prostitution beseitigen wollte. Daß der "Freier" dagegen keinen Schikanen ausgesetzt war, ist wiederum ein schlagender Beweis für die herrschende Doppelmoral, die außereheliche Sexualität von Männern tolerierte, während sie bei Frauen sanktioniert wurde.

Nach Kriegsbeginn und besonders nach den großen Verlusten der deutschen Armee in der Sowjetunion war eine Geburtensteigerung unerläßlich; insbesondere Himmler intensivierte deshalb seine Bemühungen nach dem Motto "Der Wille zum Kind sichert erst den Sieg". Sein Befehl für SS- und Polizeiangehörige vom Oktober 1939, mit deutschen "Frauen und Mädel(n) guten Blutes" außerehelich Kinder zu zeugen, erregte öffentliche Empörung.[101]

Zu einer offiziellen Propagierung der Zeugung unehelicher Kinder oder der Polygamie kam es jedoch während des Krieges nicht mehr.[102] Die geplanten Methoden zur Geburtensteigerung standen zu sehr den bürgerlichen Moralvorstellungen der Bevölkerungsmehrheit entgegen. Besonders die weiblichen NSDAP-Mitglieder äußerten sich ablehnend; so betonte etwa "Reichsfrauenführerin" Gertrud Scholtz-Klink in einer Rede vor leitenden Parteigenossen im Februar 1938, daß "die Familie die Grundlage des Staates war, ist und ewig bleiben wird durch Menschen unserer Art."[103]

Die Bestrebungen Himmlers u.a. zeigen, daß Ehe und Mutterschaft im Nationalsozialismus keineswegs "heilig", sondern nur ein Mittel zur Durchsetzung der nationalsozialistischen Bevölkerungs- und "Rassen"politik waren. Da die Ehe- und Familienstrukturen zur Durchsetzung der kriegerischen Eroberungspolitik nicht ausreichten, sollten neue, "unbürgerliche" Wege beschritten werden. Obwohl Himmler sich zur Durchführung seiner menschenzüchterischen Vorstellungen weitgehend auf den "Lebensborn" beschränken mußte, ändert dies nichts an der totalen Verfügungsgewalt des NS-Staats, der heterosexuelle wie lesbische Frauen

---

100 Himmler am 18.2.1937, zit.n. Hg. Smith/Peterson, S.98.

101 Befehl Himmlers für SS und Polizei zur außerehelichen Kinderzeugung v. 28.10.1939, zit.n. Westenrieder, S.42.

102 Westenrieder, S.40; Stephenson, S.63ff. Das Unehelichenrecht wurde nicht umfassend geändert, es blieb im wesentlichen bei Reformvorschlägen.

103 Rede Scholtz-Klinks vor leitenden Parteigenossen, Februar 1938, zit.n. Westenrieder, S.40.

betraf. Sexualität durfte keine Privatangelegenheit sein - oder um mit Himmler zu sprechen:

> "Alle Dinge, die sich auf dem geschlechtlichen Sektor bewegen, sind jedoch keine Privatangelegenheit eines einzelnen, sondern sie bedeuten das Leben und Sterben des Volkes.<...>. Das Volk, das sehr viel Kinder hat, hat die Anwartschaft auf die Weltmacht und Weltbeherrschung."[104]

"Zurück zu Heim und Herd?"

Die Bemühungen der Nazis, Frauen mithilfe von Propaganda und finanziellen Anreizen, wie etwa dem Ehestandsdarlehen, in Ehe und Mutterschaft als ihren "eigentlichen Beruf" zu verbannen, wurden begleitet von dem Versuch, sie aus allen einflußreichen öffentlichen Bereichen, insbesondere von politischer und juristischer Verantwortung und aus Berufen mit hohem Sozialprestige auszuschließen. Aber auch in weniger qualifizierten Berufen gab es Benachteiligungen, z.B. finanzieller Art. Nicht zuletzt unverheiratete lesbische Frauen, die zur Erwerbsarbeit gezwungen waren, waren von diesen Maßnahmen mitbetroffen.

Am rigorosesten konnte das Regime dort vorgehen, wo der Entlassung keine privatwirtschaftlichen Interessen entgegenstanden: dies betraf die "Staatsdienerinnen", die Beamtinnen und Angestellten im öffentlichen Dienst - eine allerdings relativ kleine Gruppe.[105] Mit dem "Gesetz zur Wiederherstellung des Berufsbeamtentums" vom 7. April 1933, das sich in erster Linie gegen politische Gegner richtete, suspendierte man auch jüdische und weibliche Beamte. Das am 1. Juni 1933 verabschiedete "Gesetz zur Verminderung der Arbeitslosigkeit", das im übrigen die unter Brüning durchgeführte Kampagne gegen "Doppelverdiener" vom Mai/Juni 1932 fortsetzte, schrieb die Entlassung verheirateter Beamtinnen vor, wenn das Einkommen des Mannes zum Lebensunterhalt ausreichte, und ermöglichte weitere Benachteiligungen.[106]

Neben staatspolitisch brisanten Positionen wie der Justiz[107] wurden Frauen auch aus anderen Berufen mit hohem Sozialprestige ausgeschlossen: vom Mai 1934 an

---

104 Himmler am 18.2.1937, zit.n. Hg. Smith/Peterson, S.93.

105 Westenrieder, S.61. So machten die Beamtinnen 1933 nur 1% und die weiblichen Angestellten im öffentlichen Dienst 4% aller weiblichen Erwerbstätigen aus.

106 Thalmann, S.98.

107 Ebd., S.99. Sie durften kein Richteramt mehr ausüben - eine Möglichkeit, die ihnen erst ab 1922 zugestanden worden war. Rechtsanwältinnen durften ab Dezember 1935 nicht mehr vor Gericht plädieren oder eine eigene Praxis haben.

war Frauen die freie Ausübung des Arztberufes untersagt (dies galt ab Februar 1935 auch für Zahnärztinnen).[108] Darüber hinaus wurde mit der Verordnung vom 28.12.1933 betreffend "die Überfüllung der Schulen und Hochschulen" die Zahl der Studentinnen auf 10% beschränkt,[109] was jedoch z.T. im Lauf des Krieges rückgängig gemacht wurde. Auch war das Regime aufgrund der Wiedereinführung der Wehrpflicht im März 1935 und der Umstellung der Wirtschaft auf den Krieg ab etwa 1936 gezwungen, verschiedene der o.g. Verordnungen aufzuheben. So wurde das weibliche Personal der unteren und mittleren Dienstränge im öffentlichen Dienst wiedereingestellt. Eine Anordnung Hitlers vom 8.6.1937 bekräftigte jedoch noch einmal, daß höhere Posten im öffentlichen Dienst prinzipiell Männern vorbehalten seien.[110]

Obwohl die Nationalsozialisten[111], und insbesondere Hitler, im Prinzip die außerhäusliche Erwerbsarbeit von Frauen nicht wünschenswert fanden, blieb die Anzahl der beschäftigten Frauen im "Dritten Reich" relativ stabil, jedoch sank ihre Qualifikation. Vor allem in den ersten beiden Jahren der NS-Herrschaft wurde die Frauenerwerbsarbeit intensiv bekämpft; es hieß, Frauen würden Männern die Arbeitsplätze wegnehmen. So wurden sie zum Sündenbock für die hohe Arbeitslosigkeit gemacht. Parallel dazu wurde versucht, Frauen mithilfe der familienpolitischen Maßnahmen aus dem Erwerbsleben zu drängen: 350000 Ehefrauen, deren Männer das Ehestandsdarlehen erhielten, schieden aus dem Berufsleben.[112]

Die frauenpolitischen Ideal- und Propagandavorstellungen - "zurück zu Heim und Herd" - wurden später zumindest teilweise den kriegspolitischen Erfordernissen untergeordnet. Die militärische und wirtschaftliche Aufrüstung wirkte einer Einschränkung der Frauenerwerbsarbeit entgegen - diese nahm sogar zu.[113]

Die Nationalsozialisten versuchten, die Frauenerwerbsarbeit ideologisch mit der Mutterschaft und dem erwünschten Bevölkerungszuwachs zu vereinbaren - dies lief auf die ohnehin praktizierte Doppelbelastung hinaus. Eine Umschichtung der Frauenarbeit in Richtung Haus- und Landwirtschaft, Kranken- und Wohlfahrtspflege, also in als "fraulich" bezeichnete Berufe, gelang nur in geringem Maß. Die aggressive Eroberungspolitik der Nazis, der Einsatz von Millionen von ZwangsarbeiterInnen aus den besetzten Gebieten sowie die totale Ausbeutung der Arbeitskraft von KZ-Häftlingen[114] führten dazu, daß es auch während des Krieges nicht zu

---

108 Thalmann, S.100.

109 Ebd., S.105. Gleichzeitig durfte die Gesamtzahl der jährlichen Neuimmatrikulationen 15000 nicht übersteigen.

110 Ebd., S.102.

111 Die Nationalsozialistinnen wollten zumindest die "fraulichen", sprich: fürsorgerischen und erzieherischen Berufe für sich in Anspruch nehmen.

112 Westenrieder, S.62

113 Ebd., S.71f. 1939 waren 12.700.200 Frauen erwerbstätig (1933: 11.479.600). Dieser Anstieg umfaßte jedoch aus den o.g. Gründen nicht sämtliche Berufe: so gab es 1939 6500 weniger Beamtinnen als 1933 und über 120000 weniger weibliche Selbständige.

114 Ebd., S.105f. Ende 1944 waren es 7,6 Mio. ZwangsarbeiterInnen (davon 30-50% Frauen).

einer generellen Mobilisierung und Dienstverpflichtung aller "arischen" Frauen kam.

Obwohl wie gesagt ein effektiver Rückgang der Frauenerwerbsarbeit nicht erreicht wurde, wurden Frauen doch konsequent aus Berufen mit hohem Sozialprestige und aus Führungspositionen entlassen und erhielten - unter Verweis auf ihre biologische "Andersartigkeit" - weniger Lohn für die gleiche Arbeit (im Durchschnitt ein Drittel weniger[115]). Von diesen staatlich angeordneten Entlassungen und Abqualifizierungen waren lesbische Frauen, die auf Erwerbsarbeit elementar angewiesen waren, besonders bedroht. Darüber hinaus kam es auch zu privatwirtschaftlichen Entlassungen, wenn die Homosexualität einer Frau bekannt war oder wurde. So berichtete eine Interviewpartnerin davon, daß zwei ihrer Freundinnen, deren Homosexualität im Betrieb bekannt war, nach der Machtübernahme bei Osram entlassen wurden.[116]

Ein Informant erzählte mir von einer lesbischen Freundin, die einen einflußreichen Posten im Reichsluftfahrtministerium bekleidete. Unter dem Vorwand ihres angeblich zu "männlichen" Aussehens wurde sie auf eine andere Stelle versetzt. (Dennoch gelang es ihr, ihre jüdische Freundin während der gesamten NS-Zeit zu schützen und zu verstecken).[117] Von einem anderen Versuch, die Homosexualität am Arbeitsplatz zu tarnen, berichtete Charlotte Landgrebe, die 1938 als 20jährige in einer kleinen Firmenabteilung arbeitete. Dort waren außer ihr zwei weibliche Angestellte, die offenbar eine lesbische Beziehung hatten. Beide versuchten sich dadurch zu tarnen, daß sie sich während der Arbeitszeit zueinander äußerst distanziert verhielten und sich sogar siezten. Sie wurden nicht entdeckt.[118]

Die NS-Frauenorganisationen

Mit dem Verbot bzw. der Selbstauflösung der verschiedenen Flügel der Frauenbewegung wurde auch eine Bewegung zerstört, die mit ihren Gleichberechtigungsforderungen die patriarchalische Ordnung prinzipiell infragestellte, und von der man annahm, daß sie nicht nur "lesbisch unterwandert" sei, sondern sich auch am ehesten für die Belange lesbischer Frauen einsetzte, obwohl das für die 20er Jahre nicht nachweisbar ist. Der Einsatz der Frauenbewegung bspw. für bessere Bildungs- und Berufschancen für Frauen war von unmittelbarem Interesse für lesbi-

---

115 Thalmann, S.159.

116 Interview mit Johnny F. am 13.5.1987.

117 Gespräch mit G.B. am 11.2.1987.

118 Brief v. Charlotte Landgrebe v. 9.4.1987.

sche Frauen, weshalb ihr Engagement für diese Belange innerhalb der Frauenbewegung nicht verwunderlich ist. Ihre Homosexualität bzw. deren gesellschaftliche Diskriminierung machten sie jedoch nicht zum Thema - die Tabuisierung der Homosexualität war selbst - oder gerade - in der Frauenbewegung zu groß. Die Zerschlagung der Frauenbewegung wurde nichtsdestotrotz von den Nazis als ein Grund für die Nichtkriminalisierung der weiblichen Homosexualität genannt und soll deshalb, zusammen mit der Etablierung einer konformen NS-Frauenorganisation, im folgenden dargestellt werden.

Mithilfe der nach dem Reichstagsbrand "zur Abwehr kommunistischer staatsgefährdender Gewaltakte" erlassenen "Notverordnung zum Schutz von Volk und Staat" vom 28. Februar 1933, mit der die meisten demokratischen Grundrechte außer Kraft gesetzt wurden, wurden gewerkschaftliche und linksoppositionelle Gruppen verboten. In diesem Zusammenhang wurden auch politisch links orientierte Frauenvereine nebst ihren Publikationen - wie Helene Stöckers "Bund für Mutterschutz und Sexualreform" und die deutsche Zweigstelle der "Internationalen Frauenliga für Frieden und Freiheit" - aufgelöst und verboten, ihre Mitglieder wurden verfolgt. Der "Bund Deutscher Frauenvereine" dagegen, der im November 1932 der "Nationalsozialistischen Frauenschaft" ein Angebot zur Zusammenarbeit gemacht und die Gemeinsamkeiten der beiden Bewegungen betont hatte, wurde vor die Wahl zwischen "Gleichschaltung" und Auflösung gestellt.[119] Gertrud Bäumer (1873-1954),[120] eine führende Vertreterin des BDF (Vorsitzende von 1910 bis 1919), befürwortete die "Gleichschaltung" - dies hätte die Anerkennung nationalsozialistischer Prinzipien, den Ausschluß der jüdischen Mitglieder, die Wahl von Nationalsozialistinnen in den Vorstand und den Beitritt zur "NS-Frauenfront" beinhaltet. Doch die Mehrheit der Mitglieder entschied sich am 15. Mai 1933, einen Tag vor Ablauf des Ultimatums, für die Selbstauflösung des BDF. Ein Teil der 60 ehemaligen BDF-Organisationen schloß sich der NS-Frauenorganisation an, so bspw. die "Reichsgemeinschaft Deutscher Hausfrauen" mit 100000 Mitgliedern; andere lösten sich auf. Von einer Organisation, die 1933 ca. 500000 Mitglieder hatte,[121] blieb nur das Organ "Die Frau" übrig, die Gertrud Bäumer bis Juni 1944 mit deutlich nationalsozialistischem Tenor herausgab.

Auch konservative und nationalistische Frauenvereine, wie z.B. der "Königin-Luisebund" oder der Frauenbund der Deutschnationalen Volkspartei wurden, nachdem sie zunächst in die "Frauenfront" (die NS-Frauenorganisation bis Oktober 1933) integriert worden waren, zwischen 1934 und 1936 endgültig aufgelöst. Ab November 1933 war die Neugründung von Frauenorganisationen verboten; mit Ausnahme der konfessionellen Vereine gab es keine eigenständigen Frauenorganisationen mehr. Der "Jüdische Frauenbund", einst Mitglied des BDF, wurde gemäß

119 Thalmann, S.89.

120 Zur Person Bäumers s. etwa: Geschichte der Frauenemanzipation in Deutschland und Österreich. Hg. Daniela Weiland. Düsseldorf 1983, S.47-51.

121 Koonz, S.143.

der antijüdischen Politik bis zu seiner Auflösung im November 1938 streng reglementiert; viele seiner 40000 Mitglieder wurden umgebracht.[122]

Parallel zur Auflösung der o.g. Vereine wurde der schon in den 20er Jahren begonnene Aufbau einer NS-Frauenorganisation fortgesetzt; aufgrund von Querelen der Frauen untereinander und dem Gerangel verschiedener Staats- und Parteiinstanzen um den Führungsanspruch wurde dieser Prozeß erst 1934 abgeschlossen. Nicht genehme Nationalsozialistinnen, wie etwa der Kreis um Sophie Rogge-Börner, Herausgeberin der Zeitschrift "Die Deutsche Kämpferin", wurden ausgeschaltet. Diese hatten, auf der rassistischen NS-Ideologie basierend, eine Frauenpolitik gefordert, die sich an dem Idealbild der freien, gleichberechtigten, kämpferischen "Germanin" orientierte.[123]

Am 1. Oktober 1933 wurde das Deutsche Frauenwerk (DFW) gegründet, das die Übergangsorganisation "Frauenfront" ablöste und alle noch bestehenden Frauenverbände einzugliedern hatte. Das DFW hing eng mit der seit 1931 bestehenden NS-Frauenschaft (NSF) zusammen. Geführt wurden beide Organisationen seit dem 24.2.1934 von Gertrud Scholtz-Klink (Jg. 1902), die damit einen männlichen Parteigenossen, Krummacher, als Leiter ablöste. Dies war ein kluger Schachzug, denn von der devoten Lehrerswitwe aus Baden, einer überzeugten Nationalsozialistin (NSDAP-Mitglied seit 1929), waren keine rebellischen Handlungen zu erwarten; zudem schien die blond bezopfte 11-fache Mutter die Inkarnation der Weiblichkeit zu sein, zu der die Nazis "arische" Frauen heranziehen wollten.

Scholtz-Klink, ab Ende März 1934 direkt dem "Stellvertreter des Führers" unterstellt, war ausführendes Organ der Direktiven männlicher Partei- und Staatsinstanzen und hatte bspw. keinen Einfluß auf die Frauen besonders betreffenden Gesetze bezüglich Familie, Erziehung und Arbeit. Das heißt nicht, daß Scholtz-Klink und die ihr untergebenen Frauen nicht nach ihren Möglichkeiten zur Aufrechterhaltung und zum Funktionieren des Systems beigetragen hätten.[124]

Hauptaufgabe der Reichsfrauenführung war die Erfassung und ideologische Beeinflussung möglichst vieler Frauen.[125] Während das DFW das Sammelbecken für alle "arischen" Frauen war, war die NS-Frauenschaft, die eine Gliederung der Partei war, eine Eliteorganisation und dafür verantwortlich, daß die Arbeit aller Frauenverbände den Zielsetzungen der Partei entsprach; außerdem war sie zuständig für die Schulung der Führerinnen und für andere Leitungsaufgaben. Zentrale

---

122 Vgl. Marion Kaplan: The Jewish Feminist Movement in Germany. Westport, Conneticut 1979.

123 Vgl. Wittrock, Kap. 3.4: Sophie Rogge-Börner als Repräsentantin der oppositionellen Faschistinnen.

124 Zur Frage nach der (Mit)Schuld von Frauen an den NS-Verbrechen vgl. Angelika Ebbinghaus (Hg.): Opfer und Täterinnen. Frauenbiographien des Nationalsozialismus. Nördlingen 1987.

125 Vgl. Susanna Dammer: Kinder, Küche, Kriegsarbeit - Die Schulung der Frauen durch die NS-Frauenschaft, in: Frauengruppe Faschismusforschung: Mutterkreuz und Arbeitsbuch. Zur Geschichte der Frauen in der Weimarer Republik und im Nationalsozialismus. Frankfurt/M. 1981, S.215-245. - Die Mädchen im BDM unterstanden dagegen - sehr zum Bedauern von Scholtz-Klink - der HJ.

Aufgabe von NSF und DFW war es, bei "erbgesunden" Frauen die Bereitschaft zum Kinderkriegen zu fördern und Schwangere und Mütter zu beraten. Neben der in Kursen des "Reichsmütterdienstes" durchgeführten "Mütterschulung" und -betreuung lag ein weiterer Schwerpunkt auf dem hauswirtschaftlichen Sektor. Dieser Bereich war angesichts der Kriegsvorbereitungen und den notwendigen Autarkiebestrebungen von besonderer wirtschaftspolitischer Bedeutung. Vermittelt über diese Bereiche, in denen die möglichst perfekte Konditionierung zur Hausfrau und Mutter - je nach Wirtschaftslage mit oder ohne zusätzlicher Erwerbstätigkeit - versucht wurde, lief die weltanschauliche Schulung, in denen Frauen auf die imperialistische und rassistische Bevölkerungspolitik eingeschworen wurden. Denn es ging ja nicht darum, Kinder um jeden Preis zu fordern, sondern nur "wertvolle", das hieß in erster Linie "rassereine" und "erbgesunde".

Um 1941 hatten NSF und DFW zusammen rund 6 Millionen Mitglieder, d.h. es war jede fünfte "arische" Frau über 18 Jahre erfaßt. Davon gehörte ein Drittel der Mitglieder zu den Aktivistinnen der NSF. Die Zahl der Frauen aller Frauenorganisationen, die von der NSDAP kontrolliert wurden, betrug 1939 sogar 12 Millionen.[126]

Nachdem die Frauen solchermaßen erfaßt und von den Machtzentren des "Dritten Reiches" ausgeschaltet waren, verlor wohl auch die weibliche Homosexualität für die Machthaber an politischer Sprengkraft - im Gegensatz zur männlichen Homosexualität, durch den sie den Männerstaat gefährdet sahen. Auch entfiel mit der Unterordnung der NS-Frauenorganisationen unter männliche Führung ein Anlaß, sie unter dem Vorwand der Homosexualität zu disziplinieren, wie es bei der SA und Teilen der Hitlerjugend der Fall war.

Rudolf Klares sexuelle Denunziation der Frauenorganisationen

Dennoch gab es Attacken gegen die bürgerliche Frauenbewegung der Weimarer Republik und damit indirekt auch gegen die NS-Frauenorganisationen. Am vehementesten meldete sich der schon erwähnte Rudolf Klare (1913-?) zu Wort. In seiner Doktorarbeit "Homosexualität und Strafrecht" von 1937 hatte er für eine rigide Verschärfung des §175 plädiert und indirekt auch eine Kriminalisierung weiblicher Homosexualität gefordert.[127] 1937 und 1938 erschienen von ihm mehrere Artikel, in denen er verschiedene Aspekte seines Buches zusammenfaßte. Interessant ist,

---

126 Dammer, S.224.
127 Klare 1937, S.13.

daß Klare in seinem letzten, im Dezember 1938 erschienenen Artikel "Zum Problem der weiblichen Homosexualität"[128] nicht nur uneingeschränkt die Kriminalisierung der weiblichen Homosexualität forderte, sondern auch - im Gegensatz zu seinen früher erschienenen Schriften - die Frauenbewegung der Weimarer Republik als "lesbisch verseucht" attackierte. Klare machte nun ausgiebig von Eberhards Buch "Die Frauenemanzipation und ihre erotischen Grundlagen" Gebrauch und behauptete, ohne Belege zu nennen, in z.T. wörtlicher Anlehnung an Eberhard:

> "Es ist heute eine unleugbare Tatsache, daß zwischen der Frauenbewegung und der Ausdehnung lesbischen Verkehrs ein inniger Zusammenhang besteht. Wohl wäre es falsch, die Frauenrechtlerinnen als die Bewegung der homosexuellen Frauen zu bezeichnen, doch steht es fest, daß sie die Kerntruppe dieser 'Bewegung' waren."[129]

Klare glaubte zu wissen, wonach diesen Frauen der Sinn stand. Die beliebte Verführungsthese aufgreifend, behauptete er: "Sie <die lesbischen Frauen,C.S.> erstrebten nun, daß ihre normalen Geschlechtsgenossinnen ebenso fühlen sollten wie sie."[130] Und er polemisierte weiter:

> "Betrachten wir umgekehrt den Einfluß, den die Frauenbewegung auf die Entwicklung der weiblichen Homosexualität gehabt hat, so kommen wir zu folgendem Ergebnis. Die ursprüngliche Forderung der Frauenbewegung ging auf die Erreichung der Unabhängigkeit vom Mann in jeder Beziehung. Das Wirken und der Einfluß homosexueller Führerinnen erweiterte sich zu der Parole 'Los vom Mann!' Dieser Ruf fand bei Mädchen und Frauen, die im normalen Verkehr Schwierigkeiten oder trübe Erfahrungen gehabt hatten, großen Widerhall und ließ sie in das Lager der homosexuellen Frauen übergehen. Die Aussicht, sich ohne Folgen geschlechtlich befriedigen zu können, die Schlagworte der Frauenbewegung vom Rechte des Sichauslebens nach eigenem Willen und der Verantwortlichkeit allein vor sich selbst halfen den natürlichen Widerstand der betreffenden Frauen rasch überwinden. Es überrascht daher die Feststellung nicht sonderlich, daß mit dem Wachsen der Frauenbewegung ein Umsichgreifen gleichgeschlechtlichen Verkehrs zu beachten war."[131]

Nicht nur beschrieb Klare die alte Frauenbewegung falsch, wenn er ihr unterstellt, sie habe das "Sichausleben nach eigenem Willen" propagiert; dies wurde tatsächlich nur von wenigen vertreten, die der "neuen Ethik" zuzurechnen waren, wie etwa Stöckers "Bund für Mutterschutz und Sexualreform", der aber dem BDF gar nicht angehörte. Ebensowenig konnte davon gesprochen werden, daß lesbische Frauen eine eigene spezifische Interessenvertretung, gar ein "Lager" innerhalb der Frauenbewegung gehabt hätten. Indem Klare lesbische Beziehungen auf die Angst vor unerwünschten Schwangerschaften oder auf Schwierigkeiten bei heterosexuellem Verkehr zurückführte, reduzierte er lesbische Beziehungen auf Probleme mit Männern und leugnete damit die frauenbezogenen, positiven Aspekte.

---

128 Ders.: Zum Problem der weiblichen Homosexualität, in: Deutsches Recht, 8.Jg. H.23/24, 10.12.1938, S.503-507.

129 Ebd., S.503.

130 Ebd.

131 Ebd., S.503f.

Doch warum attackierte Klare die alte Frauenbewegung? Wen wollte er in Wirklichkeit treffen, waren doch die alten Vereine und Verbände längst aufgelöst, wenn auch die Mitglieder dieser Organisationen z.T. in die NS-Frauenorganisation übergetreten waren? Befürchtete er, die NS-Frauenorganisationen könnten sich als Hort lesbischen Treibens erweisen oder sollte potentieller Frauenwiderstand, ein Aufbegehren gegen die NS-Sexualmoral, im Keim erstickt werden? Ob sich Klare vielleicht auf einen spektakulären Vorfall oder eine offizielle Stellungnahme zur weiblichen Homosexualität von seiten der Reichsfrauenführung bezog, ist nicht bekannt. Meines Wissens gab es bis zum Erscheinen von Klares Artikel 1938 keine Stellungnahme von NS-Frauenorganisationen, erstaunlicherweise auch nicht in Anbetracht der Strafrechtsänderung von 1935, der Verschärfung des §175 und der in Juristenkreisen immer wieder geforderten Kriminalisierung weiblicher Homosexualität, von der die vielen Frauenorganisationen potentiell bedroht gewesen wären. Allerdings war in den Frauenzeitschriften, wie z.B. der "NS-Frauenwarte", dem Organ der NSF, sowie in deren Schulungsplänen Sexualität insgesamt tabu.[132]

Es hatte also offenbar Klares Angriff gegen die alte Frauenbewegung bedurft, um nationalsozialistische Frauen zu einer Reaktion zu bewegen. Wollte die Reichsfrauenführung einfach alles vermeiden, was sie öffentlich in einen Zusammenhang mit weiblicher Homosexualität gebracht hätte? Andererseits ist interessant, daß sie nicht etwa die Ausdehnung des §175 forderte, wie es selbst der BDF vorübergehend bei der versuchten Kriminalisierung 1909 aus "Gerechtigkeits- und Gleichberechtigungsgründen" getan hatte.

Die folgenden beiden Texte sind m.W. die einzigen publizierten Stellungnahmen von Nationalsozialistinnen zur weiblichen Homosexualität. Die erste stammte von Alice Rilke, der Scholtz-Klink unterstehenden Leiterin der Frauenorganisation in der Deutschen Arbeitsfront, der Zwangsorganisation der Arbeitnehmer und -geber. Der Titel ihres Aufsatzes lautet: "Die Homosexualität der Frau und die Frauenbewegung".[133] Der Beitrag ist keine offene Auseinandersetzung mit weiblicher Homosexualität und ihrer geforderten Kriminalisierung, sondern eher eine Ehrenrettung der alten Frauenbewegung, bzw. präziser: des BDF und seiner langjährigen Vorsitzenden Helene Lange (1848-1930). Dies hatte allerdings indirekt sehr wohl den Zweck, die NS-Frauenorganisationen von Klares Vorwurf der Homosexualität reinzuwaschen.

Rilke vergißt nicht, vorab zu versichern, daß weibliche Homosexualität selbstverständlich ebenso wie die männliche eine "sittliche Entartung" sei und eine "Gefahr für Bestand und Moral der völkischen Gemeinschaft, die verpflichtet ist, alle Entartungserscheinungen zu bekämpfen".[134] Und sie stimmt Klare zu, daß das Strafrecht auch der sittlichen Reinerhaltung der Volksgemeinschaft dienen müsse. Einem ernsthaften Eingehen auf Klares Vorwürfe entzieht sie sich mit der

---

132 Dammer, S.234.

133 Alice Rilke: Die Homosexualität der Frau und die Frauenbewegung, in: Deutsches Recht, 9.Jg. 1939, H.3/4, S.65-68.

134 Ebd., S.65.

Behauptung, die Fälle weiblicher Homosexualität seien zahlenmäßig sehr gering und beruhten in der Regel nur auf falschen Verdächtigungen, weil manche Frauen etwa "mit Vorliebe streng geschnittene Schneiderkostüme und Krawatten"[135] trügen oder mit anderen unverheirateten Frauen zusammenwohnten.[136] Rilke wirft Klare vor, 'Frauenbewegung' mit 'weiblicher Homosexualität' gleichzusetzen, womit er Empörung auslösen müsse, auch bei den Frauen, "die seit Jahren in der nationalsozialistischen Frauenarbeit stehen und die der früheren Frauenbewegung *nicht* angehört haben".[137]

Sie fordert Klare auf, fein säuberlich zu differenzieren, welchen Flügel der Frauenbewegung er gemeint habe, denn sonst werde der BDF zu Unrecht in Verruf gebracht. Dieser sei jedoch ein "edles Unternehmen" gewesen, das ganz mit den Ansichten der Nationalsozialisten über Ehe und Mutterschaft als "erstem Beruf" der verheirateten Frau übereinstimme. Zur Bekräftigung führt sie zahlreiche Zitate Langes an, die dies zu belegen scheinen.[138] Sie wendet sich gegen die Diffamierung der von Lange repräsentierten Frauenbewegung, auf die sie sich beruft. Auch habe die Reichsfrauenführung und Scholtz-Klink persönlich in einer Ausstellung auf dem Reichsparteitag 1937 Helene Lange und ihre Mitarbeiterinnen geehrt. Dagegen distanziert sie sich bspw. vom ihrer Meinung nach "berüchtigten" "Bund für Mutterschutz und Sexualreform", der sich in der Weimarer Republik u.a. für Selbstbestimmungsrechte und Gleichberechtigung unehelicher Mütter und Kinder eingesetzt hatte und den sie zu Recht von Klare angegriffen sieht. Rilke erkannte, daß Klares Gleichsetzung alle Frauenzusammenhänge gefährden konnte: "Daher müssen wir uns gegen die Verbreitung von Auffassungen wenden, von denen aus vielleicht jede Frauenorganisation und jeder Frauenverband schon als verdächtig angesehen werden könnte."[139] Und sie erklärt, wie

> "es überhaupt erst möglich wird, den Begriff 'Frauenbewegung' in einem Atem zu nennen mit einer Entartungserscheinung wie weibliche Homosexualität. Es ist der Irrglaube, daß die Entwicklung, auf die der Begriff 'Frauenbewegung' anzuwenden ist, Abkehr von natürlichen Lebensgesetzen und damit ihrem Wesen nach grundsätzlich Entartung ist! Von dieser Meinung her muß dann zwangsläufig jede tatsächliche Entartungserscheinung auf weiblicher Seite mit Frauenbewegung identifiziert und begründet werden, obwohl sie auf einem völlig anderen Boden entstanden ist."[140]

Und noch einmal, wie um jeden Zweifel auszuräumen, betont sie, was der Inhalt der "völkischen Frauenbewegung" sei. Dieser in der Tradition von Lange stehenden nationalsozialistischen Frauenarbeit gehe es darum, diejenigen Rahmenbedin-

---

135 Ebd.

136 Das bei Frauen noch als "unverdächtig" akzeptierte Zusammenwohnen wäre bei Männern als sicheres Indiz für Homosexualität gewertet worden.

137 Rilke, S.65, Hervorheb.i.Org.

138 Zu den tatsächlichen ideologischen Übereinstimmungen zwischen BDF und Nationalsozialisten in einigen Punkten (Geschlechterpolarität, Mutterschaft und Ehe als "eigentlichen Beruf" der Frau u.a.) vgl. die Untersuchung von Wittrock.

139 Rilke, S.67.

140 Ebd.

gungen zu schaffen, in denen Frauen "in ihrer Mutteraufgabe geschützt und zugleich auf neue Weise zu einem artgemäßen und sinnvollen Einsatz im Gesamtleben des Volkes befähigt werden".[141]

Es blieb für Rilke wohl zu hoffen, daß mit diesem Loyalitätsbeweis die NS-Frauenorganisationen rehabilitiert und weibliche Homosexualität wieder aus dem öffentlichen Blickfeld verschwinden würde. Für eventuell auftretende Fälle von Homosexualität in den Frauenorganisationen lehnte sie prophylaktisch jede Verantwortung ab:

> "Keine Organisation ist sicher davor, daß gelegentlich auch Entartete in sie einzudringen versuchen, und kein Unternehmen ist gefeit dagegen, daß das Obskure und die Gemeinheit versuchen, sich heranzumachen und mittragen zu lassen."[142]

Kurz darauf, im April 1939, erschien eine zweite Stellungnahme gegen Klares Angriff in Form des von der Juristin Gertrud Schubart-Fikentscher verfaßten Artikels "Zum Problem der weiblichen Homosexualität".[143] Schubart-Fikentscher sprach zwar nicht für irgendeine Frauenorganisation, doch hatte ihr Artikel schon insofern Bedeutung, als er in der Zeitschrift "Die Frau" erschien, dem früheren Organ des BDF und nach dessen Auflösung das einzige Überbleibsel dieser Organisation.[144] Obwohl Schubart-Fikentscher aus juristischer Sicht urteilt und nicht explizit auf Klares Vorwürfe gegen die Frauenbewegung eingeht bzw. Rilkes Antwort darauf als ausreichend erachtet, ist ihre Stellungnahme hier zu erwähnen. Wie Rilkes Artikel steht auch der von Schubart-Fikentscher unter dem Motto: was, wie die weibliche Homosexualität, nicht - oder doch nur sehr selten - vorkomme, solle und brauche auch nicht strafrechtlich geahndet zu werden.

Die Juristin gibt einen rechtshistorischen Überblick über die strafrechtliche Behandlung der Homosexualität in deutschen Ländern und im Ausland, und die seltene(re) Kriminalisierung der weiblichen Homosexualität führt sie als "Beleg" für deren seltenes Vorkommen an. Wenn die weibliche Homosexualität in den Gesetzen erwähnt und bestraft werde, dann stets nur als "Anhängsel" der männlichen Homosexualität. Die erste Reichsgesetzgebung von 1532, nach der auch weibliche Homosexualität bestraft wurde, sei kirchlich geprägt gewesen und habe die späteren Landesgesetze stark beeinflußt. Zunehmend seien jedoch Zweifel an der Strafwürdigkeit der weiblichen Homosexualität laut geworden, und es sei gefragt worden, ob Frauen anatomisch zu einer strafwürdigen Handlung überhaupt in der Lage seien! Aus diesem Grund sei der §175 1871 auf Männer beschränkt worden, und auch der Entwurf von 1909, der eine Bestrafung vorsah, sei abgelehnt worden, weil "irgendein praktisches Bedürfnis zur Bestrafung"[145] nicht vorgelegen

141 Ebd., S.68.

142 Ebd., S.67.

143 Gertrud Schubart-Fikentscher: Zum Problem der weiblichen Homosexualität, in: Die Frau, 46.Jg. H.7, April 1939, S.366-375.

144 Übrigens ist dieser Artikel die einzige Erwähnung von weiblicher Homosexualität in den zahlreichen Nummern der "Frau" zwischen 1933 und 1944.

145 Schubart-Fikentscher, S.373.

habe. Die Daten über das andere Vorgehen Österreichs in dieser Frage - hier wurde männliche und weibliche Homosexualität kriminalisiert - bestätigten nur ihre Behauptung vom seltenen Vorkommen: Klare zitierend gibt Schubart-Fikentscher an, zwischen 1924 und 1935 seien in Österreich nur 136 Frauen gegenüber 5561 Männern verurteilt worden.[146] Von einer Zunahme der weiblichen Homosexualität, die Klare als ein Strafgrund angeführt habe, könne keine Rede sein: "Sachkundige haben bisher nicht die geringste Steigerung weiblicher Homosexualität feststellen können"[147], ohne jedoch nähere Angaben zu ihren Informanten zu machen.

Soweit die offiziellen Stellungnahmen von Nationalsozialistinnen zur weiblichen Homosexualität, hervorgerufen durch Klares Denunziation. Wie aber gingen die Organisationen mit konkreten Vorfällen um? In Ermangelung anderer, die NSF oder das DFW direkt betreffender Fälle, geben drei Zeitzeugenberichte über den "Reichsarbeitsdienst für die weibliche Jugend" (RADwJ)[148] Aufschluß über das uneinheitliche Vorgehen, welches sich jedoch nicht wesentlich von dem innerhalb einer anderen Frauenorganisation unterschieden haben dürfte.

Im ersten Fall ging die Sache noch glimpflich aus. Gesa Schneider (Jg. 1920), damals selbst "Arbeitsmaid", berichtet:

> "Ich erinnere mich an einen Vorfall im Lager des Reichsarbeitsdienstes III/4/31 in Seedorf bei Schlemersdorf (Schleswig-Holstein) im Mai 1937. Eine homosexuelle Beziehung zwischen einer Arbeitsmaid und einer RAD-Führerin war aufgedeckt worden. Zur Aufklärung wurden von Seiten der Lagerleitung ein Arzt und ein Jurist herangezogen. Die RAD-Maiden des Lagers erhielten Bericht über das Ergebnis durch die Lagerführerin. Da ich mit 17 Jahren zu jung war, um an dieser Berichterstattung teilzunehmen, blieb mir der Bericht meiner Kameradinnen. Mir wurde berichtet, daß Arzt und Jurist festgestellt haben, 'Homosexualität unter Frauen sei damals keine strafbare Handlung gewesen.'"[149]

Richtig ist zwar, daß homosexuelle Beziehungen unter Frauen nicht unter den §175 fielen; in dem genannten Fall lag jedoch ein sog. Abhängigkeitsverhältnis vor, und das konnte nach §174 StGB kriminalisiert werden. Mit Gefängnis nicht unter sechs Monaten und Zuchthaus bis zu fünf Jahren konnten u.a. bestraft werden:

---

146 Ebd., S.374.

147 Ebd.

148 Der RADwJ diente der Linderung des Arbeitskräftemangels in der Landwirtschaft und zugleich der weltanschaulichen Schulung - die jungen Frauen sollten hier ganz praktisch den "Dienst an der Volksgemeinschaft" lernen. Der sechsmonatige Arbeitsdienst war zunächst, außer für Abiturientinnen, freiwillig. Formell ab 1936, faktisch ab 4.9.1939 konnten jedoch alle ledigen, nicht in beruflicher oder schulischer Ausbildung stehenden, Frauen zwischen 17 und 25 Jahren dazu verpflichtet werden. Die Zahl der "Arbeitsdienstmaiden" blieb allerdings relativ niedrig; sie stieg im Krieg auf maximal 150000. Der RADwJ unterstand bis 1936 Scholtz-Klink, wurde dann aber Reichsarbeitsdienstführer Konstantin Hierl übertragen. S. Westenrieder, S.18.

149 Brief v. Gesa Schneider v. 3.5.1987.

"1. Vormünder, welche mit ihren Pflegebefohlenen, Adoptiv- und Pflegeeltern, welche mit ihren Kindern, Geistliche, Lehrer und Erzieher, welche mit ihren minderjährigen Schülern oder Zöglingen unzüchtige Handlungen vornehmen."[150]

Der Erzieherbegriff wurde, einem HJ-Führer zufolge, "von der Rechtsprechung weitgehend auf Führer der Hitler-Jugend angewandt",[151] und dies traf auch auf den Reichsarbeitsdienst (der Männer) zu.[152] Es ist anzunehmen, daß dies auch im RADwJ so gehandhabt wurde. Somit bestand zumindest die Möglichkeit, derartige Beziehungen unter Frauen strafrechtlich zu verfolgen.

Einen anderen Ausgang als der oben geschilderte Vorfall nahmen dagegen zwei ähnlich gelagerte Vorkommnisse. Regina Hofmann, damals Arbeitsdienstführerin, arbeitete im Sommer 1941 als Gesundheitshelferin in den Lagergruppen Würzburg und Bad Kissingen. Sie und die anderen Gesundheitshelferinnen mußten die zu den Lagergruppen gehörenden RAD-Lager besuchen und "nach dem Rechten" sehen. Über Pfingsten 1942 wurde von der Bezirksärztin in Würzburg ein Treffen sämtlicher Lagergesundheitshelferinnen, Lagergruppen-Gesundheitshelferinnen sowie einer zweiten Ärztin vom Bezirk und einiger dort beschäftigter Gesundheitshelferinnen anberaumt.

"Die Begebenheit, d.h. das folgende Gespräch der Bezirksärztin mit der Gesundheitshelferin der Lagergruppe Bamberg hat mich eigentlich nur am Rande betroffen, war aber für mich durch die Eigenart sehr einprägsam",

schreibt Regina Hofmann und fährt fort:

"Die Lagergruppenführerin von Bamberg, eine sehr tüchtige, schwarzhaarige Frau mit einem etwas männlichen Auftreten, wurde wegen ihres Benehmens gegenüber der sehr hübschen und sehr weiblich wirkenden Bamberger Gesundheitshelferin verdächtigt, evtl. lesbisch zu sein. Nachdem über dieses Thema, d.h. über Vorsichtnahme wegen derartiger Vorkommnisse in den Lagern unter den Arbeitsmaiden ausführlich gesprochen wurde, fragte die Bezirksärztin die Bamberger Gesundheitshelferin, ob sie bereit wäre mitzuhelfen, damit die Lagergruppenführerin überführt werden kann, im Falle sich ihre abnorme Veranlagung bewahrheiten würde. Die junge Frau war dazu bereit. Die beiden Ärztinnen machten nochmals auf die Gefahren aufmerksam, besonders weil dadurch Abhängige in Bedrängnis kommen könnten."

Das Ergebnis dieser auf bloßen Verdächtigungen beruhenden Aktion war R. Hofmann leider nicht bekannt; sie sieht diesen Fall jedoch als Beleg dafür, "daß man gegen Homosexualität im RADwJ ganz streng vorging, auch wenn es sich um eine wie in diesem Falle renommierte Führerin handelte."[153]

Im dritten Fall führte ein lesbisches Verhältnis schließlich zur Verhaftung der Beteiligten. Die Informantin, damals selbst "Arbeitsmaid", berichtet:

---

150 §174, 1 RStGB zit.n. Deutsches Strafrecht. Hg. Leopold Schäfer. Berlin [10]1943, S.99.

151 Oberbannführer Walter Tetzlaff: Homosexualität und Jugend, in: Der HJ-Richter (Schulungsblatt der HJ-Gerichtsbarkeit), Folge 5 Febr. 1942, S.1-6, hier:5.

152 Niederreuther: Die Begriffe "Lehrer" und "Erzieher" nach §174 StGB in der reichsgerichtlichen Rechtsprechung, in: Deutsche Justiz, 102.Jg., 18.10.1940, S.1157-1162.

153 Brief v. Regina Hofmann v. 16.8.1987.

"Im Jahr 1940 hatten wir eine Lagerführerin, die mit einer ihr 'untergebenen' Kameradschaftsältesten (damals niedrigster Dienstgrad) eng befreundet war. Für uns damals noch sehr junge Frauen hatte diese Freundschaft etwas Geheimnisvolles und über die Intimitäten der beiden wurde viel getuschelt. Eines Tages erschienen zwei seriös gekleidete Männer <offenbar v.d. Gestapo,C.S.>, die uns verhörten und uns bedrängten, über 'die obszönen Verhältnisse der Lagerführerin' etwas auszusagen. Der größte Teil der Mädchen weigerte sich, Aussagen zu machen, aber einige hatten die lesbische Beziehung der Frauen bei der Gestapo gemeldet, so daß die Lagerführerin und ihre Freundin verhaftet und abgeführt wurden, obwohl es dafür keine gesetzliche Grundlage gab. Gerüchteweise erfuhren wir, daß sie im Gefängnis in Dresden festgehalten wurden, keine Besuche empfangen durften. Die neue Lagerführerin fand 'zur Aufklärung der Tat' folgende Worte: 'Wenn sich alle Frauen so verhielten wie diese würde unser Volk bald aussterben. Die Gemeinschaft kann so etwas nicht zulassen, noch dazu im Krieg.'"[154]

Wie weiter gegen beide Frauen vorgegangen wurde, ist jedoch nicht bekannt. In Fällen wie den hier geschilderten, wo auf der Grundlage des sehr weit gefaßten Lehrer- und Erzieherbegriffs ein "Abhängigkeitsverhältnis" zur Last gelegt wurde, bot §174 ein strafrechtliches Mittel, gegen solche Frauen vorzugehen. Wie oft jedoch davon Gebrauch gemacht wurde - sei es im RAD, in der NSF oder einer anderen Frauenorganisation - und welches das Schicksal dieser Frauen war, kann nicht gesagt werden. Die Kriminalstatistiken zum §174 geben über die Art der inkriminierten Verhältnisse keine Auskunft.

"Rein bleiben und reif werden": Die NS-Mädchenerziehung

"Wer die Jugend hat, hat die Zukunft" - unter diesem Motto war die Jugendpolitik ein Eckpfeiler nationalsozialistischer Politik, waren die Jugendlichen doch diejenigen, die am stärksten im Sinne der NS-Ideologie zu manipulieren waren. Hier soll auf die Mädchenerziehung eingegangen werden, da in der Jugendpolitik des "Dritten Reiches" die geschlechtsspezifisch unterschiedliche Bekämpfung der Homosexualität besonders deutlich wird.

---

154 Ilse Kokula in dem freundlicherweise zur Verfügung gestellten Manuskript "The position of lesbian women in the Third Reich", das demnächst erscheint in John C. Fout (Hg.): Essays on the social history of homosexuality in Germany: from the Kaiserreich through the Third Reich, 1871-1945 (Chicago).

Ziel des NS-Staates war es, möglichst alle "arischen" Jugendlichen zu erfassen und ideologisch zu beeinflussen. Die Mädchenerziehung fand im wesentlichen - neben dem schwerer kontrollierbaren Elternhaus - in der Schule und dem BDM (Bund Deutscher Mädel) statt. In der Schule hatte sich die Mädchenerziehung - je nach Schultyp unterschiedlich - nach Hitlers Maxime zu richten:

> "Analog der Erziehung des Knaben kann der völkische Staat auch die Erziehung des Mädchens von den gleichen Gesichtspunkten <gemeint war die Erziehung des Jungen zum "wehrhaften Soldaten",C.S.> aus leiten. Auch dort ist das Hauptgewicht vor allem auf die körperliche Ausbildung zu legen, erst dann auf die Förderung der seelischen und zuletzt der geistigen Werte. Das *Ziel* der weiblichen Erziehung hat unverrückbar die kommende Mutter zu sein."[155]

Neue Lehrpläne sorgten dafür, daß die Allgemeinbildung der Mädchen auf ein Minimum reduziert wurde und sie stattdessen auf die Verpflichtung vorbereitet wurden, für den einwandfreien Fortbestand des Volkes zu sorgen. Die hauswirtschaftliche Ausbildung und die Körperertüchtigung hatten bei ihnen absoluten Vorrang.[156] Brisante Themen wie z.B. Sexualität und Liebesbeziehungen blieben im Unterricht "strikt ausgeklammert".[157]

Noch intensiver als die Schule wirkte der BDM[158] ideologisch auf die Mädchen:

> "Der BDM hat ein klares Ziel: das deutsche Mädel zur deutschen Frau und zur wahrhaften Mutter des Volkes zu erziehen. Der BDM bringt dem deutschen Mädel die Erkenntnis bei, daß der völkische Bestand eines Volkes nur gesichert ist, wenn gesunde Familien wieder genügend Kinder haben",[159]

hieß es in einem HJ-Buch von 1933. Voraussetzung hierfür war die möglichst 100%ige Erfassung der "arischen" Mädchen und jungen Frauen im Alter von 10 bis 21 Jahren; das Ziel war ihre ideologische Beeinflussung im o.g. Sinn sowie ihre Heranziehung zu den verschiedensten - natürlich unbezahlten - Diensten für die "Volksgemeinschaft". Zwar wurden die Mädchengrupppen von Mädchen bzw. Frauen geleitet, sie unterstanden jedoch seit 1932 männlicher Führung, die die Arbeit inhaltlich bestimmte. BDM und HJ unterstanden gleichermaßen der "Reichsjugendführung" (RJF) bzw. dem "Reichsjugendführer" als der zentralen politischen Stelle der NS-Jugendpolitik. Bis 1940 war Baldur v. Schirach Reichs-

---

155 Hitler, S.459f. Hervorheb.i.Org.

156 S. Brigitte Kather: Mädchenerziehung - Müttererziehung? in:Hg. Elefanten Press 1983, S.27-34.

157 Joachim S. Hohmann: Frauen und Mädchen in faschistischen Lesebüchern und Fibeln. Köln 1986, S.108; dies bezieht sich zwar auf die im Deutschunterricht verwandten Lesebücher und Fibeln, traf aber m.E. auf den gesamten Unterricht zu.

158 S. hierzu Martin Klaus: Mädchen im Dritten Reich. Der Bund Deutscher Mädel (BDM). Köln 1983.

159 Aus: HJ marschiert. Das neue Hitler-Jugend-Buch, 1933, zit.n. Westenrieder, S.16.

jugendführer, ab 8.8.1940 bis Kriegsende Arthur Axmann. Ihnen unterstand direkt die "Reichsreferentin" (Leiterin) des BDM, die die einzige Frau in der RJF war: vom 15.6.1934 an war dies Trude Bürkner-Mohr, vom 24.11.1937 bis Kriegsende Jutta Rüdiger.[160]

Der Totalitätsanspruch des NS-Staates auf die "deutsche Jugend" wurde im Dezember 1936 mit dem "Gesetz über die Hitlerjugend" juristisch verankert; andere Jugendverbände waren spätestens seit diesem Zeitpunkt endgültig verboten (mit Ausnahme konfessioneller und jüdischer Jugendverbände). Die gesamte Jugenderziehung - außerhalb von Schule und Elternhaus - lag damit bei der HJ. Aber erst mit der Durchführungsverordnung vom 25.3.1939 wurde der Beitritt zur HJ für die "arischen" Jugendlichen zur Pflicht. Waren bis zu diesem Gesetz relativ wenig Mädchen dem BDM beigetreten (im Vergleich zu den Jungen in der HJ), waren 1939 die Mitgliedszahlen stark angenähert: 1.723.886 HJ-Jungen standen 1.502.571 BDM-Mädchen gegenüber.[161]

Bei BDM-Schulungskursen, den "Heimabenden" und ähnlichen Veranstaltungen hatten 2/3 der Zeit dem körperlichen Training der künftigen Mutter, 1/3 dagegen der NS-Ideologie zu dienen, denn die Mädchen sollten - entgegen einem "unpolitischen" Anstrich des BDM - zu "wirklichen Trägerinnen nationalsozialistischen Weltanschauung geformt" (Bürkner-Mohr) werden.[162] Die Körpererziehung stand im BDM unter dem vagen Motto einer asexuellen "Natürlichkeit": "Rein bleiben und reif werden", als Ersatz für eine explizite Sexualerziehung. Sexualität und insbesondere Homosexualität wurden tabuisiert. Ein Mädchen als eigenständig handelndes Subjekt, das z.B. auch eine lustbetonte und nicht nach rassistisch-biologistischen Kriterien zweckgesteuerte Sexualität leben wollte, war nicht denkbar oder zumindest nicht erlaubt.

Auch in der (männlichen) HJ gab es keine eigentliche Sexualerziehung, doch finden sich in den HJ-Publikationen zahlreiche Stellungnahmen, insbesondere zur Homosexualität, und seit 1936 gab es eine Meldepflicht für homosexuelle Handlungen in der HJ. Eine Massenaufklärung der Jugendlichen selbst, "sei es durch die Hitler-Jugend oder durch die Schule", lehnte die HJ "insbesondere im Hinblick auf gleichgeschlechtliche Verfehlungen" als "gefährlich"[163] ab - wohl, um verbotene Lüste dadurch nicht erst zu wecken. Aufklärung sei vielmehr Sache der Eltern.

Stattdessen wurden seit März 1938 sämtliche HJ-Führer bei ihren Kursen an den Führerschulen über die Strafbarkeit (§§174-176) und

> "die verheerenden volks- und staatspolitischen Folgen der Homosexualität von verantwortungsbewußten HJ-Führern, eventuell auch HJ-Richtern, aufgeklärt.<...> Es

---

160 Klaus, S.88.

161 Koonz, S.195f.

162 Trude Bürkner-Mohr, zit.n. Klaus, S.41.

163 Walter Tetzlaff: Elternhaus und Hitler-Jugend bei sittlichen Verfehlungen, in: Deutsche Berufserziehung, Nov. 1938 Ausg.B, S.414, zit.n. Klaus, S.55.

wird den Führern auch gesagt, daß nicht nur die scheußlichsten Formen des homosexuellen Verkehrs strafbar sind, sondern auch schon gegenseitige Onanie."[164]

Diese Belehrung galt für die BDM-Führerinnen offenbar nicht. Auch die weiteren Maßnahmen der HJ gegen Homosexualität bezogen sich, obwohl meist geschlechtsneutral formuliert, nach Angabe der ehemaligen Reichsreferentin Jutta Rüdiger, nicht auf den BDM.[165]

Spätestens im Januar 1939 wurde von der Reichsjugendführung die Bildung eines fachübergreifenden Ausschusses zur "Bekämpfung der Homosexualität in der Jugend" angeregt;[166] ein entsprechender "Arbeitskreis zur Bekämpfung gleichgeschlechtlicher Verfehlungen", der der "Reichsarbeitsgemeinschaft zur Jugendbetreuung" in der RJF unterstand, kam schließlich am 12.11.1942 zu seiner ersten Sitzung zusammen. Daran nahmen u.a. Vertreter der Wehrmacht, des Propagandaministeriums, des Justizministeriums, der Kripo und des Sicherheitsdienstes der SS (SD) teil. In der ersten Sitzung ging es um die Verteilung von "Richtlinien", die der Vorsitzende des Arbeitskreises, Oberbannführer Knopp, Leiter der Hauptabteilung Überwachung[167] im Personalamt der RJF, erarbeitet hatte (über die weitere Arbeit des Arbeitskreises lag kein Material vor).

Diese im ersten Entwurf vom 1.11.1942 41 Seiten umfassenden, geheimen "Sonderrichtlinien" zur "Bekämpfung gleichgeschlechtlicher Verfehlungen"[168] regelten minutiös das Vorgehen der HJ bei homosexuellen Handlungen. Unter der Überschrift "Was ist 'Homosexualität' und warum wird sie bekämpft?" wird "die Erhaltung und Fortpflanzung unseres Volkes" als "eine der wichtigsten Aufgaben, die jeder Generation immer wieder neu gestellt wird", beschrieben. Nur ihr habe "der Geschlechtstrieb" zu dienen:

"Wer ihn beherrscht, dient seinem Volke. Wer sich von ihm hemmungslos beherrschen läßt, insbesondere wer ihn durch gleichgeschlechtliche Verfehlungen ins Widernatürliche verkehrt, wird sich und seinem Volke zur Gefahr."[169]

Homosexualität wird als "verabscheuungswürdiges Laster", als "volkszerstörend" und gefährlich wegen ihrer "seuchenartige(n) Ausbreitung" gekennzeichnet. Obwohl diese Ausführungen, die Homosexualität als bevölkerungspolitische Gefahr heraufbeschworen, geschlechtsneutral verfaßt waren, wurden die Richtlinien auf "Personen männlichen Geschlechts" beschränkt. Hierzu heißt es lapidar:

---

164 Ebd.

165 Jutta Rüdiger in einem Brief an mich v. 22.9.1989.

166 BA R 22/1175, Bl.55a. Schreiben v. Dr. Mettgenberg i.A. des RJM an den Jugendführer v. 7.2.1939.

167 Nach Angabe von Jutta Rüdiger wurde diese Hauptabteilung auf Anordnung der RJF am 21.7.1934 gebildet, "um eine Gefährdung der Jugend durch verwahrloste oder kriminelle Elemente zu verhindern.<...> Es war das einzige Referat, in dem keine BDM-Führerin als Mitarbeiterin tätig war."

168 BA R 22/1197, Bl.102-140. Die im Januar 1943 an die Dienststellen verteilte Fassung war offenbar noch etwas geändert worden, lag mir aber nicht vor.

169 Ebd., Bl.110.

"Auf gleichgeschlechtliche Verfehlungen zwischen Personen weiblichen Geschlechts konnte hier nicht eingegangen werden. Die Stellungnahme der Hitler-Jugend ist auch hierzu scharf ablehnend. Sie erfahren die gleiche disziplinäre Behandlung."[170]

Das bedeutete, daß die Bearbeitung von Anschuldigungen gegen HJ- und BDM-Angehörige der HJ-internen Gerichtsbarkeit oblagen, die die- oder denjenigen aus der HJ ausschließen konnte. Die Ermittlungen waren Sache der Sicherheitspolizei, d.h. der Gestapo oder Kriminalpolizei.

Wichtigstes Ergebnis der "Richtlinien" war die Unterscheidung zwischen "Pubertätsentgleisungen" und "homosexuellen Verführern". Während Jugendliche bspw. "nur" vorübergehend in den Jugenddienstarrest kamen, wurden "homosexuelle Verführer <...> *mit unnachsichtlicher Härte zur Verantwortung gezogen und unter Aberkennung der Fähigkeit, Jugendführer zu sein, aus der Hitler-Jugend ausgeschlossen.*"[171] Doch der Ermessensspielraum war weitgesteckt, denn andererseits konnten auch Jugendliche über 16 Jahre aufgrund der Verordnung gegen "Volksschädlinge" vom 5.9.1939[172] unter Berufung auf das "gesunde Volksempfinden" unter bestimmten Umständen sogar zum Tode verurteilt werden.

Wie oft nun tatsächlich Homosexualität im BDM vorkam und ob die Mädchen und Frauen die "gleiche disziplinäre Behandlung" wie die männlichen Jugendlichen in der HJ erfuhren - darüber gibt es keine zuverlässigen Angaben. Jutta Rüdiger zufolge handelte es sich bei der Aussage Knopps "wahrscheinlich um eine rein theoretische Behauptung", denn:

"Fälle von weiblicher Homosexualität sind innerhalb des Bundes Deutscher Mädel <...> nicht bekannt geworden und waren deshalb kein Problem.<...> Es gab kein 'konkretes Vorgehen' des BDM bei lesbischem Verhalten, weil diese Vorkommnisse, die sich da und dort einmal ereignet haben mögen, so geringfügig waren, daß sie nicht auffällig wurden.<...> Zumindest sind in der Gerichtsbarkeit der Reichsjugendführung, in der BDM-Führerinnen tätig waren, solche Fälle nicht zur Verhandlung gekommen."[173]

Hier zumindest irrt Rüdiger, denn wie Oberbannführer Walter Tetzlaff, Leiter der Hauptabteilung Dienststrafordnung im Amt HJ-Gerichtsbarkeit, in seinem 1942 erschienenen Artikel "Homosexualität und Jugend" ausführte, wurden "von der HJ-Gerichtsbarkeit <...> wegen gleichgeschlechtlicher Unzucht seit 1936 vier BDM-Angehörige mit Ausscheiden und eine BDM-Angehörige mit Ausschluß bestraft

---

170 Ebd., Bl.111.

171 Ebd., Bl.114, Hervorheb.i.Org.

172 §4 der Verordnung vom 5.9.1939 (RGBl.I S.1679) besagte: "Ausnutzung des Kriegszustandes als Strafverschärfung. Wer vorsätzlich unter Ausnutzung der durch den Kriegszustand verursachten außergewöhnlichen Verhältnisse eine sonstige Straftat begeht, wird unter Überschreitung des regelmäßigen Strafrahmens mit Zuchthaus bis zu 15 Jahren, mit lebenslangem Zuchthaus oder mit dem Tode bestraft, wenn dies das gesunde Volksempfinden wegen der besonderen Verwerflichkeit der Straftat erfordert." - Das "Schwarze Korps" v. 15.2.1940 bejubelte die Hinrichtung eines (erwachsenen) "Volksschädlings" nach dieser Verordnung, der "sich an zwei Knaben unsittlich vergangen" habe.

173 J. Rüdiger im Brief v. 22.9.1989.

(Alter: 16-27 Jahre)."[174] Einen weiteren Fall, in dem die Beteiligten verwarnt wurden, führt Ilse Kokula an. Klara P., einst begeistertes BDM-Mädel, berichtete von zwei Freundinnen, von denen eine zum HJ-Gericht vorgeladen wurde, weil sie "den Mädels, auf die sie ein Auge geworfen hatte, nachgelaufen" war. Sie kam mit einer Verwarnung davon.[175] Bekannt ist darüber hinaus, daß Hitlerjungen und BDM-Mädchen zu einer psychotherapeutischen Behandlung an das "Deutsche Institut für psychologische Forschung und Psychotherapie" nach Berlin überwiesen wurden; deren Anzahl und weiteres Schicksal ist jedoch unbekannt. Die von Tetzlaff genannten Zahlen sagen, sofern sie stimmen, natürlich nichts über das tatsächliche Vorkommen von weibliche Homosexualität im BDM aus, sondern deuten vielmehr auf ein offenbar geringes Verfolgungsinteresse hin.

Tetzlaff selbst plädierte übrigens für eine schärfere Gangart gegenüber lesbischen Frauen und forderte vehement die Bestrafung weiblicher Homosexualität:

> "Auf dem Gebiete der Homosexualität muß noch eine Forderung an den Gesetzgeber gerichtet werden, in erster Linie eine Forderung der weiblichen Ehre, nämlich, daß die Unzucht zwischen Frauen <...> ebenfalls unter die Strafbestimmungen des §175 gefaßt wird."[176]

Sollte weibliche Homosexualität seltener vorkommen als männliche - was aber nicht erwiesen sei -, so könne dies kein Kriterium gegen Strafwürdigkeit sein. Tetzlaff berief sich auf die Aussage eines österreichischen "Experten", Professor Grassberger[177] aus Wien, demzufolge zwischen 1933 und 1937 152 Frauen wegen "gleichgeschlechtlicher Unzucht verurteilt" worden seien.[178] Diese geringe Zahl besage aber nicht viel, denn die Dunkelziffer sei bei weiblicher Homosexualität, so Grassberger, "besonders hoch", da Frauen "weniger der kritischen Beobachtung ausgesetzt" seien. Eine nicht näher beschriebene "soziologische Überprüfung" von 110 Fällen habe ergeben, daß 66% "Vorbestrafte und Dirnen, also Kriminelle und Asoziale" seien; die Verfolgung der Homosexuellen bedeute "Kampf gegen die Unnatur und gegen die Asozialen und Kriminellen".[179] Homosexualität, auch die

---

174 Tetzlaff 1942, S.6. Ob diese Frauen weiterer Verfolgung ausgesetzt waren, ist unbekannt.

175 Kokula, in Fout.

176 Tetzlaff 1942, S.6.

177 Dabei handelte es sich aller Wahrscheinlichkeit nach um Roland Grassberger (Jg. 1905), den Wiener Strafrechtler und Kriminologen. Der Jurist wurde 1938 Sachverständiger für Brandsachen und kurz darauf für Militärgerichte. 1948 bis zu seiner Emeritierung 1975 war er Ordinarius für Strafrecht, Strafprozeß und Kriminologie. 1954/55 und 1960/61 Dekan der rechts- und staatswissenschaftlichen Fakultät, 1962/63 Rektor der Universität Wien. S. Das große Buch der Österreicher. Hg. Walter Kleindel. Wien 1987, S.154. - 1962 wurde Grassberger in der BRD als Gutachter bei den Verhandlungen um die Reform des §175 gehört; dabei sprach er sich u.a. für die Beibehaltung des Straftatbestandes aus, wie er in der NS-Zeit gültig war. Im Rahmen der österreichischen Strafrechtsreform forderte er u.a. die Beibehaltung des §129Ia, der "Unzucht mit Tieren" kriminalisierte.

178 Tetzlaff 1942, S.6. (Diese Zahl entspricht etwa der von Schubart-Fikentscher unter Berufung auf Klare 1937, S.374 genannten).

179 Ebd.

weibliche, müsse "unerbittlich" bekämpft werden, denn sie schwäche "ein Volk nicht nur durch Geburtenausfall, sie bedeutet darüber hinaus eine Entartung, eine Umkehrung des natürlichen Empfindens, eine Verweichlichung des Mannes und eine Vermännlichung der Frau".[180] Mit dieser Mißachtung der verbindlichen Geschlechtsnormen gefährde sie aber "die gesunde Haltung eines Volkes und damit seine Zukunft. Die Jugend als Trägerin dieser Zukunft hat ein Recht, den rücksichtslosen Kampf gegen alle Entartungserscheinungen zu fordern".[181]

Zuvor hatte Tetzlaff die Liberalität der Weimarer Republik attackiert und die Juden, insbesondere Hirschfeld, für die homosexuelle "Verseuchung" verantwortlich gemacht und damit ein vielbenutztes antisemitisches Stereotyp wiederholt. Die "große bevölkerungspolitische Gefahr der Homosexualität", die "Gefahr des Geburtenschwundes und der Minderung der Volkskraft durch Ehelosigkeit" sei jedoch "gerade das Ziel der Juden (gewesen), um ihre Herrschaft gegenüber den arischen Völkern aufrichten zu können"![182] Im übrigen referierte er die Stellung der RJF zur Homosexualität, wie sie in den "Richtlinien" zum Ausdruck gebracht worden war.

Mit seiner Forderung nach Kriminalisierung lesbischer Frauen wandte sich Tetzlaff an den zuständigen Beamten im Reichsjustizministerium, Ministerialdirigent Schäfer, und legte seinen im "HJ-Richter" erschienenen Artikel zur Bekräftigung bei. Schäfer sagte ihm darauf im Mai 1942 seinen "verbindlichsten Dank" und bestätigte, daß die von der HJ praktizierte "scharfe Unterscheidung zwischen homosexuellen Verführern und bloßen Pubertätsentgleisungen" ganz der Intention des Gesetzgebers, die dieser bei der Verschärfung des §175 gehabt habe, entspreche.[183] Die von Tetzlaff geforderte Kriminalisierung weiblicher Homosexualität lehnte Schäfer allerdings ab, ohne sich dazu äußern zu wollen.

1939 hatte sich auch schon der Gerichtsreferendar Wilhelm Erdle in seiner juristischen Dissertation "Angriffe auf die Sittlichkeit Jugendlicher und Angriffe Jugendlicher auf die Sittlichkeit"[184] für die Bestrafung weiblicher Homosexualität ausgesprochen. Er forderte die Erhöhung des Schutzalters Jugendlicher auf 25 (!) Jahre, da sie seiner Meinung nach mit 18 oder 19 Jahren noch mitten in der Pubertät steckten.[185] Es sei

> "unbedingt eine Bestimmung nötig, die für diejenigen Strafen androht, die mit einer unter 25 Jahre alten Jugendlichen <...> unter Ausnutzung eines Führerinnenverhält-

---

180 Ebd.

181 Ebd.

182 Ebd.

183 BA R 22/1176, Bl.144. Schreiben Schäfers i.A. des RJM v. 4.5.1942 an die RJF/Amt HJ-Gerichtsbarkeit.

184 Wilhelm Erdle: Angriffe auf die Sittlichkeit Jugendlicher und Angriffe Jugendlicher auf die Sittlichkeit. Diss. jur. Köln 1939.

185 Dieselbe Forderung erhob auch Klare 1937, S.132: "Für den Fall der Bestrafung der Tribadie gilt für die weiblichen Jugendlichen die gleiche Forderung <Erhöhung des Schutzalters auf 25 Jahre,C.S.>, denn erst zwischen dem 20. und 30. Lebensjahr ist eine Frau körperlich und charakterlich so weit, ihren ureigensten Pflichten als Gattin und Mutter nachzukommen."

nisses (BDM, NS-Frauenschaft) widernatürliche Unzucht treiben. Disziplinarisch wird die Hitler-Jugend gegen solche Führerinnen von sich aus vorgehen, wie sie überhaupt widernatürliche Unzucht zwischen Führerinnen und ebenfalls zwischen weiblichen Jugendlichen strafen wird."[186]

Die "Geschlechtliche Jugenderziehung"

Die für die Jugenderziehung Verantwortlichen sahen in der Homosexualität die Hauptgefährdung für die männliche Jugend (nicht nur in der HJ); es gab mehrere Untersuchungen zu dieser Problematik.[187] Entsprechendes fehlt bei den Mädchen fast völlig; eingegangen wird auf sie allenfalls, z.B. in sexualpädagogischen Schriften, bei der allgemeinen Beschreibung sog. Pubertäts- oder Entwicklungshomosexualität, die strikt von der "echten" zu unterscheiden sei. Der Jugendliche habe eine "instinktive Scheu" vor dem heterosexuellen Geschlechtsverkehr und bevorzuge daher "die Ersatzformen der geschlechtlichen Befriedigung", erklärte sich Gerhard Reinhard Ritter in seinem Buch "Die geschlechtliche Frage in der deutschen Volkserziehung"[188] die Homosexualität Jugendlicher. Und folgerte: "Sie <die homosexuellen "Ersatzformen",C.S.> dürfen mithin <...> weder psychologisch noch pädagogisch mit den Perversitäten des Erwachsenen gleichgesetzt werden."[189]

Homosexuelle Handlungen während der Pubertät seien geradezu "normal", vorübergehend, und durch erzieherische Maßnahmen heilbar. Stellvertretend sei für diese weitverbreitete Meinung Otto Kersten aus seinem Buch "Geschlechtliche Jugenderziehung" zitiert. "Ersatzmaßnahmen" wie homosexuelle Handlungen könnten

> "sämtlich ohne weiteres innerhalb der Normalerziehung voll und ganz normal veranlagter Jugendlicher vorkommen und dürfen gerade deshalb nicht von vornherein zu pathologischen Erscheinungen und echter pervertierender Homosexualität gerechnet werden."[190]

---

186 Erdle, S.49.

187 Neben den bereits genannten z.B. Hans Muser: Homosexualität und Jugendfürsorge. Paderborn 1933; Karl Werner Gauhl: Statistische Untersuchungen über Gruppenbildung bei Jugendlichen mit gleichgeschlechtlicher Neigung unter besonderer Berücksichtigung der Struktur dieser Gruppen und der Ursache ihrer Entstehung. Diss. phil. Marburg 1940.

188 Gerhard Reinhard Ritter: Die geschlechtliche Frage in der deutschen Volkserziehung. Berlin/Köln 1936, hier:235.

189 Ebd.

190 Otto Kersten: Geschlechtliche Jugenderziehung. Stuttgart 1941, S.59.

Wegen dieser so normalen "Entwicklungserscheinung" plädierte Kersten auch dafür, vor dem 25. Lebensjahr "die Diagnose auf echte Homosexualität überhaupt nicht (zu) stellen".[191] Gleichwohl müsse dem Jugendlichen natürlich die Gefahr der Homosexualität klargemacht werden.

"Verführung" durch Gleichaltrige oder meist durch "sexuell abnorme" Erwachsene wurde als Hauptursache für die homosexuellen Handlungen Jugendlicher genannt. So schrieb Erdle in seiner Dissertation bezüglich der Mädchen:

> "Erfahrungsgemäß wenden sich Mädchen, die in ihrer Entwicklungszeit von einer Homosexuellen verführt wurden, nach kurzer Zeit wieder dem heterosexuellen Geschlechtsverkehr zu, und bleiben auch in ihrem Alter dabei. Die homosexuelle Triebkomponente wird nicht in dem gleichen Maße wie bei den männlichen Jugendlichen beeinflußt. Bei passender Gelegenheit setzt sich die heterosexuelle Triebrichtung sofort wieder durch und behält auch die Überhand. Das ganze Erlebnis bleibt beim Mädchen mehr an der Oberfläche als beim Jungen."[192]

Diese Einstellung Erdles basierte auf der weitverbreiteten unterschiedlichen Bewertung von männlicher und weiblicher Sexualität. Einerseits wurde aufgrund der angeblichen sexuellen Passivität der Frau weibliche Homosexualität als vorübergehend gekennzeichnet, andererseits sollte aber auch der heterosexuelle Geschlechtsverkehr für die Jungen "bei weitem nicht die destruierende Bedeutung wie für die weibliche Jugend"[193] haben, was einer Billigung vorehelicher sexueller Beziehungen bei Jungen gleichkam und erneut die herrschende Doppelmoral belegt.

Gefordert wurde eine geschlechtsspezifische, auf Ehegründung und Zeugung von in jeder Hinsicht "einwandfreien" Kindern ausgerichtete Erziehung, so etwa von Herbert Linden (?-1945), Ministerialrat im Reichsinnenministerium und hochrangiger Referent für "Erb- und Rassenpflege": "Insbesondere darf bei den Mädchen das natürliche weibliche Empfinden nicht verkümmert werden."[194] In der "Verwischung des weiblichen Wesens" und dem "Hinstreben zur Vermännlichung desselben",[195] also in der Negierung der rigiden Geschlechtsnormen, sah auch er die Homosexualität gefördert. Auch Gerhard Ritter hatte Homosexualität als eine "Revolte gegen das Einfügen in die normale Geschlechtsrolle"[196] definiert. Insbesondere den Müttern lastete er Erziehungsfehler wie "Überängstlichkeit und Überzärtlichkeit" an, die angeblich zur Homosexualität führen sollten. Der "pädagogischen Weisheit des Vaters" komme eine "grundlegende Bedeutung für die Herausarbeitung des spezifischen Geschlechtscharakters" zu; gefordert sei eine

---

191 Ebd., S.60.

192 Erdle, S.48f.

193 Muser, S.15.

194 Herbert Linden: Bekämpfung der Sittlichkeitsverbrechen mit ärztlichen Mitteln, in: Allgemeine Zeitschrift für Psychiatrie, Bd.112 1939, S.405-423, hier:423.

195 Ebd., S.422.

196 Ritter, S.240.

"zuchtvolle Herausbildung des spezifisch Männlichen und Weiblichen"[197] und der "eiserne Wille zum heroischen Mann und zur mütterhaften Frau".[198]

"Kriminalität und Gefährdung" der Jugend

Die beschriebenen Unterschiede im sexualpolitischen Umgang mit Mädchen und Jungen zeigten sich auch in einem streng vertraulichen Bericht über die "Kriminalität und Gefährdung der Jugend",[199] der den Zeitraum von 1933 bis zum 1.1.1941 umfaßte. Herausgegeben wurde die Schrift von dem bereits erwähnten W. Knopp vom "Personalamt Überwachung" in der RJF. Dem Bericht lagen Material der Justizbehörden, des SD-Hauptamts, der Gestapo und HJ, vor allem des HJ-Streifendienstes zugrunde. Er enthielt Informationen über die Jugendkriminalität, die übrigens im "Dritten Reich", besonders in den Kriegsjahren, beständig zunahm,[200] was von den Nationalsozialisten jedoch der verschärften Definition von Kriminalität und der schärferen Erfassung zugeschrieben wurde. Zugleich schuf die NS-Gesetzgebung neue, spezifisch totalitäre Normen von "Kriminalität": so galt u.a. als "verwahrlost", wer sich den Zwängen der staatlichen Jugenderziehung verweigerte.

Der Bericht widmete sich ausführlich den Homosexualdelikten der männlichen Jugend und machte, in bekannter Sündenbock-Manier, hauptsächlich "erwachsene Jugendverführer" und die bündische Jugend für die Ausbreitung der Homosexualität verantwortlich. Die bündische Jugend, seit 1933/34 verboten, war eine Gruppierung der Jugendbewegung vor 1933 gewesen, die in der Tradition des Wandervogels stand. Das dort angeblich vorherrschende Prinzip der "Männerfreundschaft" - statt der hehren Kameradschaft in der HJ - sollte, so unterstellten es die Nazis, Homosexualität geradezu erzwingen.

> "Die Praxis der Überwachungsarbeit hat die Richtigkeit dieser Behauptung bewiesen. Bei der Bekämpfung der Bündischen Jugend aus politischen Gründen gelang mangels anderer gesetzlicher Grundlagen die Zerschlagung der Bünde fast immer auf dem Wege über ein Strafverfahren wegen Vergehens nach §175 StGB."[201]

---

197 Ebd., S.252.

198 Ebd., S.369.

199 Kriminalität und Gefährdung der Jugend. Lagebericht bis zum Stande vom 1. Januar 1941. Hg. RJF, Bearbeiter W. Knopp, nachgedruckt in: Jugendkriminalität und Jugendopposition im NS-Staat. Ein sozialgeschichtliches Dokument hg. u. eingeleitet v. Arno Klönne. Münster o.J.

200 Klönne, S.X.

201 Kriminalität und Gefährdung der Jugend, S.113.

Bei dem Vorgehen gegen die Überreste der alten Jugendbewegung wurde intern unumwunden zugegeben, daß der Vorwurf der Homosexualität als politisches Mittel eingesetzt worden war. Da Mädchen in der Bündischen Jugend keine große Rolle gespielt hatten, entfiel damit auch ein Grund für das politische Vorgehen gegen Mädchengruppen. Das fehlende "weibliche Element in der Bündischen Jugend" machte auch Jutta Rüdiger hauptverantwortlich für die unterschiedliche Einschätzung der Homosexualität von HJ und BDM.

Die sog. Cliquenbildung, angeblich homosexuell motiviert, wurde von der RJF als gefährlicher Absonderungsversuch bekämpft:

> "*Infolge der Wechselwirkung zwischen kriminell-asozialer Betätigung und politisch-oppositioneller Einstellung führt die Homosexualität schließlich im Endergebnis zur politischen Zersetzung*. Der Homosexuelle neigt wie jeder Asoziale zur Cliquenbildung, die immer auch zur politischen Opposition führt."[202]

War die RJF bei "verführten" Jugendlichen - analog dem in §175 und in den "Richtlinien" beschriebenen Vorgehen - zu Konzessionen bereit, galt ihr unerbittlicher Kampf den "Volksschädlingen", "die unser bestes Gut, unsere Jugend, ihrer natürlichen Bestimmung zu entziehen suchen".[203] Dem geschlechtsspezifisch unterschiedlichen Konzept von "Gefährdung" entsprach, daß weibliche Homosexualität im Bericht lediglich einmal in einer Kriminalstatistik der RJF explizit genannt wurde: so wurden im 1. Halbjahr 1940 insgesamt (d.h. sowohl in als auch außerhalb der HJ und des BDM) 1467 Homosexualdelikte gezählt; davon entfielen lediglich drei Fälle auf Mädchen oder Frauen.[204]

Die gleiche Diskrepanz zeigten auch die geheimen Gestapo-Lageberichte, die über die Stimmung in der Bevölkerung aufklären sollten und fast alle Zweige des öffentlichen Lebens umfaßten. In zahlreichen Ausgaben dieser zwischen 1934-37 aus verschiedenen Provinzen stammenden Berichte wird über "homosexuelle Verfehlungen" in der HJ und in anderen Männerorganisationen der Partei berichtet, aber nicht ein einziges Mal über weibliche Homosexualität.[205] Im übrigen belief

---

202 Ebd., S.96, Hervorheb.i.Org.

203 Ebd., S.120.

204 Ebd., S.41. Dies zeigt zugleich, daß homosexuelle Handlungen in der HJ wohl kaum als Einzelfälle abzutun waren, wie es der Bericht weismachen wollte: von den 1464 genannten Fällen entfielen immerhin 1000 auf HJ und Deutsches Jungvolk, das die 10-14jährigen Jungen umfaßte.

205 S. R. Thevoz/H. Braunig/C. Lowenthal-Hensel (Hg.): Die Geheime Staatspolizei in den preußischen Ostprovinzen 1934-1936: Pommern 1934/35 im Spiegel von Gestapo-Lageberichten und Sachakten. 2 Bde., Köln/Berlin 1974; sowie die zahlreichen Lageberichte, die sich im Geheimen Staatsarchiv Berlin-Dahlem befinden (Rep. 90 P). Von mir eingesehen wurden rund 150 Berichte aus den Provinzen: Rheinprovinz, Brandenburg, Hannover, Schlesien, Sachsen, Ostpreußen. - Im Lagebericht für Aachen, Sept. 1934, heißt es z.B.: "Besondere Bedeutung kommt dementsprechend <gemeint ist die katholische Bevölkerungsmehrheit,C.S.> auch der Tatsache zu, daß der hiesige Oberbannführer in seinem Oberbannbezirk im Laufe des letzten Jahres in 40 Fällen hat eingreifen müssen, in welchen ein Verdacht homosexueller Tätigkeit vorlag." GStA Rep. 90P, Gestapo-Lageberichte, Rheinprovinz

sich die Zahl der wegen Verstöße gegen §§175 und 175a StGB zwischen 1932 und 1941 verurteilten männlichen Jugendlichen auf lediglich knapp 5000 bei einer Gesamtzahl von rund 2,4 Millionen Jugendlichen im Alter zwischen 14 und 18 Jahren.[206] Dagegen war die Zahl der entsprechenden Fälle in der HJ verhältnismäßig hoch. Allein zwischen Juli 1939 und August 1941 wurden 293 männliche Angehörige der HJ wegen homosexuellen Verfehlungen ausgestoßen. Das waren 14,9% aller, die aus der HJ entfernt wurden.[207]

Im Gegensatz zur Homosexualität bei den Jungen stand bei den Mädchen die sog. sittliche Verwahrlosung im Vordergrund, die wegen der angeblich "nicht wiederzubehebenden charakterlichen und biologischen Schäden", die sich noch auf die kommenden Generationen auswirke, "für das Volksganze eine noch erheblichere Bedeutung als bei männlichen Jugendlichen"[208] habe. Schon vor dem Krieg sei beklagt worden, die Mädchen seien in (hetero)sexueller Hinsicht "hemmungsloser und triebhafter" als früher; seit Kriegsbeginn häuften sich "die Klagen über zunehmende Leichtlebigkeit und Verwahrlosung der weiblichen Jugend auf sexuellem Gebiet".[209] Besonders der Einsatz der Mädchen in Wirtschaft und Kriegshilfsdienst - oft fernab von zuhause - begünstige bei vielen die "Verwahrlosung". Sie seien sehr darauf bedacht, in ihrer Freizeit mit Männern zusammen zu kommen und hielten sich bspw. in der Nähe von Kasernen und RAD-Lagern auf. Doch damit nicht genug: der Bericht beklagte besonders das "instinkt- und würdelose Verhalten deutscher Mädchen und Frauen"[210] gegenüber Kriegsgefangenen und Zwangsarbeitern, was bevölkerungs- und "rassen"politisch gefährlich sei. Die "Verwahrlosung" der weiblichen Jugend berge die Gefahr in sich, "daß diese Jugendlichen leicht in die heimliche Prostitution bzw. den wahllosen Geschlechtsverkehr absinken."[211] Dies ließ neben unerwünschten Schwangerschaften auch die Verbreitung von Geschlechtskrankheiten befürchten.

Auch in Berichten über oppositionelle Jugendgruppen wurde, wie Arno Klönne schreibt, "systematisch der Verdacht und Vorwurf homoerotischer oder homosexueller Neigungen oder Handlungen als Mittel der Repression benutzt".[212] Gelegentlich war hier auch von weiblicher Homosexualität die Rede, wie z.B. in einem Bericht über "Swing"-Gruppen (Jugendliche, die englischen "Stil", Musik etc. bevorzugten).[213] Viel häufiger ist jedoch - ob berechtigt oder nicht - von einem

---

(Aachen), S.44.

206 BA-MA H 20/479, Bl.1-6, hier:1. Aide-Mémoire O. Wuth, Betr. "Verbrechen und Vergehen §175 RStGB, Statistische und andere Bemerkungen, o.D. (Anfang 1943).

207 Franz Seidler: Prostitution, Homosexualität, Selbstverstümmelung. Probleme der deutschen Sanitätsführung 1939-1945. Neckargmünd 1977, S.227.

208 Kriminalität und Gefährdung der Jugend, S.163.

209 Ebd.

210 Ebd., S.168.

211 Ebd., S.169.

212 Klönne, S.VII.

213 BA R 22/1177, Bl.372f. RJF, Personalamt Überwachung: Cliquen- und Bandenbildung unter Jugendlichen, Bericht vom September 1942.

heterosexuellen "Sichausleben" der Mädchen die Rede, wie es bspw. die geheimen SD-Berichte "Meldungen aus dem Reich" belegen.[214] "Erziehungsmaßnahmen" gegen renitente Jugendliche reichten - neben dem oben beschriebenen Vorgehen gegen HJ-Angehörige - von Maßnahmen der Jugendfürsorge bis zur Einweisung in ein Jugend-KZ.[215]

Abschließend sei die Geschichte eines lesbischen Mädchens wiedergegeben, das in die Mühlen der Jugendfürsorge geriet. Valeska Dorn (Pseudonym), Jahrgang 1926, berichtet über ihren Aufenthalt im Mädchenerziehungsheim in der Feuerbachstraße in Hamburg.[216] Bei ihrer Einlieferung 1939 - der Vorwand wird nicht genannt - hätten ihre Bewacher im Büro ihre "Akte abgegeben mit dem großen roten L (=Lesbisch?) mit Fragezeichen".[217] Nach wenigen Wochen wird "Zögling Dorn", da zu störrisch, in die Gruppe für "schwererziehbare Mädels" verlegt und nach weiteren acht Wochen auf die letzte Station: Heimgruppe. In einer Wäscherei, Plätterei und Gärtnerei müssen die Mädchen arbeiten; bei Übertreten der rigiden Ordnung kommen sie zur Strafe in einen Bunker. Valeska Dorn beobachtet, wie von den nahegelegenen Alsterdorfer Anstalten geistig Behinderte weggefahren werden; sie erfährt, daß diese in der Vergasungsanstalt Grafeneck umgebracht wurden. Wenn die Aufsicht weg ist, feiern die Mädchen zusammen, doch eines Tages wird Valeska "mit meiner Waschküchenliebe in der Waschtrommel erwischt".[218] Valeska bekommt vier Tage Bunker, Ingrid, die zehn Jahre ältere Freundin, kommt nach Farmsen, einem Jugend- und Arbeitslager. Im April 1942 kommt Valeska wegen einer TBC ins Krankenhaus Barmbek. Von dort flüchtet sie und kann bei einem "Proforma-Ehepaar" (ein homosexueller Mann und eine lesbische Frau hatten zur Tarnung geheiratet) untertauchen. Bei einer Razzia im August 1942 wird sie festgenommen; auf der Polizeiwache liegt schon das Fahndungsbuch auf dem Tisch. Sie wird wieder in die Feuerbergstraße gebracht, danach nach Farmsen. Von dort kann sie im September mit andern Frauen flüchten. Sie schafft es, den Krieg zu überleben.

---

214 Heinz Boberach (Hg.): Meldungen aus dem Reich. Die geheimen Lageberichte des Sicherheitsdienstes der SS 1938-1945. Herrsching 1984f. Vgl. bspw. die "Meldungen" v. 4.12.1939, S.526; v. 8.7.1940, S.1358 u. v. 22.1.1942, S. 3200.

215 Vgl. Michael Hepp: Vorhof zur Hölle. Mädchen im "Jugendschutzlager" Uckermark, in: Hg. Ebbinghaus, S.191-216.

216 Valeska Dorn: Erinnerungen aus der Feuerbergstraße 1939-1942, in: Hamburger Frauenzeitung Nr. 8 1984, S.4-7.

217 Ebd., S.5.

218 Ebd., S.7.

RASSENHYGIENE

Von jeher hat es in der Geschichte Ansätze zu einer Bevölkerungspolitik gegeben - Versuche einer Institution oder eines Staates, das generative Verhalten einer bestimmten Gruppe oder eines Volkes zu steuern. Neu waren im ausgehenden 19. Jahrhundert die Ansätze zu einer auf "Qualität" abzielenden Bevölkerungspolitik, die auf bestimmten medizinischen bzw. sozialen Kriterien basierte. Diese "qualitative" Bevölkerungspolitik baute im wesentlichen auf der Rassenhygiene/Eugenik auf, die stark durch den Sozialdarwinismus geprägt wurde: gesellschaftliche Prozesse wurden auf biologische Faktoren, d.h. auf scheinbar unabänderliche Naturgesetze zurückgeführt. Hier soll nun untersucht werden, wie vor 1933 die Rassenhygiene einerseits und die psychiatrische Entartungslehre andererseits zur Pathologisierung der Homosexualität beitrugen. Welche Rolle spielte Homosexualität nach der Machtübernahme in der zur Staatsdoktrin erhobenen Rassenhygiene, deren Maßnahmen von Eheverboten und Asylierung bis zur Zwangssterilisation und dem Euthanasiemord an Hunderttausenden reichten? Wie und nach welchen Kriterien sollte die Definierung und Erfassung der Homosexuellen - als Voraussetzung für bevölkerungspolitische Maßnahmen - durchgesetzt werden und welche Personen und Institutionen waren daran beteiligt?

Rassenhygiene vor 1933

Nachdem in England Francis Galton, ein Vetter Darwins, 1883 der eugenischen Bewegung den Namen gegeben hatte, begann eine ähnliche Bewegung in Deutschland um 1890, initiiert durch Alfred Ploetz (1860-1940) und Wilhelm Schallmayer (1857-1919). Der Arzt A. Ploetz prägte 1895 in seiner Schrift "Die Tüchtigkeit unsrer Rasse und der Schutz der Schwachen" (Berlin 1895) den Terminus 'Rassenhygiene' für eine naturwissenschaftliche Lehre und Bewegung, die als wissenschaftliche Disziplin ab 1909 bis 1945 an deutschen Universitäten gelehrt wurde und spätestens mit der Debatte um den Geburtenrückgang seit 1910 als politisches Programm auch in ministerielle Entscheidungsebenen gelangte.[1]

Die Rassenhygiene oder Eugenik[2], die zunächst nur von Einzelpersonen, zumeist Ärzten und Psychiatern, vertreten wurde, hatte eine doppelte Zielsetzung: es ging ihr sowohl um Kontrolle und Reglementierung der Zeugung von Nachkommen, als auch insbesondere um eine vermeintliche "Verbesserung" der "Rasse". Unter "Rasse" verstand man entweder ein ganz bestimmtes Volk oder die menschliche Spezies im allgemeinen, von Ploetz als "Vitalrasse" bezeichnet - im Unterschied zur anthropologischen Kategorie der "Systemrasse". Der Kategorisierung und Bewertung einzelner ethnischer Gruppen, wie sie die Rassenanthropologen in der Tradition von Gobineau vornahmen - wobei das Konstrukt einer germanisch-nordischen "Rasse" an oberster, die jüdische und schwarze dagegen an unterster Stelle rangierten - schlossen sich die meisten Rassenhygieniker zu diesem Zeitpunkt noch nicht an. Prinzipiell jedoch ergänzten sich die Rassenanthropologen und die Rassenhygieniker wie zwei Seiten einer Medaille: beiden Bewegungen gemeinsam war die Be- und Abwertung von Menschen aufgrund ihrer Zugehörigkeit zu einer bestimmten Gruppe.[3]

Die Rassenhygiene basierte auf

- der psychiatrischen Degenerations- oder Entartungslehre;
- der Darwinischen Selektionstheorie, derzufolge im "Kampf ums Dasein" nur die bestangepaßten Individuen überlebten und sich vermehrten ("survival of the fittest"); aufgrund medizinischer und anderer Errungenschaften sollte jedoch die "natürliche" Auslese (der Schwachen etc.), von der Darwin ausging, nicht mehr gewährleistet sein und stattdessen eine "Gegenauslese" herrschen;
- der Lebenswertvorstellung, bei der körperliche, geistige und sexuelle Aspekte eines Menschen bewertet wurden, die sie/ihn "hoch- oder min-

---

1 Anna Bergmann: Die "Rationalisierung der Fortpflanzung": Der Rückgang der Geburten und der Aufstieg der Rassenhygiene/Eugenik im deutschen Kaiserreich 1871-1914. Diss. FU Berlin 1988, hier:59; sowie grundlegend Hans-Walter Schmuhl: Rassenhygiene, Nationalsozialismus, Euthanasie. Von der Verhütung zur Vernichtung 'lebensunwerten Lebens', 1890-1945. Göttingen 1987.

2 Zur unterschiedlichen Verwendung der Begriffe s. Gisela Bock: Zwangssterilisation im Nationalsozialismus. Studien zur Rassenpolitik und Frauenpolitik. Opladen 1986, S.69-71. - Eugeniker nannten sich die eher politisch links orientierten Rassenhygieniker, die bspw. den Begriff 'Rasse' durch 'Erbmasse' ersetzten. Ich benutze hier den in der NS-Zeit gebrauchten Begriff.

3 Vgl. hierzu George Mosse: Rassismus. Ein Krankheitssymptom in der europäischen Geschichte des 19. und 20. Jahrhunderts. Königstein/Ts. 1978; sowie Bock 1986, S.59-76. Bock spricht sich besonders gegen die angebliche "Wertfreiheit" der Rassenhygieniker - im Gegensatz zu den Rassenanthropologen - aus und weist auf die gemeinsamen Wurzeln beider Bewegungen hin.

derwertig" machten (gleichzeitig wurde eine überdurchschnittliche Vermehrung der "Minderwertigen" behauptet);
- sie ging aus von der Vererbung von Eigenschaften, die die "Qualität" einer "Rasse" bestimmten;
- und von den politischen Implikationen dieser Erkenntnisse (die Rassenhygiene war von Anfang an auf praktische Umsetzung ausgerichtet).[4]

Die Rassenhygieniker formulierten den Anspruch des Staates auf Reglementierung und Kontrolle des generativen Verhaltens, das etwa der Mediziner Schallmeyer, dessen Buch "Vererbung und Auslese im Lebenslauf der Völker"[5] bis um 1920 das führende für die Rassenhygiene in Deutschland war, als Politikum von großer Bedeutung bezeichnet hatte. Ehe und Familie seien keine Privatangelegenheit (mehr), sondern das primäre Kontrollinstrument der Rassenhygiene. Mit dieser Entprivatisierung der Familie ging die Konstruktion eines nationalistisch geprägten "Volkskörpers" einher, dessen Interessen höher als die der Individuen bewertet wurden. Die Rassenhygiene führte zur Entwertung des einzelnen Menschenlebens; ihr Antiindividualismus stellte grundlegende Menschenrechte, z.B. auf Gleichheit und körperliche Unversehrtheit, infrage oder erklärte diese gar für ungültig.

Die Rassenhygiene beinhaltete zwar auch die finanzielle und anderweitige "Förderung" der "Gesunden" ("Auslese" genannt), war aber nicht denk- oder durchführbar ohne negative "Ausmerze". Diese sollte mit verschiedenen Mitteln erreicht werden: dazu zählten Eheverbote, Asylierung und Sterilisation für Angehörige bestimmter Gruppen. Ernst Rüdin (1874-1952), ein Rassenhygieniker der ersten Stunde - 1905 gründete er mit Ploetz u.a. die erste rassenhygienische Organisation überhaupt, die "Berliner Gesellschaft für Rassenhygiene" - forderte, Homosexuelle sollten weder heiraten noch Kinderkriegen; gesetzliche Maßnahmen hielt er jedoch "kaum (für) nötig":

> "Die *praktischen Folgerungen für die Rassenhygiene*, die sich aus unseren Darlegungen ergeben, bestehen in der Forderung, daß Homosexuelle nicht bloß keine Kinder zeugen, sondern auch nicht heiraten sollen. Denn immer besteht die große Wahrscheinlichkeit, daß sie ihre die Rasse nicht fördernde Anlage und die eventuell damit verbundenen konstitutionellen Fehler und Krankheiten auf ihre Nachkommenschaft übertragen. Auch entziehen sie, falls sie nicht einen ebenfalls unterwertigen Partner heiraten, der Rasse einen wichtigen Teil der Zeugungsvollwertigen",

schrieb Rüdin 1904 unter der Überschrift "Zur Rolle der Homosexuellen im Lebensprozeß der Rasse"[6]. Spätestens seit den 20er Jahren war die Rassenhygiene in nahezu allen gesellschaftlichen Bereichen und allen politischen Strömungen

---

4 A. Bergmann 1988, S.78.

5 Wilhelm Schallmeyer: Vererbung und Auslese im Lebenslauf der Völker. Jena 1903; u.d.T. Vererbung und Auslese. Grundriß der Gesellschaftsbiologie und der Lehre vom Rassedienst. Jena ^{3}1918.

6 Ernst Rüdin: Zur Rolle der Homosexuellen im Lebensprozeß der Rasse, in: Archiv für Rassen- und Gesellschafts-Biologie, 1.Jg. 1904, S.99-109, hier:107. Hervorheb.i.Org.

vertreten. Selbst Magnus Hirschfeld, der sozialdemokratische Sexualwissenschaftler, selbst homosexuell, plädierte für die Ehelosigkeit von Homosexuellen, weil "vom rassenhygienischen Standpunkt die Ehe eines oder einer Homosexuellen stets ein sehr gewagtes Unternehmen" sei, weil sie Träger einer "minderwertigen" Erbmasse seien und diese Ehen häufig geistig "minderwertige" Kinder hervorbrächten.[7]

Die Asylierung dagegen forderte etwa der Moraltheologe Joseph Mayer, prominenter katholischer Befürworter von rassenhygienischen Sterilisationen. In seinem Artikel "Biologische und sozialethische Erwägungen zum §175" von 1930 bezeichnete er die Homosexuellen als "Auswüchse degenerativer Art", die als "minderwertig und asozial" einzuschätzen seien, und forderte:

> "Es müssen neue staatliche Maßnahmen gefunden werden, um auch diese Schädlinge des Volkskörpers unschädlich zu machen. Ein Verwahrungsgesetz ist gerade für diese Gruppe von Menschen notwendig."[8]

Seit 1918 standen die Sterilisationen, die von Psychiatern schon ab etwa 1870 gefordert wurden, an erster Stelle in der rassenhygienischen Diskussion. Während des Ersten Weltkriegs war ein Indikationsmodell "aus sozialpolitischen oder rassenhygienischen Gründen" zur Legalisierung rassenhygienischer Sterilisation (und auch Abtreibung) diskutiert worden, um

> "a) einen verbrecherischen oder krankhaften Trieb, insbesondere Geschlechtstrieb zu beseitigen oder herabzusetzen und
> b) um einen verbrecherischen oder degenerierten oder geisteskranken (mit einem Worte rassehygienisch betrachtet minderwertigen) Nachwuchs zu verhüten."[9]

Dieser "Katalog" schloß Homosexuelle mit ein, ohne sie explizit zu nennen ("krankhafter Geschlechtstrieb"); deutlich wurde dabei auch der Zusammenhang zwischen der rassenhygienischen Sterilisation und der Sterilisation als kriminalpolitischer Maßnahme ("verbrecherischen Trieb beseitigen"). Darüber hinaus wurde während und nach dem Ersten Weltkrieg auch verstärkt der radikalste rassenhygienische Eingriff, die Tötung von als "lebensunwert" befundenen Menschen, gefordert.[10]

Bei den Sterilisationsforderungen war eine starke Tendenz zur Ausdehnung auf immer weitere Bevölkerungsschichten erkennbar und dem Konzept immanent. So forderte etwa der prominente Rassenhygieniker Fritz Lenz (1887-1976), der das Standardwerk der 20er Jahre, "Menschliche Erblichkeitslehre und Rassenhy-

---

7 Magnus Hirschfeld: Die Homosexualität des Mannes und des Weibes. Berlin 1914, S.391.

8 Joseph Mayer: Biologische und sozialethische Erwägungen zum §175, in: Deutsches Ärzteblatt, 59.Bd., 21.1.1930, S.28-30, hier:29.

9 Wilhelm Strohmayer: Künstliche Fehlgeburt und künstliche Unfruchtbarkeit vom Standpunkt der Psychiatrie, in: Hg. Siegfried Placzek: Künstliche Fehlgeburt und künstliche Unfruchtbarkeit, ihre Indikation, Technik und Rechtsgrundlage. Ein Handbuch für Ärzte und Bevölkerungspolitiker. Leipzig 1918, S.392f., zit.n. A. Bergmann 1988, S.237.

10 K. Binding/A.E. Hoche: Die Freigabe der Vernichtung lebensunwerten Lebens. Ihr Maß und ihre Form. Leipzig 1920.

giene",[11] mitverfaßt hatte und 1923 den ersten Lehrstuhl für Rassenhygiene in Deutschland innehatte, die Sterilisation von ca. 30% der Bevölkerung! Er befürwortete die Sterilisation als "ein ungleich zweckmäßigeres, billigeres und humaneres Mittel",[12] im Gegensatz etwa zur Asylierung und den Eheverboten, die er für unzureichend und nicht durchführbar hielt. Lenz begrüßte 1931 die NSDAP, da sie als erste politische Partei die Rassenhygiene als zentrale Forderung ihres Programms vertrete und Hitler die Sterilisation auf den gesamten "minderwertigen" Teil der Bevölkerung angewandt wissen wollte, nicht nur auf extreme Fälle.[13]

Rassenhygienische Sterilisationen wurden, obwohl illegal und den Tatbestand der Körperverletzung darstellend, de facto schon praktiziert (z.B. von Gustav Boeters, einem ihrer vehementesten Vorkämpfer, der auch die Kastration von homosexuellen Männern befürwortete und praktizierte). G. Bock vermutet gar "Tausende von rassenhygienischen, auch zwangsweisen Sterilisationen vor 1933".[14] In Deutschland, aber z.B. auch in der Schweiz,[15] seien die "Sterilisationsobjekte" vor allem sozial oder sexuell abweichende, darunter auch lesbische Frauen gewesen.

Die Entartungslehre, um 1860 von dem Psychiater Morel in Frankreich initiiert, hatte wesentlichen Einfluß auf das rassenhygienische Konzept. Der Begriff - gleichbedeutend mit dem französischen "dégénération" - bedeutete zunächst nur die Rückbildung und den Zerfall von Zellen und Gewebe, wurde dann aber auf den ganzen Menschen, vor allem auch auf seine Psyche, übertragen und von Morel als "krankhafte Abweichung von einem ursprünglichen Typus" definiert. Hierbei ging es nicht mehr bloß um eine (falsche) Diagnose von (Geistes)Krankheiten und deren postulierter Vererbung, sondern um grundlegende Definitionen von "Normalität". Die Psychiater und Mediziner gerierten sich so als Hüter des bürgerlichen Sozialverhaltens, denn sie klassifizierten, was einerseits als gesund und normal, andererseits als pathologisch und krank gelten sollte: eine Klassifizierung als "entartet" konnte als weitreichendes sozialdisziplinierendes Instrument fungieren und die Forderung nach rassenhygienischen Eingriffen legitimieren. Als Symptome für die "Abnormität", die angeboren, aber auch umweltbedingt sein konnte, galten physische, psychische, soziale und sexuelle Aspekte. Auf diese vier Kategorien

---

11 Erwin Baur/Eugen Fischer/Fritz Lenz: Menschliche Erblichkeitslehre und Rassenhygiene. München 1920.

12 Fritz Lenz: Menschliche Auslese und Rassenhygiene (Eugenik) München 1921, S.301, zit.n. Schmuhl, S.47.

13 Vgl. Schmuhl, S.151-153. Die rassenhygienisch indizierte Sterilisation sei ein konstitutives Element der eugenischen Programmatik des Nationalsozialismus gewesen. Zwangssterilisation und -asylierung (nicht Euthanasie) bildeten die Kernstücke von Hitlers Rassenhygiene, wie er sie in "Mein Kampf", S.447 u.a., formulierte.

14 Bock 1986, S.48.

15 Über die "freiwillige" Kastration einer lesbischen Frau (und weiterer "sexuell haltloser" Frauen) in der Schweiz s. A.W. Hackfield: Über die Kastration bei vierzig sexuell Abnormen, in: Monatsschrift für Psychiatrie und Neurologie, Bd.87 Okt.1933, H.1, S.1-31.

bezog sich auch der von den Psychiatern eingeführte Begriff der "Minderwertigkeit".[16]

In Deutschland wurde die international geführte Entartungsdiskussion durch Griesinger aufgegriffen und u.a. von Paul Näcke (1851-1913) weitergeführt. Näcke verknüpfte das von Ploetz vorgestellte rassenhygienische Programm der "Fortpflanzungshygiene" mit der psychiatrischen Entartunglehre und betonte die besondere Rolle des Psychiaters bei der sozialen Prophylaxe der "Degeneration". Er war einer der frühesten Propagandisten für Zwangssterilisation in Deutschland und forderte die Sterilisation und Kastration von "Entarteten".[17] Näcke bezog sich auch auf den Psychiater Paul Julius Möbius, dessen Schwerpunkt die geschlechtsspezifische Differenzierung der "Entartung" war, die er bspw. in seinen Arbeiten "Geschlecht und Entartung" (1903) oder "Über den physiologischen Schwachsinn des Weibes" (1900) formulierte. Ebenso Otto Weininger, der in "Geschlecht und Charakter" (1920) gegen Frauen, Juden und "das Unmännliche" gleichermaßen zu Felde zog. Homosexuelle kennzeichnete er als Kriminelle.[18]

Auch die Entartungslehre trug dazu bei, die Geschlechterhierarchie, d.h. die soziale, politische und kulturelle Benachteiligung von Frauen, im 19. Jahrhundert als scheinbares Naturgesetz zu objektivieren. Es gab eine Tendenz zur grundsätzlichen Pathologisierung von Frauen qua Geschlecht.[19] Als Prototypen weiblicher "Entartung" galten die Frauenemanzipationsbewegung und die Prostitution, wobei lesbische Beziehungen der Prostituierten als besondere Entartungserscheinung zählten.[20] Einen engen Zusammenhang zwischen weiblicher Homosexualität und Prostitution hatte der italienische Psychiater Cesare Lombroso konstruiert - ein Stereotyp, das andere Psychiater (z.B. Krafft-Ebing, Moll) und schließlich auch die Nationalsozialisten wiederholten. Die Prostituierte war das weibliche Pendant zum "geborenen Verbrecher", einer von Lombroso popularisierten Theorie. Pathologisiertes Sexualverhalten wurde hier mit anderen sozialen Abweichungen - insbesondere mit Kriminalität - assoziiert. Lombroso plädierte für lebenslängliche Internierung, Deportation und Ausdehung der Todesstrafe auf die "Entarteten".[21]

Julius Koch (1841-1908) prägte um 1890 den Oberbegriff der "psychopathischen Minderwertigkeit" und verknüpfte so die Psychopathie mit einer eindeutigen sozialen Abwertung. Die Psychopathie war Koch zufolge angeboren oder erworben und wurde mit "Asozialität", sexuellen Exzessen und gesteigertem Triebleben assoziiert. In den folgenden Jahrzehnten wurde die "Psychopathie" zum Prototyp der "Entartung" stilisiert. Die Psychiater hatten somit eine "wissenschaftliche"

16 A. Bergmann 1988, S.69.

17 Ebd., S.178.

18 Mosse 1985, S.185.

19 Vgl. Esther Fischer-Homberger: Neue Materialien zur "Krankheit Frau" (19. und 20. Jahrhundert), in: Feminismus. Inspektion der Herrenkultur. Hg. Luise F. Pusch. Frankfurt/M. 1983, S.308-339.

20 A. Bergmann 1988, S.306.

21 Ebd., S.174.

Diagnose zur Ausgrenzung all derjenigen Menschen geschaffen, die von der (auch von ihnen gesetzten) bürgerlichen Norm abwichen, die für die "Hochwertigen" u.a. eine Pflicht zur Zeugung neuer Staatsbürger beinhalten sollte.

Gleichzeitig verfestigten die Psychiater die Definition von Homosexualität als "Psychopathie". Dazu trug auch Emil Kraepelin (1856-1926) bei, einer der einflußreichsten Psychiater zu Beginn des 20. Jahrhunderts, der die Entartungslehre in der jungen Psychiatergeneration populär machte. Sein Lehrbuch der Psychiatrie von 1915 enthielt ein Kapitel mit dem Titel "Die Gesellschaftsfeinde (Antisozialen)",[22] in dem "Psychopathen" geschildert werden, deren gemeinsames Symptom eine angeborene Anpassungsunfähigkeit an gesellschaftliche Normen sei. In seinem programmatischen Artikel "Geschlechtliche Verirrungen und Volksvermehrung"[23] von 1918 kennzeichnete er die Homosexuellen als "psychopathische Persönlichkeiten". Diese Klassifizierung teilten einige der bekanntesten Psychiater der Weimarer Republik, wie Bonhoeffer, Hoche, Weygandt, Bumke und Gaupp.

"Erbbiologische Bestandsaufnahme"

Schon in der Weimarer Republik war die Erfassung von "Erbkranken" geplant; es gab verschiedene Initiativen zur gesundheitspolitischen Datenerfassung, und so war "die große Synthese des 'erbbiologischen' Erfassungsangriffs konzeptionell längst gelaufen, bevor die Nazis ihn zur praktizierten Staatsräson erklärten und ausweiteten".[24] Auch die ebenfalls als "erbbedingt" klassifizierten sozial Unangepaßten sollten registriert und "ausgemerzt" werden.[25] Als das in dieser Zeit weitgehendste und umfangreichste Projekt gilt das vom Münchner Kaiser-Wilhelm-Institut (KWI) für Psychiatrie - seit 1928 unter Vorsitz von Rüdin - geplante "bevölkerungsbiologische Gesamtkataster", das die Bevölkerung in "Minderwertige", "Durchschnittsmenschen" und "Hochwertige" einteilte. Eine Erfassung der Bevölkerung nach diesen Kriterien wurde seit 1933 forciert, wobei das besondere Augenmerk dem ständig wachsenden Kreis der "Minderwertigen" galt. Hauptprot-

---

22 Emil Kraepelin: Psychiatrie. Ein Lehrbuch für Studirende und Ärzte. Bd.4, Leipzig ^{8}1915, S.2076-2116.

23 Ders.: Geschlechtliche Verirrungen und Volksvermehrung, in: Münchner Medizinische Wochenschrift, 65.Jg., 29.1.1918, S.116-120.

24 Karl Heinz Roth: "Erbbiologische Bestandsaufnahme" - ein Aspekt "ausmerzender" Erfassung vor der Entfesselung des Zweiten Weltkrieges, in: ders. (Hg.): Erfassung zur Vernichtung. Von der Sozialhygiene zum "Gesetz über Sterbehilfe". Berlin 1984 (=1984a), S.57-100, hier:62.

25 Ebd., S.58.

agonisten der Erfassung waren in dieser Anfangszeit des "Dritten Reiches" neben Rüdins KWI das von Eugen Fischer (1874-1967) seit 1927 in Berlin-Dahlem geführte KWI für Anthropologie; beide bestimmten die bevölkerungspolitische Gesetzgebung seit Frühjahr 1933 entscheidend mit.

Nach der Verabschiedung der ersten bevölkerungspolitischen Gesetze, z.B. des bereits erwähnten Gesetzes über Ehestandsdarlehen, wurden Verwaltungsinstanzen zu ihrer Durchführung nötig. Dem sollte das "Gesetz zur Vereinheitlichung des Gesundheitswesens" vom 3.7.1934,[26] mit dem nun auch die "erbbiologische" Erfassung staatlich geregelt und institutionalisiert wurde, Abhilfe schaffen. Im April 1935 wurden 742 staatliche Gesundheitsämter geschaffen;[27] im Mittelpunkt ihrer Aktivitäten standen die "Beratungsstellen für Erb- und Rassenpflege". Den Gesundheitsämtern mußten bspw. von allen im Gesundheitswesen und der Sozialfürsorge[28] Beschäftigten alle "Erbkrankheitsverdächtige" gemeldet werden (die Gesundheitsämter waren damit ein wichtiges Instrument bei der Durchführung der Zwangssterilisation).

Bereits vor der Verabschiedung der Nürnberger "Rasse"gesetze und des "Ehegesundheitsgesetzes" (EGG), das 1935 ein Eheverbot für als minderwertig eingestufte "deutsche Reichsbürger" einführte,[29] waren die Gesundheitsämter gehalten, eine "freiwillige Eheberatung" nach den Kriterien beider Gesetze durchzuführen.[30] Als Ehehinderungsgrund nannte Arthur Gütt in diesem Schreiben auch noch explizit Homosexualität, im Gegensatz zum Wortlaut des später verabschiedeten EGG: "Wie schwere Psychopathien sind auch die schweren Fälle von Hysterie und Homosexualität anzusehen, ferner Alkoholismus und andere Rauschgiftsüchte."[31] Gütt (1891-1949) war seit Mai 1933 Medizinalreferent in der Gesundheitsabteilung des Reichsinnenministeriums (RMdI) und führend an der Umgestaltung des Gesundheitswesens sowie an sämtlichen rassenhygienischen und bevölkerungspolitischen Gesetzen beteiligt. In der Frühehe sah Gütt "die einzige Möglichkeit <...> der Ausrottung der homosexuellen Verführung".[32]

---

26 Gesetz zur Vereinheitlichung des Gesundheitswesens v. 3.7.1934, RGBl.I 1934, S.531.

27 Diese Zahl nennt Arthur Gütt: Der Aufbau des Gesundheitswesens im Dritten Reich. Berlin 1938, S.20.

28 Vgl. Emilija Mitrovic: Fürsorgerinnen im Nationalsozialismus: Hilfe zur Aussonderung, in: Hg. Ebbinghaus, S.14-36.

29 Gesetz zum Schutze der Erbgesundheit des deutschen Volkes (Ehegesundheitsgesetz) v. 18.10.1935, RGBl.I 1935, S.1246.

30 In einem Artikel über die "Beratungsstellen für Erb- und Rassenpflege" heißt es: "Es wird <...> *von einer Eheschließung dann abzuraten sein, wenn einer der Ehebewerber nichtarischer Abstammung ist oder an vererblichen Leiden oder Gebrechen, die seine Verheiratung als nicht im Interesse der Volksgemeinschaft liegend erscheinen lassen, oder an Infektionskrankheiten oder an sonstigen das Leben bedrohenden Krankheiten leidet.*" Psychiatrisch-Neurologische Wochenschrift, Bd.37 Nr.25, 1935, S. 295-298, hier:296, Hervorheb.i.Org.

31 Ebd.

32 Arthur Gütt, zit.n. Kersten, S.23.

Die Gesundheitsämter waren für die zentrale Führung von "Erbkarteien" zuständig; sie griffen dabei ihrerseits auf andere Erfassungssysteme zurück, bspw. auf die Personalbögen einer Sonderschule, die über "Vererbbarkeit von Krankheiten und sexueller Störungen" der "Zöglinge" Auskunft geben sollten.[33] (Parallel hierzu gab es eine spezifische "erbbiologische Bestandsaufnahme" in den Heil- und Pflegeanstalten sowie in den Gefängnissen, deren Ergebnisse in "Kriminalbiologischen Sammelstellen" ausgewertet wurden.[34]) In welchem Ausmaß Homosexuelle durch die Gesundheitsämter erfaßt wurden - und wie möglicherweise gegen sie vorgegangen wurde - läßt sich heute nicht mehr rekonstruieren; die entsprechenden Akten gelten als verschollen. Gütt betrachtete es

> "vom Standpunkt der Volksgesundheit aus als dringend notwendig, daß in ideeller und materieller Hinsicht Maßnahmen getroffen werden, um weitere Volksgenossen vor dieser Entartung des Geschlechtstriebes <gemeint war Homosexualität,C.S.> zu bewahren und die mit dieser Entartung Behafteten dazu zu zwingen, sich einer entsprechenden Werbung und Betätigung zu enthalten."[35]

Er wolle u.U. veranlassen,

> "daß vom Reichsgesundheitsamt der Frage darüber nachgegangen wird, inwieweit der Ausbreitung dieser abnormen Veranlagung in unserem Volke am wirksamsten begegnet werden kann. Mein Sachbearbeiter, Oberregierungsrat Dr. Linden, ist bereit, mit dem dortigen Sachbearbeiter <im Geheimen Staatspolizeiamt,C.S.> im einzelnen zu besprechen, wie bei dieser Sammelforschung vorzugehen wäre."[36]

Entsprechende Ergebnisse sind jedoch nicht bekannt.

Überhaupt funktionierte die "erbbiologische" Erfassung nur als "grobmaschiges Schleppnetz"[37] und nur in wenigen Städten (Hamburg, Berlin, Leipzig, Weimar) - eine lückenlose Erfassung der Gesamtbevölkerung war dagegen unmöglich. Als besonders "effektiv" erwies sich die Datei des Hamburger Hauptgesundheitsamtes, das Gesundheitspaßarchiv, welches über die bloße Erfassung von "Erbkrankheiten" weit hinaus ging und alle Informationen sammelte, die im Gesundheitswesen, der Kriminalpolitik, der Justiz oder der Fürsorge zu einer Person anfielen. Dem Leiter des Archivs Kurt Holm zufolge hatte die Polizei etwa "sämtliche ihr bekannten Rauschgiftsüchtigen und sexuell Abartigen mitgeteilt";[38] den vagen Begriff der

---

33 Albert Wiegand: Kastration und Sterilisation, in: Deutsche Sonderschule. 5.Jg. 1938, S.577-579, hier:579. - Den Sonderschulen galt das besondere Interesse der Rassenhygieniker, die hier einen hohen Prozentteil "Schwachsinniger" vermuteten.

34 Roth 1984a, S.74ff.

35 GStA Rep. 90P, Nr.65, H.1, Schutzhaft 1934-35, Bd.3, Bl.86-89, hier:86. Schreiben Arthur Gütts i.A. des Reichs- und Preußischen Minister des Innern v. 28.1.1935 an das Gestapa.

36 Ebd., Bl.86f.

37 Roth 1984a, S.89.

38 Kurt Holm: Durchführung des Ehegesundheitsgesetzes, unter besonderer Berücksichtigung des erbbiologischen Materials des hamburgischen Gesundheitspaßarchivs, in: Der öffentliche Gesundheitsdienst, Ausgabe B 2, H.19 v. 5.1.1937, S. 544f., zit.n.: Friedemann Pfäfflin: Das Hamburger Gesundheitspaßarchiv. Bürokratische Effizienz und Personenerfassung, in: Hg. Angelika Ebbinghaus, Heidrun Kaupen-Haas, Karl Heinz Roth: Heilen und Vernichten im

"sexuell Abartigen" präzisierte er jedoch nicht näher. Auch an spezifische Auswertungen der Kartei wurde gedacht:

> "Für Sondergebiete, die man gesammelt bearbeiten möchte, werden Leitkarten einfachster Form aufgestellt, wie sie z.B. schon vorhanden sind für Morphinisten, sexuell Abartige, Sterilisierte und Zwillinge."[39]

Auf dem Weg zur "Durchordnung des Volkes, wie sie unter nationalsozialistischer Führung vor sich geht",[40] waren 1939 von einer Gesamtbevölkerung von 1,7 Millionen HamburgerInnen 1,1 Millionen im Gesundheitspaßarchiv erfaßt, über 700000 Akten warteten auf ihre Einsortierung. Darunter befanden sich "3000 Akten über Homosexuelle, die seit 1935 listenmäßig von der Kriminalpolizei erfaßt wurden".[41] Auf die Existenz dieses Paßarchivs ist es vermutlich zurückzuführen, daß in Hamburg - bezogen auf die Gesamtbevölkerung - die meisten Menschen zwangssterilisiert und -kastriert wurden.[42] Dies belegt noch einmal, daß die Erfassung Voraussetzung und erster Schritt war für rassenhygienische Eingriffe oder gar die Ermordung.

Mit Rassenhygiene und der Erfassung von Minderheiten beschäftigten sich natürlich nicht nur die staatlichen Institutionen wie etwa die Gesundheitsämter, sondern auch entsprechende Organisationen der NSDAP, allen voran das Rassenpolitische Amt (RPA). Das RPA ging im Mai 1934 aus dem "Aufklärungsamt für Bevölkerungspolitik und Rassenpflege" hervor, das etwa im Juni 1933 auf Anregung Hitlers gegründet worden war. Zu den Aufgaben des RPA gehörte die offizielle Sprachregelung in Sachen "Bevölkerungs- und Rassenpolitik", die Überwachung der gesamten Schulungs- und Propagandatätigkeit auf diesem Gebiet und die Mitarbeit an diesbezüglichen Gesetzen.[43] Während das RPA in einer Selbstdarstellung von 1944 insbesondere auch "die Erarbeitung des Verfahrens zur Feststellung der Asozialen" als zur "praktischen Arbeit" gehörend nannte, beschäftigte es sich (spätestens) seit Juni 1938 auch mit der spezifischen Erfassung lesbischer Frauen. Im "Informationsdienst" des RPA, dem internen Dienstgebrauch vorbehalten, wurde im Juni 1938 folgender Aufruf unter der Überschrift "Homosexualität - keine Erbkrankheit" an die zahlreichen Mitarbeiter[44] publiziert:

> "Über den Umfang und die Verbreitung der Homosexualität liegt genügend Material vor. Um auch die weibliche Homosexualität (lesbische Liebe) bekämpfen zu können, benötigen wir dringend Hinweise über von unseren Mitarbeitern selbst gemachte Beobachtungen oder Mitteilungen, die von anderer Seite an unsere Mitarbeiter heran-

---

Mustergau Hamburg. Bevölkerungs- und Gesundheitspolitik im Dritten Reich. Hamburg 1984, S.18-20, hier:18.

39 Ebd.

40 Ebd.

41 Ebd., S.20.

42 Vgl. Karl Heinz Roth: Ein Mustergau gegen die Armen, Leistungsschwachen und "Gemeinschaftsunfähigen", in: Hg. Ebbinghaus u.a., S.7-11. Roth nennt 24000 zwangssterilisierte Menschen und über 500 zwangskastrierte Männer.

43 S. "10 Jahre Rassenpolitisches Amt der NSDAP", in: Neues Volk, H.2 April 1944, S.1f.

getragen worden sind. Für den von uns beabsichtigten Zweck sind möglichst auch Anschriften von als Lesbierinnen bekannten Individuen abzugeben."[45]

Der "Informationsdienst" druckte im Anschluß an diesen Aufruf - Meldungen waren an die Rechtsstelle der Reichsleitung des RPA in Berlin zu richten - einen Artikel nach, der auf zwei im März 1937 im SS-Organ "Schwarzes Korps"[46] veröffentlichten Texten basierte. Demzufolge war Homosexualität kein "medizinisches" (Anführungsstriche im Original), sondern ein politisches Problem. Homosexuelle wurden als "Prototyp des Asozialen" und als "Staatsfeinde" bezeichnet, die es "auszumerzen" gelte. Weiterer Schwerpunkt des Artikels war die Behauptung, daß es sich bei der Homosexualität nur in ca. 2% der Fälle um eine angeborene Veranlagung handle. Damit wurde die Spaltung der Homosexuellen in noch "Erziehbare" einerseits und auszumerzende "Verführer" andererseits, wie sie bspw. auch die RJF praktizierte, unterstützt, und ansonsten die bekannten Vorwürfe gegen Homosexuelle (Männer) wiederholt: sie neigten zur "Cliquenbildung" und unterwanderten damit den Staat, "verführten" insbesondere Jugendliche und zerstörten den "Familiensinn". Ob das RPA seine erhofften Informationen über lesbische Frauen erhielt und wie es gegen diese vorging, läßt sich nicht mehr feststellen. Ein weiterer Hinweis auf die diesbezügliche Sammeltätigkeit des Amtes findet sich in einem Schreiben des Reichsministers Frank an die übrigen Reichsministerien vom September 1938, in dem er die Kriminalisierung weiblicher Homosexualität forderte.[47]

Rassenhygienische Gesetze und Maßnahmen

Bereits im Mai 1933 wurde von Reichsinnenminister Frick ein wichtiges bevölkerungspolitisches Gremium - der bereits erwähnte "Sachverständigenbeirat für Bevölkerungs- und Rassenpolitik" - im RMdI mit der Aufgabe gebildet, "alle einschlägigen Gesetzesentwürfe vor der Beschlußfassung auf ihre bevölkerungs- und rassenpolitischen Auswirkungen und auf Fragen der politischen Durchsetzbarkeit

---

44 Schmuhl, S.174, nennt "3600 ständige Mitarbeiter" des RPA.

45 BA NSD 17/12. "Homosexualität - keine Erbkrankheit", in: Informationsdienst, Nr.49, 20.6.1938, Bl.1-4.

46 Schwarzes Korps v. 4.3.1937, S.1 u. v. 11.3.1937, S.6.

47 BA R 22/855, Bl.298ff., hier:304. Stellungnahme Franks an alle Reichsministerien und die Reichskanzlei v. 30.9.1938 zum Entwurf eines neuen StGB: "Mir ist neuerdings - durch das Rassenpolitische Amt der NSDAP - Material zugeleitet worden, aus dem sich ergibt, daß die gleichgeschlechtliche Unzucht zwischen Frauen - insbesondere in Berlin - einen Umfang hat, daß ein strafrechtliches Vorgehen unbedingt erforderlich erscheint."

hin zu prüfen."[48] Der Beirat, unter Vorsitz von Rüdin "hochkarätig" besetzt, lieferte die in wissenschaftliche Form gekleideten "Begründungen" für die Unterwerfung immer weiterreichender Bevölkerungsgruppen unter die Bevölkerungspolitik und den staatlichen Rassismus.[49] Auf der ersten Sitzung des Beirats, am 28. Juni 1933, gab Frick in einer programmatischen Rede den neuen Kurs an. Er betonte die Notwendigkeit einer gleichermaßen quantitativen wie "qualitativen" Bevölkerungspolitik, und so betonte er, es seien "bereits rund 20% der deutschen Bevölkerung als erbbiologisch geschädigt an(zu)sehen, von denen dann also Nachwuchs nicht mehr erwünscht sei."[50] Er forderte, "die Ausgaben für Asoziale, Minderwertige und hoffnungslos Erbkranke herabzusetzen und die *Fortpflanzung der schwer erblich belasteten Personen zu verhindern*"[51] - um mit der immer wieder angeführten vermeintlichen Kostenersparnis die Zahl "erbgesunder" Nachkommen erhöhen zu können. Frick hatte damit eine rassenhygienisch indizierte Sterilisation gerechtfertigt und gefordert.

Das "Gesetz zur Verhütung erbkranken Nachwuchses"

Bereits im Juli 1933 legte Frick dem Beirat den Entwurf eines Gesetzes vor, das sich stark an einem nicht mehr verabschiedeten Entwurf des Preußischen Landesgesundheitsrates von 1932 orientierte, das die freiwillige Sterilisation bei "Erbkrankheiten" ermöglicht hätte. Die Initiative zum "Gesetz zur Verhütung erbkranken Nachwuchses" (GzVeN)[52] ging von der Gesundheitsabteilung des RMdI, dem "Reichsausschuß für Volksgesundheit" unter Arthur Gütt aus; dieser hatte zusammen mit Rüdin, der seit 1933 auch die "Deutsche Gesellschaft für Rassenhygiene" führte, und dem Juristen Falk Ruttke das Gesetz ausgearbeitet und einen Kommentar[53] dazu geschrieben. Das von Frick eingebrachte GzVeN wurde von Hitler

---

48 Heidrun Kaupen-Haas: Die Bevölkerungsplaner im Sachverständigenbeirat für Bevölkerungs- und Rassenpolitik, in: dies. (Hg.): Der Griff nach der Bevölkerung. Aktualität und Kontinuität nazistischer Bevölkerungspolitik. Nördlingen 1986, S. 103-120, hier:103.

49 Die Arbeit des Sachverständigenbeirats war in 3 Arbeitsgruppen aufgeteilt, die sich gegenseitig ergänzten: die 1. war zuständig für Familienpolitik zugunsten der "arischen" erbgesunden Mehrkinder-Familie, die 2. beschäftigte sich mit Rassenhygiene, Genetik und "Rassen"politik, und die 3. mit Problemen der Erziehung, Fürsorge und Sexualität. Zu den Mitgliedern gehörten Rassenhygieniker wie Lenz, Ploetz, Hans Günther; aber auch Himmler sowie zwei Vertreterinnen der NS-Frauenschaft. S. Kaupen-Haas, S.94-97.

50 Frick 1933, S.7.

51 Ebd., S.11, Hervorheb.i.Org.

52 Gesetz zur Verhütung erbkranken Nachwuchses v. 14.7.1933, RGBl.I 1933, S.529.

53 Arthur Gütt/Ernst Rüdin/Falk Ruttke: Das Gesetz zur Verhütung erbkranken Nachwuchses. München 1934.

schon in der Kabinettssitzung vom 14.7.1933 gegen den Widerspruch des Vizekanzlers v. Papen verabschiedet und trat am 1.1.1934 in Kraft. Auf der Grundlage dieses Gesetzes wurden zwischen 1934 und 1945 etwa 200000 Männer und 200000 Frauen "offiziell" sterilisiert, wobei etwa 5000-6000 Frauen und 600 Männer an den Operationsfolgen starben; dazu kommt eine unbekannte Anzahl von Personen (hauptsächlich Frauen), die Opfer der Sterilisations-Menschenversuche in den KZ wurden.[54] Die Sterilisationspolitik richtete sich sowohl gegen "Minderwertige" der Bevölkerungsmehrheit als auch gegen Angehörige ethnischer Minderheiten und anderer Völker, die als "minderwertig" erachtet wurden.

Das Gesetz ermöglichte die zwangsweise Sterilisation bei folgenden psychiatrischen "Diagnosen": 1. angeborener Schwachsinn, 2. Schizophrenie, 3. manisch-depressives Irresein, 4. erbliche Fallsucht, 5. erblicher Veitstanz, 6. erbliche Blindheit, 7. erbliche Taubheit, 8. bei anderen schweren körperlichen Mißbildungen erblicher Art, und 9. bei Alkoholismus - wenn "nach den Erfahrungen der ärztlichen Wissenschaft mit großer Wahrscheinlichkeit zu erwarten ist, daß seine Nachkommen an schweren körperlichen oder geistigen Erbschäden leiden werden".[55] Mit dieser vagen Formulierung versuchte man die Schwierigkeit bzw. die Unmöglichkeit des "Erblichkeits"nachweises aus dem Weg zu räumen.

Immer wieder wurde betont, daß das GzVeN nur ein "beachtlicher Anfang auf dem Wege der Vorsorge für das kommende Geschlecht"[56] sein könne. Gefordert wurde die Ausdehnung des GzVeN auf weitere Bevölkerungsgruppen, so auch auf die Homosexuellen. Der schon seit 1923 die Rassenhygiene propagierende Chirurg Karl-Heinrich Bauer, "konsequenter Verfechter der Zwangssterilisierung von geistig-körperlich Behinderten, psychisch Kranken und Alkoholikern",[57] schwor in seinem Buch "Praxis der Sterilisierungsoperationen" von 1936 die Ärzte auf das Gesetz ein und lobte, daß "die nationalsozialistische Regierung grundsätzlich neue Wege zur Rettung unseres Volkes"[58] beschritten habe. Bauer meinte, daß auch auf dem Gebiet der seltenen Erbkrankheiten - hierzu zählte er bspw. "moralische Minderwertigkeit" und Homosexualität - "noch alles zur Bearbeitung offensteht" und er pries die Zwangssterilisation als "allein befreiende Tat".[59]

Die Ausdehnung des GzVeN insbesondere auf lesbische Frauen forderte der Chefarzt der Städtischen Frauenklinik Ludwigshafen, H.O. Kleine. Allerdings

---

54 Schmuhl, S.362.

55 Ebd. Als erbkrank galt übrigens auch, wer von einer der im Gesetz angeführten Krankheiten bereits geheilt worden war.

56 Reichsanzeiger 1933 Nr.172, zit.n. R. Fikentscher: Ärztliche Gesichtspunkte und Erfahrungen bei der Durchführung des Sterilisierungsgesetzes an weiblichen Erbkranken, in: Medizinische Klinik Nr.10, 8.3.1935, S.311-313, hier:311.

57 Cornelia Girndt/Abraham Lauve: Die vertanen Jahre. Ein notwendiger Rückblick aus Anlaß der 600-Jahr-Feier der Universität Heidelberg, in: Frankfurter Rundschau v. 18.10.1986. - In dem Artikel geht es u.a. um Bauers Werdegang und seine Nachkriegskarriere als Rektor der Heidelberger Universität.

58 Bauer, zit.n. Girndt/Lauve.

59 Ebd.

gebraucht er den für Homosexuelle oft synonym verwandten Begriff 'Intersexe'; diese definiert er als "Menschen, deren Geschlechtsorgane zwar <...> weiblich ausgebildet sind, deren Geschlechtsgefühl jedoch neutral oder gar konträr ausgerichtet ist"[60] - der Begriff "konträres Geschlechtsgefühl" war seit Carl Westphal ein anderer Ausdruck für Homosexualität. Auffallend ist in Kleines Argumentation die unverhüllte Ableitung sozialer von angeblich medizinischen Faktoren. So macht er auf die "volksgesundheitlichen" Gefahren aufmerksam, die die "intersexe" Frau für die Familienpolitik darstelle:

> "Dem Typus der intersexen Frau kommt heute einerseits wegen seiner Häufung (insbesondere in den Großstädten), andererseits infolge seiner vielen körperlichen und seelischen krankhaften Erscheinungen geradezu volksgesundheitliche Bedeutung zu. Die Intersexualität beeinflußt die gesamte Persönlichkeit. *Bei der intersexen Frau ist der Mutterinstinkt, von dem Kindererziehung, Haushaltführung und eheliches Glück abhängen, gestört (Stigler).*"

Und weiter:

> "Unter den Emanzipierten, die sich für Koedukation, für berufliche Gleichstellung der Frau, für 'freie Liebe', für Männersport und Männermode einsetzen, gibt es zahlreiche intersexe Mannweiber. *Diese Frauen spielen sich in oft anmaßender Weise als Wortführerinnen des weiblichen Geschlechtes auf, obwohl sie, biologisch gesehen, Kümmerformen desselben darstellen.* Ihre geistigen Bestrebungen bieten deutliche Beweise für den Verlust ihres weiblichen Instinktes. Eheschließungen mit Intersexuellen sind unbedingt abzuraten."[61]

Kleine übernimmt hier die bereits mehrfach erwähnte Taktik, Forderungen der Frauenbewegung nach beruflicher und politischer Gleichstellung sexuell zu diffamieren; gleichzeitig stellt er soziale Tätigkeiten wie Kindererziehung als im "Wesen" der Frau ("Mutterinstinkt") begründet dar.

Ein weiterer Befürworter der Ausdehnung des GzVeN auf Homosexuelle war Max Käßbacher von der Abteilung "Erbgesundheits- und Rassenpflege" der Universität Gießen, die von Heinrich Wilhelm Kranz, Gauamtsleiter des Rassenpolitischen Amtes Hessen-Nassau und Vorbereiter der Vernichtung der "Gemeinschaftsunfähigen", geleitet wurde. Käßbacher forderte die Sterilisation, sofern die Vererbung der Homosexualität nachgewiesen sei: "Eine Erfassung und Unschädlichmachung dieser Menschen ist im Interesse der Jugend dringendes Gebot."[62] Obwohl Käßbacher von der Heredität der von ihm untersuchten Fälle überzeugt war, gestand er auch die Möglichkeit einer erworbenen Homosexualität zu. Den Nachweis der Vererblichkeit hielt er aufgrund anthropologischer Untersuchungen an Strafgefangenen für erwiesen. Damit sei die frühere Schwierigkeit beseitigt, zwi-

---

60 H.O. Kleine: Die Erbpathologie in der Frauenheilkunde, in: Ziel und Weg, 8.Jg. 1938, Nr.18, S.482-489, hier:483.

61 Ebd., Hervorheb.i.Org.

62 Max Käßbacher: Einige Fälle hereditärer Homosexualität, in: Ärztliche Rundschau, 44.Jg. 1934, Nr.18, S.279f, hier: S.280.

schen "angeborener" und "erworbener" Homosexualität zu unterscheiden. Zwei Körpermaße seien es,

> "deren Werte auf angeborene, ererbte Homosexualität hinweisen. Es sind dies die Schulterbreite und die Beckenbreite. Auch Merkmale anderer Art wie die Schamhaargrenze und Brustentwicklung sind von Wert".[63]

Bei den meisten Homosexuellen handle es sich "um moralisch degenerierte Menschen und halt- und hemmungslose Psychopathen, deren Unschädlichmachung dem Volkskörper nur zum Segen gereichen kann".[64] Ob die "Unschädlichmachung" bereits mit der Sterilisation erfolgt sein sollte, ließ Käßbacher offen. Neben der schon aus der Weimarer Republik und früher bekannten Gleichsetzung der Homosexualität mit Psychopathie und Degeneration fällt auf, daß der "Segen" des "Volkskörpers" die "Unschädlichmachung" (Sterilisation) des homosexuellen Individuums rechtfertigen sollte. Über die Annahme der Vererblichkeit der Homosexualität, wie sie hier von Käßbacher behauptet wurde, bestand jedoch kein uneingeschränkter Konsens. Die anhaltende Kontroverse unter den Medizinern um die Ursachen der Homosexualität, die zwangsläufig zu Schwierigkeiten bei der Erkennung und Erfassung von Homosexuellen führen mußte, dürfte mit ein Grund dafür gewesen sein, daß die Einbeziehung der "züchterisch minderwertigen"[65] Homosexuellen ins GzVeN nicht in größerem Umfang gefordert wurde.

Zahlreicher waren dagegen die Forderungen nach Einbeziehung der "Asozialen" und Psychopathen ins GzVeN.[66] Der Bevölkerungspolitiker Friedrich Burgdörfer nannte gar pauschal als Aufgabe des Gesetzes die Verhütung der "Fortpflanzung erbkranker, asozialer, minderwertiger Elemente, die - im Gegensatz zu der völlig unzulänglichen Fortpflanzung der Erbgesunden - das Volk zu überwuchern und rassisch zu verschlechtern"[67] drohten. Auch die Kommentatoren des GzVeN bedauerten den Ausschluß "asozialer Psychopathen" aus dem Gesetz. Rüdin äußerte sich auf einer Sitzung des Sachverständigenbeirats im März 1935, in der auch die Sterilisation afrodeutscher Kinder gefordert wurde,[68] zur "Erweiterung

---

63 Ebd.

64 Ebd.

65 H.F. Hoffmann: Die erbbiologischen Ergebnisse in der Neurosenlehre, in: Hg. Ernst Rüdin: Erblehre und Rassenhygiene im völkischen Staat. München 1934, S.194-208, hier:205.

66 Nur zwei Befürworter unter vielen seien hier genannt: Werner Horlboge: Die Unfruchtbarmachung Asozialer gemäß dem Gesetz zur Verhütung erbkranken Nachwuchses (Nach dem Krankengut des Krankenhauses beim Untersuchungsgefängnis Berlin-Moabit). Diss.med. Berlin 1939; Herbert Schol: Untersuchungen an Persönlichkeit und Sippe der Asozialen der Stadt Gießen. Diss.jur. Gießen 1937.

67 Friedrich Burgdörfer: Bevölkerungsstatistik, Bevölkerungspolitik und Rassenhygiene, in: Rüdin 1934, S.49-90, hier: S.82.

68 Diese als "Rheinlandbastarde" bezeichneten Kinder entstammten den Beziehungen deutscher Frauen mit französischen Soldaten während der Besetzung des Rheinlandes. Die Zwangssterilisation der 400 Kinder wurde 1937 von der Reichskanzlei - ohne gesetzliche Grundlage - angeordnet und in Universitätsklinken durchgeführt. S. Benno Müller-Hill: Tödliche Wissenschaft. Die Aussonderung von Juden, Zigeunern und Geisteskranken 1933-1945. Reinbek

des Kreises der sterilisationspflichtigen Krankheiten".[69] Er wünschte die Zwangssterilisation der "Ballastexistenzen";[70] darunter verstand er "alle moralisch irren oder ethisch schwer defekten und dadurch sozial minderwertigen Psychopathen",[71] und zwar auch kriminell Gewordene. Er gab zwar zu, "über die Vererbung der verschiedenen psychopathischen Anlagen im einzelnen noch keine befriedigende Mendelsche Gesetzmäßigkeit"[72] zu kennen und nannte die Erforschung der angenommenen psychopathischen Erblichkeit ein Hauptanliegen des KWI. Kriterium für die Sterilisation sollte sein, daß der "sterilisierungspflichtige Psychopath" durch sein "nachgewiesenes asoziales Verhalten irgend eine einwandfreie, ernste soziale Minderwertigkeit"[73] darstelle - eine sehr dehnbare Formulierung und daher leicht zu erfüllende Forderung.

Der im GzVeN genannte Personenkreis wurde formal nie erweitert. Die Heranziehung anderer Diagnosen - in erster Linie "angeborener Schwachsinn" - erlaubte jedoch den Zugriff auf "Asoziale", "Psychopathen" u.a. Seit Ende 1934, schreibt G. Bock, galt die Diagnose "Schwachsinn" als Umschreibung des sozial Nichteinfügbaren, Abweichenden und stand synonym für "mangelnde Lebensbewährung".[74] Dieses Kriterium diente zur Erfassung solcher "Asozialen", denen kein "intellektueller Schwachsinn" nachgewiesen werden konnte, was aber offenbar nur bei wenigen der Fall war.[75]

Eine "Meldung aus dem Reich" vom Mai 1940 über die "Behandlung von Asozialen" erwähnte unter Berufung auf "Fachkreise" die "bisher geübte Praxis, Asoziale dadurch unfruchtbar zu machen, daß man sie als schwachsinnig bezeichnet und damit nach dem Gesetz zur Verhütung erbkranken Nachwuchses behandelt".[76] Ein Mitarbeiter des RPA bedauerte jedoch 1940, daß man auf diese Weise "nach den bisherigen Erhebungen nicht über 20v.H." der "Asozialen" habe sterilisieren können. Er forderte vehement die schnelle Verabschiedung des seit 1939 in Vorbereitung befindlichen, aber nicht mehr verabschiedeten "Gemeinschaftsfremdengesetzes", das Sterilisation und KZ-Haft für alle sozial Unangepaßten ermöglichen sollte und von dem er und zahlreiche andere Rassenhygieniker und Psychiater sich die "Endlösung des Asozialenproblems" erhofften.[77]

1984, S.34f.

69 BA R 22/1933, Bl.123-130. Bericht über die Sitzung des Sachverständigenbeirats, AG II, am 11.3.1935.

70 Ebd., Bl.126.

71 Ebd., Bl.125RS.

72 Ebd., Bl.124RS.

73 Ebd., Bl.126.

74 Bock 1986, S.322, 364.

75 Müller-Hill, S.35.

76 "Meldung aus dem Reich" v. 16.5.1940, in: Hg. Boberach, S.1145.

77 Frithjof Brethner: Das Asozialenproblem, in: Neues Volk. Blätter des RPA der NSDAP, 8.Jg. 1940, S.6-8, hier:8. - Vgl. auch Hans-Ludwig Siemen: Das Grauen ist vorprogrammiert. Psychiatrie zwischen Faschismus und Atomkrieg. Giessen 1982, bes. S.123-136; Herbert Reichenbach: Der Einfluß der "Rassenhygiene" und der Psychiatrie auf die Bedeutung und das

Soziale und sexuelle Abweichungen von der Norm beeinflussten also die Entscheidung zur Sterilisation; in einem Antragsformular aus dem Kommentar von Gütt, Rüdin und Ruttke wurden denn auch die Kategorien "Sexualleben" und "sexuelle Perversionen" aufgeführt.[78] Stand bei Männern das Versagen im Erwerbsleben im Vordergrund, war es bei Frauen angebliches sexuelles Versagen; bei ihnen wurden "sexuelle Perversionen" viel häufiger genannt als bei Männern.[79]

Wie oft homosexuelle Frauen und Männer sterilisiert wurden, läßt sich nicht sagen.[80] Die häufige Gleichsetzung von Homosexualität und Psychopathie bedeutete zumindest auch eine potentielle Gefährdung Homosexueller. G. Bock meint, ohne nähere Angaben zu machen, daß "in einigen wenigen Prozeßakten" die Diagnostizierung von Homosexualität "eine gewisse, aber eher beiläufige Rolle"[81] gespielt habe. Sie führt den Fall der Babette E. an, die sterilisiert wurde und von der es hieß, sie habe "homosexuelle Züge" gehabt.[82] In einer Homosexuellenzeitschrift der 50er Jahre meldete sich ein homosexueller Mann zu Wort und gab an, er sei während des "Dritten Reiches" wegen seiner "gleichgeschlechtlichen Veranlagung zwangsweise in eine Heil-Anstalt eingeliefert worden. Dort hat man mich sterilisiert."[83]

Vom Eheverbot zum Euthanasiemord

Das GzVeN stand in engem Zusammenhang mit anderen Gesetzen.[84] Ursprünglich war ein Gesetz geplant gewesen, das die rassenhygienische Zwangssterilisation und die Kastration von Straftätern, besonders "Sittlichkeitsverbrechern" umfassen sollte. Dies wurde aus politischen Gründen abgelehnt, um die rassenhygienisch

---

soziale Schicksal der "Asozialen" in der Zeit der faschistischen Diktatur in Deutschland, in: Medizin im Faschismus. Symposium über das Schicksal der Medizin in der Zeit des Faschismus in Deutschland 1933-1945. Hg. A. Thom/H. Spaar. Berlin/DDR 1985, S.167-172.

78 Bock 1986, S.306.

79 Ebd., S.403.

80 In einer Untersuchung von Alfred Hoffmann über die Kriminalitätsrate von knapp 4000 in Bayern Sterilisierten befanden sich unter 57 von Hoffmann als kriminell Eingestuften immerhin 11 nach §175 verurteilte Männer. Alfred Hoffmann: Unfruchtbarmachung und Kriminalität. Leipzig 1940. - Für Frauen fehlen solche quantitativen Angaben völlig.

81 Bock 1986, S.390.

82 Ebd., S.408.

83 A.K. aus B. in "Humanitas" 1954, zit.n. Stümke/Finkler, S.379. Der Mann wurde anschließend entlassen; weitere Details sind nicht bekannt.

84 Das betont auch Rolf Peter: Bevölkerungspolitik, Erb- und Rassenpflege in der Gesetzgebung des Dritten Reiches, in: Deutsches Recht, 7.Jg. 1937, H.11/12, S.235-245.

indizierte Sterilisation nicht mit dem Strafgesetzbuch in Verbindung zu bringen und möglichen Widerstand "Erbkranker" über die Gleichsetzung mit Straftätern zu vermeiden. Besonders forciert wurde deshalb nach der Verabschiedung des GzVeN ein Gesetz, das rassenhygienische Maßnahmen gegen Straftäter vorsah. Schon am 24.11.1933 wurde das "Gesetz gegen gefährliche Gewohnheitsverbrecher und über Maßregeln der Sicherung und Besserung"[85] verabschiedet. Das Gesetz sah nicht nur die Zwangseinweisung von Straftätern in Heil- und Pflegeanstalten, Arbeitshäuser und Trinkerheilanstalten sowie die Strafverschärfung für Rückfalltäter und die Sicherungsverwahrung[86] vor; es ermöglichte auch unter §42k die Kastration von "gefährlichen Sittlichkeitsverbrechern", die nach den §§176-178, 183, 223-226 StGB[87] zu einem bestimmten Strafmaß verurteilt worden waren.

Die Befürworter der Kastration homosexueller Männer[88] konnten sich 1933 mit ihren Forderungen noch nicht durchsetzen; §175 wurde nicht in den §42k mitaufgenommen, da die Kastration keine Änderung der "Triebrichtung" erreiche, sondern nur eine Abschwächung und damit zwecklos sei. Auch wurde, entgegen dem Votum von Bernhard Lösener, "Rassereferent" im RMdI, die Kastration auf Männer beschränkt, da Frauen "als Sittlichkeitsverbrecherinnen so gut wie nicht in Frage"[89] kämen.

Wichtig ist, daß neben dem kriminalpolitischen Effekt, der durch die Kastration vorgeblich erzielt werden sollte - die Verhinderung weiterer Straftaten - auch gleichzeitig auf die rassenhygienischen Implikationen verwiesen wurde. Als "günstiger Nebeneffekt für das Volksganze" wurde begrüßt, daß durch die Kastration "die meist psychopathisch veranlagten Sexualverbrecher aus dem Artprozeß ausgeschaltet werden".[90] So wurden soziale Fragen "biologisiert" und auf Individuen projiziert, um sie mittels körperlicher Eingriffe an ihnen zu "lösen".

Mit dem ersten Änderungsgesetz zum GzVeN vom 26.6.1935 wurde ein §14,2 eingefügt, der die Kastration von Männern, die nach den §§175-178, 183, 223-226 StGB verurteilt worden waren, ermöglichte, falls "sie nach amts- oder gerichtsärzt-

---

85 Gesetz gegen gefährliche Gewohnheitsverbrecher und über Maßregeln der Sicherung und Besserung v. 24.11.1933, RGBl.I 1933, S.995-1009.

86 Die sog. Sicherungsverwahrung konnte ein Gericht nach diesem Gesetz dann anordnen, wenn jemand als "gefährlicher Sittlichkeitsverbrecher" verurteilt worden war. Die Dauer dieser Sicherungsverwahrung im Strafvollzug (Gefängnishaft) war an keine Frist gebunden.

87 Die Paragraphen betrafen folgende Tatbestände: "Nötigung zur Unzucht, Schändung, Unzucht mit Kindern, Notzucht" (§§176-178); Erregung öffentlichen Ärgernisses (§183); sowie "eine zur Erregung oder Befriedigung des Geschlechtstriebes vorgenommene Körperverletzung" (§§223-226) (zit.n. Erich Ristow: Erbgesundheitsrecht. Stuttgart/Berlin 1935, S.246f.)

88 Ein Befürworter war bspw. Friedrich Meggendorfer: Über die Behandlung der Sexualverbrecher, in: Psychiatrisch-Neurologische Wochenschrift, 35.Jg., 26.8.1935, S.413-428.

89 Lösener am 10.10.1933, zit.n. Bock 1986, S.95.

90 Ebd., S.417. - Ähnlich behauptete Erich Ristow in seinem Kommentar zum "Erbgesundheitsrecht", S.237f., die Erbforschung habe festgestellt, "daß sich der Verbrechenstrieb bei Sittlichkeitsverbrechen in der gleichen Weise vererbt, wie die im § 1 Ges. <des GzVeN,C.S.> aufgeführten Geisteskrankheiten." Ähnlich auch Gütt/Rüdin/Ruttke in ihrem "Kommentar", s. Reichenbach, S.169.

lichem Gutachten erforderlich ist, um ihn von einem entarteten Geschlechtstrieb zu befreien"[91] und um weitere Straftaten zu verhindern. Damit war schließlich doch die ans Strafrecht gekoppelte Kastration ins GzVeN eingeführt worden. Die "Einwilligung" war allerdings - im Gegensatz zur Zwangssterilisation - erforderlich.[92] Wie viele homosexuelle Männer sich - wohl in erster Linie aus Hoffnung auf Strafmilderung - "freiwillig" dieser Prozedur unterzogen, läßt sich nicht mehr feststellen; alein für das erste Halbjahr nach Inkrafttreten des Gesetzes seien, so Burkhard Jellonnek, 87 Fälle überliefert.[93]

§14,2 des GzVeN war explizit auf Männer beschränkt, obwohl alle im Gesetz genannten Paragraphen - bis auf §175 - auch Frauen betrafen. Begründet wurde dieser geschlechtsspezifische, markante Unterschied damit, daß "die Anzahl der von diesen <Frauen,C.S.> begangenen Sittlichkeitsdelikte verschwindend klein und die Gefahr für die öffentliche Sicherheit nicht so bedeutsam ist".[94] Auch damit wurde der (kriminal)politische Charakter der Kastration unterstrichen. Auf dieses irreversible Disziplinierungsinstrument glaubten die Nazis lesbischen Frauen gegenüber jedoch verzichten zu können.

Das GzVeN stand des weiteren in logischer Verbindung mit den im September 1935 verabschiedeten "Nürnberger Gesetzen" und dem "Ehegesundheitsgesetz" vom Oktober 1935. Das "Reichsbürgergesetz", das Menschen aufgrund von überwiegend sozialen Kriterien (Religionszugehörigkeit) als "Juden" und als "Zigeuner" definierte und deklassierte, bedeutete einen weiteren wesentlichen Schritt in der Institutionalisierung des Rassismus. Über die Definition hinaus bedeutete das sog. "Blutschutzgesetz"[95] einen direkten Übergriff auf die Privatsphäre. Es untersagte die Eheschließung und den außerehelichen Geschlechtsverkehr zwischen Staatsangehörigen "deutschen und artverwandten Blutes" und all den Personen, die als "minderwertige" "Träger artfremden Blutes" aus der deutschen "Volksgemein-

---

91 Gesetz zur Änderung des Gesetzes zur Verhütung erbkranken Nachwuchses v. 26.6.1935, RGBl.I 1935, S.773. - Seidler, S.200, zufolge wurde die "freiwillige" Kastration nach §14,2 des GzVeN am 31.8.1939 ausgesetzt und per Durchführungsverordnung im Juli 1940 wieder eingeführt.

92 Gleichzeitig wurde das GzVeN zu einem Abtreibungsgesetz erweitert. Bei "erbkranken" Frauen sollte - ihre "Einwilligung" vorausgesetzt - bis zum 6. Schwangerschaftsmonat abgetrieben werden können. Rund 30000 solcher Abtreibungen mit anschließender Sterilisation wurden durchgeführt. Mit diesen eugenisch indizierten Schwangerschaftsabbrüchen bahnte sich der Übergang von der Verhütung zur "Vernichtung lebensunwerten Lebens" an. S. Schmuhl, S.161.

93 Jellonnek, S.150-157, hier:157. S.a. Otto Striehn: Kastration nach § 14 II des Gesetzes zur Verhütung erbkranken Nachwuchses und nach § 42 k des Reichsstrafgesetzbuches unter Berücksichtigung der an der Kreis-Heil- und Pflegeanstalt zu Frankenthal vorhandenen Fälle. Diss. med. Bleicherode am Harz 1938, S.54, der behauptet, "daß nach den bisherigen Erfahrungen gerade ein sehr großer Teil von den die freiwillige Entmannung Beantragenden die Homosexuellen darstellen", und der 2 Fälle schildert (S.57-59, 63f.).

94 Joachim Kleinhans: Die Voraussetzungen der Entmannung. Diss. jur. Freiburg 1936, S.65.

95 Gesetz zum Schutz des deutschen Blutes und der deutschen Ehre (Blutschutzgesetz) v. 15.9.1939, RGBl.I 1935, S.1146f.

schaft" ausgegrenzt worden waren (Jüdinnen und Juden,[96] "ZigeuerInnen" und Afrodeutsche).

Das "Ehegesundheitsgesetz" beinhaltete dagegen ein Eheverbot für als minderwertig eingestufte "deutsche Reichsbürger". Das Gesetz verbot Ehen a) von "Gesunden" mit "Erbkranken" (im Sinne des GzVeN); b) wenn eine ansteckende Krankheit, vor allem Geschlechtskrankheit, vorlag; c) bei Entmündigung oder d) "wenn einer der Verlobten, ohne entmündigt zu sein, an einer geistigen Störung leidet, die die Ehe für die Volksgemeinschaft unerwünscht erscheinen läßt".[97] In einem Kommentar zum "Blutschutz- und Ehegesundheitsgesetz"[98] wurde der Begriff der "geistigen Störung" näher erläutert. Unter der Rubrik "geschlechtliche Verirrungen (Perversionen)" hieß es:

> "Im Falle, daß eine Ehe offenbar nur mit dem Zweck der ungestörten Befriedigung perverser Neigungen geschlossen wird, so ist damit selbstverständlich der Wille zum Kind und die seelische Grundhaltung für die Erziehung etwa doch gezeugter Kinder als ausgeschlossen zu betrachten."[99]

Damit lag ein Ehehinderungsgrund vor. Mit der ersten Durchführungsverordnung des EGG vom 29.11.1935 wurden die "geschlechtlichen Verirrungen" jedoch relativiert. In einem Kommentar hieß es, es sei zu unterscheiden "zwischen angeborenen Anlagen und erworbenen, lediglich umweltbedingten Abwegigkeiten (z.B. homosexuelle Betätigung von Internatszöglingen usw.)".[100] Alle Fälle seien einer "zweckmäßigen ärztlichen Behandlung" zuzuführen; allerdings brauchten "nicht alle, insbesondere nicht die rein umweltbedingten geschlechtlichen Abwegigkeiten bei einem der Partner eine Eheschließung unerwünscht erscheinen zu lassen".[101]

Zur "radikalen Durchführung" des EGG kam es in der Praxis allerdings nicht. Nach §2 des Gesetzes sollten alle Heiratsanwärter ein sog. "Ehetauglichkeitszeugnis" der Abteilungen für "Erb- und Rassenpflege" der Gesundheitsämter vorlegen, in dem beurteilt wurde, ob ein "Ehehindernis" bestünde. Man verschob jedoch den Zeitpunkt des Inkrafttretens dieses Paragraphen auf unbestimmte Zeit, da dies eine hoffnungslose Überlastung der Gesundheitsämter bedeutet hätte;[102] vielleicht aber auch, wie G. Bock vermutet, "wegen des absehbaren Widerstands"[103] der Bevölkerung. Die Prüfung auf "Ehetauglichkeit" blieb jedenfalls während der NS-Zeit auf diejenigen beschränkt, bei denen der Standesbeamte Bedenken hatte und die er deshalb dem Gesundheitsamt meldete. Beim Gesundheitsamt wurde dann geprüft,

---

96 Selbstverständlich spielte bei der Ausgrenzung keine Rolle, ob diese deutschen Staatsbürger ein wie auch immer geartetes jüdisches Selbstverständnis hatten.

97 Ebd.

98 Gütt/Linden/Maßfeller (Hg.): Blutschutz- und Ehegesundheitsgesetz. München 1936.

99 Ebd., S.70.

100 Ebd., S.131.

101 Ebd.

102 Vgl. Christian Gansmüller: Die Erbgesundheitspolitik des Dritten Reiches. Planung, Durchführung und Durchsetzung. Köln/Wien 1987, S.139.

103 Bock 1986, S.103.

ob die Betreffenden unter das GzVeN fielen oder ob ein Eheverbot nach dem EGG auszusprechen sei. Wie oft dies etwa auf homosexuelle Männer und Frauen zutraf, die - um sich anzupassen - heirateten, kann nicht mehr festgestellt werden. Mit Kriegsbeginn wurden die Ehetauglichkeitsuntersuchungen dann ganz eingestellt und durch die Vorlage von "Eheunbedenklichkeitsbescheinigungen" ersetzt.[104]

Ein eindeutiges Eheverbot für Homosexuelle forderte dagegen Rüdin am 2.4.1936 auf der Versammlung der Medizinaldezernenten der Länder und Regierungen in seinem Vortrag über "Eheverbote und Eheberatung bei Geistes- und Nervenkrankheiten" und nahm damit zu dem behandelten Problem des Eheverbots "aus sozialen Gründen" Stellung. Das Eheverbot sollte nach Meinung Rüdins für etwa den gleichen Personenkreis gelten, für den er 1935 auch die Sterilisation gefordert hatte: für die "sozial minderwertigen Psychopathen", Straftäter und "Ballastexistenzen"; außerdem für

> "die eingefleischten Prostituierten, die Zuhälter, die unverbesserlichen und eingefleischten homosexuell sich betätigenden Homosexuellen und Heterosexuellen, die unverbesserlichen Arbeitsscheuen."[105]

Neben Rüdin gab es noch eine ganze Reihe anderer Autoren, die ein Eheverbot für Homosexuelle forderten oder sich aus rassenhygienischen Gründen gegen Eheschließungen von Homosexuellen aussprachen, wie etwa dem in Kapitel 4 erwähnten Rüdin-Schüler Theo Lang oder Herbert Linden.[106]

Eheverbote, Zwangssterilisationen und Abtreibungen waren Vorläufer für die radikalste rassenhygienische Maßnahme, die als "Gnadentod" (griechisch Euthanasie) verschleierte Tötung "lebensunwerten Lebens". Mit Kriegsbeginn stand die Tötung derer, die potentielle Opfer des GzVeN geworden wären, quantitativ im Vordergrund. Hunderttausende von Menschen aus Heil- und Pflegeanstalten fielen diesen Aktionen zum Opfer, die nach pseudomedizinischen Kriterien als geisteskrank eingestuft oder nach rassistischen Kriterien ausgesondert wurden (Juden, aber auch polnische und russische Zwangsarbeiter). Die Euthanasie ging über die Erfassung von individuell Kranken weit hinaus; angestrebt war, wie es der Euthanasie-Gutachter Hans Heinze formulierte, "die Bekämpfung bzw. Ausrottung des Untermenschentums durch zielbewußte Maßnahmen".[107] Wie Götz Aly nachweist, spielte soziale "Minderwertigkeit" eine wichtige Rolle - "Asozialität" war ein zusätzliches Selektionsmerkmal geworden und wurde gleichzeitig als wichtiges Kriterium zur "Beurteilung der Erbgesundheit" eingeführt; die entsprechenden "Richtlinien", vom RMdI am 18.7.1940 erlassen, teilten alle Deutschen in vier

---

104 Gansmüller, S.141.

105 Rüdin, zit.n. Hans Fickert: Rassenhygienische Verbrechensbekämpfung. Leipzig 1938, S.96f.

106 Linden, S.410. - Weitere Befürworter waren: Kleine, S.483; Gottlieb Tirala (s.Kap.3); Heinrich Zahler: Frühsymptome der Ehehindernisse aus der Endokrinologie und deren Grenzgebieten, in: Ärztliche Sachverständigen Zeitung Nr.7, 1.4.1939, S.85-93.

107 Hans Heinze: Psychopathische Persönlichkeiten, in: Handbuch der Erbkrankheiten Bd.4. Hg. A. Gütt. Leipzig 1942, S.274f., zit.n. Götz Aly: Medizin gegen Unbrauchbare, in: Beiträge zur nationalsozialistischen Gesundheits- und Sozialpolitik Bd.1. Berlin 1985, S.35.

Kategorien ein: 1. "asoziale" Personen, 2. tragbare Personen, 3. die Gruppe der Durchschnittsbevölkerung, 4. erbbiologisch besonders hochwertige Personen. "Asoziale" waren nach diesem Erlaß vom Bezug jeder finanziellen Zuwendung ausgeschlossen.[108]

Vorbereitet und ergänzt wurde der Asozialenbegriff durch den psychiatrischen Begriff der "Psychopathen", zu denen der Psychopathie-Spezialist Heinze, in Anlehnung an Rüdin, auch die "unverbesserlichen und eingefleischten homosexuell sich Betätigenden" zählte.[109]

Wie oft vermeintliche oder tatsächliche Homosexualität zum Euthanasieselektionsgrund wurde, konnte nur in Ausnahmefällen festgestellt werden. So befanden sich unter 82 Personen, die zwischen August 1942 und März 1945 aufgrund des "Gesetzes gegen gefährliche Gewohnheitsverbrecher" (§42b) in die Euthanasie-Anstalt Hadamar verbracht wurden, auch 17 Männer, die wegen §175 verurteilt worden waren. Die meisten der 82 Menschen erhielten die "Diagnose" "Schwachsinn", "Schizophrenie" oder "Psychopathie"; nur 11 Personen überlebten.[110] Auf das Schicksal zweier Jüdinnen, die im KZ als Homosexuelle selektiert wurden, wird im fünften Kapitel eingegangen.

---

108 Ebd., S.34.

109 Heinze, zit.n. Aly, S.35.

110 S. Rainer Scheer: Die nach Paragraph 42 b RStGB verurteilten Menschen in Hadamar, in: Psychiatrie im Faschismus: die Anstalt Hadamar 1933-1945. Hg. Dorothee Roer u. Dieter Henkel. Bonn 1986, S.237-255 (Ulrich Gooß verdanke ich den Hinweis auf diese Quelle). - Aly, S.52, führt den Fall eines Mannes an, der "1937 vom Amtsgericht Hamburg wegen gleichgeschlechtlicher Unzucht, begangen im Zustande der Unzurechnungsfähigkeit", in eine Anstalt eingewiesen worden war und deportiert wurde. - S.a. Gerhard Schmidt: Selektion in der Heilanstalt 1933-1945. Frankfurt/M. 1983, S.71.

JUSTIZ UND STRAFRECHTSPOLITIK

Als Teil der Rechtsordnung ist das Strafrecht ein wichtiges Machtmittel jedes Staates. Es dient - im Rechtsstaat - nicht nur dem Schutz von Rechtsgütern und der Bekämpfung von Straftaten, sondern gleichzeitig auch immer der Aufrechterhaltung einer bestimmten gesellschaftspolitischen Ordnung: so gab man im "Dritten Reich" etwa vor, §175 diene der "sittlichen Gesunderhaltung des deutschen Volkes". Ließ sich daraus ein zwingendes Votum für die Kriminalisierung auch der weiblichen Homosexualität ableiten? Die unterschiedlichen Positionen, die in diesem Zusammenhang von führenden Juristen vorgebracht wurden, sind symptomatisch für die allgemeine Einstellung zur weiblichen Homosexualität im "Dritten Reich" und erfordern eine eingehende Analyse.

Homosexualität und Strafrecht vor 1933

Seit der ersten Reichsgesetzgebung unter Kaiser Karl V., der "Constitutio Criminalis Carolina" (CCC) von 1532, war das "unkeusch Treiben wider die Natur" mit der Todesstrafe belegt. Diesem Begriff lag der kirchliche Sodomiebegriff zugrunde, der sich nicht nur auf sexuelle Handlungen zwischen Männern und solchen zwischen Frauen beschränkte, sondern jede nicht auf Fortpflanzung ausgerichtete sexuelle Handlung miteinschloß.[1] Im 17. Jahrhundert wurde diese strenge Gesetzgebung in der Praxis dahingehend aufgeweicht, daß man bei Anklagen

1 Im Kirchenrecht gehörten homosexuelle Handlungen zu den "Sünden wider die Natur", da sie gegen die gottgewollte, auf Zeugung von Nachkommen ausgerichtete Ordnung verstießen. Im Gegensatz zu den sexuellen Handlungen zwischen Männern waren solche zwischen Frauen stark tabuisiert und galten als "die Sünde, die nicht genannt werden kann". Ausnahmsweise deutlich hieß es in einer Stellungnahme hierzu aus dem 12. Jhdt.: "Wider die Natur heißt wider die natürliche Ordnung, die die Genitalien der Frauen für den Gebrauch der Männer geschaffen hat und umgekehrt und nicht, damit Frauen Frauen beiwohnen können." S. Judith C. Brown: Schändliche Leidenschaften. Das Leben einer lesbischen Nonne in Italien zur Zeit der Renaissance. Stuttgart 1988, S.7-27, hier:11.

wegen homosexuellen Verhaltens zunehmend die "immissio" (des männlichen Glieds) und die "emmissio" (des Spermas) für die Erfüllung des Tatbestandes zugrundelegte.[2] Auf dieser Grundlage war der Nachweis des Deliktes bei Frauen natürlich "schwierig". Man setzte in der Folgezeit in der Rechtsprechung voraus, daß zur Vollbringung des lesbischen Aktes bei Frauen künstliche Hilfsmittel verwendet worden sein mußten. War dies nicht der Fall, galt das entweder als Milderungsgrund oder führte gar zur Einstellung des Verfahrens.[3]

Im Zuge der Aufklärung und Säkularisierung wurde erstmals die religiös begründete strafrechtliche Verfolgung der Homosexualität überhaupt infragegestellt. Vorreiter war Cesare Beccaria mit seinem 1764 erschienenen Buch "Dei delitti e delle pene",[4] in dem er zum ersten Mal auch auf einen gesellschaftlichen Hintergrund der Homosexualität hinwies. Obwohl er sie trotzdem als Sünde verabscheute, wollte er sie nicht als ein die Gesellschaft schädigendes Verbrechen bestraft wissen.[5]

Der bayrische Jurist Johann Jakob Cella übte als erster 1787 in Deutschland Kritik an der strafrechtlichen Verfolgung Homosexueller und forderte die Aufhebung der noch immer gültigen Todesstrafe. Einvernehmliche Homosexualität unter Erwachsenen wollte er straflos wissen, da sie keine eigentliche Rechtsverletzung darstelle. Und in Übereinstimmung mit der sich durchsetzenden Gesetzesauslegung, in deren Mittelpunkt das männliche Glied stand, stellte er die Frage, ob das "Delikt" von Frauen anatomisch überhaupt begangen werden könne: bei ihnen seien doch eigentlich nur "unzüchtige Spielereien"[6] denkbar, bei denen die Phantasie eine größere Rolle spiele als die tatsächlichen Handlungen. Die Fähigkeit zur Erfüllung des Tatbestandes wollte demzufolge auch Cella den Männern vorbehalten wissen. Auch wenn er mit diesen Argumenten für die Entkriminalisierung von Frauen plädierte, sind diese gleichzeitig Ausdruck davon, daß die männliche Sexualität und ihre Erscheinungsformen als alles bestimmende Norm galten - eine Auffassung, die weder auf die Person Cellas noch auf seine Zeit beschränkt war.

In einigen der deutschen Länder konnte sich der aufklärerische Ruf nach Straffreiheit durchsetzen, und so ließ z.B. das bayrische Strafgesetzbuch von 1813 unter dem Einfluß von Feuerbach als erstes die "widernatürliche Unzucht" straffrei. Zwar blieb die CCC von 1532 bis 1871 formal unverändert bestehen. Nachdem sich jedoch die Territorialstaaten während des 18. Jahrhunderts ein jeweils eigenes

---

2 Gisela Bleibtreu-Ehrenberg: Tabu Homosexualität. Die Geschichte eines Vorurteils. Frankfurt/M. 1978, S.299. - Immissio (lat.), hier: Eindringen; emmissio: Hervorbringen, Ausstoß.

3 Ebd., S.313.

4 Erschienen auf deutsch u.d. Titel: Verbrechen und Strafen. Breslau 1778.

5 Jürgen Baumann: § 175. Über die Möglichkeit, die einfache, nicht-jugendgefährdende und nichtöffentliche Homosexualität unter Erwachsenen straffrei zu lassen. Berlin/Neuwied 1968, S.30.

6 Cella in seinem Buch "Verbrechen und Strafen in Unzuchtsfällen" (Zweibrücken/Leipzig 1787), zit.n. Schubart-Fikentscher, S.371.

Strafrecht gegeben hatten, galten die jeweiligen Strafrechte, die - im Vergleich zur Todesstrafe der CCC - eine weitaus mildere Rechtsprechung ausübten.

Der größte und in politischer Hinsicht bedeutendste deutsche Teilstaat Preußen schloß sich der liberalen Auffassung Bayerns jedoch nicht an. Nachdem in Preußen ab 1794 die Todesstrafe nicht mehr auf Homosexualität angewandt wurde,[7] blieb sie trotzdem bis 1851 unter Freiheitsstrafe (weibliche Homosexualität eingeschlossen). In den Entwürfen zu dem 1851 verabschiedeten StGB war noch 1847 in den sog. Sodomiebestimmungen gleichermaßen von Frauen wie von Männern die Rede gewesen. Umso auffälliger ist es, daß §143 des preußischen StGB von 1851 explizit nur noch die "widernatürliche Unzucht" zwischen Männern bzw. zwischen Mensch und Tier bestrafte.

Der Ausklammerung der weiblichen Homosexualität aus den Bestimmungen habe jedoch kein "bewußter gesetzgeberischer Wille" zugrundegelegen, meint Gisela Bleibtreu-Ehrenberg, sondern sie sei auf einen reinen Zufall zurückzuführen, da die Bezeichnung 'Sodomit' mit 'Knabenschänder' übersetzt worden sei.[8] Das scheint mir als Erklärung jedoch nicht auszureichen. Die seit dem 17. Jahrhundert praktizierte Rechtsprechung zeugte bereits von einer Auffassung der Rechtsgelehrten, die die männliche Sexualität - repräsentiert durch Penetration und Sperma - als Norm setzte. Angesichts dieser Praxis dürfte der Wegfall der Bestimmung gegen Frauen weniger überraschend sein. Dies war jedoch nichtsdestotrotz sehr bedeutsam, da der preußische §143 bei der Reichsgründung 1871 weitgehend unverändert als §175 in das StGB einging. Die Straffreiheit weiblicher Homosexualität war bei der Reichsgründung 1871 nicht mehr grundsätzlich infragegestellt und wurde mit ihrer angeblichen relativen Seltenheit und ihrer "Unauffälligkeit", die auf der geringen öffentlichen Präsenz von Frauen basierte, legitimiert.

Entgegen einigen Stimmen, die die Straffreiheit der einfachen (männlichen) Homosexualität forderten, da kein Rechtsgut verletzt werde,[9] setzte sich die Mehrheit durch, die eine Sozialschädlichkeit der männlichen Homosexualität behauptete. So blieb der §175 trotz mancher Reformversuche bis 1935 gültig und lautete:

> "Die widernatürliche Unzucht, welche zwischen Personen männlichen Geschlechts oder von Menschen mit Tieren begangen wird, ist mit Gefängnis zu bestrafen; auch kann auf Verlust der bürgerlichen Ehrenrechte erkannt werden."[10]

Erst mit der Schaffung des Reichsgerichtes 1879 erfolgte eine in allen deutschen Ländern verbindliche Auslegung des Begriffs der 'widernatürlichen Unzucht'. Als strafbar sah man allein "beischlafähnliche Handlungen", also im wesentlichen Analverkehr, an, nicht jedoch bspw. gegenseitige Onanie.

---

7 Baumann, S.37.

8 Bleibtreu-Ehrenberg, S.314.

9 So z.B. in einem Gutachten der "Königlich wissenschaftlichen Deputation für das Medicinalwesen" von 1869, an dem so einflußreiche Mediziner wie Virchow u.a. beteiligt waren.

10 §175 des RStGB von 1871, zit.n. Baumann, S.39.

Im Gegensatz zu der religiös verbrämten Strafbegründung griff man bei ihrer säkularisierten Form auf das gesellschaftspolitische Konstrukt einer "gesunden Volksanschauung" zurück, auf die Rücksicht zu nehmen sei. Die angebliche soziale Schädlichkeit der Homosexualität trat in den Vordergrund. Homosexualität mache zur Staatsbürgerschaft unfähig; sie gefährde die Integrität "öffentlichen Lebens" und wirke sittenverderbend. Außerdem werde Zeugungskraft vergeudet, die benötigt werde, um den Geburtenrückgang aufzuhalten. So wurde ein Zusammenhang zwischen Staatsverfall und Homosexualität konstruiert, der - so unsinnig er an sich war - aufgrund der gesellschaftlichen Unterdrückung von Frauen hauptsächlich dem männlichen Staatsbürger angelastet wurde.

Mit der Festschreibung der gesetzlichen Straffreiheit weiblicher Homosexualität waren deren Gegner jedoch keineswegs verstummt.[11] Möglicherweise als Reaktion auf die zahlreichen Skandalprozesse zwischen 1902 und 1908, in denen mit dem Vorwurf der Homosexualität Machtpolitik getrieben wurde,[12] sah der Vorentwurf für ein neues Strafrecht von 1909 eine Reihe von Verschärfungen des §175 vor, u.a. auch die Kriminalisierung von Frauen.

In der Begründung sah man durch die "widernatürliche Unzucht" nicht nur den diffusen Begriff der "Sittlichkeit" gefährdet, sondern auch Staatsinteressen, insbesondere das "Rechtsgut Familie",[13] das für den bürgerlichen Staat von eminenter Bedeutung sein mußte. Die geforderte Ausdehnung des §175 auf Frauen wurde folgendermaßen begründet:

> "Die Gründe, die für die Bestrafung der widernatürlichen Unzucht zwischen Männern maßgebend sind, führen folgerichtig auch zur Bestrafung der widernatürlichen Unzucht zwischen Frauen, mag diese auch nicht so häufig oder in ihren Erscheinungen nicht so sehr in die Öffentlichkeit getreten sein. Die Gefahr für das Familienleben und die Jugend ist hier die gleiche."[14]

Die behauptete angebliche Seltenheit weiblicher Homosexualität, aufgrunddeeren u.a. 1871 ihre Straffreiheit beibehalten wurde, wollte man nun, im Zuge der "Gleichberechtigung", nicht mehr gelten lassen. Außerdem sei eine Zunahme der Fälle registriert worden. Das war ein Argument, das in der Folgezeit immer wieder die "Gefährlichkeit" lesbischer Frauen belegen und die Notwendigkeit ihrer Kriminalisierung begründen sollte. Beweise für diese Behauptung wurden nicht angeführt. Eine öffentliche Organisierung lesbischer Frauen, die zu einer solchen Behauptung hätte Anlaß geben können, hatte es zur Zeit des Vorentwurfs noch nicht gegeben. Möglicherweise war dieser Vorwurf jedoch auch eine Reaktion auf die Frauenbewegung, die sich zwar zur damaligen Zeit überhaupt nicht zur weiblichen Homosexualität geäußert hatte, die jedoch ganz allgemein die männliche Vorherrschaft und die herrschende Doppelmoral infragestellte.

---

11 S. etwa Friedrich Wachenfeld: Homosexualität und Strafrecht. Leipzig 1901.

12 Stümke 1981, S.17-19.

13 Günter Gollner: Homosexualität. Ideologiekritik und Entmythologisierung einer Gesetzgebung. Berlin 1974, S.166.

14 Entwurf zum §175 RStGB von 1909, zit.n. Gollner, S.168.

Die 1909 angedrohte Ausdehnung des §175 erzwang gewissermaßen eine Beschäftigung der Frauenbewegung mit diesem "heißen Eisen". Zwischen 1910 und 1912 kam es erstmals zu einer Reihe von Veröffentlichungen und Treffen, bei denen es um den §175 und die geplante Ausdehnung auf Frauen ging, die nicht nur lesbische Frauen betroffen hätte, sondern auch Frauen, die bspw. zusammenwohnten, wie es (auch) aus wirtschaftlichen Gründen häufig der Fall war.

Die verschiedenen Flügel der Frauenbewegung argumentierten alle defensiv und formalistisch gegen die Ausdehnung. Der konservative Flügel der bürgerlichen Frauenbewegung plädierte zunächst sogar - mit dem Argument der Gleichberechtigung - für eine Ausdehnung. Diese "trage der Gerechtigkeitsliebe der Frauen Rechnung, denn sie beseitige eine uns nicht gerechtfertigt scheinende Begünstigung",[15] so die Rechtskommission des "Bundes Deutscher Frauenvereine". Auf einer späteren Veranstaltung revidierte Helene Lange diese Meinung. Viele Frauen, die aus wirtschaftlichen Gründen zusammenwohnten, seien dadurch bedroht, und Erpressungen würden Tür und Tor geöffnet (es war bekannt, daß homosexuelle Männer sehr unter Erpressungen zu leiden hatten). Der Nachweis des Tatbestandes sei außerdem bei Frauen viel schwieriger, da diese "von Natur aus" innigere Umgangsformen hätten, was eine Grenzziehung zwischen (noch) Erlaubtem und Verbotenem erschweren mußte.

Helene Stöcker, die sich, wie auch andere Vertreterinnen des "radikalen Flügels", gegen die Ausdehnung aussprach, führte die Debatte zu Recht vor dem Hintergrund der unterschiedlichen Beurteilung von männlicher Sexualität einerseits und weiblicher andererseits. Sie klagte die Doppelmoral an, die Männern die Bedürfnisbefriedigung durch Prostitution ermögliche und forderte ein "Recht auf Zärtlichkeit" für Frauen. Sie und Frauen aus der abolitionistischen Bewegung, die gegen die staatliche Reglementierung der Prostitution kämpften, waren die einzigen, die sich nicht nur gegen eine Ausdehung des §175 auf Frauen aussprachen, sondern dessen Abschaffung forderten.[16] Keine der Stellungnahmen - ob "radikal" oder "gemäßigt" - unterließ es jedoch, auf die moralische Bedenklichkeit der weiblichen wie der männlichen Homosexualität hinzuweisen.

Ein Gutachten des Reichsjustizamtes - gleichbedeutend mit dem späteren Justizministerium - beschloß 1911, den Paragraphen nicht auf Frauen auszudehnen. Zur Begründung hieß es, die Öffentlichkeit werde durch sexuelle Handlungen zwischen Frauen nicht geschädigt. Neben der Gefahr, die aufgrund von Erpressungen entstehen könne, sei außerdem unklar, welche Handlungen zwischen Frauen überhaupt bestraft werden sollten. In den meisten Fällen handle es sich um "harmlose" gegenseitige Onanie, und die wollte der Gesetzgeber ja auch bei Männern straffrei wissen.[17] Demzufolge beschränkte sich auch der nächste Entwurf von 1913 auf die Bestrafung der männlichen Homosexualität.

---

15 Käthe Schirmacher: § 175 des deutschen Strafgesetzes, in: Der Abolitionist, 10.Jg. 1911, Nr.1, zit.n. Kokula 1981, S.257.

16 Kokula 1981, S.32f.

17 Schubart-Fikentscher, S.373.

Nach dem Ersten Weltkrieg wurde die Strafrechtsreformarbeit fortgesetzt, und es wurden mehrere Entwürfe - 1919, 1922, 1925, 1927 und 1930 - erarbeitet. Keiner der Entwürfe sah die Ausdehnung des §175 auf Frauen vor; einige wollten sogar die einfache (nicht qualifizierte) männliche Homosexualität straffrei wissen.[18] So wurde im Oktober 1929 im Strafrechtsausschß des Reichstages die Straffreiheit der einfachen (männlichen) Homosexualität beschlossen. Die Vorlage wurde jedoch wegen den ständigen Neuwahlen, der zunehmenden Funktionsunfähigkeit des Reichstages und dem allgemeinen Niedergang der Republik nicht mehr verabschiedet.

Die unermüdliche Aufklärungsarbeit, die wesentlich auf Magnus Hirschfeld und sein WhK bzw. das 1919 von ihm gegründete "Institut für Sexualwissenschaft" zurückzuführen war, hatte jedoch nicht zum Verstummen der Kritiker geführt. Einige davon, besonders diejenigen aus dem völkischen Lager, setzten sich vehement für die Ausdehnung des §175 auf Frauen ein; so z.B. der Vorreiter nationalsozialistischer Propaganda, Hansjörg Maurer, mit seinem Pamphlet "§175. Eine kritische Betrachtung des Problems der Homosexualität".[19] Bezugspunkt für Maurers Homophobie ist seine Wahnidee vom "Rassenverfall", die sich auch in vehementem Antisemitismus äußerte, der dem "Stürmer"-Stil in nichts nachstand. Indem sie die "Sittlichkeit" zerstöre, trage die Homosexualität zur Zerstörung der "Rasse" bei. Homosexualität sei eine Degenerationserscheinung, ein ekelhaftes Laster, das es ebenso aus dem deutschen Volk "auszumerzen" gelte wie die Juden. Maurer wendet sich dabei scharf gegen die besonders von Hirschfeld propagierte Theorie, daß die Homosexualität angeboren sei und somit keine Schuld vorliegen könne.

Maurers rassistischer Sittlichkeitsbegriff schien ihm dagegen Grundlage für ein geistig und körperlich gesundes, d.h. wehrfähiges Volk zu sein. Die geltenden Strafbestimmungen fand er völlig unzureichend; u.a. sollte die Beschränkung auf "beischlafähnliche Handlungen" entfallen sowie der Paragraph auf Frauen ausgedehnt werden. Er erspare es sich,

> "auf die Widerlichkeiten der weiblichen Homosexualität näher einzugehen, da die Entstehungsursachen gleichlaufend sind mit denen der männlichen. Die akademische Frage, welche von beiden widerlicher und ekelhafter ist, überlasse ich dem Leser."[20]

Für diejenigen Homosexuellen, die sich nicht "heilen" lassen wollten - was Maurer mit etwas "gutem Willen" jederzeit als möglich und erfolgversprechend ansah -, sah er Einziehung des Vermögens, Zwangsarbeit und Sicherungsverwahrung vor und lieferte damit bereits wichtige "Modelle" für die NS-Zeit.

---

18 Baumann, S.96-99.

19 Hansjörg Maurer: §175. Eine kritische Betrachtung des Problems der Homosexualität. München 1921.

20 Ebd., S.56f.

1927 meldete sich Landgerichtsrat Ernst Jenne in der völkischen Zeitung "Reichswart"[21] zu Wort und forderte entschieden die Ausdehnung von §175 auf Frauen. Jenne, der uns später als Volksgerichtsrat wiederbegegnen wird, bezieht sich in seinem Artikel auf die Begründung zum §175-Entwurf von 1927. Er behauptet, die Homosexualität führe "zur Entartung des Volkes und zum Zerfall seiner Kraft", wenn diese "Verirrung" weiter um sich greife.[22] Die Strafvorschrift wirke abschreckend, insbesondere gegen die "Verführung" der Jugend und gegen das weitere Vordringen der homosexuellen Subkultur an die Öffentlichkeit. Sich weiter auf den Entwurf von 1909 beziehend, fordert Jenne, in der Nachkriegszeit mit ihren "Verfallserscheinungen" sei die Ausdehnung auf Frauen umso mehr eine Staatsnotwendigkeit und ein sittliches Gebot. Und er zitiert Eberhard, der ja behauptet hatte, die besondere Gefährlichkeit der lesbischen Frauen liege darin, daß sie heterosexuelle Frauen "verführten". Nach der rechtlichen Gleichstellung von Mann und Frau in der Weimarer Republik müsse auch eine gleiche Strafbarkeit herrschen. (Hier beruft sich der Autor delikaterweise auf eine Republik und eine Gleichstellung, die er doch abgeschafft sehen möchte!) Er fordert diejenigen deutschen Frauen auf, "die auf diese Ehrenbezeichnung durch ihre Lebensführung und ihre Stellung als Frau und Mutter besonderen Anspruch haben",[23] sich für die Ausdehnung des Paragraphen einzusetzen.

Dieser Wunsch ging kurz nach Erscheinen seines Artikels in Erfüllung. Unter der Überschrift "Wir völkischen Frauen und der §175" schloß sich Emma Witte den Forderungen Jennes nach Ausdehnung des §175 an.[24] Viel Neues bringt ihre Argumentationsweise freilich nicht; auch sie bezieht sich auf Eberhard und die Begründung zum StGB-Entwurf von 1909 und 1927. Die fehlende Kriminalisierung von Frauen,

> "diese Lücke <im Entwurf,C.S.> unausgefüllt lassen, heißt sehenden Auges einen Quell der Sittenfäulnis unseres Volkes weiter fließen lassen, heißt eine Entwicklung begünstigen, an deren Ende der physische Volkstod steht".[25]

Witte "untermauert" ihre apokalyptische Vision u.a. durch einen Verweis auf die frei erhältliche lesbische Presse jener Zeit und auf die subkulturellen Organisationsformen, in denen viele heterosexuelle Frauen "den Fallstricken der Lesbierin-

---

21 Jenne: Soll §175 des St.G.B. auf Frauen ausgedehnt werden?, in: Reichswart, 8.Jg. Nr.43 v. 22.10.1927, S.2f. - Der "Reichswart" wurde herausgegeben von Graf Ernst Reventlow, dem Gründer des "Deutschvölkischen Freiheitsbundes", der 1927 seinen Übertritt in die NSDAP erklärte.

22 Ebd., S.2.

23 Ebd., S.3.

24 Emma Witte: Wir völkischen Frauen und der §175, in: Reichswart, 8.Jg. Nr.51 v. 17.12.1927, S.2f. - In einem Artikel in den "Nationalsozialistischen Monatsheften" vom Januar 1932 "bewies" dieselbe Autorin, daß Männer intellektuell höher stünden als Frauen. Darum gebe es für die Frau keinen Grund zum Studieren, zumal es ihrer Fruchtbarkeit schaden könnte. S. Thalmann, S.117f.

25 Witte, S.2.

nen"[26] erliegen würden. Im demokratischen Staat, auf den sie sich opportunistischerweise beruft, sei das "gesetzliche Zweierlei-Maß für Mann und Frau nicht mehr daseinsberechtigt".[27] Ob ihr Appell an jede "verantwortungsbewußte deutsche Frau", sich für gleiche Strafbestimmungen für Mann und Frau einzusetzen, von den so eindringlich Angesprochenen weiter erhört wurde, ist mir nicht bekannt. Schützenhilfe erhielt sie jedoch von Eberhard, der ebenfalls die Kriminalisierung lesbischer Frauen gefordert hatte und dessen Buch "Die Frauenbewegung und ihre erotischen Grundlagen" 1927 in zweiter Auflage erschien. In dem von Eberhard 1930 herausgegebenen Buch "Geschlechtscharakter und Volkskraft" wiederholten er und Jenne ihren Ruf nach Kriminalisierung.[28] Auch der bekannte Kriminologe Hans von Hentig (1887-1974) - um nur noch einen weiteren Namen zu nennen - hatte 1925 die Ausdehnung des §175 auf Frauen gefordert, denn "homosexuelle Tendenzen der Frau drängen sich in letzter Zeit mit einer gewissen Aggressivität an die Öffentlichkeit".[29] Nach 1945 drängte sich Hentig seinerseits mit einem Pamphlet über "Die Kriminalität der lesbischen Frau"[30] aggressiv an die Öffentlichkeit.

Die "Gleichschaltung" der Justiz

Nach der personellen "Säuberung" des Berufsstands und der "Gleichschaltung"[31] der Justiz blieben die Richter zwar formal unabhängig, wurden jedoch auf die durch "nationalsozialistische Weltanschauung geprägte Rechtsauslegung" verpflichtet:

> "Die Auslegung der Gesetze ist nicht an ihren Wortlaut gebunden, sondern hat stets den sie rechtfertigenden Zweck zu berücksichtigen. Alle Begriffe und Vorschriften

---

26 Ebd.

27 Ebd., S.3.

28 Ehrhard F.W. Eberhard (Hg.): Geschlechtscharakter und Volkskraft. Darmstadt/Leipzig 1930, S.238 u. 425. - In dem hierin (S.77-124) von Emma Witte erschienenen Beitrag "Die Stellung der Frau im Leben und Recht germanischer Völker. Feminismus unter nationaler Flagge" forderte Witte vehement die Bekämpfung des Feminismus jeder Art und die Rücknahme der politischen Rechte seit 1918 sowie die "Volksmutter" als Frauenideal statt der die Weimarer Republik angeblich beherrschenden Amazone und Hetäre.

29 Hans v. Hentig: Die Verhältnis-Anzeige, in: Monatsschrift für Kriminalpsychologie u. Strafrechtsreform, 16.Jg. 1925, S.306.

30 Ders.: Die Kriminalität der lesbischen Frau. Stuttgart 1959.

31 Wie alle anderen Verwaltungsbehörden wurde auch die Justiz am 1.4.1934 "gleichgeschaltet", d.h. die Organisation ging von den Ländern auf das Reich über.

sind so auszulegen und so zu handhaben, daß sie einen möglichst hohen Lebenswert für die deutsche Volksgemeinschaft ergeben."[32]

Die Richter sollten auch gegen den Sinn und Wortlaut der Gesetze entscheiden, wenn die "deutsche Volksgemeinschaft" oder das "gesunde Volksempfinden" es erforderten. Diese Begriffe dienten zur Verschleierung und Rechtfertigung, denn repräsentiert wurde die Staatsideologie keineswegs von der "Volksgemeinschaft", sondern von der NSDAP bzw. Hitler selbst. Dieser war "oberster Gerichtsherr und damit <...> der deutsche Richter schlechthin";[33] die Richter waren also de facto dem "Führerwillen" unterworfen. Rechtsauffassung und Rechtsprechung waren Instrumentarien zur Errichtung einer "deutschen Volksgemeinschaft", in der Angehörige ethnischer und anderer unerwünschter Minderheiten keinen Platz und kein Recht hatten. Der Grundsatz der Rechtsgleichheit der Menschen war damit aufgehoben, und sowohl die im "Dritten Reich" eingeführten Sonderrechte - Instrument für die Diskriminierungs- und Vernichtungsmaßnahmen - als auch eine entsprechende Auslegung der bestehenden Gesetze im nationalsozialistischen Sinn führten zur Rechtlosstellung.

Nachdem die Grundrechte mithilfe der Notverordnung vom 28. Februar 1933 außer Kraft gesetzt waren, war Hitler nur noch an der Regelung einzelner Straftatbestände interessiert. Ein bis in alle Einzelheiten kodifiziertes Strafrecht war ihm nicht flexibel genug. Der Verabschiedung eines neu erstellten Strafgesetzbuches auf nationalsozialistischer Grundlage wich Hitler deshalb konsequent aus, und nach Kriegsbeginn lag der erarbeitete Entwurf endgültig auf Eis. Trotz der Aufgabe elementarer Rechtsgrundsätze, wie sie der Entwurf vorsah, hätte ein solches StGB doch dazu dienen können, die immer grenzenlosere Macht von SS und Polizei wenigstens minimal einzuschränken.

Eingeführt wurden dagegen die rassistischen und rassenhygienischen Sonderrechte und diejenigen Strafrechtserneuerungen, die der verschärften Bekämpfung von Verbrechen und als Verbrechen deklarierten Handlungen durch die Gerichte dienten. Zahlreiche Kriegsstrafgesetze radikalisierten die Strafjustiz ebenso wie Hitlers persönliche "Korrektur" von ihm zu milde erscheinenden Gerichtsurteilen: ab Frühjahr 1942 hatte er ein prinzipielles Kontrollrecht über jedes Strafurteil. Hitlers grundsätzliche und nach Kriegsbeginn offen geäußerte Justizfeindlichkeit, seine Verachtung der Justiz und ihrer Normen wurde nicht durch das konkrete Verhalten der ihm ergebenen Juristen gerechtfertigt: auf das Konto der Justiz kommen etwa 32000 Todesurteile.[34] Angesichts der sehr viel effektiveren Arbeit durch SS und Polizei konnte die Justiz Hitlers Leistungsansprüchen gar nicht gerecht werden, auch wenn sie sich noch so sehr bemühte, die Rechtsprechung gänzlich pervertierte und Unrecht offen bejahte. Und so bestand die Hauptaufgabe

---

32 Entwurf des Volksgesetzbuches 1942, zit.n. Diemut Majer: Grundlagen des nationalsozialistischen Rechtssystems. Führerprinzip, Sonderrecht, Einheitspartei. Stuttgart u.a. 1987, S. 101f.

33 Roland Freisler, 1942, zit.n. Majer, S.101.

34 Jörg Friedrich: Freispruch für die Nazi-Justiz. Die Urteile gegen NS-Richter seit 1948. Reinbek 1983, S.13.

der Gerichte auch darin, den Anschein von Legalität und Rechtsstaatlichkeit zu erwecken.

Von Anfang an befand sich die Justiz wie gesagt in einer zunehmenden Konkurrenzsituation mit Polizei und SS. Es blieb mehr und mehr im Ermessensspielraum der Gestapo, ob sie einen (politisch) Verdächtigen dem Gericht übergeben oder ihn/sie gleich ins KZ einweisen wollte. Oder sie "korrigierte" Freisprüche und selbst verbüßte Haftstrafen, indem sie die Betreffenden danach einfach in Schutzhaft nahm. Auf einer Konferenz der Generalstaatsanwälte in Berlin am 23.1.1939 wurde beklagt, daß die Gestapo diese Methode vor allem bei "Hochverrätern, Bibelforschern, Homosexuellen und anderen Sittlichkeitsverbrechern"[35] anwende. Andererseits korrigierte das RJM höchstpersönlich ihm zu milde erscheinende Urteilssprüche einzelner Richter. Ab 1942 verschickte Justizminister Thierack an alle deutschen Richter und Staatsanwälte sog. vertrauliche Richterbriefe, die quasi Weisungen für Urteilssprüche darstellten. Dabei wurden auch Urteile an homosexuellen Männern durch das RJM selbst zur "Korrektur" freigegeben.[36]

Das Reichsjustizministerium und die Verschärfung des §175

Unmittelbar nach der Machtübernahme wurde in Juristenkreisen an einer Reform des Strafgesetzbuches gearbeitet. Ein völlig neues, auf der NS-Ideologie basierendes Strafrecht sollte geschaffen werden:

> "Selbstverständlich ist, daß die Aufgabe nicht darin bestehen kann, das geltende Strafrecht mit etwas nationalsozialistischem Parfüm zu übergießen, sondern daß es gilt, das Strafrecht im nationalsozialistischen Geist neu aufzubauen",[37]

umschrieb NS-Kronjurist Hans Frank (1900-1946) diese Herausforderung mit einer wenig geglückten Metapher. Zu diesem Zweck berief im Oktober 1933 Justizminister Gürtner (1881-1941) im Auftrag Hitlers eine amtliche Strafrechtskommission ein. In der Kommission, in der Frauen selbstverständlich nichts zu suchen hatten, saßen "alte Kämpfer" und Juristen der Partei wie Thierack (ab 1934 Vorsitzender des Volksgerichtshofs und Justizminister ab 1942); die Staatssekretäre im Justizministerium, Schlegelberger und Freisler sowie verschiedene Strafrechtsexperten

35 Richterbriefe. Dokumente der deutschen Rechtsprechung 1942-1944. Hg. Heinz Boberach. Boppard a.R. 1975, S.XIV.

36 Ebd., S.11-14, 71-75.

37 Hans Frank, in: Deutsches Recht, 4.Jg. 1934, S.49.

wie Dahm, Kohlrausch und der maßgeblich an der Entwicklung des NS-Strafrechts beteiligte Graf v. Gleispach, der in der Kommission u.a. für den Bereich "Unzucht" zuständig war. Die Mitwirkung des allseits bekannten österreichischen Strafrechtslehrers Wenzeslaus Graf Gleispach war insofern für den NS-Staat wichtig, als damit die Pervertierung des Rechts als "wissenschaftlich vertretbar" verbrämt werden konnte.[38]

Die Strafrechtskommission unter Gürtners persönlichem Vorsitz nahm am 3.11.1933 ihre Arbeit auf. Sie stützte sich auf einen Referentenentwurf aus dem RJM vom Sommer 1933 und auf die erste Gesamtkonzeption eines NS-Strafrechts, das der preußische Justizminister Hanns Kerrl im September 1933 in Form einer Denkschrift vorgestellt hatte. Kerrl sprach darin von einem "seit Jahrzehnten empfundenen Bedürfnis nach einer Neugestaltung des Strafrechts".[39] Das StGB müsse der allgemeinen Gesetzgebung angepaßt werden.

Dies bedeutete die Unterordnung von Strafrecht und Gesetzgebung unter die rassistische Staatsideologie. Das Konstrukt der "deutschen Volksgemeinschaft" war höchstes Schutzobjekt des Strafrechts, während sich der individuelle Rechtsanspruch nach dem Wert richtete, den der/die Einzelne für die "Volksgemeinschaft" (sprich: die Staatsideologie) hatte. Aufgabe des Strafrechts sollte es in der Formulierung Freislers u.a. sein, die "*Familie als Zelle des Volkskörpers*", "*die Wehr- und Arbeitskraft, die Kraft zur Mutterschaft, die sittliche und körperliche Gesundheit der Jugend*"[40] zu schützen und außerdem "der Reinerhaltung der religiösen und sittlichen Anschauungen der Volksgemeinschaft"[41] zu dienen. Der nationalsozialistische Staat könne nicht zulassen, "daß die moralische Volkskraft, der Wille des Volkes zur Selbstbehauptung, die gesunden sittlichen Anschauungen von gewissenlosen Elementen geschädigt"[42] würden.

---

38 Gleispach war seit 1929 Rektor der Universität Wien. Dort hatte er bereits im April 1930 dafür gesorgt, daß eine rechtsverbindliche rassistische Studentenordnung in Kraft gesetzt wurde. 1932 forderte er auf einer Tagung der kriminalistischen Vereinigung die Fortsetzung der Strafrechtsreform nach nationalsozialistischen Gesichtspunkten und stellte sich öffentlich gegen eine liberale Strafrechtspflege. Aufgrund seines Engagements wurde ihm in Wien der Boden zu heiß, und er siedelte 1933 nach Berlin über, wo er an der Friedrich-Wilhelm-Universität einen Lehrauftrag für Strafrecht erhielt. Daneben war er Mitglied der Strafrechtskommission im RJM und seit Juni 1933 in der Akademie für Deutsches Recht unter Leitung von Hans Frank. Gleispach setzte sich neben der Arbeit am StGB-Entwurf vehement auch für die "Rassen"gesetzgebung ein, für die Strafrechtsangleichung von Österreich nach der Annexion und für ein immens verschärftes Kriegsstrafrecht. S. Eduard Rabofsky/Gerhard Oberkofler: Verborgene Wurzeln der NS-Justiz. Strafrechtliche Rüstung für zwei Weltkriege. Wien 1985, S.103ff., S.160ff.

39 Hanns Kerrl: Nationalsozialistisches Strafrecht. Nationalsozialistische Staatskunst und Strafrechtserneuerung, in: Preußische Justiz, Rechtspflege und Rechtspolitik, 95.Jg. Nr.41, 28.9.1933, S.413-436, hier:413.

40 Ebd., S.417, Hervorheb.i.Org.

41 Ebd., S.422.

42 Ebd.

Schon der Referentenentwurf vom Sommer 1933[43] sah bereits eine Verschärfung des §175 und eine Dreiteilung des Tatbestandes vor, wie sie in der Strafrechtsreform von 1935 realisiert wurde. Es wurde unterschieden zwischen "Unzucht mit Tieren", "Unzucht zwischen Männern" und "Schwerer Unzucht zwischen Männern". Während sich die beiden zuletzt genannten Tatbestände ausdrücklich auf Männer beschränkten, schien bei der Bestialität auch eine Frau als Täterin durchaus in Betracht zu kommen. Die Dreiteilung erleichterte u.a. eine radikale Strafverschärfung für die "schwere Unzucht". Für diese sog. qualifizierten Fälle - also wenn eine durch ein Dienst- oder Arbeitsverhältnis bedingte Abhängigkeit ausgenutzt wurde; bei einer Beziehung zwischen einem Erwachsenen und einem Minderjährigen; oder bei männlicher Prostitution - wurden statt Gefängnis nun Zuchthausstrafen bis zu 10 Jahren gefordert.

Mit diesem Entwurf waren die Weichen für die Strafverschärfung gestellt. Auf ihn bezog sich die von Gürtner eingesetzte Strafrechtskommission, die bis 1936 zu zahlreichen Sitzungen zusammenkam, auf denen zunächst die Grundsätze des neuen Strafrechts und dann die verschiedenen Abschnitte des StGB-Entwurfs beraten wurden. Leider sind nur wenige Sitzungsprotokolle der Kommission erhalten geblieben, die über die Entscheidungsprozesse Aufschluß geben können. Eines stammt vom 5.8.1934.[44] Die Strafrechtskommission traf sich in Hamburg-Blankenese, um u.a. über den §175 zu beraten. Berichterstatter Gleispach äußerte die Meinung, daß §175 auf Männer beschränkt werden könne, "weil bei Frauen das meist übersehene, aber bedeutsame Moment der Verfälschung des öffentlichen Lebens"[45] wegfalle. Es wurde weiter darauf hingewiesen, daß die Beschränkung des §175 auf "beischlafähnliche Handlungen", die der Entwurf von 1933 noch vorsah, entfallen müsse, um eine effektive Bekämpfung zu ermöglichen.

Am 18. September 1934 - die Kommission kam bereits zu ihrer 45. Sitzung zusammen - wurde unter Vorsitz von Gürtner über die "widernatürliche Unzucht, Verletzung der öffentlichen Sittlichkeit" u.a. beraten.[46] Mit einem antisemitischen Seitenhieb bekräftigte Gleispach, daß er eine Begründung der Strafbarkeit der männlichen Homosexualität für überflüssig hielt. Vielmehr sei jetzt zu fragen,

> "ob auch die lesbische Liebe in den Tatbestand einbezogen werden soll, wie es z.B. einige ausländische Rechte tun. Ich stelle nicht den Antrag, eine solche Ausdehnung vorzunehmen, obwohl man nicht verkennen kann, daß dieses Laster auch unter Frauen stark zunimmt."[47]

---

43 BA R 22/973, Bl.1-37. Merkblatt von Gerichtsassessor Oyen betr. "widernatürliche Unzucht" o.J.

44 BA R 22/973, o.Pag. Sitzung der Strafrechtskommission am 5.8.1934, Vorschläge des Berichterstatters Gleispach.

45 Ebd.

46 Ebd., Bl.1-5. Bericht über die 45. Sitzung der Strafrechtskommission am 18.9.1934.

47 Ebd.

Warum die unbewiesene Zunahme ihm dennoch nicht für eine Kriminalisierung ausreichend zu sein schien, ergibt sich aus den Gründen, die er für die Strafbarkeit der *männlichen* Homosexualität anführt:

> "Durch die Duldung der männlichen Homosexualität würde sich eine Verfälschung der Auffassungen und der Grundlage ergeben, auf der unser ganzes gesellschaftliches Leben ruht. Ein homosexueller Mann kann z.B. in seiner Betätigung im Amt durch Motive beherrscht werden, die nicht vorausgesehen werden können. Er ist sozusagen eine Frau im männlichen Gewand. Daraus entsteht das, was ich als Verfälschung des öffentlichen Lebens bezeichnen möchte. Nun kann man zwar nicht diese Erscheinung, aber doch ihre Ausbreitung und Verstärkung strafrechtlich bekämpfen. Dieser Gesichtspunkt <der Verfälschung öffentlichen Lebens,C.S.> spielt aber bei dem gleichgeschlechtlichen Verkehr zwischen Frauen keine Rolle."[48]

Dies hieß wohl im Klartext, daß ein homosexueller Mann sich in Beruf, Politik etc. von unkontrollierbaren Erwägungen leiten ließe und damit politisch unzuverläßig und unberechenbar sei. Daß umgekehrt lesbische Frauen, die ja genauso gegen die rigiden Geschlechtsnormen verstießen, nicht ebenso bedrohlich schienen, ergab sich einfach daraus, daß sie im "öffentlichen Leben" nur eine sehr untergeordnete Rolle spielten. Im übrigen plädierte Gleispach wieder dafür, die Strafbarkeit nicht auf "beischlafähnliche Handlungen" zu beschränken, denn nur etwa 10-20% des homosexuellen Verkehrs würde unter diese Rubrik fallen, und der Nachweis dieser Handlungen sei sehr schwierig.

Der gleichen Meinung war auch Gleispachs Koreferrent, der Landgerichtsdirektor Dr. Lorenz aus Leipzig. Eine Aufhebung der Strafbarkeit der männlichen Homosexualität sei wegen der Gefährdung der männlichen Jugend und des "gesunden Familienlebens"[49] indiskutabel. Mit dem Schutz der Jugend gegen die Gefahr der "Verführung" war ein weiteres häufig angeführtes Argument genannt; will man den Schutz der Jugend als Motivation ernst nehmen, ist es unverständlich, daß er auf junge Männer beschränkt bleiben sollte. Der Schutz des "gesunden Familienlebens", d.h. wohl der heterosexuellen Struktur der Gesellschaftsordnung als Rechtsgut des §175 ist nur dann verständlich, wenn man durch die homosexuelle Minderheit die allgemeine "Ehebereitschaft" gefährdet sah. Diese war jedoch auch durch wirtschaftliche oder politische Einflüsse in Frage gestellt, die straffrei blieben. Oder sollte die abschreckende Bestrafung homosexueller Handlungen zur Eheschließung und - rassenhygienischen Einwänden zum Trotz - zur Geburtensteigerung führen?

Die übrigen auf der Sitzung anwesenden Herren stimmten im wesentlichen mit Gleispachs Schlußfolgerungen überein, auch wenn sie andere Argumente zugrunde legten. So gab der Kriminologe Mezger zu bedenken, die Frage nach der Strafbarkeit weiblicher Homosexualität sei "keine logische Frage, sondern eine Frage der Abwägung zwischen verschiedenen Übeln",[50] wobei ihm das größere Übel die

48 Ebd., Bl.1f.
49 Ebd., Bl.2.
50 Ebd., Bl.4.

Kriminalisierung zu sein schien. Bei Strafbarkeit sei mit einer Flut von Anzeigen zu rechnen, da "die lesbische Liebe allgemein in Dirnenkreisen verbreitet"[51] sei. Er schätzte den sozialen Schaden solcher (Sensations)Prozesse größer ein als den Nutzen der Strafbarkeit. Außerdem - und hier bezog er sich auf die Argumente, die 1909 gegen die Ausdehnung vorgebracht worden waren - bestehe aufgrund der "natürlichen", zärtlicheren Umgangsformen zwischen Frauen die Gefahr "ungerechtfertigter Behelligung gänzlich Unschuldiger", was "unerfreuliche Perspektiven eröffnen"[52] könne. Daher solle man den Vorschlägen Gleispachs folgen und es bei einer Nichterwähnung der weiblichen Homosexualität im Gesetz belassen. Mit dem Abwägen zwischen zwei Übeln hatte Mezger die Entscheidung für die Straffreiheit treffend als eine pragmatische charakterisiert. Daß auch die angebliche Angst vor unbegründeten Anzeigen nur ein Scheinargument war, ergibt sich schon daraus, daß diese "Gefahr" selbstverständlich auch bei Männern bestand, aber keineswegs zu deren Entkriminalisierung führte.

Auch Ministerialdirektor Schäfer, der sich auf die Auskunft von "Fachleuten", nämlich die Spezialdezernenten des Berliner Polizeipräsidiums, berief, stimmte Mezger zu:

> "Sie <jene Spezialdezernenten,C.S> haben uns gesagt, daß sie eine Strafbestimmung in dieser Richtung nicht für nötig hielten. Die Fälle <weiblicher Homosexualität,C.S.> seien viel weniger häufig; die vorkommenden Fälle entzögen sich ferner auch viel mehr der Beobachtung."[53]

Eine abstruse Begründung, wäre doch niemand auf die Idee gekommen, die Häufigkeit des Delikts und seine Sichtbarkeit als Kriterien für die Strafbarkeit bspw. von Diebstahl gelten zu lassen.

Nur Senatspräsident Klee konnte sich den vorgebrachten politischen Argumenten für die Straffreiheit der weiblichen Homosexualität nicht anschließen und stellte den bevölkerungspolitischen Aspekt des §175 und den Anspruch des Staates auf die menschliche Reproduktionskraft in den Vordergrund. Gleispachs Argument von der fehlenden Verfälschung des öffentlichen Lebens könne nicht entscheidend sein, denn

> "durch den homosexuellen Verkehr der Frauen wird auch ein vergiftender Einfluß auf die öffentliche Sexualmoral ausgeübt. Die ratio legis der Bestrafung des homosexuellen Verkehrs ist die, daß der Mensch seinem normalen Fortpflanzungs- und Geschlechtstrieb nicht entzogen werden soll, daß er seine Kräfte nicht in anderer Richtung ausschütten und vergeuden soll. Der Grund ist also der, daß der normale Geschlechtsverkehr, an dem der Staat ein großes Interesse hat, im Vordergrund steht und nicht durch andere Perversitäten beeinträchtigt werden soll. Ich meine, daß man, wie es auch in Österreich der Fall ist, die Strafbarkeit auf die Frauen ausdehnen sollte."[54]

---

51 Ebd.
52 Ebd.
53 Ebd., Bl.4f.
54 Ebd., Bl.4.

Auch der spätere Justizminister Thierack ging auf diesen Punkt ein, kam jedoch zu einem anderen Ergebnis:

> "Der Zweck des §296 <"Unzuchts"paragraph im neuen geplanten Strafrecht,C.S.> ist doch nur der Schutz der Zeugungsfähigkeit. Die Frau ist - anders als der Mann - stets geschlechtsbereit",[55]

lautete Thieracks sexistische Erklärung, die einem Aufruf zur Vergewaltigung gleichkam. Während man hier die Gebärfähigkeit der Frauen durch die weibliche Homosexualität nicht infragegestellt sah, gab man sich - wenn überhaupt - der Illusion hin, mit der Strafandrohung die männliche Zeugungskraft vor der homosexuellen "Verschwendung" schützen zu können.

Der StGB-Entwurf selbst wurde zwar nie veröffentlicht, wohl aber gab RJM Gürtner im April 1935 einen "Bericht über die Arbeit der amtlichen Strafrechtskommission" heraus, womit die Ergebnisse der Strafrechtskommission einem breiteren Publikum bekannt gemacht wurden. Darin schrieb Gleispach in seinem Abschnitt über die "Unzucht":

> "Starker Schutz der geschlechtlichen Sittlichkeit und der Gesundung des geschlechtlichen Verkehrs durch die Gestaltung der Tatbestände und die der Strafdrohungen muß das Ziel sein. Denn die Sittlichkeit (im Sinne dieses Titels immer auf das Geschlechtsleben bezogen) gehört zu den Grundlagen gedeihlichen Volkslebens."[56]

Dieser Auffassung zufolge betrafen die Homosexualitätsdelikte in erster Linie nicht einzelne Personen; sie wurden vielmehr als ein "Angriff auf die völkische Sittenordnung, die Gefährdung der richtigen sittlichen Haltung des Volkes"[57] verstanden. Die Aufrechterhaltung der äußerst willkürlich auslegbaren "Sittlichkeit" wurde also ausdrücklich zur Aufgabe des Strafrechts erklärt, und die harte Strafandrohung - bis zu zehn Jahren Zuchthaus! - sollte Abschreckungsfunktion erfüllen und wohl dazu beitragen, die männerbündische Struktur im "Dritten Reich" aufrechtzuerhalten. Gleispach lobte die nationalsozialistische Machtübernahme, die endlich mit der "sittlichen Verwilderung", mit "der ständigen Vergiftung der sittlichen Atmosphäre"[58] früherer Zeiten gründlichst aufgeräumt habe. Diese abscheulichen Zustände seien aber nicht darauf zurückzuführen, daß die entsprechenden Gesetze unzureichend gewesen, sondern daß sie nicht angewandt worden seien. Aufgrunddessen, so behauptete er, habe auch der alte §175 im großen und ganzen in den StGB-Entwurf übernommen werden können, allerdings seien "Lücken auszufüllen und vieles im einzelnen zu verbessern"[59] gewesen - eine immense Untertreibung angesichts der tatsächlichen Verschärfung des §175.

Interessant ist, daß Gleispach im "Bericht" - entgegen seiner in den Beratungen von 1934 geäußerten Meinung - zurückhaltend eine Beschränkung auf "bei-

---

55 Ebd., Bl.5.
56 Gleispach, in Gürtner 1935, S.116.
57 Ebd.
58 Ebd.
59 Ebd., S.116f.

schlafähnliche Handlungen" befürwortete, auch wenn dadurch nur ein kleiner Teil erfaßt würde und eine schwierige Beweislage geschaffen sei:

> "Der Gesetzgeber soll aber auf einem Gebiet, auf dem schon umfangreiche Untersuchungen viel Schaden stiften können, Maß halten und auch nicht verhältnismäßig harmlose Handlungen in die Strafbarkeit einbeziehen, die sich, zumal in der Jugend, meist als nur gelegentliche Abirrungen wegen der Unmöglichkeit normalen Verkehrs darstellen."[60]

Bezüglich der Kriminalisierung weiblicher Homosexualität hatte sich Gleispachs Vorschlag der Straffreiheit - entgegen vereinzelter Gegenstimmen in der Kommission - durchgesetzt. Im "Bericht", auf den sich spätere Debatten immer wieder bezogen, faßte Gleispach alle in den Beratungen vorgebrachten pro und contra-Argumente folgendermaßen zusammen:

> "Ohne Ausnahme bestand die Ansicht, daß die Strafwürdigkeit <der männlichen Homosexualität,C.S.> einer Erörterung gar nicht bedürfe. Hingegen war zu prüfen, ob nicht auch der gleichgeschlechtliche Verkehr zwischen Frauen zu bestrafen sei.<...> Im übrigen sprechen gegen die Ausdehnung des Tatbestandes des nicht erschwerten gleichgeschlechtlichen Verkehrs auf Frauen folgende Gründe. Bei Männern wird Zeugungskraft vergeudet, sie scheiden zumeist aus der Fortpflanzung aus, bei Frauen ist das nicht oder zumindest nicht im gleichen Maß der Fall. Das Laster ist unter Männern stärker verbreitet als unter Frauen (abgesehen von Dirnenkreisen), entzieht sich auch bei Frauen viel mehr der Beobachtung, ist unauffälliger, die Gefahr der Verderbnis durch Beispiel also geringer. Die innigeren Formen freundschaftlichen Verkehrs zwischen Frauen würden die hier zumeist bestehenden Schwierigkeiten der Feststellung des Tatbestandes und die Gefahr unbegründeter Anzeigen und Untersuchungen außerordentlich erhöhen. Endlich ist <...> ein wichtiger Grund für die Strafbarkeit des gleichgeschlechtlichen Verkehrs die Verfälschung des öffentlichen Lebens, die eintritt, wenn man der Seuche nicht nachdrücklichst entgegentritt. Die Wertung der Personen im öffentlichen Dienst und im Wirtschaftsleben und ihrer Leistungen, die Besetzung von Stellen aller Art, die Schutzmaßnahmen gegen Mißbräuche, das alles beruht auf der Annahme, daß der Mann männlich denke und fühle und durch männliche Beweggründe beeinflußt werde und entsprechend die Frau. Wenn auch das Bestehen einer Anlage nicht strafrechtlich bekämpft werden kann, so doch ihre Betätigung - die Möglichkeit hemmungsloser Hingabe an sie würde die Verbreitung der Seuche und die Vertiefung ihrer Auswirkungen ganz außerordentlich fördern. Was früher Verfälschung des öffentlichen Lebens genannt wurde, kommt aber bei Frauen, bei der verhältnismäßig sehr bescheidenen Rolle der Frau im öffentlichen Leben, kaum in Betracht."[61]

Interpretieren kann man Gleispachs Argumente folgendermaßen:

1. Aufgrund eines sexistischen Frauenbildes und aufgrund der staatlichen wie innerehelichen Machtverhältnisse ging man davon aus, daß die weibliche Homosexualität keine ernstzunehmende Bedrohung für die quantitative Bevölkerungspolitik darstelle.

---

60 Ebd., S.126.

61 Ebd.

2. Das sozial bedingte Rollenverhalten mit seinen rigiden geschlechtsspezifischen Normen wurde benutzt, um die unterschiedliche strafrechtliche Behandlung biologistisch zu legitimieren. Die angeblich emotionaleren Umgangsformen zwischen Frauen würden eine eindeutige Grenzziehung zwischen erlaubtem und verbotenem Verhalten und damit die "objektive" Feststellung des Tatbestandes erschweren und könnten zu unbegründeten Anzeigen führen. Eine wenig überzeugende Begründung angesichts des bei Männern so leichtfertig festgestellten Tatbestandes, der in Ausnahmefällen bereits durch einen als "wollüstig" klassifizierten Blick erfüllt war.

3. Der "Seuche Homosexualität" wurde eine "Verfälschung des öffentlichen Lebens" aufgrund der ihr immanenten Verletzung und Infragestellung der rigiden Geschlechtsnormen zugeschrieben, deren Einhaltung Gleispach als grundlegend für die Aufrechterhaltung der Staatsordnung nannte. Bei Frauen sei jedoch aufgrund ihrer generellen Unterordnung und ihres Ausschlusses aus den Machtzentren diese Gefahr der "Verfälschung" ungleich geringer. Ebenso sollte durch die weibliche "Unsichtbarkeit" auch die "Gefahr durch Verderbnis" - sei es durch die "Verführung" anderer Frauen oder die Gefährdung der "völkischen Sittenordnung" - unbedeutend sein.

Der StGB-Entwurf ging noch durch eine weitere Lesung, wobei der §175 die Form erhielt, in der er am 28.6.1935 im Zuge einer Strafrechtsnovelle verabschiedet wurde und am 1.9.1935 in Kraft trat. Die Verabschiedung der Novelle vor Fertigstellung des geplanten, aber nie verabschiedeten Gesamtentwurfs wurde folgendermaßen begründet:

> "Üble Erfahrungen der letzten Zeit haben es angezeigt erscheinen lassen, die für die allgemeine Erneuerung des Strafrechts in Aussicht genommenen Verschärfungen der Vorschriften gegen die gleichgeschlechtliche Unzucht zwischen Männern vorweg in Kraft zu setzen",[62]

hieß es in Anspielung auf die Roehm-Affäre. Im Wortlaut hieß §175 nun:

> "Ein Mann, der mit einem anderen Mann Unzucht treibt oder sich von ihm zur Unzucht mißbrauchen läßt, wird mit Gefängnis bestraft. Bei einem Beteiligten, der zur Zeit der Tat noch nicht einundzwanzig Jahre alt war, kann das Gericht in besonders leichten Fällen von Strafe absehen."[63]

Das Strafmaß betrug bis zu fünf Jahren und nicht unter sechs Monaten Gefängnis, bot aber auch die Möglichkeit zur Schonung "verführter" Jugendlicher und damit zu einer abgestuften Strafanwendung. Während §175b die "Unzucht mit Tieren" bestrafte - die mögliche Täterschaft der Frau war nicht infrage gestellt -, sah §175a für qualifizierte Fälle (bei Gewaltanwendung; bei Mißbrauch einer durch ein Dienst-, Arbeits- oder Unterordnungsverhältnis begründeten Abhängigkeit; wenn

---

62 Leopold Schäfer: Die Einzelheiten der Strafgesetznovelle vom 28. Juni 1935, in: Dt. Justiz, 97.Jg. 1935, S.997.

63 Gesetz zur Änderung des StGB v. 18.6.1935, Art.6: Unzucht zwischen Männern, RGBl.I 1935, S.841.

ein Partner unter 21 Jahren war; bei männlicher Prostitution) Zuchthausstrafen bis zu zehn Jahren vor.

Mit dem Wegfall des Begriffs der "widernatürlichen Unzucht" entfiel das bisherige Abgrenzungskriterium der "beischlafähnlichen Handlung". Damit war der wesentlichste "Mangel" des alten §175 beseitigt und die Strafbarkeit war entschieden ausgedehnt.[64] In der Folgezeit wurde der Tatbestand rigider ausgelegt. So hielt das Reichsgericht (RG) 1936 für genügend, "daß die Handlung das geschlechtliche Scham- und Sittlichkeitsgefühl der Allgemeinheit verletzt und bestimmt ist, eigene oder fremde Geschlechtslust zu erregen oder zu befriedigen".[65] Hielt das RG zunächst noch eine körperliche Berührung für erforderlich, entfiel schließlich auch diese Eingrenzung. De jure ausreichend zur Tatbestandserfüllung und zur Bestrafung war die "wollüstige Absicht des Täters".[66]

Neben der Neufassung des §175 und anderer Paragraphen brachte die Strafrechtsnovelle von 1935 als wesentlichste Neuerung die Einführung des sog. Analogie-Paragraphen ins StGB (§2). Damit wurde der bisherige Rechtsgrundsatz "Ohne Gesetz keine Strafe" aufgehoben. Nun konnte bestraft werden, "wer eine Tat begeht, die das Gesetz für strafbar erklärt oder die nach dem Grundgedanken eines Strafgesetzes und nach gesundem Volksempfinden Bestrafung verdient".[67] Obwohl schon seit dem 19. Jahrhundert die "gesunde Volksanschauung" zur Verschleierung der Staatsinteressen vorgeschoben worden war, um eine Streichung des §175 zu verhindern, war nun zum ersten Mal das "gesunde Volksempfinden" zu einer den Strafgesetzen gleichwertigen Rechtsquelle erklärt worden. Der instrumentelle Charakter des "gesunden Volksempfinden" war eindeutig: mit ihm konnte und sollte (fast) jede im Gesetz vorhandene "Lücke" geschlossen werden.

Robert Bartsch schrieb in seiner Dissertation über "Das 'gesunde Volksempfinden' im Strafrecht"[68] zur Begründung des §2, es sei nicht angängig, "eine Verletzung der Gemeinschaft nur deshalb straflos zu lassen, weil sie nicht vom Wortlaut des Gesetzes umfaßt wird".[69] "Gesund" war ein Empfinden aber nur dann, wenn es "den Erfordernissen und Bedürfnissen der völkischen Lebensgemeinschaft entspricht";[70] zu entscheiden hatte hierüber jedoch nicht etwa das "Volk", sondern der Richter, der kaum mehr als eine Marionette der NSDAP war. Es sei ein Vorteil, daß der Begriff juristisch nicht eindeutig festlegbar sei; so könne "jede irgendwie

---

64 Schon vor Inkrafttreten des Gesetzes am 1.9.1935 wurde vom Reichsgericht am 1.8. - im Hinblick auf die Gesetzesreform und auf das "gesunde Volksempfinden", das sich nicht nach solch willkürlichen Daten wie das Inkrafttreten eines Gesetzes richten könne - in einem Fall gegenseitige Onanie bestraft, die bislang straffrei geblieben war. S. Dt. Justiz, 97.Jg. 1935, Nr.28, S.1221-1223.

65 Entscheidung des Reichsgerichts in Strafsachen vom 4.6.1936, zit.n. Dt. Justiz. Monatsbeilage Das Recht, 40.Jg. 1936, S.553.

66 Baumann, S.48.

67 §2 des Gesetzes zur Änderung des StGB v. 18.6.1935, RGBl.I 1935, S.839.

68 Robert Bartsch: Das "gesunde Volksempfinden" im Strafrecht. Diss.jur. Hamburg 1940.

69 Ebd., S.14.

70 Ebd., S.35.

erhebliche Verletzung der völkischen Sittenordnung und der dem Einzelnen obliegenden Gemeinschaftspflichten"[71] als strafwürdig geahndet werden.

Konnten nun mithilfe dieses Gummiparagraphen lesbische Frauen kriminalisiert werden, nachdem dies durch §175 nicht möglich war? Verstieß die weibliche Homosexualität etwa nicht "erheblich" gegen das "gesunde Volksempfinden"? Oder hatte die sich hinter dem "Volksempfinden" verbergende Staatsideologie kein Interesse daran? Leopold Schäfer, Ministerialdirektor im RJM und Mitglied der Strafrechtskommission, ging in seinem Artikel "Die Einzelheiten der Strafgesetznovelle vom 28. Juni 1935" auf eben diesen Fall ein. Eine Anwendung des §2 sei nur möglich bei Gesetzeslücken, die der Gesetzgeber nicht vorhergesehen habe oder nicht habe vorhersehen können; vom Gesetzgeber bewußt gesetzte Grenzen sollten mithilfe des §2 nicht verletzt werden:

> "Wenn also in §175 StGB. die gleichgeschlechtliche Unzucht zwischen Männern mit Strafe bedroht wird, so ist damit klar zum Ausdruck gebracht, daß die lesbische Liebe nicht in die Strafbarkeit einbezogen werden soll; die Tribadie kann deshalb auch im Wege der Rechtsanalogie nicht bestraft werden."[72]

Egal also, wie "das Volk" tatsächlich über die weibliche Homosexualität empfinden mochte - es hatte keine Chance, sein "gesundes Rechtsgefühl"[73] mithilfe des §2 einzuklagen. Dies bewahrte lesbische Frauen jedoch nicht davor, unter dem Vorwand anderer Delikte kriminalisiert zu werden, doch ist dies, wie wir noch sehen werden, nur in Ausnahmefällen nachweisbar.

Kriminalisierungsforderungen

Hans Frank und die Akademie für Deutsches Recht

Die Entscheidung des RJM, weibliche Homosexualität straffrei zu lassen, wurde zwar rechtskräftig, fand aber in Juristenkreisen Gegner, die bis etwa 1939 immer wieder eine Kriminalisierung der weiblichen Homosexualität forderten. Welchen Standpunkt vertraten in dieser Frage Gremien wie die Akademie für Deutsches Recht, der - ebenso wie den Reichsministerien - der Bericht der Strafrechtskommission im Januar 1935 zur Prüfung vorgelegt worden war?[74] Aus den Jahren

71 Ebd., S.13.

72 Schäfer, S.994.

73 Ebd.

74 Inwieweit jedoch tatsächlich Änderungsvorschläge dieser Gremien berücksichtigt wurden, läßt sich aus den Veröffentlichungen der Strafrechtskommission nicht ersehen.

1936-38 sind Dokumente aus verschiedenen Ausschüssen der Akademie erhalten, in denen eine Kriminalisierung der weiblichen Homosexualität gefordert wird. Doch welche Bedeutung spielten Hans Frank und die Akademie in der Gesetzgebung?

Als Starverteidiger der NSDAP machte sich Frank in den 20er Jahren einen Namen. Seit 1930 war er Leiter des späteren "Reichsrechtsamts" bei der Parteileitung der NSDAP und Führer des "Bundes Nationalsozialistischer Deutscher Juristen", der einzigen juristischen Berufsorganisation (später umbenannt in den germanischer klingenden "NS-Rechtswahrerbund"). Seit April 1933 war Frank "Reichskommissar für die Gleichschaltung der Justiz in den Ländern und für die Erneuerung der Rechtsordnung", und nach vollendeter "Gleichschaltung" Reichsminister ohne Geschäftsbereich. Seit Oktober 1933 fungierte er als Präsident der von ihm im Juni 1933 gegründeten Akademie für Deutsches Recht, und in diesen Funktionen war er verantwortlich für die Herausgabe zahlreicher Veröffentlichungen und Zeitschriften, wie z.B. das "Deutsche Recht", in denen immer wieder nationalsozialistisches Strafrechtsverständnis dokumentiert wurde. Machtfülle und politischer Einfluß, wie ihn diese Ämter suggerierten, hatte Frank - wie noch gezeigt wird - jedoch nicht besessen. In die Geschichte ging Frank dennoch ein - wegen der Verbrechen, die er in seiner Eigenschaft als Generalgouverneur von Polen an Juden und Polen beging.[75]

Mit der Gründung der Akademie versuchte Frank hauptsächlich Einfluß auf die Gesetzgebung zu nehmen und seinen persönlichen Machtbereich auszudehnen. Die Akademie, eine Körperschaft öffentlichen Rechts, sollte Gesetzesentwürfe vorbereiten und ausarbeiten sowie zur "Erneuerung des Deutschen Rechts im Sinne der nationalsozialistischen Weltanschauung"[76] beitragen. Frank war anfangs selbst Mitglied der Strafrechtskommission,[77] schied aber offenbar schon bald wieder aus, da er in einem Bericht der Kommission von 1934 nicht mehr als Mitarbeiter genannt wird.[78] Um seinen Einfluß auf die Gesetzgebung abzusichern, versuchte er, das RJM personell an die Akademie zu binden (so waren bspw. die beiden Staatssekretäre im RJM, Freisler und Schlegelberger, aber auch Thierack und sogar Gürtner Mitglieder der Akademie). Doch für Hitler und das RJM war die Akademie hauptsächlich ein pressewirksames Propagandainstrument, mit dem das Ausland über den Unrechtscharakter des NS-Staats getäuscht werden sollte. Franks Machtansprüche wurden immer weiter beschnitten: mit dem "Gesetz über die Akademie für Deutsches Recht" vom Juni 1934 wurden das RJM und das RMdI zur

---

75 Deutsche Politik in Polen 1933-1945. Aus dem Diensttagebuch von Hans Frank Generalgouverneur. Hg. J. Geiss/W. Jacobmeyer. Opladen 1980, S.11f.

76 Hans-Rainer Pichinot: Die Akademie für Deutsches Recht - Aufbau und Entwicklung einer öffentlich-rechtlichen Körperschaft des Dritten Reichs. Diss.jur. Kiel 1981, S.7.

77 S. Preußische Justiz, 95.Jg. 1933, Nr.47, S.622.

78 Franz Gürtner (Hg.): Das kommende deutsche Strafrecht. Allgemeiner Teil. Bericht über die Arbeit der amtlichen Strafrechtskommission. Berlin 1934.

Aufsichtsbehörde der Akademie ernannt,[79] und mit Verfügung vom 25.7.1934 war nicht Frank, sondern der "Stellvertreter des Führers" ermächtigt worden, an der Bearbeitung von Gesetzesentwürfen sämtlicher Geschäftsbereiche teilzunehmen.[80] Und so war es denn auch Heß gewesen, der am 1. Mai 1935 sein Ja-Wort zur Strafrechtsnovelle und damit auch zur Verschärfung des §175 gegeben hatte.[81]

Anläßlich eines Festaktes der Akademie am 29.6.1935, in der Frank in Anwesenheit Hitlers die Strafrechtsnovelle bejubelte, behauptete er gar, die "Liebe zum Führer" sei zum ersten Mal in der deutschen Geschichte ein Rechtsbegriff geworden.[82] Doch Hitler dankte Frank seine Hingabe schlecht und befragte die Akademie nicht einmal zu den für das "Dritte Reich" entscheidenden "Rasse"gesetzen. Damit war erwiesen, daß die Macht der Ministerialbürokratie zur Durchsetzung der NS-Gesetzgebung ausreichend war und man eine Institution wie die Akademie hierzu eigentlich nicht brauchte, was in einem Schreiben Hitlers vom Oktober 1936 noch einmal bekräftigt wurde. Demzufolge war nun allen Reichsministerien anheimgestellt, welche Rolle sie der Akademie bei der Gesetzgebungsarbeit ihres Ressorts zukommen lassen wollten.

Fehlende Befugnisse durch die Forderung nach immer härterem Vorgehen kompensierend, legte Frank in seinen "Nationalsozialistischen Leitsätzen für ein neues deutsches Strafrecht"[83] dar, daß die von Hitler und der NSDAP geäußerte Weltanschauung Inhalt der Rechtsidee sei und Grundlage der Auslegung aller Rechtsquellen. Die "rassische" Substanz des Volkes sei höchster Rechtswert. Die im Leitsatz 25 beschriebenen "Verfehlungen gegen die geschlechtliche Sittlichkeit" ordnete Frank den "Angriffen auf Rasse und Volkskraft"[84] zu. Um die Erhaltung der Volksgemeinschaft zu sichern, habe jeder die Pflicht, "Zucht zu üben" und "Unzucht" zu meiden. "Zucht" bzw. "Unzucht" und "Sittlichkeit" werden allein bestimmt durch ihren Wert für die Fortpflanzung:

> "'Zucht' ist das der Erhaltung und Förderung der Art gemäße und daher sittliche Verhalten auf geschlechtlichem Gebiet, 'Unzucht' das arterhaltungswidrige und daher unsittliche geschlechtliche Verhalten."[85]

Strafrechtliche Vergeltung erfordere hier insbesondere die "gleichgeschlechtliche Unzucht" und die Bestialität, wobei Homosexualität nicht nur auf Männer beschränkt wurde.

Während der Gesetzgeber "die Angriffe auf die Sittlichkeitsempfindung unseres Volkes abzuwehren"[86] habe, sei es Aufgabe des Richters, "die konkrete völkische

---

79 Pichinot, S.38.

80 Ebd., S.47.

81 Jellonnek, S.114.

82 Pichinot, S.54.

83 Nationalsozialistische Leitsätze für ein neues deutsches Strafrecht. Besonderer Teil. Hg. Reichsleiter des Reichsrechtsamtes der NSDAP, Hans Frank. Berlin 1936.

84 Ebd., S.60.

85 Ebd.

86 Ebd., S.23.

Gemeinschaftsordnung zu wahren, Schädlinge auszumerzen, gemeinschaftswidriges Verhalten zu ahnden und Streit unter Gemeinschaftsgliedern zu schlichten".[87] Verbrechen sah Frank als Ausdruck von "Rassenentartung", und in seiner Schrift "Nationalsozialistische Strafrechtspolitik"[88] wies er besonders auf die Homosexualität hin,

> "die der klare Ausdruck einer gegensätzlichen Geartetheit gegenüber der normalen Volksgemeinschaft ist. Der Homosexuelle bedeutet in seiner Betätigung die Negierung der Gemeinschaft, wie sie geartet sein muß, wenn die Rasse nicht zugrunde gehen soll."[89]

Und er forderte markig: "Daher verdient gerade das Verhalten der Homosexuellen keine Schonung."[90]

Nach dieser Darstellung der Akademie und Franks Strafrechtsverständnis sollen jetzt einige Stellungnahmen aus den diversen Ausschüssen der Akademie, die die Ausdehnung des §175 auf Frauen forderten, dargestellt werden. Auf einer Sitzung des "Ausschusses für Rechtsfragen der Bevölkerungspolitik" am 2. März 1936 ging es um "Maßnahmen gegen den geschlechtlichen Verkehr zwischen Personen weiblichen Geschlechts". Der bereits erwähnte Jurist Falk Ruttke (1894-?), Co-Autor des "Gesetzes zur Verhütung erbkranken Nachwuchses", hatte das Thema auf die Tagesordnung bringen lassen. Es wurde auf der Sitzung behandelt, obwohl Ruttke selbst nicht anwesend war. In diesem Ausschuß waren übrigens die beiden einzigen weiblichen Mitglieder der Akademie vertreten: Scholtz-Klink und die Rechtsanwältin und Rechtsexpertin der NS-Frauenschaft, Ilse Eben-Servaes.[91] Zur Problematik des §175 und der diskutierten Ausdehnung auf Frauen haben sie sich jedoch den vorhandenen Dokumenten zufolge nicht geäußert.

Auf der erwähnten Sitzung wurde nun diskutiert,

> "ob nicht auch die weibliche Homosexualität (Tribadie), die anscheinend in starker Zunahme begriffen sei, unter Strafe gestellt werden solle.<...> Es werde ein Unterschied zwischen der durch Umstände veranlassten Tribadie und der angeborenen Tribadie zu machen sein. Die erstere sei, zum mindesten bei ledigen und verwitweten Frauen, bevölkerungspolitisch kaum schädlich. Die angeborene Tribadie dagegen habe die Gefahr der Verführung, und wenn diese Gefahr tatsächlich groß sei, <...> dann würde es aus bevölkerungspolitischen Gründen wohl der Erwägung bedürfen, ob nicht eine Gleichstellung mit der männlichen Homosexualität angebracht sein würde."[92]

---

87 Hans Frank: Leitsätze des Reichsjuristenführers zur richterlichen Unabhängigkeit, in: Dt. Rechtspflege 1936, S.10, zit.n. Majer, S.105.

88 Ders.: Nationalsozialistische Strafrechtspolitik. München 1938.

89 Ebd., S.32.

90 Ebd., S.32f.

91 BA R 61/106, Bl.109. Akademie f. Dt. Recht, Mitgliedsliste des Ausschusses für Rechtsfragen der Bevölkerungspolitik.

92 BA R 61/127, Bl.193-199, hier:197. Akademie f. Dt. Recht, Sitzung des Unterausschusses zur Vorbereitung der weiteren Arbeiten des Ausschusses für Rechtsfragen der Bevölkerungspolitik am 2.3.1936.

Neu ist hier die analog der männlichen Homosexualität vorgenommene differenzierende Unterscheidung zwischen Frauen mit "erworbener" Homosexualität, die daher als "resozialisierbar" und bevölkerungspolitisch ungefährlich galten, und solchen mit "angeborener" Homosexualität, deren soziale Gefährlichkeit darin bestehen sollte, daß sie nicht nur selbst aus der Fortpflanzung ausschieden, sondern andere Frauen "verführten".

Doch Ministerialdirigent Schäfer, der auch Mitglied der Strafrechtskommission war und sie im Akademieausschuß vertrat, war dagegen der Meinung, die Gefahr der Verführung sei bei Frauen deswegen nicht so groß wie bei Männern, da

> "eine verführte Frau dadurch nicht dauernd dem normalen Geschlechtsverkehr entzogen werde, sondern bevölkerungspolitisch nach wie vor nutzbar bleiben werde. Ferner werde durch die Ausübung dieses Lasters die Psyche der Frau lange nicht so beeinträchtigt wie beim Mann, und die Gefahr sei daher für den Staat lange nicht so groß".[93]

In aller Offenheit war hier vom Nutzen und der Benutzbarkeit von Frauen für den Staat die Rede. Die weibliche Homosexualität als vorübergehendes Laster kennzeichnend, schien Schäfer der durch lesbische Frauen verursachte bevölkerungspolitische Schaden gering zu sein und eine Kriminalisierung weiblicher Homosexualität nicht ausreichend zu rechtfertigen.

Im Gegensatz dazu sprach sich Frank als Präsident der Akademie mehrmals gegen die Straffreiheit weiblicher Homosexualität nach den Entwürfen der Strafrechtskommission aus. In aller Eile versuchte er, noch Einfluß auf den StGB-Entwurf zu nehmen, denn die Kommission hatte offiziell im Oktober 1936 ihre Arbeit beendet und den Entwurf dem Kabinett zur Entscheidung vorgelegt. Zur vorgesehenen Verkündung am 30.1.1937 kam es jedoch nicht. Zwar wurde der Entwurf in den letzten offiziellen Kabinettssitzungen behandelt; Hitler jedoch, der an einem bis in alle Einzelheiten kodifizierten Strafrecht kein Interesse hatte, wich einer Stellungnahme zum Gesamtentwurf aus. Spätestens 1942 wurde die Arbeit am Entwurf eingestellt.[94]

1936 war diese Entwicklung jedoch noch nicht besiegelt, und so bemühte sich Frank weiter um Einflußnahme. Am 12.1.1937, kurz vor der geplanten Verkündung des Entwurfs, wollte er auf einer Tagung des Strafrechtsausschusses der Akademie zum Entwurf Stellung nehmen, wozu er Justizminister Gürtner persönlich einlud. Gürtner sah sich jedoch keineswegs zum Kommen genötigt und sagte Franks Einladung ab.[95] Daraufhin schickte Frank ihm am 5.2.1937 seine vorläufige Stellungnahme zum Entwurf, wobei er nur auf die "gröbsten augenfälligen Fehler" eingehen wolle. Er hielt eine Überprüfung des Entwurfs "bezüglich der in meiner Stellungnahme aufgezeigten Mängel für unvermeidlich".[96] Unter der Rubrik "Lük-

---

93 Ebd., Bl.198.

94 Martin Broszat: Zur Perversion der Strafjustiz im Dritten Reich, in: Vierteljahreshefte für Zeitgeschichte, 6.Jg. 1958, H.4, S.395.

95 BA R 22/854, Bl.307. Schreiben Gürtners an Frank v. 21.12.1936.

96 Ebd., Bl.440. Schreiben Franks an Gürtner v. 5.2.1937.

ken im Gesetz" heißt es in Franks Stellungnahme zur weiterhin vorgesehenen Straffreiheit der weiblichen Homosexualität:

> "Eine stichhaltige Begründung, warum der Entwurf *nur die Unzucht zwischen Männern* unter Strafe gestellt hat, *nicht auch zwischen Frauen*, ist nicht ersichtlich. Von der Seltenheit des Vorkommens solcher Verfehlungen kann leider nicht gesprochen werden. Wenn auch eine Bestrafung aus naheliegenden Gründen nur in wenigen Fällen erfolgen wird, so darf ein nationalsozialistisches Strafrecht diese Verirrungen nicht unbeachtet lassen, sondern muß das sittliche Unwerturteil darüber zum Ausdruck bringen."[97]

Warum eine Bestrafung nur in wenigen Fällen erfolgen könne, sagte Frank nicht. Deutlich wird jedoch, daß er als eine wesentliche Aufgabe des Strafrechts die ideologische Aufrechterhaltung der "Sittlichkeit" ansah. Seine scharfe Gangart zeigte sich auch hinsichtlich der männlichen Homosexualität: so schlug er vor, auch für die einfache Homosexualität Zuchthausstrafen, und für die qualifzierten Fälle die Kastration - zumindest für die "anlagemäßigen" Homosexuellen[98] - zuzulassen.

Zu den angesprochenen Fragen folgten weitere Debatten in den verschiedenen Ausschüssen der Akademie - so z.B. am 16.4.1937 im "Erweiterten Ausschuß für Strafrecht", der sich "schon früher grundsätzlich für die strafrechtliche Erfassung <der weiblichen Homosexualität,C.S.> ausgesprochen"[99] hatte. Auf dieser Sitzung stand wieder einmal die bevölkerungspolitische Bedeutung der Homosexualität im Mittelpunkt. Ein Dr. Orlowsky plädierte dafür, diesen Aspekt auch bei der Bestrafung in den Vordergrund zu stellen, weil die Homosexualität gegen "die natürliche Fortpflanzung und Geschlechtskraft des gesamten Volkes" verstoße.[100] Streng bestraft müsse werden, wenn sich

> "Menschen mit einer solchen Erbanlage an gesunde Menschen heranmachen und sie künstlich gewohnheitsmäßig pervertieren. Man kann sagen, daß die Verführung gesunder Menschen zum homosexuellen Verkehr einen ganz unmittelbaren und sehr gefährlichen Angriff auf die Geschlechtskraft, auf das natürliche Empfinden des deutschen Menschen bedeutet und selbstverständlich eine Bestrafung rechtfertigt".[101]

Ausschußmitglied Prof. Schoetensack, der gleichzeitig dem Ausschuß für Strafprozeßrecht vorsaß, bekräftigte dies:

> "Man hat schon in früheren Verhandlungen darauf hingewiesen, daß dieses Laster namentlich in Großstädten leider sehr verbreitet ist. Aus dem Basler Rechtskreis ist

---

97 Ebd., Bl.451, Hervorheb.i.Org. Erster Nachtrag zur vorläufigen Stellungnahme Franks zum Amtl. Entwurf eines Dt. Strafgesetzbuches.

98 Ebd., Bl.510. Stellungnahme Franks zum Amtl. Entwurf.

99 BA R 61/332, Bl.11-32, hier:30. Akademie f. Dt. Recht, Erweiterter Ausschuß f. Strafrecht, Protokoll der Sitzung v. 16.4.1937.

100 Ebd., Bl.11.

101 Ebd.

> mir bekannt, welche Zerstörung dieses Laster anrichtet. Es ist zuweilen ganz erschütternd."[102]

Unter diesem bevölkerungspolitischem Aspekt müsse man auch eine Ausdehnung auf Frauen fordern. Diese logische Schlußfolgerung schränkte Orlowsky allerdings dahingehend ein, daß ein homosexueller Mann "die innere Fähigkeit, mit einer Frau zu verkehren", verliere. Das sei aber bei lesbischen Frauen nicht der Fall, behauptete er mit drastischer Offenheit: "Praktisch ist es ohne Bedeutung, ob die Frau frigide geblieben ist oder für sie der Geschlechtsverkehr ein Erlebnis ist".[103] Ob nun mit oder ohne (eheliche) Gewalt - sie blieben nach seiner Meinung nach wie vor "bevölkerungspolitisch nutzbar". Er vermutete den Grund für die Straffreiheit eher darin, "daß dieses Laster so verbreitet ist, daß wir eine Unzahl von Frauen einsperren müßten"[104] - wogegen nicht humanitäre, sondern bevölkerungspolitische Bedenken sprachen.

Auch der Weidener Landesgerichtspräsident Strauss war auf derselben Sitzung der Meinung, daß die "lesbisch veranlagten Frauen trotzdem fortpflanzungsfähig"[105] blieben. Ihm schien jedoch die Frage entscheidend, "ob die lesbisch veranlagten Frauen überhaupt noch den Willen zum natürlichen Verkehr aufbringen."[106] Dies entschieden verneinend, schien es ihm unbedingt notwendig zu sein, §175 auf Frauen auszudehnen. Das so oft gegen die Strafbarkeit vorgebrachte Scheinargument - Schwierigkeiten bei der Feststellung des Tatbestandes - entkräftete er mit folgenden Worten, die die polizeiliche Verfolgungspraxis unverhüllt offenbarten:

> "Die Gründe, die bisher dagegen gesprochen haben, liegen meines Erachtens mehr darin, daß der Nachweis in der Regel sehr schwer zu führen ist. Ich möchte aber betonen, daß wir auch beim Nachweis der Päderastie regelmäßig auf sehr wenig saubere Wege angewiesen sind, und daß wir deshalb auch bei der Verfolgung der lesbischen Liebe die Unsauberkeit der Nachweisführung in Kauf nehmen müssen. Daß gelegentliche Verirrungen in den Entwicklungsjahren nicht unter die Straffälligkeit fallen sollen, liegt auf der Hand."[107]

Die in der Akademie beratenen Fragen und Änderungsvorschläge zum StGB-Entwurf brachte Frank in einem Schreiben vom 30.9.1938 allen Reichsministern zur Kenntnis. Darin wies er u.a. auf die angebliche Zunahme der weiblichen Homosexualität hin, die eine Bestrafung unbedingt erfordere:

> "Die §§ 215 und 216 des Entwurfs <die anstelle des alten §175 stehen sollten;C.S.> sehen nur eine Bestrafung der gleichgeschlechtlichen Unzucht zwischen Männern vor. Mir ist neuerdings durch das Rassenpolitische Amt der NSDAP Material zugeleitet worden, aus dem sich ergibt, daß die gleichgeschlechtliche Unzucht zwischen

102 Ebd., Bl.15f.
103 Ebd., Bl.17.
104 Ebd.
105 Ebd., Bl.32.
106 Ebd.
107 Ebd.

> Frauen - insbesondere in Berlin - einen Umfang hat, daß ein strafrechtliches Vorgehen unbedingt erforderlich erscheint."[108]

Franks Forderungen wurden jedoch nicht berücksichtigt: einer der letzten StGB-Entwürfe stammt vom April 1939 und sah weder eine Strafbestimmung gegen lesbische Frauen vor, noch war der §175 geändert worden.[109] Spätestens mit der Neubesetzung des RJM durch Thierack 1942 war die StGB-Arbeit endgültig zum Stillstand gekommen.

Auch die Arbeit der Akademie wurde nach Kriegsbeginn stark beschränkt. Ausschüsse, die sich mit der Homosexualität beschäftigt hatten, wie z.B. der "Ausschuß für Rechtsfragen der Bevölkerungspolitik", wurden für die Kriegsdauer aufgelöst. Hans Frank, selbsternannter vehementer Verfechter eines neuen StGB, wurde am 12.10.1939 zum Generalgouverneur von Polen ernannt und schon durch diese räumliche Distanz zu Berlin auf rechtlichem Gebiet weitgehend kaltgestellt. Als er sich im Juni 1942 in Reden für die - freilich seit langem nicht mehr existente - Unabhängigkeit der Richter einsetzte, wurde er von Hitler gezwungen, "freiwillig" sein Amt als Präsident der Akademie niederzulegen; gleichzeitig erhielt er ein im Deutschen Reich geltendes "Redeverbot".[110] Zum neuen Präsidenten wurde Thierack ernannt, der gleichzeitig auch 1942, nach Gürtners Tod 1941, neuer Justizminister geworden war, und unter dessen Leitung die Akademie als willige "Außenstelle" des RJM in Bedeutungslosigkeit versank.

Nach 1942 hielt man sich auch im RJM mit Anfragen, die eine Ausdehnung des §175 auf Frauen befürworteten, nicht mehr lange auf. So antwortete Ministerialdirektor Schäfer aus dem RJM im Mai 1942 auf die Kriminalisierungsforderung von Tetzlaff (HJ) lustlos, die Gründe, die gegen eine Strafandrohung sprächen, würden seiner Meinung nach überwiegen:

> "In der so zweifelhaften Frage, ob man auch gegen die gleichgeschlechtliche Betätigung der Frauen kriminelle<sic!> Strafvorschriften einführen soll, scheinen mir die Gründe, die dagegen sprechen, zu überwiegen, ohne daß ich auf die Frage hier näher eingehen möchte."[111]

Und in einem Brief an den "Reichskommissar für die besetzten norwegischen Gebiete" vom 18.6.1942 wiederholte Schäfer noch einmal die von Gleispach für die Strafrechtskommission formulierten Ergebnisse: der wichtige Grund für die Strafbarkeit der männlichen Homosexualität, der in der "Verfälschung des öffentlichen Lebens durch die Schaffung von persönlichen Abhängigkeitsverhältnissen" liege, treffe "bei Frauen wegen ihrer weniger maßgebenden Stellung in staatlichen und öffentlichen Ämtern nicht zu". Zweitens seien sie "nicht in dem Maße wie homosexuelle Männer als Zeugungsfaktoren verloren. Da sie sich erfahrungsgemäß

---

108 BA R 22/855, Bl.298ff., hier:304.

109 Ebd., Bl.401ff. Entwurf eines Dt. StGB v. April 1939.

110 Deutsche Politik in Polen 1933-1945, S.13.

111 BA R 22/1176, Bl.144.

wieder einem normalen Verkehr zuwenden."[112] Woher Schäfers "Erfahrungen" stammten, blieb wieder einmal ungenannt.

Die "Rassen"theoretiker

Während die bisher angeführten Debatten um die Ausdehnung des §175 auf Frauen im wesentlichen macht- und bevölkerungspolitische Argumente anführten, gab es jedoch auch Juristen u.a. - zu denen bspw. Hans Frank gehörte -, die die Homosexualität primär als "Rassenentartung" definierten und folgerichtig auch weibliche Homosexualität bestraft wissen wollten. Diese im Zeitalter des Rassenwahns populäre "Theorie" basierte auf der psychiatrischen Entartungslehre und bestand aus Versatzstücken rassenhygienischer (Homosexualität = schlechtes Erbgut) und rassenanthropologischer Argumentation (Homosexualität als Merkmal bestimmter "minderwertiger" ethnischer Gruppen). Homosexualität wurde damit per se zum negativen, die "Rasse" substantiell gefährdenden Bestandteil, den es "auszumerzen" galt, was über die Ahndung homosexueller Handlungen weit hinausging. Natürlich war es im "Dritten Reich" besonders populär, Homosexualität als Teil des "volkszersetzende(n) Einflusses der Juden"[113] zu charakterisieren. Jüdische Sexualwissenschaftler und insbesondere Magnus Hirschfeld standen dabei ganz oben auf der Liste, wie bereits bei Rosenberg, dem "Schwarzen Korps" u.a. gezeigt. Dies war der Versuch, auf den jüdischen Sündenbock auch noch dieses Laster zu projizieren und um so unverfrorener die "germanische Unverdorbenheit" zu behaupten.

Ein wichtiger Verfechter dieses Ansatzes war der Rechtshistoriker Karl August Eckhardt. Sein im Mai 1935 im "Schwarzen Korps"[114] erschienener Artikel über Homosexualität als "Rassenentartung" war von der Schriftleitung mit der eindeutigen Überschrift "Widernatürliche Unzucht ist todeswürdig!" versehen worden. Eckhardt berief sich auf eine zweifelhafte Tacitus-Stelle und behauptete, die rassebewußten Germanen hätten "zwecks Reinerhaltung der Rasse" Homosexuelle kurzerhand ins Moor versenkt. Doch die Kirche und später die Aufklärung hätten "den gesunden Widerwillen des nordischen Menschen gegen die Homosexualität

---

112 BA R 22/970, Bl.62. Schreiben Schäfers i.A. RJM v. 18.6.1942 an den Reichskommissar für die besetzten norwegischen Gebiete betr. "Widernatürliche Unzucht zwischen Frauen".

113 Tetzlaff 1942, Bl.130.

114 Karl August Eckhardt: Widernatürliche Unzucht ist todeswürdig, in: Schwarzes Korps v. 22.5.1935; ders.: Widernatürliche Unzucht. Eine rechtsgeschichtliche Skizze, in: Dt. Rechtswissenschaft, Bd.3 1938, S.170-175. Dieser Artikel Eckhardts ist weitgehend mit demjenigen im "Schwarzen Korps" identisch.

zu brechen" versucht - glücklicherweise vergeblich. Eckhardt forderte implizit die Todesstrafe:

> "Wie wir heute in der Frage der Mischehen zwischen artfremden Rassen zu der altgermanischen Auffassung zurückgefunden haben, so müssen wir auch in der Beurteilung der rassevernichtenden Entartungserscheinung der Homosexualität zurückkehren zu dem nordischen Leitgedanken der Ausmerzung der Entarteten. Mit der Reinhaltung der Rasse steht und fällt Deutschland."[115]

Ebenfalls 1935 erschien "Rasse, Geist und Seele"[116] von Lothar Gottlieb Tirala, Direktor des Instituts für Rassenhygiene an der Universität München. Tirala, der sich selbst als "Rassenbiologe" bezeichnete, ist ein Beispiel für den Versuch, Homosexualität auf bestimmte ethnische Gruppen zu projizieren und sie zu deren Wesensmerkmal zu erklären. Homosexualität und andere "Krankheiten", wie z.B. "Frühreife", Onanie, "Geschlechtskälte" der Frau, die Tirala als schwere Degenerationsmerkmale klassifizierte, ordnete er bestimmten "Rassen" bzw. "Rassenmischungen" zu, die den Träger als "minderwertig" kennzeichneten.[117] Seiner abstrusen Theorie zufolge entstand männliche Homosexualität in Griechenland infolge "der Mischung der arischen Hellenen und der Pelasger",[118] die weibliche dagegen infolge der Mischung zwischen den "arischen Hellenen mit den Vorderasiaten".[119]

In seinem Kreuzungs- und Rassenwahn berief er sich auf Kreuzungsversuche bei Tieren, so z.B. auf die Schmetterlingsversuche des Biologen Goldschmidt, der bei Kreuzung verschiedener Rassen sog. Intersexe (Zwitter) erzielt hatte. Dies übertrug Tirala in purem Biologismus, der selbstverständlich soziale Faktoren negierte, auf den Menschen. In Deutschland sei Homosexualität durch "die Vermischung von nordisch-vorderasiatischer, nordisch-ostischer und nordisch-westischer Rasse" entstanden. Die "Entartung" dieser Menschen zeige sich nicht nur im Körperbau, sondern auch in der Psyche, besonders in der "Triebschwäche, die dazu führt, daß Männer und Frauen die Ehe meiden und Berufssorgen und Zeitmangel vorschützen."[120] In einem Vortrag, in dem Tirala 1935 seine "Tatsachen" unters Volk brachte, warnte er offenbar vor "wahlloser Rassenvermischung"; die "wirkliche" Homosexualität sei eine "unkorrigierbare und unheilbare Abartung", und er forderte die "sorgfältige Verdrängung der Homosexuellen aus dem öffentlichen Leben, den Schutz der Jugendlichen", bei denen er "Heilung" nicht ausschloß, und schließlich auch ein "Eheverbot für Homosexuelle, weil diese ihre Charakterveranlagung weitergeben".[121]

---

115 Eckhardt 1938, S.175.

116 Lothar Gottlieb Tirala: Rasse, Geist und Seele. München 1935.

117 Ebd., S.55ff. - Dieser Ansatz wurde auch von katholischer Seite favorisiert, vgl. Josef Peitzmeier: Natürliche Eugenik, in: Theologie und Glaube. Zeitschrift für den katholischen Klerus, 29.Jg. 1937, S.655-660.

118 Tirala, S.65.

119 Ebd., S.68.

120 Ebd., S.72.

121 Vortragsbericht: L.G. Tirala: Homosexualität und Rassenmischung, in: Verhandlungen der

Der Nazi-Frauenzeitschrift "Die Deutsche Kämpferin" ging Tirala allerdings zu weit. Sie lobte zwar, daß seine Schrift "sich mit aller Liebe in die Sinngebung der neuen Zeit" stelle und hatte an seinen unsinnigen Rassenkonstruktionen nichts auszusetzen, kritisierte jedoch seine frauenfeindlichen Schlußfolgerungen:

> "Es wird sich kaum haltbar erweisen, so ziemlich alle Krankheits- und Störungserscheinungen des Leibes, des Charakters und der Seele mit rassischer Bastardisierung und Entartung zu erklären; und es zeugt von einem Nichterfassenkönnen der *Vielfalt* des Naturwillens, wenn man immer wieder den hundertprozentigen Mann und die hundertprozentige Frau als *den* Normaltypus sieht und jede Abweichung hiervon als 'intersexuelle' Typen empfindet."[122]

Speziell zur weiblichen Homosexualität nahm 1936 Ernst Jenne Stellung. Jenne war inzwischen zum Richter am berüchtigten Volksgerichtshof, wo zahlreiche Todesurteile wegen angeblichem Hochverrat gefällt wurden, avanciert. "Soll §175 auf Frauen ausgedehnt werden?" war sein Artikel, wie schon derjenige von 1927, rhetorisch überschrieben.[123] Jenne zitiert die bekannte Passage von Gleispach, mit der sich die Strafrechtskommission gegen eine Ausdehnung auf Frauen ausgesprochen hatte. Zwar sei die Bedeutung der Frau im öffentlichen Leben in der Tat "rein äußerlich bescheidener"[124] geworden; dies treffe jedoch nicht auf ihre "innere Bedeutung" zu, womit der Einfluß der Frau im familiären Bereich gemeint war.

> "Sie <die familiäre Bedeutung der Frau,C.S.> ist eher gewachsen bei der Durchsetzung des Rassegedankens mit besonderer Betonung erbbiologischer Erkenntnisse und Erwägungen. Danach sind Mann und Frau gleichwertig und wichtig, wenn nicht letztere noch wichtiger als Trägerin und Bewahrerin des völkischen Lebens. Folglich muß von der Frau ebenso wie vom Manne Gesundheit in der geschlechtlichen Triebrichtung verlangt und das Abweichen hiervon durch gleichgeschlechtlichen Verkehr für strafbar erklärt werden <...>."[125]

Um seinen Forderungen nach Kriminalisierung aus rassenhygienischen Gründen mehr Nachdruck zu verleihen, behauptet er, das "Tribaden-Unwesen" trete, nachdem der erste Schreck auf die "vom Führer angesagte Ausrottung" offenbar abgeklungen sei, wieder stärker an die Öffentlichkeit und sei "mindestens gleich schädlich und gefährlich wie die Päderastie".[126]

Die Gefahr unbegründeter Anzeigen dürfe dagegen nicht ins Gewicht fallen; dies sei auch bei Männern möglich. Ungeachtet der politischen Verhältnisse in den NS-Frauenorganisationen greift Jenne zur weiteren Bekräftigung seiner Forderung, wie zuvor in seinem Artikel von 1927, auf die beliebte Taktik zurück, die Frauen-

---

Gesellschaft deutscher Naturforscher u. Ärzte, 93. Versammlung 1935, S.148.

122 Rezension des Buches von L.G. Tirala: "Rasse, Geist und Seele" von R-B <i.e. Sophie Rogge-Börner>, in: Die Deutsche Kämpferin, 4.Jg. Juni 1936, H.3, S.116f., hier:116, Hervorheb.i.Org.

123 Ernst Jenne: Soll §175 auf Frauen ausgedehnt werden?, in: Dt. Recht, 6.Jg. 1936, S.469f.

124 Ebd., S.469.

125 Ebd.

126 Ebd., S.470.

bewegung - wohlgemerkt die der Weimarer Republik - sexuell zu diffamieren. Nicht nur der Entwurf von 1909 habe eine Bestrafung vorgesehen, sie sei auch in anderen Ländern üblich. Sich auf Mussolini berufend, verweist er auf Italien, wo lesbische Frauen angeblich mit harter Zwangsarbeit zur Raison gebracht würden; einen Beleg für diese Behauptung bleibt er jedoch schuldig.[127] Das ab 1931 gültige italienische Strafgesetzbuch enthielt - ganz anders als das deutsche StGB - keine Bestimmung zur (einfachen) Homosexualität. Sie blieb also auch unter Mussolini de jure straffrei. Homosexualität konnte jedoch als "obszöne" Handlung in der Öffentlichkeit oder als "Verbrechen gegen das allgemeine Recht" kriminalisiert werden; auch die 1938 eingeführte "Rassen"gesetzgebung ermöglichte eine Kriminalisierung Homosexueller - "zum Schutz der Rasse", was damit der hier dargestellten deutschen Variante entsprach.[128]

Der bereits erwähnte Rudolf Klare war ebenfalls ein Anhänger der Rassenentartungstheorie. Aufgrund seines als juristische Doktorarbeit veröffentlichten Buches "Homosexualität und Strafrecht" ist Klare heute der bekannteste Verfechter für die Kriminalisierung lesbischer Frauen. Der 1913 Geborene begann nicht nur seine Dissertation 1935 in jugendlichem Alter, er war auch in anderer Hinsicht "frühreif". 1929 trat als 16jähriger in die HJ ein und 1932 in die NSDAP. Bevor er sich dem Jurastudium zuwandte, war Klare offenbar als Redakteur tätig gewesen.[129]

Die unter Betreuung des bekannten Marburger Juristen und "Kriegsrechtsapostels"[130] Erich Schwinge entstandene Arbeit Klares besteht aus drei Teilen: 1. "Volk, Staat und Homosexualität"; 2. "Rasse und Homosexualität" und der 3. Teil, auf den ich mich hier hauptsächlich beschränken will: "Die Unzulänglichkeit des geltenden Rechts und seine Reform". Klares Grundforderung lautete: die Einstellung zur und die Verurteilung der Homosexualität müssten "rassisch" begründet sein. Hierin befand er sich in Übereinstimmung mit Frank und besonders mit Eckhardt und Tirala, deren Aussagen er z.T. wörtlich übernahm.

---

127 Jenne, ebd., zufolge soll Mussolini gesagt haben: "Alle Weibspersonen, die sich diesem greulichen und widerlich-schmutzigen Laster hingeben, sind nur dann als straffällig anzusehen, wenn sie Aufsehen erregen. Alsdann sollen sie kräftig und mit starker Energie zu harter Arbeit, die der Allgemeinheit Nutzen bringt, in die Einsperrung gezwungen werden."

128 Bisher gibt es keine umfassende Untersuchung über die Homosexuellenverfolgung im italienischen Faschismus. Erste Recherchen stammen von Giovanni Dall'Orto: Per il bene della razza, al confino il pederasta, in: Babilonia Nr.35, April 1986, S.14-17; ders.: Credere, obbedire, non "battere", in: Babilonia Nr.36, Mai 1986, S.13-17; ders.: Allarmi, siamo gay, in: Panorama Nr.20, April 1986, S.156-165. - In etwa 60 von Dall'Orto recherchierten Fällen wurden Homosexuelle - bis auf eine Frau alles Männer - unter dem Vorwurf des Verstosses gegen die "Rassen"gesetzgebung oder der "Verbrechen gegen das allgemeine Recht" zu zwischen 2-5 Jahren Verbannung unter Polizeiaufsicht verurteilt. Ein Großteil dieser Männer wurde auf den adriatischen Tremiti-Inseln interniert.

129 BDC, Personalakte Rudolf Klare.

130 Rabofsky, S.90.

Klare fordert, die homosexuelle "Frage" müsse gelöst werden, denn "die Geschichte lehrt uns, daß ein Staat dem Niedergange geweiht ist, wenn er nicht dem Umsichgreifen homosexuellen Verkehrs die entschiedensten Gegenmaßnahmen entgegensetzt".[131] Die frühere "nachsichtige" Haltung gegenüber der Homosexualität sei Ausdruck schwindenden "Rassebewußtseins" und fortschreitender "Rassenvermischung". Dem "nordisch-germanischen Empfinden" entspreche eine Bestrafung der Homosexualität im Gegensatz zu den "westisch-romanisch" beeinflußten Ländern.[132] Mit abenteuerlichen Thesen versucht Klare dies zu belegen: die Homosexualität sei von Asien über Griechenland und Rom durch die missionierenden Mönche ins unschuldige Germanien eingeschleppt worden. Die auch von Klare behauptete, aber nicht belegte Todesstrafe der Germanen gegen Homosexuelle sei "eine Maßnahme zur Ausmerzung rassisch Entarteter" gewesen, während sie "für die Kirche ein Mittel zur Ausrottung der Ketzer zur höheren Ehre Gottes" gewesen sei.[133] Die "rassischen" Aspekte der Bestrafung stünden seit dem 9. Jahrhundert leider im Hintergrund, religiöse dagegen im Vordergrund. Vollends sei die "nordisch-germanische" Auffassung durch die Französische Revolution "überfremdet" worden, derzufolge eine Bestrafung überhaupt infragegestellt wurde, und wenn verfolgt wurde, dann wegen einer dem Staat, nicht der "Rasse" drohenden Gefahr. Klare schildert minutiös die Strafgesetze im Ausland und in deutschen Ländern, und geht auf die Sexualwissenschaft insbesondere der Weimarer Republik ein, die sich ja öfter für die Straffreiheit der (einfachen männlichen) Homosexualität eingesetzt hatte. Auf die vor 1933 vertretene Ansicht, Homosexualität sei Privatsache und verletze kein Rechtsgut, entgegnet er, sich auf so schwammige Konstrukte wie 'blutsmäßige Werte' berufend:

> "Verletzt wird durch die homosexuelle Betätigung das höchste Recht von Volk und Staat auf Reinerhaltung der blutsmäßigen Werte im Volk. Einer solchen Entartung der Rasse und einer solchen Gefahr für die übrigen Gemeinschaftsgenossen kann der Staat jedoch nicht mit Duldung, sondern nur mit den schärfsten ihm zur Verfügung stehenden Mitteln begegnen."[134]

Wie Homosexuelle, die doch normalerweise von der Zeugung von Nachkommen ausscheiden, die "blutsmäßigen Werte" gefährden sollten, ließ Klare unerwähnt. Logischerweise begrüßte er die Verschärfung des §175 sowie die Einführung des §175a durch die Novelle von 1935. Die vorgenommenen Änderungen empfand er jedoch als unzureichend. Zuallererst gelte es - "unter Wertung der Homosexualität als Rassenentartung - die Bestrafung der weiblichen gleichgeschlechtlichen Betätigung"[135] einzuführen. Auch die lesbische Frau sei ein "Feind der völkischen

---

131 Klare 1937, S.12.
132 Ebd.
133 Ebd., S.47.
134 Ebd., S.116.
135 Ebd., S.13.

Gemeinschaft", sie weise dieselbe "Abneigung gegen die Ehe und Familie"[136] auf wie der homosexuelle Mann. Es bestehe kein Zweifel darüber,

> "daß gleichgeschlechtliche Betätigung kein der deutschen Frau eigener Wesenszug ist. Sie wird von jedem vielmehr als unsittlich verachtet. Der Fortentwicklung der rassischen Wertbestandteile steht die Tribadie artgemäß entgegen, und sie kann nicht für sich in Anspruch nehmen, Hüterin deutschen Erbgutes zu sein."[137]

In Anlehnung an Tirala kennzeichnet Klare damit die weibliche Homosexualität als per se "undeutsch" und in erbbiologischer Hinsicht schädlich.

Auch wenn möglicherweise stimme, daß die weibliche Homosexualität nicht ganz so stark verbreitet sei wie die männliche, könne dies nicht ihre Straffreiheit begründen. Homosexuelle Praktiken seien wohl am meisten unter weiblichen Prostituierten verbreitet, beschränkten sich jedoch keineswegs auf diesen Kreis, mutmaßte Klare. Auch wenn eine Unterscheidung zu treffen sei zwischen reinen "Ersatzhandlungen aus Mangel an andersgeschlechtlichem Verkehr" und solchen, "die auf alleiniger Neigung zum eigenen Geschlecht beruhen",[138] erfordere doch die nationalsozialistische Rechtsauffassung eine Bestrafung auch der weiblichen Homosexualität. Denn Ehe und eheliche Mutterschaft seien die Grundzellen des Staates und von daher vor der Homosexualität zu schützen. Aufgabe des Strafrechts sei schließlich auch die "Reinhaltung der religiösen und sittlichen Anschauungen der Volksgemeinschaft".[139] Wieder einmal blieb ungesagt, worin denn nun die Gefährdung der Ehe durch die homosexuelle Minderheit liegen sollte.

Zwangsläufig muß Klare dann auf die schon bekannten Argumente der Strafrechtskommission eingehen, die eine Ausdehnung des §175 auf Frauen verhindert hatten. Dies umsomehr, als diese Bedenken von Männern geäußert würden, "die Tag für Tag im Kampf gegen das Heer der Invertierten stehen und deren lautere Gesinnung über jeden Zweifel erhaben ist".[140] Aus taktischen Gründen paßt Klare sich den Ausführungen der Strafrechtskommission an: durch den Frauenüberschuß nach dem Krieg und das "Heer" der homosexuellen Männer, das sich auf drei Millionen belaufe, sei einem Teil der Frauen "die Möglichkeit zur Ausübung des normalen Geschlechtsverkehrs so gut wie genommen". Bei den lesbischen Handlungen handle es sich ganz überwiegend um "Nothandlungen", die sofort aufhörten, wenn die Möglichkeit zur Heirat bestehe. Nur 5-10% der lesbischen Frauen seien "veranlagte Tribaden".[141] Aus all dem folge, daß die weibliche Homosexualität, "wie sie gegenwärtig zu sehen ist, *kein politisches Problem darstellt*, wie es bei der männlichen der Fall ist".[142] Lesbische Frauen bezweckten nicht die Bildung eines "Weiberstaats" - eine Anspielung auf die homosexuellen Männern unterstellte

136 Ebd., S.120.
137 Ebd., S.122.
138 Ebd., S.121.
139 Ebd.
140 Ebd., S.122.
141 Ebd., S.123.
142 Ebd., S.122, Hervorheb.i.Org.

"Cliquenbildung". Unter diesen Umständen sähe man zur Zeit von einer Bestrafung ab. Die Kriminalisierung müsse auf einen künftigen Zeitpunkt verschoben werden, dann nämlich, wenn das Problem der weiblichen Homosexualität "die gleiche politische Grundlinie habe wie die männliche".[143] Darüber hinaus richtete Klare in seinem Buch an den Gesetzgeber die Forderung, die Zwangskastration homosexueller Männer als Mittel der Bekämpfung zu prüfen. Im übrigen solle mit der "Bestrafung der Homosexuellen nicht Abschreckung, nicht Vergeltung, nicht Besserung, sondern zeitlicher oder dauernder *Ausschluß der Invertierten aus der Gemeinschaft* erreicht werden".[144]

1937 und 1938 erschienen neben den schon zitierten Arbeiten mehrere Artikel von Klare, in denen er verschiedene Aspekte seines Buches zusammenfaßte.[145] Erst in seinem letzten bekannten Artikel vom Dezember 1938, "Zum Problem der weiblichen Homosexualität", forderte er uneingeschränkt die Kriminalisierung der weiblichen Homosexualität, und zwar u.a. unter Hinweis auf die angeblich lesbisch unterwanderte Frauenbewegung - der Weimarer Republik.

Worin lag nun die politische Gefahr, die nach Klares Meinung 1938 von der weiblichen Homosexualität ausging? Auch die Redaktion der Zeitschrift "Deutsches Recht" sah offenbar eine solche, denn sie hatte Klares Artikel mit der Bemerkung versehen, Berichte aus verschiedenen Großstädten zeigten, daß der von Klare angesprochenen Problematik "eine große praktische Bedeutung"[146] zukomme. Die politische Gefahr der weiblichen Homosexualität lag, so Klare, zum einen angeblich darin,

> "daß sie das gesunde, natürliche Empfinden umkehrt, daß sie die Frau ihrer natürlichen Bestimmung, Gattin und Mutter zu sein, entzieht und somit eine der wichtigsten Grundlagen eines lebendigen und kraftvollen Volkes ernstlich zu erschüttern imstande ist".[147]

Daß lesbische Frauen heterosexuelle Frauen "verführten" und sie damit ihrer "natürlichen Bestimmung", dem Kinderkriegen, entzögen, war angesichts der Kriegsvorbereitungen eine eminent wichtige Frage. Andererseits veranschlagt Klare 1938 die Zahl der "veranlagten Tribaden" nur noch auf 1-2% - 1937 waren es noch 5-10% -, womit sich die Zahl derer, bei denen es unmöglich sei, sie "dem normalen Verkehr zuzuführen",[148] ja eigentlich verringert haben müßte. Neu ist an Klares Argumentation auch, daß er - im Gegensatz zu seiner 1937 veröffentlichten

143 Ebd., S.123.

144 Ebd., S.127, Hervorheb.i.Org.

145 Ders.: Hoheitsträger, kennst du diese? Die Homosexuellen als politisches Problem, in: Der Hoheitsträger, 2/1937 (=1937a), S.22-25; ders.: Die Bekämpfung der Homosexualität in der deutschen Rechtsgeschichte, in: Dt. Recht, 7.Jg. 1937 (=1937b), S.281-285; ders.: Hoheitsträger, kennst du diese? Die Homosexuellen als politisches Problem (2. Teil: Die weibliche Homosexualität), in: Hoheitsträger 3/1938 (1938a), S.14-17.

146 Ders. 1938, S.503.

147 Ebd., S.504.

148 Ebd.

Meinung - nun das Gespenst eines "weiblichen Prinzips" an die Wand malt, das das männliche völlig ausschalten wolle - angesichts der realen gesellschaftlichen Unterordnung von Frauen eine groteske Behauptung.

Noch einmal geht Klare auf die Argumente der Strafrechtskommission gegen die Ausdehnung ein, kommt diesmal allerdings zu anderen Schlußfolgerungen: 1. Es könne nicht angehen, daß man eine Handlung erst dann bestrafe, wenn sie häufig begangen werde. 2. Auch wenn eine Verfälschung des öffentlichen Lebens von der weiblichen Homosexualität tatsächlich nicht zu befürchten sei, so doch umso mehr die des völkischen Lebens. Eine Straffreiheit sei deshalb nicht mehr vertretbar.

Warum Klare 1938 seine taktische Rücksichtnahme auf die Strafrechtskommission fallen ließ, kann aus seinem Artikel nicht abgelesen werden. Wahrscheinlich ist seine Haltung jedoch auf die zunehmende Kriegsvorbereitung zurückzuführen, die eine verstärkte "Soldatenproduktion" erforderte. Ob Klare noch in späteren Jahren gegen Homosexualität zu Felde zog, ist mir nicht bekannt. Der SS-Scharführer verbrachte von Januar 1939 bis März 1940 als Austauschwissenschaftler am deutschen Kulturinstitut in Tokio einen "Auslandsurlaub". Danach war er eine Zeitlang als Gerichtsreferendar bei der Deutschen Gesandtschaft in Hsinking in Mandschukuo, der von Japan besetzten Mandschurei. Sein weiterer Werdegang ist nicht bekannt.[149]

Österreich und der §175 nach der Annexion

Frank und andere Befürworter einer Kriminalisierung hatten zur Bekräftigung ihrer Forderung mehrmals auf die Strafbarkeit der weiblichen Homosexualität in Österreich hingewiesen und eine Rechtsangleichung in diesem Punkt gefordert.[150] Spätestens nach dem "Anschluß" Österreichs im März 1938 war diese Frage wieder aktuell geworden und beschäftigte die Akademie für Deutsches Recht und selbstverständlich auch das RJM. In Österreich war zwar nach 1938 das deutsche Strafrecht bei politischen Delikten und der "Rassen"gesetzgebung eingeführt worden, ansonsten galt jedoch das österreichische Recht weiter.[151] Eine generelle Strafrechtsangleichung wurde jedoch allenthalben gefordert, und dies hätte bezüglich der weiblichen Homosexualität bedeutet, daß mit Einführung des §175 im österreichischen StGB die Kriminalisierung der österreichischen lesbischen Frauen aufge-

149 BDC, Personalakte Rudolf Klare.

150 BA R 22/973, Bl.4. Senatspräsident Klee am 18.9.1934.

151 Rabofsky, S.106.

hoben worden wäre. Der §129I des österreichischen StGB, gültig seit 1852,[152] sah nämlich schweren Kerker von einem bis fünf Jahren bei "Unzucht zwischen a) Mensch und Tier und b) bei Personen gleichen Geschlechts" vor. Das "Schwarze Korps" lobte, daß "einem nationalsozialistisch denkenden und handelnden Richter <...>, wenn er diesen weitgefaßten Paragraphen anwenden kann, jedenfalls kein widernatürlich veranlagtes Individuum durch die Maschen"[153] rutsche.

Als "Unzucht" wurde in Österreich einem Bericht über die Rechtsprechung zum §129Ib zufolge definiert: "Jede Handlung, die auf erregten Geschlechtstrieb zurückzuführen oder zu dessen Erregung oder Befriedigung bestimmt ist und den sittlichen Anstand in geschlechtlicher Beziehung gröblich verletzt."[154] Dieser Unzuchtsbegriff war damit ein ähnlich weit gefaßtes Instrument wie das "Unzucht treiben" des §175, mit dem Unterschied allerdings, daß eine Handlung ausdrücklich vorausgesetzt wurde. Dagegen war ein "beischlafähnlicher Akt" als Straftatbestand seit 1902 nicht mehr erforderlich, da "ein solcher <...> bei gleichgeschlechtlicher Unzucht zwischen Frauen kaum denkbar"[155] wäre.

Die strafrechtlich unklare Situation nach der Annexion wurde im "Ausschuß für Strafprozeßrecht" der Akademie am 20.7.1938 folgendermaßen benannt:

> "Im Verhältnis zwischen dem Rechtsgebiet des Landes Österreich und dem des übrigen Deutschen Reiches muß über die Strafbarkeit einer Tat das Recht des Tatorts entscheiden; eine entsprechende Vorschrift ist zu erlassen. Die Frage ist bedeutsam. So ist nach österreichischem Recht die lesbische Liebe strafbar. Wenn z.B. eine Österreicherin in Berlin eine solche unzüchtige Handlung begeht, muß Klarheit geschaffen werden, ob sie nach österreichischem Recht gestraft werden kann oder nach deutschem Recht straflos bleibt."[156]

1940 war diese Frage noch nicht gelöst. Der Reichsgerichtspräsident regte an, "so rasch als möglich den §175 RStGB. (neue Fassung) in der Ostmark <NS-Bezeichnung für Österreich,C.S.> einzuführen".[157] Bevor dieser formale Schritt vollzogen sei, so meinte das Justizministerium, sei es jedoch durchaus schon zuläßig, mit einer Weisung an die österreichischen Staatsanwaltschaften dafür zu sorgen, daß der §129Ib entsprechend dem §175 StGB ausgelegt werde,[158] und zwar "auch

---

152 Zur Strafrechtsentwicklung in Österreich s. Gudrun Hauer: Lesben- und Schwulengeschichte - Diskriminierung und Widerstand, in: Homosexualität in Österreich. Hg. Michael Handl u.a. Wien 1989, S.50-65.

153 Schwarzes Korps v. 15.2.1940.

154 BA R 22/970, Bl.36f., hier:37. Schreiben v. 19.3.1940 an Kammergerichtsrat Jaekel, o.Verf.

155 Ebd., Bl.36RS.

156 BA R 61/325, Bl.39. Akademie f. Dt. Recht, Ausschuß f. Strafprozeßrecht, Protokoll der Sitzung v. 20.7.1938.

157 BA R 22/970, Bl.37RS.

158 Ähnlich hieß es in dem Artikel "Das fehlte gerade" im "Schwarzen Korps" v. 15.2.1940: "Die Zeitschrift 'Deutsches Recht' veröffentlicht in der Wiener Ausgabe laufend richterliche Entscheidungen und Schrifttumsproben aus dem Altreich, aus denen der ostmärkische Richter erkennen soll, wie er dic Bestimmungen des österreichischen Strafrechts im Sinne der Rechtsanschauungen des Altreichs anzuwenden hätte."

soweit es sich um die gleichgeschlechtliche Unzucht zwischen Frauen handelt".[159] Ein Bericht über die Organisation des Reichskriminalpolizeiamtes (RKPA) deutet darauf hin, daß dies für lesbische Österreicherinnen - bei formalem Weiterbestehen des §129Ib - paradoxerweise bedeutete, daß ihre Verfolgung inoffiziell eingeschränkt wurde. Darin hieß es in einer auf das Jahr 1941 datierbaren Anweisung, daß jene die "widernatürliche Unzucht" betreffenden strafbaren Handlungen, und zwar "für die Ostmark §129Ib öst. StB., beschränkt auf Fälle männlichen Geschlechts"[160] in der "Polizeilichen Kriminalstatistik" zu erfassen seien. Auch eine Bemerkung des Rüdin-Schülers Theo Lang von 1941 scheint diese Vermutung zu bestätigen:

> "Nur in Österreich war auch homosexuelle Betätigung von Frauen strafbar bzw. ist es noch, wobei allerdings die Erfassung von weiblichen Homosexuellen nicht nachhaltig betrieben wurde und auch jetzt in praktischer Angleichung an die Strafpraxis im Altreich nicht wird."[161]

Der nationalsozialistische Gesetzgeber, so hieß es in dem Bericht über die Rechtsprechung zum §129Ib weiter, habe durch die Änderung des §175 klar zum Ausdruck gebracht, welche Handlungen zwischen Männern strafbar sein sollten. Dieser Auffassung Rechnung zu tragen sei nach dem Wortlaut des §129Ib ohne weiteres möglich, zumal der österreichische Oberste Gerichtshof bei unverändertem Wortlaut des Gesetzes schließlich nicht nur seit 1902 auf den einschränkenden Begriff der "Beischlafähnlichkeit" verzichtet habe, sondern 1940 auch "unzüchtige Handlungen, die nicht in masturbatorischer Absicht begangen" wurden und die zunächst nicht unter den Paragraphen fielen,[162] mit dem Wortlaut des §129Ib durchaus vereinbar hielt.

Auf einer Sitzung am 31.3. und 1.4.1942 wurde im RJM unter Vorsitz von Gleispach über eine Rechtsvereinheitlichung beraten, wobei es Gleispach hauptsächlich um die Übernahme der NS-Strafrechtsverschärfungen ging. An dieser Sitzung im RJM nahm auch Rudolf Freisler (1893-1945) teil und führte dabei aus, daß keine strafwürdige Sache straffrei bleiben dürfe. In bezug auf §2, der ja das "gesunde Volksempfinden" zur Rechtsquelle erhoben hatte, sagte er:

---

159 BA R 22/970, Bl.37.

160 BA RD19/28-1, Bl.195. RSHA Amt V, Bericht über die Organisation des RKPA, o.D.

161 Theo Lang: Erbbiologische Untersuchungen über die Entstehung der Homosexualität, in: Münchner Medizinische Wochenschrift, 88.Jg. Nr.27, 29.8.1941, S.961-965, hier:961.

162 BA R 22/970, Bl.37. Als Beispiel wurde eine Entscheidung von 1927 angeführt, derzufolge folgende Handlung nicht unter den §129Ib fiel: "Das bloße Betasten des Geschlechtsteils einer Frau - 'möglicherweise über der Hose'- durch eine andere Frau, wenngleich beide zur Befriedigung ihrer Lüste gehandelt haben und die Berührung auf erregten Geschlechtstrieb zurückzuführen oder zu dessen Erregung oder Befriedigung bestimmt ist, wenn nicht masturbatorische Absicht festgestellt ist."

> "Es gibt keinen Fall im heutigen deutschen Volksleben, den nicht eine rechtskundige Anwendung unseres heute geltenden Strafrechts bestrafen könnte, wenn er strafwürdig ist. Das muß auch in jedem einzelnen Fall erzielt werden."[163]

Straffrei bleiben sollten jedoch diejenigen Fälle, bei denen "die innere Schuld von der Volksgesittung verneint"[164] werden müsse, und als Beispiel hierfür nannte er - die weibliche Homosexualität: "Lesbische Liebe soll auch im Gebiet des österreichischen Strafrechts, nach dem Unzucht unter Frauen verfolgt wurde, nicht mehr strafbar sein."[165]

Warum gerade bei der weiblichen Homosexualität die "innere Schuld von der Volksgesittung" geleugnet wurde, überging Freisler. Die Vorstellung von der Schuldlosigkeit, die Freisler hier in Bezug auf Frauen wiedergab, kollidierte jedenfalls mit seiner Einschätzung, die er als Vorsitzender des Volksgerichtshofs von 1942 bis 1945 äußerte, und in der er sich für die volle Schuldfähigkeit der Homosexuellen aussprach:

> "Der Nationalsozialismus hat erkannt, welch schwere Gefahr für das Gemeinschaftsleben, für den Bestand der Volksgemeinschaft und für die Festigkeit des Staates gerade die gleichgeschlechtliche Unzucht ist. Denn 1. schließt sie eine Seuchengefahr in sich; und 2. führt sie erfahrungsgemäß zu einer Umwandlung der Persönlichkeit ins Asoziale und Staatsfeindliche durch ihre entdisziplinierende und die Persönlichkeit auflösende Wirkung.<...> Für Gleichgeschlechtlichkeit und ihre Wirkung muß derjenige, der sich gleichgeschlechtlich betätigt, voll einstehen."[166]

Zur formalen Rechtsvereinheitlichung, d.h. zur Übernahme des gesamten deutschen StGB und damit auch des §175 ist es wohl nicht (mehr) gekommen. Dafür sprechen u.a. zwei überlieferte Gerichtsurteile des Sondergerichts beim Landgericht Wien, denen zufolge im Mai 1943 und noch im Mai 1944 österreichische Männer nach §129Ib verurteilt wurden;[167] eine Rechtsvereinheitlichung zu einem späteren Zeitpunkt ist unwahrscheinlich.[168] Den Akten zufolge wurden bei der Verurteilung des Schneidergehilfen Eduard W. und des Oberstleutnants a.D. Karl Z. §129Ib öStGB in Verbindung mit §20a StGB sowie §1 des Gesetzes vom 4.9.1941 zugrundegelegt und im ersten Fall auf fünf, im zweiten Fall auf sieben Jahre Zuchthaus erkannt. §20a StGB des "Gesetzes gegen gefährliche Gewohnheitsverbrecher" vom November 1933 sah Strafverschärfung für den "gefährlichen

---

163 Richterbriefe, S.428.

164 Ebd., S.437.

165 Ebd., im Org. kursiv, d.h. es handelt sich hier nicht um ein wörtliches Zitat Freislers, sondern um eine Zusammenfassung durch den Hg. Heinz Boberach.

166 Freisler, zit.n. Walter Wagner: Der Volksgerichtshof im nationalsozialistischen Staat. Stuttgart 1974, S.829.

167 Die Homosexuellen Initiative (HOSI) Wien stellte mir freundlicherweise beide Dokumente zur Verfügung, die ihr selbst vor Jahren anonym zugesandt worden waren.

168 Auch in Roland Grassberger: Die Unzucht mit Tieren. Wien/New York 1968 findet sich kein Hinweis darauf, daß der die Bestialität kriminalisierende §129Ia während der Annektion geändert wurde. Bei einer formalen Einführung des §175 wäre davon auch §129Ia öStGB betroffen gewesen.

Gewohnheitsverbrecher" vor; dieser Fall war u.a. gegeben, wenn "jemand mindestens drei vorsätzliche Taten begangen" hatte. §1 des Gesetzes vom 4.9.1941 sah gar für den "gefährlichen Gewohnheitsverbrecher" die Todesstrafe vor, wenn "der Schutz der Volksgemeinschaft oder das Bedürfnis nach gerechter Sühne es erfordern".[169] Beide Verurteilungen[170] orientierten sich also an der Rechtsprechung des "Altreichs" und bedeuteten aufgrund der Bedrohung durch die Todesstrafe eine wesentliche Strafverschärfung. Ob einheitlich so verfahren wurde, kann jedoch aufgrund fehlender Quellenforschung nicht gesagt werden.

Welche Konsequenzen sich aus der auch von Theo Lang erwähnten "praktischen Angleichung an die Strafpraxis im Altreich" für lesbische Österreicherinnen ergaben - ob also die Annexion für sie trotz weiterbestehender Kriminalisierung das Ende (strafrechtlicher) Verfolgung bedeutete, während österreichische Männer von einer extremen Strafverschärfung bedroht waren - ist anzunehmen, aber nicht hinlänglich bewiesen. Als Indiz für eine fortgesetzte Strafverfolgung führt die österreichische Historikerin Gudrun Hauer die Aussage eines Juristen an, der sich an Fälle von Gerichtsverhandlungen gegen Frauen nach §129Ib in Oberösterreich nach 1938 erinnern konnte.[171] Nur eine Auswertung diesbezüglicher Gerichtsakten könnte hier Klarheit verschaffen. Bislang fehlen jedoch entsprechende Studien; die

169 Gesetz zur Änderung des RStGB v. 4.9.1941, RGBl.I 1941, S.549: "§1: Der gefährliche Gewohnheitsverbrecher (§20 des Strafgesetzbuches) und der Sittlichkeitsverbrecher (§§176 bis 178 des Strafgesetzbuches) verfallen der Todesstrafe, wenn der Schutz der Volksgemeinschaft oder das Bedürfnis nach gerechter Sühne es erfordern."

170 Oberstleutnant a.D. Karl Z., Sohn eines Grafen, wurde am 12.5.1943 vom Sondergericht beim Landgericht Wien <Az. 1 SKLs 24/43 (353)> als "gefährlicher Gewohnheitsverbrecher wegen Unzucht mit Personen desselben Geschlechts" zu 7 Jahren Zuchthaus verurteilt. Z. war im Okt. 1942 in einem Pissoir von einem Polizeispitzel beim Onanieren mit einem anderen Mann beobachtet worden. Die "Gesamtwürdigung" der Taten zeige, daß es sich bei ihm um einen "gefährlichen Gewohnheitsverbrecher" hande. Gegen die Anwendung der Todesstrafe wurde jedoch u.a. eingewandt, daß Z. nie Jugendliche "verführt" und den 1. Weltkrieg als "überdurchschnittlich fähiger und tapferer Offizier" mitgemacht habe. - Der Schneidergehilfe an der "Exlbühne" Wien, Eduard W., zudem ein "Mischling 2. Grades", wurde dagegen vom Sondergericht beim Landgericht Wien <Az. 2 SKLs 39/43 (632)> am 7.3.1944 zu 5 Jahren Zuchthaus verurteilt, da er "durch längere Zeit mit Jugendlichen Unzucht wider die Natur getrieben" habe. Im Urteil wird nicht darauf eingegangen, warum nicht die Todesstrafe infrage kam. Aus der Akte geht jedoch hervor, daß W. in der Untersuchungshaft beim Hauptgesundheitsamt Wien, Abteilung Erb- und Rassenpflege, seine "freiwillige" Kastration beantragte; dies hat ihm vermutlich das Leben gerettet. Ein zu diesem Zweck angestelltes ärztliches Gutachten vom Nov. 1943 stellte fest, daß W. fast immer "junge Männer bis 20 Jahre" bevorzugt habe; seine "abwegige Triebrichtung" sei deshalb "gerade wegen der sich ergebenden Verführung von Jugendlichen besonders gefährlich". Der Gutachter, Leopold Breitenecker, Referent für den gerichtsärztlichen und kriminalpolitischen Dienst im Hauptgesundheitsamt, kam jedoch zu dem Schluß, daß die Kastration geeignet sei, W. "vor weiteren Straftaten im Sinne des §129Ib zu bewahren".

171 Brief v. 11.11.1989.

Anzahl derjenigen ÖsterreicherInnen, die aufgrund ihrer Homosexualität der (Straf)Verfolgung zum Opfer fielen, ist nicht bekannt.[172]

Obwohl die offene Kriminalisierung homosexueller Männer von eminenter, lebensbedrohlicher Bedeutung war, erlaubt die Straffreiheit der weiblichen Homosexualität nur bedingt Rückschlüsse auf die konkreten Lebensbedingungen lesbischer Frauen. Die relative Sicherheit, die ihnen die Nichtkriminalisierung verhieß, schloß andere Diskriminierungs- und Verfolgungsformen, die sich jedoch nur schwer nachweisen lassen, nicht aus. Und so bliebe etwa auch zu fragen, ob für lesbische Österreicherinnen die Folgen der Annexion insgesamt nicht schwerwiegender waren als die vermutlich ausgesetzte strafrechtliche Kriminalisierung.

172 Hauer 1989, S.60. Eine Ausnahme stellt der Bericht des Österreichers Heinz Heger: Die Männer mit dem rosa Winkel (Hamburg 1979) dar, in dem er seine KZ-Haft schildert.

MEDIZIN UND PSYCHIATRIE

Mediziner und Psychiater trugen seit dem ausgehenden 19. Jahrhundert wesentlich zur Pathologisierung der Homosexualität bei und versuchten, die "Ursachen" der Homosexualität und damit die Voraussetzung für das beste "Gegenmittel" zu finden. Wie die Homosexualitätsforschung des NS-Staats - als wichtiger Teil der Sexualforschung - aussah und welche unterschiedlichen ätiologischen Theorien es gab, darum geht es in diesem Kapitel. Wie beteiligten sich die Mediziner mit ihrer Forschung an der Legitimierung und Durchführung der Homosexuellenverfolgung und wie wirkte sich die Nichtkriminalisierung weiblicher Homosexualität auf deren Erforschung aus?

Die medizinisch-psychiatrische Homosexualitäts-Forschung vor 1933

Im 19. Jahrhundert rückte die Homosexualität erstmals in größerem Ausmaß ins Blickfeld der Mediziner und war damit nicht länger ausschließlich dem theologischen und strafrechtlichen Diskurs vorbehalten. Im Zuge der allgemein populären Vererbungs- und Veranlagungstheorien und durch die Etablierung der Psychiatrie als eigenständiger Disziplin im letzten Drittel des 19. Jahrhunderts setzte sich die inhaltliche Verknüpfung sog. sexueller Abweichungen mit Geisteskrankheiten einerseits und mit organischen Mißbildungen andererseits durch, was auch auf die Homosexualität zutraf, die in der Folgezeit ständig kategorisiert und vor allem pathologisiert wurde. Dabei klassifizierten die Mediziner nicht länger nur ein bestimmtes Verhalten (z.B. homosexuelle Handlungen) als krank oder gesund, wie es früher der Fall gewesen war; sie "erfanden" vielmehr die homosexuelle Persönlichkeit, die homosexuelle "Spezies"[1] (Foucault).

1 Michel Foucault: Sexualität und Wahrheit. Bd.1: Der Wille zum Wissen. Frankfurt/M. 1983, S.58.

1869 veröffentlichte der Psychiater Carl Westphal (1833-1890) einen Aufsatz über ein "Phänomen", das bis dahin kaum beschrieben worden sei, und für das er den Begriff "conträre Sexualempfindung" prägte (diese Bezeichnung blieb bis etwa 1900 populär, bis sich die ebenfalls 1869 geprägte Wortschöpfung "Homosexualität"[2] durchsetzte). Nachdem weibliche Homosexualität zunächst ins Blickfeld der Gerichtsmediziner[3] geraten war, war Westphals Aufsatz die erste psychiatrische Abhandlung. Seiner Theorie zufolge (die im wesentlichen auf zwei(!) Fallgeschichten basierte), könne die Homosexualität "angeboren als Symptom eines pathologischen Zustandes"[4] auftreten, auch wenn er nicht alle Homosexuellen als pathologisch klassifizieren wollte. Westphal definierte die Homosexualität als Begleiterscheinung eines allgemeinen psychopathischen bzw. neuropathischen Defekts, zählte sie also zu den Geisteskrankheiten. Damit war der Grundstein für die zukünftige Homosexualitätsforschung als Teilgebiet der Pathologie gelegt, was sich bis in die heutige Zeit auswirkte.[5]

Kennzeichnend für diese frühe Phase der Klassifizierung und Kategorisierung der weiblichen Homosexualität ist, daß der Psychiater an seinem ersten "Studienobjekt" - der in die "Irren-Abteilung" der Berliner Charité eingelieferten Patientin N. - zwar eingehend nach empirisch meßbaren Auffälligkeiten suchte, jedoch nichts feststellen konnte, worin sich die Patientin äußerlich von anderen Frauen unterschieden hätte. Das Spezifische an N. bzw. der "konträren Sexualempfindung" überhaupt sei es, "daß der Mann sich als Weib, das Weib als Mann fühlt".[6] Dies sagte mehr aus über die herrschenden Definitionen von Männlichkeit und Weiblichkeit als über die Charaktere der beschriebenen Personen. Außerdem schien Homosexualität für die Psychiater nur faßbar als Spiegelbild der Mann-Frau-

---

2 "Erfinder" dieses Begriffs war der ungarische Schriftsteller Karl Maria Kertbeny (1824-1882), der das Wort erstmals 1869 in seiner Schrift gegen die Bestrafung der homosexuellen Männer verwendete. Vgl. Herzer, in Eldorado, S.11.

3 Vgl. Johann Valentin Müller: Entwurf der gerichtlichen Arzneywissenschaft. Frankfurt/M. 1796, S.132f., abgedr. in Joachim S. Hohmann (Hg.): Der unterdrückte Sexus. Historische Texte und Kommentare zur Homosexualität. Lollar 1977, S.215f.; Adolph C.H. Henke: Lehrbuch der gerichtlichen Medizin. Stuttgart 1832, S.106, abgedr. in Hohmann, S.238. - Dem bedeutendsten Gerichtsmediziner des 18. Jhdts., Johann Ludwig Casper (1796-1864), zufolge handle es sich bei der "gleichgeschlechtlichen Hinneigung" um eine "geistige Zwitterbildung", die meist angeboren sei. Obwohl er zeitgenössische Vorurteile über die Folgen homosexuellen Verkehrs zurückwies, schuf Casper gleichzeitig die Voraussetzungen dafür, daß Homosexualität in den Bereich der Psychiatrie fiel. Was die "Tribadie" anginge, bezeichnete er sich selbst als inkompetent. Vgl. Johann Ludwig Casper/Carl Leopold Liman: Handbuch der gerichtlichen Medizin. Berlin 1881, S.166-198, abgedr. in Hohmann, S.495-530.

4 Carl Westphal: Die conträre Sexualempfindung. Symptom eines neuropathischen (psychopathischen) Zustandes, in: Archiv für Psychiatrie und Nervenkrankheiten 2, 1869, S.73-108, hier:107.

5 Erst 1973 strich die "American Psychiatric Association" Homosexualität aus ihrem Diagnosehandbuch der Krankheiten.

6 Westphal, S.94.

Beziehungen, und so wurde denn auch konsequent nach dem Mann bzw. dem vermeintlich Männlichen in Frl. N.s Leben und dem ihrer Nachfolgerinnen gesucht.

Der Wiener Psychiater Richard von Krafft-Ebing (1840-1902), einer der prominentesten Verfechter der Degenerationstheorie, trug entscheidend zur Festschreibung der Homosexualität als "degenerativer Erscheinung bei (erst ein Jahr vor seinem Tod widerrief er diese Position[7]). In seiner ersten "einschlägigen" Schrift von 1877, in der er sich hauptsächlich auf Westphals Abhandlung stützte, bezeichnete er die "conträre Sexualempfindung, wo sie angeboren vorkommt, als Theilerscheinung eines neuropsychopathischen, meist hereditären Zustands" mit der "Bedeutung eines functionellen Degenerationszeichens".[8]

In seinem Bestseller "Psychopathia sexualis" (Erstauflage 1886) verfeinerte und erweiterte Krafft-Ebing die Symptomenlehre anhand von 200 "Fallstudien", davon 17 über lesbische Frauen. Auch er behauptete, daß die lesbische Frau sich "als Mann fühlt".[9] In dieser zweiten Phase der Symptomenlehre, die Hanna Hacker in ihrer Studie über weibliche Homosexualität in Österreich um 1890 ansetzt,[10] konstruierte Krafft-Ebing vier unterschiedliche "Schweregrade" der weiblichen Homosexualität. Während die erste Stufe, die "psychisch hermaphroditischen Weiber",[11] sich äußerlich nicht "verraten" würden, war die "schwerste" Stufe, das "Mannweib", deutlich erkennbar:

> "Es handelt sich hier um Weiber, die vom Weib nur die Genitalorgane haben, im Fühlen, Denken, Handeln und in der äusseren Erscheinung aber durchaus männlich erscheinen. Solchen Mannweibern, die <...> an dem ewig Weiblichen irre werden lassen, begegnet man nicht so selten im öffentlichen Leben."[12]

Über die Fahndung nach "männlichen" Körpermerkmalen ging diese Beschreibung weit hinaus; sie schloß Beschäftigungen ein, die aufgrund der herrschenden Geschlechtsnormen Männern vorbehalten sein sollten. Bloßes Auftreten in der Öffentlichkeit, bspw. im Rahmen der Frauenbewegung, konnte auf diese Weise bereits als lesbisches Verhalten diskreditiert werden. Mit diesem Symptomenkatalog war praktisch jedes abweichende Aussehen oder Verhalten von Frauen diskriminier- und pathologisierbar.

Krafft-Ebing hatte schon in seiner erwähnten Abhandlung von 1877 eine Unterscheidung vorgenommen, die von späteren Psychiatern übernommen und die von entscheidender Bedeutung werden sollte. Denn neben der "originären", d.h. angeborenen Homosexualität sollte es auch Fälle geben, in denen diese "Perversion der Geschlechtsempfindung <...> als bloß temporäre Erscheinung eines psychopa-

---

7 Richard v. Krafft-Ebing: Neue Studien auf dem Gebiete der Homosexualität, in: Jahrbuch für sexuelle Zwischenstufen 3, 1903, S.1-36.

8 Krafft-Ebing 1877, S.309.

9 Ebd., S.307.

10 Hacker, S.45.

11 Richard v. Krafft-Ebing: Psychopathia sexualis. Mit besonderer Berücksichtigung der konträren Sexualempfindung. Wien 141912, S.301.

12 Ebd., S.302.

thischen Zustands",[13] also nur vorübergehend, vorkommen könne. Ein solches "Individuum" sei durchaus zu "normalem geschlechtlichem Verkehr"[14] befähigt, wobei hier unter "normal" selbstredend heterosexuell zu verstehen war.

Krafft-Ebing popularisierte die Differenzierung zwischen Homosexualität als angeborener Krankheit, die er "Perversion", und Homosexualität als erworbenem Laster, die er "Perversität" nannte,[15] wobei es sich bei der weiblichen Homosexualität in der Mehrzahl der Fälle seiner Meinung nach um Perversität handle. Dies war eine Unterscheidung zwischen Krankheit und Laster, die u.a. die Schuldhaftigkeit (zumindest) des erworbenen Lasters implizierte.

Der Arzt Iwan Bloch (1871-1922), einer der Begründer der modernen Sexualwissenschaft, prägte die Bezeichnung "Pseudo-Homosexualität" für die sog. erworbene Homosexualität und schrieb in seinem 1906 erschienen Standardwerk "Das Sexualleben unserer Zeit": "Neben der echten originären Homosexualität bei Männern hat diejenige bei Weibern eine viel geringere Bedeutung, weil sie ohne Zweifel *viel seltener* ist als jene."[16] Als Erklärung gab er an: "Zärtlichkeiten und Liebkosungen spielen auch zwischen normalen heterosexuellen Frauen eine Rolle, die uns das Verständnis für das leichte Auftreten pseudohomosexueller Neigungen erleichtert."[17]

Obwohl Bloch einerseits Krafft-Ebings Degenerationstheorie und die Gleichsetzung von Homosexualität und "Entartung" entschieden zurückwies, trug er mit dieser Definition von "Pseudo-Homosexualität" u.a. dazu bei, weibliche Homosexualität zu bagatellisieren. Was "pseudo" war, brauchte man entweder gar nicht ernst zu nehmen, oder es konnte und mußte "geheilt" werden, damit es keinen Störfaktor darstellte. Beide Behauptungen - das seltene Vorkommen weiblicher Homosexualität und deren Kennzeichnung als "Pseudohomosexualität" -, sollten die Auseinandersetzungen um weibliche Homosexualität bis weit nach 1945 prägen.

Parallel zum psychiatrischen Diskurs und der Konstruierung der homosexuellen "Spezies" gab es im letzten Drittel des 19. Jahrhunderts erste Ansätze zur Selbstdefinition und Emanzipation Homosexueller. Eine Vorreiterrolle spielte in diesem Prozeß der Jurist Karl Heinrich Ulrichs (1825-1895), der die Zuordnung von Homosexualität zu Krankheit, Laster oder Verbrechen konsequent bekämpfte. In den 1860er Jahren verfaßte er unter dem Pseudonym Numa Numantius viele Schriften zur "mannmännlichen Liebe" und bekannte sich zu seiner eigenen Homosexualität.

Auch Ulrichs zufolge war die Homosexualität eine angeborene Naturanlage, die er jedoch im Gegensatz zu Krafft-Ebing u.a. positiv sah. Er definierte Homosexualität als "psychischen Hermaphroditismus", wobei der männliche Körper mit einer

---

13 Ders. 1877, S.310.

14 Ebd.

15 Ders.: Zur weiblichen Homosexualität, in: Jahrbücher für sexuelle Zwischenstufen 1901, S.21.

16 Iwan Bloch: Das Sexualleben unserer Zeit in seinen Beziehungen zur modernen Kultur. Berlin ^{9}1909, S.581, Hervorheb.i.Org.

17 Ebd., S.582.

weiblichen Seele ausgestattet sein sollte und umgekehrt. Sich auf Platons "Gastmahl" und die griechische Mythologie berufend, prägte er den Begriff vom "Dritten Geschlecht" für homosexuelle Frauen und Männer.[18]

Ulrichs Theorie war auf polare Geschlechtsnaturen geradezu angewiesen, und indem er die Naturhaftigkeit dieser Anlage betonte, verfestigte er sie noch. Gleichzeitig versuchte er so, die Schuldfrage zurückzuweisen und kämpfte für die Entkriminalisierung. Was angeboren sei, dürfe nicht bestraft werden; auch sei aus diesem Grund die immer wieder behauptete und zur Legitimierung der Kriminalisierung herangezogene "Verführung" zur Homosexualität ausgeschlossen. Ulrichs Vorstellung vom "psychischen Hermaphroditismus" und die Theorie vom "Dritten Geschlecht" sollte sowohl für das psychiatrische Klassifikationsschema (Westphal und Krafft-Ebing beriefen sich auf Ulrichs) als auch für die Selbstdefinition von Homosexuellen von Bedeutung sein.[19]

Auch Magnus Hirschfeld baute auf Ulrichs Theorie auf. Er vertrat wohl am vehementesten unter den Sexualforschern die Meinung, daß die Homosexualität "weder Krankheit noch Entartung, noch Laster oder Verbrechen" sei, sondern "ein Stück Naturordnung <...>, eine sexuelle Variante" darstelle.[20] Für ihn war die "echte" Homosexualität stets angeboren und sollte auf einer spezifischen homosexuellen Konstitution des Gehirns beruhen bzw. davon ausgehen. Hirschfeld entwarf ein System von "sexuellen Zwischenstufen", die sich in bezug auf biologisches Geschlecht, sexuelle Orientierung und Geschlechtsrolle von den konstruierten Polen "Vollmann" und "Vollweib" unterscheiden sollten.

Mit seinem 1914 erschienenen Standardwerk "Die Homosexualität des Mannes und des Weibes" hatte Hirschfeld wesentlich zur Symptomenlehre beigetragen. Zu diesem Zeitpunkt war, wie Hanna Hacker nachweist, die Diagnostik der weiblichen Homosexualität perfektioniert.[21] Sie sollte, wenn sie nicht wie von Bloch zur "Pseudohomosexualität" erklärt wurde, am Grad der "Virilität" der jeweiligen Frau nachgewiesen werden. Im Unterschied zu anderen Sexualforschern war Hirschfeld allerdings der Meinung, daß es neben den "virilen Mannweibern" eine ebenso große Gruppe lesbischer Frauen gäbe, die sich äußerlich von anderen Frauen nicht unterschieden.[22]

---

18 Ulrichs, zit.n. Hohmann 1977, S.285: "Wir Urninge <Homosexuelle,C.S.> bilden eine zwitterähnliche besondere geschlechtliche Menschenclasse, ein eigenes Geschlecht, dem Geschlecht der Männer und dem der Weiber als drittes Geschlecht coordinirt."

19 Selbstdefinitionen lesbischer Frauen aus dieser Zeit sind nicht in die Geschichtsschreibung eingegangen. Eine seltene Ausnahme ist die scharfsinnige Schrift von Johanna Elberskirchen: Die Liebe des dritten Geschlechts. Homosexualität, eine bisexuelle Varietät. Keine Entartung - keine Schuld. Leipzig 1903. Elberskirchen weist darin einen Zusammenhang zwischen Homosexualität und Psychopathie zurück. Homosexualität sei keine Entartung, sondern eine Varietät der bisexuellen Anlage. Weibliche Homosexualität sei auch keine Imitation des Männlichen, wie oft diskriminierend behauptet werde.

20 Magnus Hirschfeld: Die Homosexualität des Mannes und des Weibes. Berlin 1914, S.395.

21 Hacker, S.39.

22 Hirschfeld 1914, S.272.

Hirschfeld, der mit seiner "Zwischenstufentheorie" unter den Ärzten eher ein Außenseiter war, war trotz seines lebenslangen Kampfes um Entstigmatisierung und Entkriminalisierung der Homosexuellen in seinem eigenen Denksystem befangen. Zwar wies er mit seiner auf scheinbar unumstößlicher Biologie basierenden Zwischenstufentheorie die Möglichkeit von Schuldhaftigkeit der und "Verführung" zur Homosexualität vehement zurück; gleichzeitig barg dieser Biologismus auch die Gefahr, zur Grundlage von Experimenten, von Therapie und Verfolgung zu werden.[23] So begrüßte Hirschfeld zunächst auch die von Eugen Steinach, einem Wiener Anatomen, und dem Chirurgen R. Lichtenstern vorgenommenen Hodentransplantationen an homosexuellen Männern. Steinach, ein Endokrinologe, hatte zunächst durch Kreuzungen bei Tieren Zwitterformen gezüchtet und übertrug diese Ergebnisse auf den Menschen.[24]

Zwischen 1916 und 1921 wurden aufgrund der Steinachschen Theorie mindestens elf homosexuelle Männer einseitig kastriert und ein "heterosexuelles" Hodengewebe wurde ihnen eingepflanzt. Hirschfeld sah seine Zwischenstufentheorie durch die Arbeiten Steinachs bestätigt; er überwies selbst zwei Patienten an Mühsam, einen Arzt, der die Operationen in Berlin ausführte. Nachdem sich 1921 herausgestellt hatte, daß die verstümmelten Männer homosexuell geblieben waren, distanzierte sich Hirschfeld von diesen Experimenten und lehnte die Kastration ab; die sexuelle Orientierung werde dadurch in keiner Weise geändert.[25] Über die Steinachschen Experimente wurde lange diskutiert.[26] Ihre tragische Bedeutung liegt darin, daß zu Beginn der Weimarer Republik Kastrationen an homosexuellen Männern - in emanzipatorischer Absicht! - durchgeführt wurden, an die die Nationalsozialisten anknüpfen konnten.

Zumindest ein ähnliches operatives Experiment an einer lesbischen Frau ist bekannt, auch wenn es nicht das gleiche Aufsehen erregte wie die Steinachschen Versuche. Lothar Schmitt aus der Gießener "Klinik für psychische und nervöse Krankheiten" schrieb in seinem "Beitrag zur Lehre von der weiblichen Homosexualität"[27] über eine 29jährige lesbische Frau, die in die Klinik kam, weil sie angeblich unter ihrer "Neigung" litt. Um den Ursachen der Homosexualität auf die Spur zu kommen, hielt Schmitt besonders diejenigen Fälle für wichtig, bei denen operative Eingriffe in den Hormonmechanismus vorgenommen wurden, und er

---

23 Gunter Schmidt: Helfer und Verfolger. Die Rolle von Wissenschaft und Medizin in der Homosexuellenfrage, in: Mitteilungen der Magnus-Hirschfeld-Gesellschaft Nr.3, Juli 1984, S.21-32, hier:25.

24 Die Homosexualität, die Steinach - möglicherweise beeinflußt von Hirschfelds Zwischenstufentheorie - auch für eine Zwitterform hielt, könne nur auf einer "zwittrigen Pubertätsdrüse" beruhen.

25 Magnus Hirschfeld: Kastration bei Sittlichkeitsverbrechern, in: Zeitschrift für Sexualwissenschaft, Bd.15 1928, S.54f.

26 Vgl. Benno Slotopolsky/Hans Schinz: Histologische Hodenbefunde bei Sexualverbrechern, in: Virchows Archiv für pathologische Anatomie u. Physiologie, Bd.257 1925, S.294-355.

27 Lothar Schmitt: Ein Beitrag zur Lehre von der weiblichen Homosexualität, in: Monatsschrift für Kriminalpsychologie u. Strafrechtsreform, 17.Jg. 1926, S. 216-223.

verwies dabei auf Hirschfeld, der - "sicher beeinflußt durch die Versuche Steinachs" - geäußert habe, "daß er sich vom Studium der inneren Sekretion am meisten verspreche".[28] Bei der Patientin sollte es sich um eine "Psychopathin" handeln, bei der eine "konstitutionelle Abweichung des gesamten innersekretorischen Systems nach der Richtung des Virilismus" vorliege.[29] Um sie zu "heilen", wurde ihr ein Eierstock entfernt und ein fremdes Ovarium in die Bauchhaut implantiert, jedoch mußte Schmitt das Scheitern der Operation eingestehen. Die Patientin wurde schließlich in eine psychiatrische Anstalt eingewiesen. Diese Operationen waren ohne Zweifel die radikalsten Umsetzungen ätiologischer Theorien vor 1933.

Einen teilweisen Bruch mit den bisher geschilderten Ansätzen brachte erst die Psychoanalyse. Als Freud 1905 mit den "Drei Abhandlungen zur Sexualtheorie"[30] seine eigene Sexualtheorie formulierte, war die Klassifikation der Sexualität bereits in vollem Gang. Sein Beitrag, mit dem er sich damals in eine wissenschaftliche Außenseiter-Position manövrierte, bestand darin, "für die Perversion eine Grundlage zu finden, die die traditionelle Definition der Sexualität in Frage" stellte. Diesem Anspruch wurde jedoch auch die Psychoanalyse nicht gerecht.

Von der Entdeckung der infantilen Sexualität ausgehend kam Freud zu dem Schluß, "daß alle Menschen der gleichgeschlechtlichen Objektwahl fähig sind und dieselbe auch im Unbewußten vollzogen haben".[31] Er führte die Homosexualität auf die bisexuelle Anlage jedes Menschen zurück. Sie sei eine durch entsprechende (Kindheits)Erlebnisse bedingte Regression auf ein Stadium, das normalerweise in der Pubertät durchlaufen werde und dann abgeschlossen sei. Die Entscheidung über das "endgültige Sexualverhalten" falle erst nach der Pubertät und sei "das Ergebnis einer noch nicht übersehbaren Reihe von Faktoren, die teils konstitutioneller, teils aber akzidentieller Natur sind".[32] Doch auch heterosexuelle Erwachsene, so Freud, könnten homosexuelle Gefühle haben, die dann sublimiert würden.

Mit seiner Erweiterung des Sexualitätsbegriffs und seiner Theorie von der latenten Homosexualität jedes Menschen unterschied sich Freud sowohl vom psychiatrischen Ansatz - die Kennzeichnung der Homosexualität als Entartungserscheinung wies er zurück - als auch von Hirschfelds biologischem Modell. Die Psychoanalyse widersetze sich "mit aller Entschiedenheit dem Versuche, die Homosexuellen als eine besonders geartete Gruppe von den anderen Menschen abzutrennen".[33] Und summarisch urteilte er über die bisherigen Aussagen zur Homosexualität: "Weder mit der Annahme, die Inversion sei angeboren, noch mit

28 Ebd., S.216.

29 Ebd., S.222.

30 Sigmund Freud: Drei Abhandlungen zur Sexualtheorie (1905), in: Hg. Anna Freud/Ilse Grubrich-Semitis: Sigmund Freud, Werkausgabe in zwei Bänden. Bd.1, Frankfurt/M. 1978, S.235-317.

31 So Freud in einem Zusatz zu den "Drei Abhandlungen" von 1915, in: Freud 1978, S.247.

32 Ebd.

33 Ebd.

der anderen, sie werde erworben, ist das Wesen der Inversion erklärt."[34] Anders als spätere Psychoanalytiker leugnete Freud konstitutionsbiologische Ursachen und Merkmale nicht grundsätzlich, insbesondere nicht bei Frauen, ohne dies jedoch belegen zu können.[35]

1920 widmete er sich der weiblichen (Homo)Sexualität ausführlicher. Sein Aufsatz "Über die Psychogenese eines Falles von weiblicher Homosexualität"[36] wurde richtungsweisend für die folgenden psychoanalytischen Arbeiten auf diesem Gebiet. Freud schilderte den Fall einer 18jährigen Frau, die eine zehn Jahre Ältere liebte und aufgrund des sozialen Drucks bereits einen Selbstmordversuch unternommen hatte. Von den Eltern der noch minderjährigen Frau wurde Freud beauftragt, die Tochter "zur Norm zurückzubringen",[37] andernfalls drohte ihr eine Zwangsverheiratung.

Obwohl Freud die leidige Ursachenfrage für wenig sinnvoll erachtet hatte, ging er nichtsdestotrotz auf sie ein: bei der "Patientin", die sich selbst keineswegs krank fühle, handle es sich um eine durch die Geburt eines kleinen Bruders ausgelöste "spät erworbene Homosexualität", die auf einer Konkurrenz mit der Mutter um den Vater bzw. die Männer im allgemeinen basiere. Freuds Resultat: "Nach diesem ersten großen Mißerfolg verwarf sie ihre Weiblichkeit[38] und strebte nach einer anderen Unterbringung ihrer Libido."[39]

Freud betonte bescheiden, die Psychoanalyse sei "nicht dazu berufen, das Problem der Homosexualität zu lösen"[40] - und tatsächlich brach er in diesem Fall die Analyse ab, ohne den von den Eltern gewünschten Erfolg zu erreichen. Die Psychoanalyse müsse sich damit begnügen, die psychischen Mechanismen zu enthüllen, die zur Entscheidung in der Objektwahl (also zu homo- oder heterosexuellem Verhalten) geführt hätten. Dann wollte Freud das Feld der - biologischen Forschung überlassen. Er begrüßte die Steinachschen Experimente ausdrücklich und sinnierte, von Steinach angeregt, über die "Therapie einer weiblichen Homosexualität auf analogem Wege":

---

34 Ebd., S.243. Inversion (lat. Umkehrung) wurde zwischen 1900-1930 in der Sexualforschung manchmal als Synonym für Homosexualität benutzt.

35 Ebd., S.247.

36 Sigmund Freud: Über die Psychogenese eines Falles von weiblicher Homosexualität, in: Internationale Zeitschrift für Psychoanalyse, 6.Jg. 1920, S.1-24.

37 Ebd., S.2.

38 Das Erreichen des Endziels "Weiblichkeit", wie Freud es verstand, war an eine zweifache Aufgabe geknüpft: "Wechsel der leitenden erogenen Zone (von der Klitoris zur Vagina) und Wechsel des Liebesobjektes (von der Mutter zum Vater)". Vgl. J. Laplanche/J.-B. Pontalis: Das Vokabular der Psychoanalyse. Frankfurt/M. [7]1986, S.304.

39 Freud 1920, S.11. Weiter glaubte Freud einen "mächtigen Penisneid" (S.21) konstatieren zu können - einen Begriff, den er 1905 noch nicht verwendet hatte, der aber ab etwa 1914 eine wesentliche Bedeutung in seiner Auffassung von weiblicher Sexualität einnahm. Vom "mächtigen Penisneid" bzw. der Homosexualität zieht auch Freud eine Linie zum Frauenemanzipation: "Sie <die junge Frau,C.S.> war eigentlich eine Frauenrechtlerin <...>."(Ebd.)

40 Ebd., S.23.

"Sollte sie <die "Therapie",C.S.> in der Entfernung der wahrscheinlich hermaphroditischen Ovarien und Einpflanzung anderer, hoffentlich eingeschlechtlicher, bestehen, so würde sie praktisch wenig Aussicht auf Anwendung haben. Ein weibliches Individuum, das sich männlich gefühlt und auf männliche Weise geliebt hat, wird sich kaum in die weibliche Rolle drängen lassen, wenn es diese, nicht durchaus vorteilhafte, Umwandlung mit dem Verzicht auf Mutterschaft bezahlen muß."[41]

Es schien weniger die Brutalität der Operation als deren unvermeidliche Konsequenzen - die Unfruchtbarkeit - zu sein, die Freud von deren Propagierung schließlich abhielt.[42]

Für die Einstellung zur Homosexualität in der Schulmedizin der Weimarer Republik waren jedoch weder Freuds noch Hirschfelds z.T. fortschrittliche Überlegungen ausschlaggebend, sondern eine reaktionäre psychiatrische Lehrmeinung. Repräsentativ in dieser Frage war die Einstellung des einflußreichen Psychiaters Emil Kraepelin. In seinem programmatischen Artikel "Geschlechtliche Verirrungen und Volksvermehrung" von 1918 kam er zu dem Schluß, daß es für das Angeborensein der Homosexualität "keinen einzigen überzeugenden Beweis"[43] gäbe. Homosexualität bedeute das Stehenbleiben der "seelischen Geschlechtsentwicklung" auf einer Entwicklungsstufe, die auch der "Gesunde" zu durchlaufen habe. Bei den Homosexuellen handle es sich um "psychopathische Persönlichkeiten", die hauptsächlich durch Onanie, "Verführung", Alkohol oder andere Umwelteinflüsse zur Homosexualität fänden. Dabei greife jedoch die Homosexualität "weit tiefer in das Geschlechtsleben des Mannes ein <...> als in dasjenige des Weibes. Jenen macht sie in der Regel unfähig zur Fortpflanzung, dieses nicht".[44] Damit verwies Kraeplin auf den bevölkerungspolitischen Aspekt und aktualisierte gleichzeitig die These von der weiblichen "Pseudohomosexualität".

Ähnlicher Meinung waren einige andere der bekanntesten Psychiater der Weimarer Republik, wie Bonhoeffer, Hoche, Weygandt, Bumke und Gaupp. In einer Umfrage, die 1930 durchgeführt wurde, kurz nachdem der Strafrechtsausschuß des Reichstags die Streichung des §175 empfohlen hatte, wurden zwölf Psychiater und Gerichtsmediziner um ihre Meinung zum §175 aus medizinischer Sicht gefragt. In

---

41 Ebd., S.24.

42 Zu Freuds weiterer Beschäftigung mit dem Thema s. Hacker, S.79-91. Weitere Arbeiten anderer PsychoanalytikerInnen zur weiblichen Homosexualität waren etwa: Ernest Jones: The early development of female sexuality, in: The International Journal of Psycho-Analysis, Vol.8 Oct.1927, S.459-472. - Helene Deutsch: Über die weibliche Homosexualität, in: Internationale Zeitschrift für Psychoanalyse, Bd.18 1932, H.2, S.219-241. Deutschs' Aufsatz basierte auf 11 Analysen von lesbischen Frauen und war damit die fundierteste Arbeit. Deutsch widerlegte zwei gängige Klischees, das vom Männerhaß und dem "männlichen" Aussehen lesbischer Frauen. Ebenfalls wies sie eine "männlich-weiblich"-Klassifizierung der Paarbeziehung zurück und sprach zutreffender von einem "aktiv-passiv"-Rollentausch. Auch bei ihr stehen, wie bei Freud, Kastrationskomplex und Penisneid für die Genese im Mittelpunkt. - Einen Überblick über die psychoanalytische Literatur zu diesem Thema bringt Charles W. Socarides: Der offen Homosexuelle. Frankfurt/M. 1971, S.23-56.

43 Kraepelin 1918, S.120.

44 Ebd.

dieser "Stellungnahme zu einer Aufhebung des §175 STGB"[45] äußerten sie überwiegend die Meinung, bei Homosexuellen handle es sich um psychopathische Persönlichkeiten.[46] Bei den wenigsten sei die Homosexualität angeboren, umso größer sei der Umwelteinfluß, und immer wieder wurde gespenstisch die Gefahr einer potentiellen "Verführung" an die Wand gemalt. Wenn auch das einmütige Ziel der Psychiater die Verhinderug der Homosexualität war, so hielten sie nicht zwangsläufig strafrechtliche Verfolgung für das geeignete Mittel zur Bekämpfung der Homosexualität: die Mehrheit der Psychiater befürwortete vor 1933 die Abschaffung des §175, bei gleichzeitiger Forderung nach Anhebung des Schutzalters Jugendlicher.

Pro und contra "Erblichkeit" der Homosexualität

Auch nach 1933 gab es eine umfangreiche Sexualforschung, die jedoch völlig in den Dienst des NS-Regimes gestellt und aller emanzipatorischen Ansprüche beraubt wurde. Ihre Aufgabe war es, das generative Verhalten des "Volkskörpers" zu erforschen und Methoden zur Beseitigung echter oder vermeintlicher physischer und psychischer Störungen zu entwickeln, die die Geburtensteigerung gefährdeten. In diesem Rahmen war das Ziel der Homosexualitätsforschung die endgültige Klärung der Ursachenfrage, um so die Voraussetzung für eine optimale, dauerhafte Bekämpfung der "Seuche" Homosexualität zu schaffen.

In seinem Artikel "Sexualpathologie"[47] definierte 1939 Julius Deussen,[48] Assistenzarzt an der Psychiatrischen und Nervenklinik der Universität Freiburg, die nationalsozialistische Sexualforschung folgendermaßen:

> "Sexualwissenschaft bedeutet für uns zunächst nichts weiter als den Inbegriff von geordneten Kenntnissen über Charakter und Verhalten eines Menschen, sofern man ihn als ein durch den Geschlechtsdimorphismus <körperliche Verschiedenheit von Mann und Frau,C.S.> bestimmtes Wesen betrachtet; Sexualpathologie faßt alle

---

45 Julius Schwalbe: Stellungnahme zu einer Aufhebung des §175 STGB, in: Deutsche Medizinische Wochenschrift, 56.Jg. Nr.3, 17.1.1930, S.85-88 und ebd., Nr.4, 24.1.1930, S.127-130.

46 Vgl. Ernst Kretschmer: Keimdrüsenfunktion und Seelenstörung, in: Deutsche medizinische Wochenschrift, 47.Jg. 1921, S.649f. Hier sprach Kretschmer von einem engen Zusammenhang zwischen Schizophrenie und Homosexualität.

47 Julius Deussen: Sexualpathologie, in: Fortschritte der Erbpathologie, Rassenhygiene u. ihrer Grenzgebiete, 3.Jg. 1939, H.2, S.67-102.

48 Zu Deussens Beteiligung an der Euthanasie und seiner Nachkriegskarriere s. Ernst Klee: Was sie taten - was sie wurden. Ärzte, Juristen und andere Beteiligte am Kranken- oder Judenmord. Frankfurt/M. 1986, S.176f., 186.

> Erscheinungen zusammen, durch die der betreffende Mensch mit den diesbezüglichen für seine Rasse und sein Volk gültigen ethischen und gesetzlichen Normen in Konflikt kommt."[49]

Voraussetzung für eine Sexualpathologie sei es, "den seelischen Geschlechtsunterschied zwischen Mann und Weib exakt und umfassend zu bestimmen",[50] und er kritisierte, wie wenig die Psychologie bisher für die Lösung dieser Aufgabe getan habe. Den wesentlichen Unterschied zwischen Mann und Frau sah Deussen darin, daß

> "die Frau vorwiegend erotisch bestimmt ist, der Mann vorwiegend sexuell, wobei unter *Eros* eine umfassende *seelische* Liebesfähigkeit verstanden wird und unter *Sexus* die dominierende Abspaltung vorwiegend des aktiven *körperlichen* Geschlechtstriebes".[51]

Mit diesem entwicklungsgeschichtlich hergeleiteten Geschlechtscharakter verfestigte Deussen das Bild von der Passivität und Asexualität der Frau. Diese postulierte Polarität von aktiver männlicher Sexualität einerseits und passivem weiblichem Eros andererseits war integraler Bestandteil der NS-Ideologie und damit auch der Sexualforschung. Deutlicher als andere Forscher geißelte Deussen die Negierung der Geschlechtscharaktere:

> "Es ist für uns gefährlich, Wunschbilder von einer Verwischung der geschlechtlichen Polarität zu konstruieren <...>. Hiermit untergräbt man - bewußt oder unabsichtlich - die rassisch bedingte Struktur unseres Gemeinschaftslebens."[52]

In seinen "Schlußfolgerungen" warnte Deussen davor, die praktische und politische Bedeutung einer "rassenhygienisch orientierten Sexualwissenschaft" zu unterschätzen, und er lobte die mit der Sexualwissenschaft eng verbundene kriminalbiologische Forschung, die "gerade in den letzten Jahren gezeigt (hat), welche wichtigen Beiträge sie zur Verbrechensbekämpfung leisten kann".[53]

Deussen war von der "Erbbedingtheit der echten Homosexualität"[54] überzeugt. Er definierte Homosexualität als "auf einer zentralen Störung und mangelnder Ausdifferenzierung des geschlechtlichen Dimorphismus"[55] beruhend und räumte ihrer Erforschung größten Raum ein. Auch er unterschied zwischen "echten" und psychopathischen "Pseudohomosexuellen", die leicht verführbar und daher gefährdet seien. Die Psychoanalyse diffamierend, "die alles dadurch auf den Kopf stellte, daß sie das Normale schließlich als Sonderfall des Krankhaften erklärte", warnte er: "Derartige destruktive Irrwege der Sexualwissenschaft müssen auch besonders bei der Behandlung des *Homosexuellenproblems* vermieden werden."[56]

---

49 Deussen, S.80.
50 Ebd., S.75.
51 Ebd., S.77, Hervorheb.i.Org.
52 Ebd.
53 Ebd., S.100.
54 Ebd., S.92.
55 Ebd., S.87.
56 Ebd., Hervorheb.i.Org.

Und er attakkierte die Arbeit des Holländers Sanders,[57] der 1934 unter Berufung auf Hirschfeld Straffreiheit gefordert hatte, weil die Homosexualität angeboren sei:

> "Wenn auch wir die entscheidende Bedeutung der Vererbung vor allem für die Kerngruppe der Homosexuellen nicht bestreiten, so kann jedoch keine Rede davon sein, daß etwa die neuen erbbiologischen Erkenntnisse als Freibrief für Sittlichkeitsverbrecher in Anspruch genommen werden dürfen.<...> Gerade die 'genuine' Homosexualität ist bevölkerungsbiologisch sowohl infolge des mit ihr verbundenen infantilen Konstitutionstypus als auch wegen ihres psychopathischen Charakters äußerst unerwünscht."[58]

Deussen sprach sich gegen die Anwendung des §51 StGB (Unzurechnungsfähigkeit) aus und forderte - "zum Schutz der erbbiologischen Gesundheit des Volkes" - "die schärfsten Maßnahmen",[59] zu denen auch die Kastration gehören sollte.

Theo Langs genetisch bedingte "Umwandlungsmännchen"

Die von Deussen 1939 behauptete Erblichkeit der Homosexualität spielte in der Tat eine dominierende, wenn auch nicht uneingeschränkte Rolle in der Sexualforschung. Die größte Untersuchung dieser Art wurde von Dr. med. Theo Lang (Jg. 1899) durchgeführt. Lang war bis 1941 Abteilungsleiter am bedeutenden, von Rüdin geleiteten "Kaiser-Wilhelm-Institut für Genealogie und Demographie der Deutschen Forschungsanstalt für Psychiatrie" in München, und vermutlich bis 1945 dort Assistent.[60]

Lang war der Meinung, daß es sich bei Homosexuellen zum größten Teil um genetisch-bedingte "Intersexformen" handle. Den Rest hielt er für hormonalbedingt, aber auch einen geringen Anteil an milieubedingter Homosexualität gestand er ein. Homosexualität sei kein spezifisches erbliches Merkmal; sie trete dann auf, wenn im Chromosomensatz bestimmte unterschiedliche "Valenzen" (Wertigkeiten) aufeinanderträfen. Langs Hypothese basierte auf den Schmetterlingsversuchen(!) des Biologen Richard Goldschmidt, der verschiedene Schmetterlingsrassen gekreuzt und dabei sog. Intersexualitätsstufen, also zwittrige Tiere,

---

57 J. Sanders: Homosexuelle Zwillinge, in: Genetica (s'Gravenhage) 1934, S.401-434. Sanders, Leiter des "Holländischen Instituts für menschliche Erblichkeitsforschung und Rassenbiologie", untersuchte mehrere eineiige Zwillinge, die er als homosexuell klassifizierte und leitete daraus die Erblichkeit der Homosexualität ab. Insbesondere seine Klassifizierung eines weiblichen Zwillingspaares als homosexuell war jedoch sehr fragwürdig und ist auf die Abweichung der beiden Frauen von den herrschenden Geschlechtsnormen zurückzuführen.

58 Deussen, S.100.

59 Ebd., S.101.

60 Müller-Hill, S.65, 183.

erhalten hatte. Goldschmidt übertrug seine Schmetterlingsversuche 1916 auf den Menschen und meinte, daß ein Teil der Homosexuellen ebenfalls "Intersexe" seien.

Die Intersexualitätsforschung brachte in den 20er und 30er Jahren eine Reihe von Arbeiten hervor, so z.B. 1937 die medizinische Dissertation von Herbert Saupe über "Hermaphroditismus, sexuelle Hypoplasie und Intersexualität".[61] Auch Saupes Arbeit basierte auf Goldschmidts Theorie (allerdings ging er nicht von einem prinzipiellen Zusammenhang von Homo- und Intersexualität aus). Wie sehr auch diese Arbeit auf sozialen Kriterien basierte und welche mörderischen Folgen sie hatte, zeigt die Fallgeschichte einer möglicherweise lesbischen Frau, die Saupe als Beispiel für die "höchste Intersexualitätsstufe" anführte. Als Kriterien hierfür zählten die tiefe Stimme der 21Jährigen und ihre als "männlich" klassifizierten "Neigungen in bezug auf Kleidung, Benehmen, Beruf usw." sowie ein "ausgesprochener Widerwillen gegen Männer".[62] Auf die Mitteilung der Untersuchungsergebnisse und "den Vorschlag einer Follikulintherapie" habe "das Individuum" mit einem Selbstmordversuch reagiert, worauf die Psychiatrische Klinik "psychosexuellen Infantilismus mit homosexuellen Neigungen" diagnostizierte. Saupe kam in seiner Arbeit zu dem Schluß, daß die Intersexualität nur operativ beendet werden könne. Was dies für die Frau bedeutete, blieb ungesagt.

Obwohl Goldschmidt seine Theorie später revidierte, übernahm Lang dessen Intersexhypothese.[63] Demzufolge sei ein Teil der homosexuellen Männer entweder mehr oder weniger stark "effeminierte Männchen" oder sog. "Umwandlungsmännchen" mit zwei X-Chromosomen - also Individuen, die genetisch "Weibchen" seien, aber alle Geschlechtsmerkmale bis auf den weiblichen Chromosomensatz verloren hätten und äußerlich eben Männer seien. Hier freilich war Lang - aufgrund des damaligen Wissensmankos in der Genetik - in Beweisnot, und er glaubte sich ihr mithilfe einer statistischen Auszählung des Geschlechtsverhältnisses entziehen zu können. Lang ging von dem konstanten Geschlechtsverhältnis der Geburten von 106 Jungen zu 100 Mädchen aus. Wenn ein Teil der männlichen Homosexuellen nun tatsächlich, wie Lang vermutete, sog. "Umwandlungsmännchen" (phänotypisch männlich, aber genetisch weiblich) seien, dann müßte unter den Geschwistern dieser homosexuellen Männer eine Verschiebung des Geschlechtsverhältnisses zugunsten von Männern nachweisbar sein. Bei lesbischen Frauen sei das Umgekehrte zu erwarten, also eine Verschiebung im Geschlechtsverhältnis zugunsten von Frauen.

Das A und O dieser Untersuchung mußte zwangsläufig das "Probandenmaterial" sein. So schrieb Lang 1936 in seinem ersten Artikel über seine Arbeit, daß er schon 1930 versucht habe, seine Forschung zu realisieren, was jedoch aufgrund von "Materialmangel" gescheitert sei. 1934 erklärten sich schließlich die Kripo Mün-

---

61 Herbert Saupe: Hermaphroditismus, sexuelle Hypoplasie und Intersexualität. Diss.med. Leipzig 1937.

62 Ebd., S.29.

63 Theo Lang: Beitrag zur Frage nach der genetischen Bedingtheit der Homosexualität, in: Zeitschrift für die gesamte Neurologie u. Psychiatrie, Bd.155 1936, S.702-713, hier:702.

chen und 1937/38 die Kripo Hamburg bereit, ihm Einblick in ihre umfangreichen Homosexuellen-Listen zu geben und machten damit seine Arbeit erst möglich (die Münchner Polizei nannte ihm 1700 Männer, die Hamburger 5300). Ebenso kooperativ verhielten sich die Einwohnermelde- und Pfarrämter, die die nötigen Angaben über die Familienverhältnisse zur Verfügung stellten.

Natürlich war das ihm zur Verfügung gestellte Material keineswegs ein Beleg für tatsächliche Homosexualität: so waren die Münchner Probanden nur z.T. aufgrund von §175 verurteilt worden, andere bspw. wegen "groben Unfugs" oder §361 (Prostitution); die Hamburger Männer waren z.T. aufgrund des verschärften §175 verurteilt worden, andere waren ohne Strafverfahren in der Polizeikartei erfaßt.

Die ersten Auszählungen des Geschlechtsverhältnisses bestätigten ganz Langs Erwartungen, und er erhoffte sich eine Überprüfung der Ergebnisse an lesbischen Frauen. Lang bedauerte ausdrücklich, daß es "uns jedoch bis jetzt hier am Institut <dem KWI,C.S.> leider nicht möglich (war), eine nennenswerte Anzahl von auch nur wahrscheinlich homosexuellen Frauen als Probanden zu erhalten",[64] da eben die weibliche Homosexualität strafrechtlich nicht verfolgt werde. Damit hatte Lang einen "Teufelskreis" benannt, der für ihn und andere Forscher von Bedeutung war und der gleichzeitig den zweitrangigen Stellenwert der weiblichen Homosexualität in der Forschung zumindest teilweise erklärt: weibliche Homosexualität konnte nicht in größerem Umfang erforscht werden, weil nicht einmal ein so unsicheres Indikationsmerkmal wie §175 vorhanden war, auf dem die meisten Arbeiten über männliche Homosexualität basierten; andererseits wurde sie strafrechtlich u.a. auch deshalb nicht verfolgt, weil sie kaum erforscht war.[65]

Hilfe fand Lang jedoch auf internationaler Ebene. Nicht nur wurde seine Arbeit teilweise von der US-amerikanischen Rockefeller Foundation finanziell unterstützt.[66] Auch andere tatkräftige Hilfe wurde ihm aus den USA zuteil: wie Lang berichtete, habe ein

> "Frl. Dr. Jane Gay (Psychiatric Division of the New York Hospital, The Payne Whitney Clinic) soweit wie unter den amerikanischen Meldungsverhältnissen mög-

---

64 Lang 1936, S.712.

65 "Seltenheitswert" hat deshalb die folgende medizinische Monographie, die jedoch nicht aus Deutschland, sondern aus der Schweiz stammt - Hermann Baur: Beiträge zur Genese der weiblichen Homosexualität. Diss.med. Mulhouse 1937. Baur schildert die Kasuistiken von drei Frauen aus der Psychiatrischen Universitätsklinik Basel und kommt zu dem Schluß, daß es sich bei der weiblichen Homosexualität analog der männlichen um eine Mischung von konstitutionellen Anlagen und Milieueinflüssen handle. Ohne konstitutionelle Grundlagen könne die echte Homosexualität, im Gegensatz zur "Pseudohomosexualität", nicht entstehen. Sie beruhe entweder auf einer "mangelhaften Differenziertheit des Sexualtriebes", der eine allgemeine psychopathische Gesamtkonstitution zugrundeliege, oder auf einer "intersexuellen Konstitution" (S.29). Im ersten Fall sei eine psychotherapeutische "Heilung" möglich, im zweiten dagegen sehr schwierig. Was Baur als "intersexuelle Konstitution" bezeichnete, war wiederum lediglich ein Abweichen von herrschenden Geschlechtsnormen, wie die Vorliebe der dritten Probandin für Krawatten und Hosenröcke.

66 Als Förder nannte Lang außerdem die Deutsche Forschungsgemeinschaft, die Kaiser Wil-

lich, d.h. also meistens nur durch persönliche Exploration, die Geschwister von den ihr auf der psychologischen Abteilung des genannten Krankenhauses bekannt gewordenen homosexuellen Frauen erfaßt".[67]

Bei den Geschwistern von 150 lesbischen US-Amerikanerinnen, die sich an der Klinik angeblich psychotherapeutisch beraten ließen, habe sich ein Geschlechtsverhältnis von 76 Männern zu 101 Frauen ergeben, also eine sinngemäße Bestätigung von Langs bisherigen Ergebnissen. Über diese Untersuchung bzw. die immerhin bemerkenswerte Zusammenarbeit zwischen Lang und Gay ist heute am New York Hospital angeblich nichts mehr bekannt.[68] Auch in einem 1940 im "Journal of nervous and mental disease" veröffentlichten Artikel geht Lang auf Gays Untersuchung nicht ein.[69]

Noch weniger ist über Langs Verbindung mit der Ärztin und Rassenhygienikerin Agnes Bluhm bekannt, der Lang 1936 für "Durchsicht der Arbeit und manche Anregung" gedankt hatte und die eine der wenigen prominenten Ärztinnen war, die sich, wenn auch nur am Rande, zur weiblichen Homosexualität geäußert und sie als eine "Art psychische Infektion" bezeichnet hat.[70]

---

helm-Gesellschaft und nicht näher bezeichnete Stellen der bayerischen Wirtschaft.

67 Lang 1936, S.712f. Der Kontakt wurde offenbar durch eine Frau E. Leeds, M.A., einen früheren Gast des KWI, hergestellt.

68 Schriftliche Auskunft des New York Hospital, Department of Psychiatry (Payne Whitney Psychiatric Clinic) v. 13.1.1988. - In seinem "Fünften Beitrag zur Frage nach der genetischen Bedingtheit der Homosexualität" (Zeitschrift für die gesamte Neurologie u. Psychiatrie, Bd.170 1940, S.663-671) erwähnt Lang, daß J. Gay die erwähnte Untersuchung 1935 unter Leitung von Prof. Henry durchgeführt habe. Prof. George William Henry war zur damaligen Zeit Psychiater am New York Hospital und beschäftigte sich in mehreren Studien mit Homosexualität (s. Katz, S.526ff., 571ff.). In seinem Buch "Sex Variants, a Study of Homosexual Patterns" (New York 1941) ist im Vorwort von einer Jan Gay die Rede, die mit der von Lang genannten Jane Gay identisch sein dürfte. "Sex Variants" enthält je 40 Fallgeschichten homosexueller Frauen und Männer, inklusive akribischer anatomischer Vermessungen. Der Plan zu diesem Buch sei von Gay ausgegangen und 1935 dem damals an der Yale-Universität gegründeten "Committee for the Study of Sex Variants" vorgelegt worden. Gay, so heißt es im Vorwort des Komitee-Leiters Eugen Kahn, habe dem Komitee angeboten, den Kontakt zu einer Gruppe von "sex variants" herzustellen, die sich freiwillig für die Forschung zur Verfügung stellen wollten. Die Studie verdanke ihren Erfolg dem Takt, mit dem Gay "subjects and doctors" zusammengebracht habe. Der Einleitung zufolge war Gay wesentlich für die Datenerhebung und die ersten Interviews mit den Probanden zuständig. Unbewiesen ist, ob zwischen dieser Studie und der für Lang gemachten Untersuchung ein Zusammenhang besteht.

69 Theo Lang: Studies on the genetic determination of homosexuality, in: Journal of nervous and mental disease, Bd.52 1940, S.55-64. Neben der Darstellung seiner Hypothesen fällt Langs Versuch auf, die nationalsozialistische Verfolgungspraxis herunterzuspielen. So behauptet er, die Homosexuellen-Karteien der Polizei dienten nur zum Schutz der Homosexuellen vor Erpressung! Lang bedauert auch in diesem Artikel den Materialmangel über lesbische Frauen. Von einer Untersuchung der Zwillingsverhältnisse seiner Probanden versprach er sich einen Beitrag zur "final solution of the problem of homosexuality" (S.63).

70 Lang 1936, S.713. - Zu Agnes Bluhm s. Günther Just: Agnes Bluhm und ihr Lebenswerk, in: Die Ärztin, 17.Jg. 1941, S.516-526. - Bluhm war die dritte niedergelassene Ärztin in

Während Lang seine statistischen Untersuchungen an insgesamt 1777 vermeintlich homosexuellen Männern und deren 5165 Geschwistern fortsetzte, nannte er mehrmals als wichtigstes eine weitere Untersuchung lesbischer Frauen. Anläßlich eines USA-Besuches 1938, wo Lang auf einer internationalen Kropfkonferenz[71] und anderweitig über seine Homosexualitätsforschung referierte, versuchte er noch einmal, über die Payne Whitney Klinik an lesbische Frauen zu gelangen.[72] Dies realisierte sich jedoch offenbar ebenso wenig wie Langs Hoffnung auf diesbezügliche Daten durch die Annexion Österreichs.[73] Schließlich sei nur in Österreich auch die homosexuellen Betätigung von Frauen strafbar gewesen, "wobei allerdings die Erfassung von weiblichen Homosexuellen nicht nachhaltig betrieben wurde",[74] bedauerte Lang 1941.

Eine weitere Untersuchung von 1941[75] an 33 Probanden schien Lang eine enge Beziehung zwischen Homosexualität und schizophrener Psychose zu erweisen, womit er sich in Übereinstimmung mit dem prominenten Psychiater Kretschmer befand, der sich 1936 in "Körperbau und Charakter" folgendermaßen geäußert hatte:

> "Sodann finden wir bei sorgfältiger Exploration unter den schizophren Veranlagten nicht selten solche mit *abnormer oder nicht eindeutig fixierter Triebrichtung*. Wir finden unter ihnen und ihren Angehörigen öfters *homosexuelle Neigungen*, ferner, auch ohne stärkeren sexuellen Antrieb, einen konträrsexuellen Habitus des Gefühlslebens, Mannweiber und weibische Männer.<...> Alle diese abnormen Triebvarianten kann

---

Deutschland und Rassenhygienikerin der ersten Stunde. In ihrem Buch "Die rassenhygienischen Aufgaben des weiblichen Arztes" (Berlin 1936) setzte sie sich für die "Ausmerze" sog. "Minderwertiger" ein und kennzeichnete u.a. die "echte" Homosexualität als krankhaft; die Mehrzahl der Fälle weiblicher Homosexualität beruhten auf einer "Art psychischen Infektion" (S.62). - Kamen schon 1932 auf etwa 7000 Professoren eine Höchstzahl von nur 74 Professorinnen, verschlechterte sich dieses Verhältnis noch nach 1933. Hinzu kam, daß Frauen ab Mai 1934 die freie Ausübung des Arztberufes untersagt war und dadurch die Zahl der Ärztinnen stark abnahm. Dies erklärt, warum Frauen auf die medizinisch-psychiatrische (Homosexualitäts)Forschung keinen nennenswerten Einfluß hatten.

71 Parallel bzw. vor seinen Untersuchungen zur Homosexualität hatte Lang die Ursachen von "endemischem Kropf, Kretinismus und Schwachsinn" untersucht; 1939 habilitierte er mit der Schrift "Ergebnisse einer siebten Messungsserie zur Frage des Zusammenhangs zwischen Radioaktivität und Kropf" (ersch. Würzburg 1938). Vgl. auch die lobende Erwähnung seiner Arbeiten in den "Berichten über die Deutsche Forschungsanstalt für Psychiatrie, Kaiser Wilhelm-Institut in München" in: Zeitschrift für die gesamte Neurologie u. Psychiatrie, Bd.156 1936, S.324-326; Bd. 163 1938, S.187f.; Bd.166 1939, S.805f.; Bd.170 1940, S.277f.

72 Vgl. Theo Lang: Über die erbliche Bedingtheit der Homosexualität und die grundsätzliche Bedeutung der Intersexualitätsforschung für die menschliche Genetik, in: Allgemeine Zeitschrift für Psychiatrie, Bd. 112 1939, S.237-254.

73 Möglicherweise unterbrach auch der Kriegseintritt der USA 1941 die guten deutsch-amerikanischen Forschungsbeziehungen.

74 Lang 1941, S.962.

75 Theo Lang: Untersuchungen an männlichen Homosexuellen und deren Sippschaften mit besonderer Berücksichtigung der Frage des Zusammenhangs zwischen Homosexualität und Psychose, in: Zeitschrift für die gesamte Neurologie u. Psychiatrie, Bd.171 1941 (=1941a),

man öfters schon in der präpsychotischen Persönlichkeit, zuweilen von den Kinderjahren auf, nachweisen; sie können aber auch erst in der schizophrenen Psychose entstehen oder dort erst mit brutaler Deutlichkeit hervortreten."[76]

Auch hatte Lang 1939 lapidar behauptet, es sei "nicht von der Hand zu weisen, daß die Veranlagung zur Psychopathie in irgendeiner Weise mit der zur Homosexualität verbunden ist"; er könne jedoch "an dieser Stelle nicht näher darauf eingehen, da ich sonst verschiedene Probleme der modernen Genetik aufrollen müßte".[77]

Die richtige Beurteilung "einer so auffallenden Erscheinung wie der Homosexualität", meinte Lang 1939 zur Forschungsproblematik, sei "nicht von irgendwelchen juristischen oder moraltheologischen Deduktionen, sondern nur von einer naturwissenschaftlich fundierten Auffassung der Homosexualität"[78] zu erwarten. Die bisher angewandten Mittel hätten ihren Zweck - ein "Verschwinden gleichgeschlechtlicher Neigungen und Handlungen"[79] - nicht erreicht. Lang kritisierte die Strafrechtspraxis, die "echte Homosexuelle" in die Ehe und zum heterosexuellen Verkehr treibe. Es bestehe nämlich die "große Gefahr", "daß sich dann der, sagen wir, primitiv ausgedrückt, unausgeglichene Chromosomensatz der Homosexuellen weitervererbt."[80] Und 1941 orakelte Lang, es sei

"nicht ausgeschlossen, daß eine vermehrte Fortpflanzung Homosexueller sich nicht nur in einer Zunahme der Homosexuellen auswirkt, sondern der in den folgenden Generationen mögliche Schaden kann sich auch anderweitig äußern, etwa im Auftreten ausgesprochen hermaphroditischer Mißbildungen mit einer Erhöhung der Frühgeburtshäufigkeit, unter Umständen aber auch in dem Entstehen äußerlich und in Hinblick auf ihre Triebrichtung unauffälliger aber unfruchtbarer Individuen."[81]

Rassenhygienisch werde also durch die Fortpflanzung Homosexueller das Gegenteil dessen erreicht, was beabsichtigt sei. Ähnlich hatte es Langs Vorgesetzter Rüdin bereits 1904 formuliert und 1936 deshalb ein Eheverbot für Homosexuelle gefordert; andere Rassenhygieniker und Ärzte hatten sich aus denselben rassenhygienischen Gründen für die Sterilisation von Homosexuellen ausgesprochen.

Unter seinen Probanden, fuhr Lang 1939 fort, seien einige gewesen, die sich "unter dem Druck der äußeren Verhältnisse in den letzten Jahren zur Ehe entschlossen"[82] hätten. Auch eine "Androhung der Sterilisierung"[83] würde diesen Trend noch verstärken und zu Kindern mit zweifelhafter "Qualität" führen. Deshalb hielt Lang es für das Beste,

---

S.651-679.

76 Ernst Kretschmer: Körperbau und Charakter (Erstauflage 1921). Berlin [12]1936, S.93, Hervorheb.i.Org.

77 Theo Lang: Ergebnisse neuer Untersuchungen zum Problem der Homosexualität, in: Monatsschrift für Kriminalbiologie u. Strafrechtsreform, 30.Jg. 1939 (=1939a), S.401-413, hier:413.

78 Ebd., S.401.

79 Ebd.

80 Ebd., S.412.

81 Lang 1941a, S.661.

82 Lang 1939a, S.412.

83 Ebd.; unklar ist, worauf sich Lang konkret bezieht.

"den natürlichen Ausmerzeprozeß, dem die Homosexuellen eben durch ihre Veranlagung unterworfen sind, nicht durch irgendwelche Eingriffe, abgesehen davon, daß man einen Schutz der Normalen, insbesondere der Minderjährigen, gegen Verführung aufrechterhält",[84]

zu stören. Mit diesem "naturwissenschaftlich fundierten" Plädoyer für eine "natürliche Ausmerze" sprach sich Lang gegen "die bisherige polizeiliche und richterliche Behandlung der Homosexuellen"[85] aus, und zwar mit einem Verweis auf die Länder, in denen Homosexualität strafrechtlich nicht verfolgt werde und wo diese keineswegs stärker verbreitet sei als in Ländern mit Strafverfolgung. Bei einem Mann wie Lang, der 1929 engagiertes Gründungsmitglied des Nationalsozialistischen Deutschen Ärztebundes (NSDÄB)[86] und seit (spätestens) März 1932 Parteiführer der NSDAP in München war,[87] mochte eine Forderung nach einem "humanen Vorgehen gegen bedauernswerte Abnorme"[88] zunächst überraschen; sie erklärt sich jedoch aus seinem vorrangigen Interesse an der Rassenhygiene. Indem Lang eine genetische Ursache der Homosexualität und eine enge Verbindung zwischen Homosexualität und Schizophrenie bzw. Psychopathie postulierte, bezeichnete er die Homosexuellen als Erb- bzw. Geisteskranke. Obwohl er selbst von der Sterilisation Homosexueller abriet, schuf er mit seiner Forschung die Basis für rassenhygienische Forderungen.

Interessant ist ein abschließender Blick auf Langs weitere Vita: seinen während des letzten Krieges letzten Beitrag in einer deutschen Zeitschrift publizierte Lang m.W. 1941; seine Homosexualitätsforschung wurde zumindest bis Juni 1943 weiter gefördert[89] und scheint damit kriegswichtig gewesen zu sein. Zwei 1944 verfaßte diesbezügliche Artikel veröffentlichte er in der Schweiz.[90] Auch nach dem Krieg

---

84 Ebd.

85 Ebd.

86 Bei der Gründung des NSDÄB am 3.8.1929 durch Ludwig Liebls war Lang 2. Vorsitzender, 1930 wurde er Schriftführer, 1931 wurde er vom Vorstand wieder abgewählt. Zur politischen Zielsetzung sagte Lang im April 1930, der NSDÄB sei eine "Organisation, deren Mitglieder durch ihre naturwissenschaftliche Ausbildung besonders geeignet seien, zuerst die Berufskollegen und dann die Allgemeinheit über die 'Nationalbiologie' und ihre politische Bedeutung aufzuklären. Diese 'Schulung' sollte zum Sieg des NS beitragen". S. Fridolf Kudlien u.a.: Ärzte im Nationalsozialismus. Köln 1985, S.106. - Vgl. auch Theo Lang: Der Nationalsozialistische Deutsche Ärztebund, in: Nationalsozialistische Monatshefte, 1.Jg. 1930, H.1, S.38f.; ders.: Der Nationalsozialismus als politischer Ausdruck unserer biologischen Kenntnis, in: ebd., 1. Jg.1930, H.9, S.393-397.

87 S. Shlomo Aronson: Reinhard Heydrich und die Frühgeschichte von Gestapo und SD. Stuttgart 1971, S.318f.

88 Lang 1939a, S.412.

89 BDC, Personalakte Theo Lang. Am 29.6.1943 wurde Lang von unbekannter Seite eine (weitere) Sachbeihilfe in Höhe von 2.200 RM bewilligt. Als Verwendungszweck wurde genannt: "Unters.<uchung> über die genetische Bedingtheit von Homo- und Intersexualität".

90 Theo Lang: Beitrag zur Frage nach dem Vorkommen einer totalen fötalen Geschlechtsumwandlung beim Menschen, in: Archiv der Julius Klaus-Stiftung für Vererbungsforschung, Sozialanthropologie u. Rassenhygiene (Zürich), Bd.19 1944, S.45-52.; ders.: Zur Frage nach

war Lang vom hauptsächlich genetischen Ursprung der Homosexualität überzeugt;[91] seine auf der polizeilichen Verfolgung von Tausenden von Männern basierende Homosexualitätsforschung während des "Dritten Reichs", mit der er rassenhygienischen Forderungen gegen Homosexuelle Vorschub leistete, hat er wohl nie infragegestellt. Lang soll nach dem Krieg Leiter einer Anstalt gewesen, jedoch wegen einer TBC-Epidemie abgesetzt worden sein. Mit einer Praxiseröffnung in München habe er nicht Fuß fassen können und habe dann Selbstmord begangen.[92]

Langs These von den genetischen Ursachen der Homosexualität fand weitere Verfechter, z.B. in Klaus Jensch, tätig an der erbwissenschaftlichen Abteilung der Psychiatrischen und Nervenklinik der Universität Leipzig. Es habe nahegelegen, schreibt Jensch in seinen Artikeln zur "Genealogie der Homosexualität"[93] 1941, Homosexualität in eine ursächliche Beziehung zur Intersexualität zu setzen, "wobei Gedanken an die mitunter zu beobachtende feminine körperliche wie seelische Struktur mancher männlich Homosexueller oder an virile Stigmen lesbischer Frauen mitgesprochen haben mögen".[94]

Auch Jenschs Arbeit, die ebenfalls von der Rockefeller Foundation mitfinanziert wurde,[95] beweist die umfangreichen Homosexuellen-Karteien sowie die vorzügliche Zusammenarbeit zwischen Forschern und Gestapo, die diese Art von Forschung überhaupt erst möglich machte. Aus den von der Gestapo Breslau und Leipzig zur Verfügung gestellten Daten wählte Jensch 2072 Probanden mit "nachweislich homosexueller Betätigung" aus. Diese ergab sich nach Jensch sowohl aus dem strafrechtlichen Tatbestand, als auch aus der Zugehörigkeit der Probanden zu

---

der genetischen Struktur von Homosexuellen und deren Eltern, in ebd., Bd.20 1945, S.51-76. - In letzterem, erst nach Kriegsende veröffentlichten Artikel bedauerte Lang noch einmal, warum er in Deutschland keine Untersuchung an weiblichen Homosexuellen habe durchführen können. Aus Furcht vor einer rückwirkenden Kriminalisierung hätten lesbische Frauen "ebenso wie die männlichen Homosexuellen alles daran (gesetzt), ihre Veranlagung zu verheimlichen" (S.60). - Müller-Hill vermutet, daß Lang - wie Rüdin - Schweizer Bürger gewesen sei, deswegen eine gewisse Immunität genossen und sich zeitweise in der Schweiz aufgehalten habe (Brief an mich v. 19.8.88).

91 Theo Lang: Zum Problem der Homosexualität, in: Juristische Rundschau 1952, H.7, S.273-275. Aufgrund der seiner Meinung nach erwiesenen genetischen Bedingtheit der Homosexualität plädierte Lang für Straffreiheit, setzte aber gleichzeitig die Pathologisierung fort, indem er auf den vermeintlichen Zusammenhang zwischen Homosexualität und Schizophrenie hinwies. - Ders.: Die Homosexualität als genetisches Problem, in: Monatsschrift für Kriminologie und Strafrechtsreform (Zürich), 39.Jg. 1956, H.5/6, S.167-182.

92 S. Müller-Hill, S.131f., Aussage von Edith Zerbin-Rüdin, der Tochter Rüdins.

93 Klaus Jensch: Zur Genealogie der Homosexualität, in: Archiv für Psychiatrie u. Nervenkrankheiten, Bd.112 1941, S.527-540; ders.: Weiterer Beitrag zur Genealogie der Homosexualität, in: ebd., S. 679-696. (Positiv besprochen wurden beide Artikel Jenschs von Lange-Cosack in: Monatsschrift für Kriminalbiologie u. Strafrechtsreform 1941, H.5, S.173-175.)

94 Jensch, S.679.

95 Ebd.

bestimmten Berufen. So schien ihm das Theater ein Hort der Homosexualität zu sein:

> "Daß der Bühne nicht zu Unrecht die Perversion vorgeworfen wird, entnehmen wir, abgesehen von männlichen Homosexuellen, einer begonnenen Sammlung lesbischer Frauen, die zu einem überraschend großen Prozentsatz dem Theater angehören, dort allerdings nicht an exponierter Stelle stehen."[96]

Leider verriet Jensch keine Details über diese "Sammlung". Als dringlichste Vergleichsuntersuchung forderte auch er eine an lesbischen Frauen, die sich jedoch offenbar nicht realisiert hat. Im übrigen fand Jensch seine Ergebnisse übereinstimmend mit denen von Lang, so daß es an den genetischen Ursachen der Homosexualität keine Zweifel mehr gäbe.

Doch Langs Behauptung vom Angeborensein der Homosexualität, die auch von andern Forschern unterstützt wurde, stimmte zwar mit dem allenthalben praktizierten Biologismus, der Rückführung sozialer Probleme auf angebliche organische Ursachen, überein; allerdings war es politisch inopportun, wenn eine bei der "Herrenrasse" so weitverbreitete "Seuche" durchweg angeboren sein sollte. Auch konnte dies, wie im Fall Langs, unter Berufung auf die Rassenhygiene ungebetene Kritik an der strengen Strafverfolgung homosexueller Männer hervorrufen.

Darum blieb Langs so überzeugt vorgetragener Ansatz von höchster Stelle wie von seiten der "Kollegen" nicht unwidersprochen. So beauftragte die Reichsleitung SS das Innenministerium mit der Überprüfung der Langschen Arbeiten.[97] Das RMdI delegierte die Aufgabe an das Statistische Reichsamt, welches Langs Arbeit mit der Begründung ablehnte, daß dessen statistische Methode zur Auszählung des Geschlechtsverhältnisses unkorrekt sei.

Oberfeldarzt Otto Wuth, beratender Psychiater beim Heeres-Sanitätsinspekteur, der diesem im Juli 1940 über diesen Vorgang berichtete, hatte offenbar seinerseits ebenfalls Langs Arbeit überprüft; eine nach der Langschen Methode angestellte Untersuchung habe dessen Hypothese jedoch nicht bestätigt. Für die Nachkriegszeit kündigte Wuth weitere Untersuchungen an, die zur "endgültigen Klärung der Frage führen" sollten. Zur Auswertung stünden ihm nicht nur 6000 männliche "Ausgangsfälle", sondern auch ein nicht näher bezeichnetes "Material von 300 Fällen" an lesbischen Frauen zur Verfügung.

Öffentlich kritisiert wurde Lang von Paul Schröder, emeritierter Professor der Psychiatrie und Nervenheilkunde Leipzig, der 1940 in seinem Artikel "Homosexualität"[98] betonte, daß Homosexualität "nicht mehr bloß ein ethisches oder ein medizinisches Problem (sei), sondern ein bevölkerungspolitisches von großer Tragweite".[99] Schröder polemisierte gegen die Theorien von Ulrichs und des

---

96 Ebd., S.533f.

97 BA-MA H20/749. Schreiben des Oberfeldarztes O. Wuth an den Heeres-Sanitätsinspekteur v. 12.7.1940. Den Hinweis auf die Akte verdanke ich Günter Grau.

98 Paul Schröder: Homosexualität, in: Monatsschrift für Kriminalbiologie u. Strafrechtsreform, 31.Jg. 1940, H.10/11, S.221-234.

99 Ebd., S.233.

"sattsam bekannten" Hirschfeld. Ähnlich dienten nun seiner Meinung nach auch die Äußerungen über die Erblichkeit der Homosexualität, wie sie von Deussen oder Lang vorgebracht worden seien, zur Aufrechterhaltung der "Dritten Geschlechts"-Theorie - für Schröder ein "Musterbeispiel einer akuten geistigen Epidemie von überaus großer Infektiosität".[100] Dagegen berief sich Schröder auf Kraepelin, der den angeblich psychopathischen Charakter der Homosexuellen betont und das Angeborensein abgestritten hatte. Auch auf den prominenten Psychiater Kurt Kolle, der 1939 behauptete: "Eine Erbanlage zur Homosexualität läßt sich nicht feststellen"[101], konnte Schröder sich beziehen. Erfolg in der Bekämpfung der Homosexualität war nach Schröders Meinung nur durch die Zerstörung des "Aberglaubens an ein angeborenes drittes Geschlecht"[102] zu erwarten, auf den sich die Homosexuellen zu ihrer "Entschuldigung" beriefen - dergleichen Protest war im "Dritten Reich" jedoch längst verstummt.

In seiner Replik stützte sich Lang nun seinerseits darauf, "daß namhafte Psychiater, darunter auch Bleuler auf Grund ihrer Untersuchungen an der Angeborenheit der meisten Fälle von Homosexualität festhalten und die sich daraus ergebenen <sic> Konsequenzen ziehen".[103] In der Tat behauptete Eugen Bleuler in seinem "Lehrbuch der Psychiatrie", die Homosexualität sei "vorwiegend angeboren",[104] ohne dies jedoch weiter zu begründen. Ebenso wie Kraepelin subsumierte auch Bleuler die Homosexualität unter die Psychopathie. Anders jedoch sein "Behandlungskonzept": sollten Hypnose oder Psychoanalyse fehlschlagen, dann müsse man die "Patienten" lehren, "sich mit dem Schicksal <der Homosexualität,C.S.> abzufinden",[105] denn von den Steinachschen Methoden sei abzuraten.

Schröder ließ es sich nicht nehmen, dem Schlagabtausch eine weitere Fortsetzung hinzuzufügen.[106] Er wiederholte, daß er überhaupt nicht das von Lang "vorgebrachte Tatsachenmaterial bestreite oder bekämpfe, vielmehr seine Schlußfolgerungen daraus",[107] nämlich Langs Gleichsetzung von Inter- mit Homosexualität. Schröder bezweifelte, daß "körperlich intersexe und seelisch 'maskulinisierte' Frauen auch schon homosexuell" seien.[108] Was die Forschung einst als tatsächliche Ursachen der Homosexualität herausfinden würde, war für Schröder nebensächlich; vielmehr erschien ihm "bei der heutigen Lage der praktische Nutzen des von

---

100 Ebd.

101 Kurt Kolle: Psychiatrie. Berlin/Wien 1939, S.141.

102 Schröder, S.234.

103 Theo Lang: Bemerkungen zu dem Aufsatz "Homosexualität" von Prof. Dr. med. Paul Schröder, in: Monatsschrift für Kriminalbiologie u. Strafrechtsreform 1941, H.5, S.162-168, hier:167. Die "namhaften Psychiater" bleiben außer Bleuler jedoch ebenso ungenannt wie deren Konsequenzen.

104 Eugen Bleuler: Lehrbuch der Psychiatrie. Berlin 1943, S.419.

105 Ebd.

106 Paul Schröder: Nochmals: Homosexualität, in: Monatsschrift für Kriminalbiologie u. Strafrechtsreform 1941, H.5, S.168-171.

107 Ebd., S.169.

108 Ebd.

mir eingenommenen Standpunktes für die Durchführung staatlicher Maßnahmen <sprich: Strafverfolgung,C.S.> sowie ärztlicher und pädagogischer Einwirkungen immer noch unendlich viel größer, als der ständige Hinweis darauf, daß Teile der Homosexuellen 'Umwandlungsmännchen'"[109] seien. Schröders Stellungnahme ist ein deutliches Beispiel für die politische Instrumentalisierung der Homosexualitätsforschung im "Dritten Reich", die in erster Linie die Strafverfolgung unterstützen sollte.

Rudolf Lemkes "hormonale Störung"

Ähnlich wie Lang war auch Rudolf Lemke, Oberarzt an der Psychiatrischen und Nervenklinik der Universität Jena, von einer erblichen Ursache der Homosexualität überzeugt. Im Gegensatz zu Lang sah Lemke diese jedoch nicht in einer unspezifischen Störung des Chromosomensatzes, auch nicht in einem allgemeinen psychopathischen Defekt wie Kraepelin oder Schröder, sondern in einer spezifischen, sich verdeckt vererbenden hormonalen Störung.[110] Den Hauptsitz dieser endokrinen Störung vermutete Lemke im Hypophysen-Zwischenhirnbereich, und nicht, wie etwa Steinach, in den Keimdrüsen (Hoden) selbst.

Bei seiner Hormontheorie stützte sich Lemke u.a. auf englische Versuche. So hatte ein englisches Ärzte-Team 1938 eine Arbeit über "The Adrenal Cortex and Intersexuality"[111] veröffentlicht, die Krankengeschichten von Frauen mit "Virilismus" - als solcher wurde z.B. eine starke Körperbehaarung bezeichnet - enthielten. Acht von ihnen wurden als homosexuell klassifiziert, nicht etwa, weil sie sich selbst so bezeichneten (das war wohl nur bei einer der Fall) - sondern weil sie nach den herrschenden Geschlechtsnormen zu wenig Zuneigung für Männer an den Tag legten, unabhängig zu leben versuchten, Freude an "männlichen" Hobbies wie Gartenarbeit hatten oder ihr Haar gern kurz trugen. Die Frauen wurden einer Nebennierenentfernung(!) unterzogen. Vier hielt man danach von ihrer angeblichen Homosexualität geheilt - weil sie z.B. heirateten; eine starb "unglücklicherweise"

---

109 Ebd.

110 Rudolf Lemke: Über Ursache und strafrechtliche Beurteilung der Homosexualität. Jena 1940, S.34. Vgl. auch die positive Rezension hierzu von Riebeling in: Medizinische Klinik, 36.Jg., 1.11.1940, S.1232.

111 L.R. Broster/Clifford Allen/H.W.C. Vines u.a.: The Adrenal Cortex <Nebennierenrinde,C.S.> and Intersexuality. London 1938. - Einen Zusammenhang zwischen Nebenniere und Intersexualität hatte in ähnlicher Weise zuvor in Deutschland schon Fritz Engelmann behauptet in: Die konträre Sexualempfindung, ihre Beziehungen zur Intersexualität und ihre Beeinflussungsmöglichkeit durch die Hormone der Nebenniere, in: Archiv für Frauenkunde, Bd.19 1933, H.2/3, S.160-167.

nach der Operation, und bei den anderen drei Frauen hielt man den "Erfolg" lediglich für fraglich, obwohl sie nach der Operation Selbstmordversuche unternommen hatten.

Die festgestellten Veränderungen bei den Frauen können viel eher auf den starken sozialen Druck zurückgeführt werden; doch Lemke interpretierte die englischen Krankengeschichten als "sehr eindringliche Beispiele für innersekretorische Störungen, die von Homosexualität gefolgt waren".[112] Jedoch seien Umwelteinflüsse sehr wichtig, um die homosexuelle Anlage manifest werden zu lassen. Lemke folgerte,

> "daß die angeborene Anlage nicht zwangsläufig zur homosexuellen Betätigung führen muß. Jeder Mensch hat die Pflicht, sich mit seinen Erbanlagen auseinanderzusetzen, und der homosexuell Veranlagte kann davon nicht ausgenommen werden."[113]

Weiter stützte sich Lemke auf seine Erfahrungen mit homosexuellen Männern an der Jenaer Klinik, die von dem späteren Euthanasie-Gutachter Berthold Kihn geleitet wurde, und auf seine Arbeit als Gerichtsgutachter. Schon der Titel seines diesbezüglichen Hauptwerks - "Über Ursache und strafrechtliche Beurteilung der Homosexualität" - verdeutlicht die enge Wechselwirkung, die Lemke zwischen Ätiologieforschung und "Praxis" sah. Aufgabe der Ärzte und Psychiater sei es herauszufinden, "welcher Weg auf Grund der neueren Forschungen in der Unterdrükkung der Homosexualität am erfolgreichsten erscheint".[114] Er forderte ein umfassendes Vorgehen:

> "Die strafrechtliche Bekämpfung der Homosexualität allein wird nicht genügen, die Homosexuellen bedürfen medizinischer Behandlung, der Fürsorgemaßnahmen und der rassenhygienischen Betreuung. Nur so wird es möglich sein, ihre Gefährlichkeit für die völkische Gemeinschaft zu verringern."[115]

Auf konkrete Details, bspw. zur geforderten "rassenhygienischen Betreuung", verzichtete Lemke jedoch.

Die "Gefährlichkeit" der Homosexualität bestand für Lemke in zweifacher Hinsicht:

> "Nicht allein weil die Homosexuellen meist von der Fortpflanzung ausscheiden, vor allem weil sie vorwiegend an Jugendliche herantreten, die in ihrem Triebleben noch nicht ausgereift und daher leicht zu beeinflussen sind."[116]

Diese "Verführungs"gefahr galt jedoch offenbar nicht bei lesbischen Frauen. Das "Leiden", die Homosexualität, sei bei Frauen sogar vermutlich verbreiteter, da das Hormonsystem der Frau labiler sei; außerdem werde weibliche Homosexualität, so stellte er verharmlosend fest, "nicht durch die gesellschaftliche Ächtung, durch das

---

112 Lemke 1940, S.29.
113 Ebd., S.35.
114 Ebd.
115 Ebd., S.36.
116 Ebd., S.2.

Strafgesetz aufgehalten".[117] Die Sexualität der Frau werde viel mehr als beim Mann von äußeren Faktoren bestimmt - Enttäuschungen, Furcht vor Schwangerschaft u.a. - so daß es sich bei lesbischen Frauen viel öfter um "Pseudohomosexuelle" handle.

In einem kurze Zeit darauf, im Dezember 1940, erschienenen Artikel[118] formulierte Lemke, warum die weibliche Homosexualität nicht "sozial gefährlich" sein sollte: "Die geringere Aktivität der Frau setzt die soziale Gefährlichkeit ihrer homosexuellen Neigung sehr herab", und als Hauptargument führte er an, daß Frauen seltener als Männer Jugendliche "verführten": "Wir sehen hier <bei lesbischen Frauen,C.S.> häufiger Liebesbeziehungen unter Gleichaltrigen entstehen, die Bindung ist tiefer und manchmal mit einer echten Freundschaft verbunden."[119] Aus diesem Grunde hielt Lemke auch offenbar eine strafrechtliche Verfolgung lesbischer Frauen für überflüssig, und die als so erfolgreich beschriebene Nebennierenentfernung hielt er wegen der "sozialen Ungefährlichkeit" lesbischer Frauen wohl nicht für erforderlich.

Dagegen spekulierte er angesichts rückfälliger homosexueller Männer, "ob nicht eine weitere homosexuelle Betätigung durch eine strengere erste Strafe hätte vermieden werden können".[120] Anstelle einer Bestrafung wiederholt Rückfälliger forderte er stattdessen als "Fürsorgemaßnahme" ihre Internierung in Heil- und Pflegeanstalten, womit diese Männer leicht der Euthanasie zum Opfer gefallen wären. Eine ursächliche Behandlung der Homosexualität, "eine Umstimmung der endokrinen Verhältnisse"[121] gäbe es - noch - nicht. Stattdessen setzte Lemke, der nach dem Krieg in der DDR Karriere machte, auf die "erzieherische Wirkung"[122] der Strafverfolgung homosexueller Männer.

Hans Bürger-Prinz' "Süchtigkeits"-Modell

Vehement kritisiert wurde Lemkes Hormonansatz von dem Schröder-Schüler und Psychiater Hans Bürger-Prinz (1897-1976), der sich mit Lemke einen mehrmaligen schriftlichen Schlagabtausch lieferte. Bürger-Prinz hatte sich schon vor Erscheinen

117 Ebd., S.35.

118 Rudolf Lemke: Neue Auffassungen zur Pathogenese, Klinik und strafrechtlichen Stellung der männlichen und weiblichen Homosexualität, in: Medizinische Klinik, 36.Jg., Dezember 1940 (=1940a), S.1355-1357.

119 Ebd., S.1357.

120 Lemke 1940, S.41.

121 Ebd., S.42.

122 Ebd., S.41.

von Lemkes Arbeit 1940 mit dem "Problem" der Homosexualität beschäftigt und in der von ihm mitherausgegebenen "Monatsschrift für Kriminalbiologie und Strafrechtsreform" Artikel darüber veröffentlicht.[123] Interessant ist Bürger-Prinz schon aufgrund seiner einflußreichen Stellung als Direktor der Psychiatrischen Universitätsklinik Hamburg ab 1936/37, seiner Tätigkeit als Experte der Gerichtspsychiatrie, wo er die Abschaffung von Milderungsgründen für psychisch kranke Angeklagte forderte, und anderer wichtiger Funktionen.[124] Bürger-Prinz, Parteimitglied seit Mai 1933,[125] von dem es hieß, er habe sich "aus innerer Überzeugung für den NS-Staat" eingesetzt,[126] setzte nicht nur nach 1945 seine psychiatrische Karriere unbeschadet fort. Er spielte auch eine bedeutende Rolle in der Nachkriegs-Sexualwissenschaft - eine Tatsache, die bisher kaum problematisiert wurde.

Alles, was über die Vererbung der Homosexualität gesagt worden sei, schien Bürger-Prinz "unverbindlich und lediglich statistisch"[127] und er forderte, nicht von Homosexualität, sondern nur von homosexueller Betätigung zu reden. Verwende man den Begriff "Homosexualität", ziehe dies unweigerlich die wenig sinnvolle Frage "angeboren oder erworben" nach sich. Bürger-Prinz lehnte sowohl ein ausschließlich konstitutionsbiologisches wie auch ein psychologisches Modell ab. Was er als ganz "neuen Ansatz" pries, war an der anthropologischen Psychiatrie orientiert, die mit den von den Psychiatern Strauß und Gebsattel eingeführten Begriffen der "Deformierung" und der "Süchtigkeit" operierte.[128]

Konsequenterweise attackierte Bürger-Prinz, der sich mehrmals auf Gebsattel berief und den "Süchtigkeitscharakter" der Homosexualität hervorhob, Lemkes Hormonansatz. In seinem Artikel "Über das Problem der Homosexualität"[129] bedauerte er, daß seine in der Psychiatrischen Universitätsklinik Hamburg gemeinsam mit dem Klinikassistenten Fontheim durchgeführten "ausgedehnten Studien

---

123 Hans Bürger-Prinz: Betrachtungen über einen Homosexuellenprozeß, in: Monatsschrift für Kriminalbiologie u. Strafrechtsreform, 29.Jg. 1938, H.7, S.333-336; ders.: Gedanken zum Problem der Homosexualität, in: ebd., 30.Jg. 1939, H.9, S.430-438; ders./H. Weigel: Über den Transvestitismus bei Männern, in: ebd., 31.Jg. 1940, H.6, S.125-143. Diese Untersuchung wurde noch in Leipzig in der damals von Paul Schröder geleiteten Psychiatrischen Klinik durchgeführt, und zwar zumindest teilweise noch vor 1933 (Bürger-Prinz war seit 1931 als Oberarzt in Leipzig). Der Artikel bezieht sich jedoch nur indirekt auf Homosexualität.

124 Zur Karriere von Bürger-Prinz vgl. Karl Heinz Roth: Großhungern und Gehorchen. Der Aufstieg des Psychiaters Hans Bürger-Prinz, in: Hg. Ebbinghaus u.a., S.130-135; sowie Klee 1986, S.145f., 167, 313.

125 BDC, Personalakte Hans Bürger-Prinz. Bürger-Prinz trat am 1.5.1933 in die NSDAP ein. Seine Personalakte enthält einen bis 1944 reichenden, von ihm verfaßten Lebenslauf sowie ein Arbeitsverzeichnis mit 89 angeführten Schriften.

126 Roth 1984, S.131.

127 Bürger-Prinz 1939, S.433.

128 S. Klaus Pacharzina/Karin Albrecht-Désirat: Die Last der Ärzte. Homosexualität als klinisches Bild von den Anfängen bis heute, in: Hohmann 1977, S.97-112.

129 Bürger-Prinz: Über das Problem der Homosexualität, in: Monatsschrift für Kriminalbiologie u. Strafrechtsreform, 32.Jg. 1941(=1941a), H.1, S.32-39. Vgl. auch die positive Rezension hierzu v. Alexander Pilcz in: Der Nervenarzt, Bd.14 1941, S.522f.

über Homosexualität"[130] durch den Krieg unterbrochen worden seien. Während Bürger-Prinz sich über Details dieser Arbeit ausschwieg, gab er Hinweise auf ihren beachtlichen Umfang. Er sprach von "mehreren Hundert" ihm bekannten Fallgeschichten und von "den letzten 170 wegen homosexueller Betätigung kriminell gewordenen Männern",[131] die er untersucht habe, was wieder einmal die enge Zusammenarbeit zwischen Medizinern und Verfolgungsbehörden belegt.

An Lemkes Arbeit wies Bürger-Prinz besonders den vermuteten Bezug zwischen der Erbanlage für Homosexualität und der für Schizophrenie zurück, ebenso Lemkes Koppelung von Homosexualität und Zwangsneurose. Man müsse es sich abgewöhnen, "bei so außerordentlich komplexen Erscheinungen, wie sie die menschliche Sexualität darstellt, nach dem Schema irgendeines klar umschreibbaren Merkmals wie z.B. der Spaltfingrigkeit zu denken".[132] Wie Lemke und Schröder sprach jedoch auch Bürger-Prinz von der Homosexualität als einem "psychopathischen Syndrom".[133]

Die von Bürger-Prinz geforderte Verwendung des Begriffs der homosexuellen Betätigung - statt der homosexuellen Persönlichkeit - bedeutete eine noch stärkere Ausdehnung, die potentiell jeden Mann treffen konnte, als sie ohnehin bereits nach §175 praktiziert wurde. Einer weiteren Strafverschärfung, wie bspw. Klare sie gefordert hatte, mochte Bürger-Prinz sich nicht explizit anschließen; sie stelle "nur einen kleinen Teil der notwendigen erzieherischen Maßnahmen dar", schrieb er in einer Kritik[134] an Klares "Homosexualität und Strafrecht". Er forderte dagegen ein differenziertes Strafsystem, das flexibel genug sei, um auf die auch von ihm praktizierte Unterscheidung zwischen "wertvollen" und "wertlosen" Homosexuellen zu reagieren - eine Unterscheidung, die von den meisten Psychiatern, Medizinern u.a. geteilt wurde.

Wie bei fast allen andern Forschern spielte auch bei Bürger-Prinz weibliche Homosexualität eine untergeordnete Rolle; ihre wissenschaftliche Erforschung sei sogar "zunächst abzulehnen":

> "Sie <die weibliche Homosexualität,C.S.> ist praktisch erheblich weniger wichtig, und erst die Klärung der Frage beim Manne macht den Einblick in die mit Bezug auf das Weib gegebenen Probleme möglich. Wenn überhaupt schon etwas ausgesagt werden soll, dann ist sich alles darin einig, daß die Erlebnisformen des Weibes viel diffuser, unklarer, schwerer fixierbar sind als beim Manne."[135]

---

130 Bürger-Prinz 1941a, S.32.
131 Ebd., S.35f.
132 Ders. 1941a, S.36f.
133 Ders. 1938, S.333.
134 Ders., in: Monatsschrift für Kriminalbiologie u. Strafrechtsreform 1938, H.1, S.57.
135 Ders. 1939, S.431.

"Der Volksgemeinschaft ein nützliches Glied erhalten": Das Institut für Psychotherapie

Nach der Erblichkeits-Theorie und dem psychiatrischen Psychopathie-Ansatz war eine weitere wesentliche Position in der Homosexualitätsforschung die Milieutheorie, die Homosexualität als erworben klassifizierte und deren prinzipielle Heilbarkeit durch psychotherapeutische Maßnahmen betonte. Einflußreicher Befürworter dieses Ansatzes war der bereits erwähnte Herbert Linden, Ministerialrat in der Gesundheitsabteilung des Reichsinnenministeriums und administrativ für die Durchführung der Sterilisation und Euthanasie zuständig. In einer vom Reichsjustizministerium veranstalteten Fortbildungswoche für Staatsanwälte und Strafrichter im Januar 1938 äußerte er sich zur "Bekämpfung der Sittlichkeitsverbrechen mit ärztlichen Mitteln".

Linden betonte den Zusammenhang zwischen Medizin und Strafrecht: es sei Aufgabe des Arztes, "die Ursachen des Verbrechertums zu erforschen, Gesichtspunkte zu finden, nach denen die Böcke von den Schafen gesondert werden können".[136] Dagegen sei es Aufgabe des Juristen, "sich über die Bedeutung von Erbanlage und Umwelt klar zu werden", und zwar anhand von "ärztlichen Ratschlägen".[137] Linden, selbst Psychiater, meinte - dabei u.a. die Langschen Ergebnisse kritisierend, die er "noch nicht so statistisch mathematisch gesichert" sah: "Ein Beweis, daß die Homosexualität erblich und damit schicksalsbedingt sei, ist damit nicht erbracht."[138] Nur die "Tatsache einer erblichen geistigen Abwegigkeit (Psychopathie)" disponiere "wirklich in einem gewissen Ausmaß zur Homosexualität".[139]

Als wichtigstes ärztliches Mittel zur Bekämpfung der Homosexualität nannte Linden die Psychotherapie: "Juristen und Ärzte (sollten) wissen, daß die Psychotherapie Ersprießliches leisten kann."[140] Nach den Erfahrungen der Psychotherapeuten ließen sich "bei fast allen Homosexuellen frühe, wenn auch verschüttete heterosexuelle Tendenzen nachweisen".[141] Eine psychotherapeutische Behandlung setze allerdings eine "Mitarbeit des Behandelten und einen Heilungswillen voraus".[142] Linden verwies in seinem Vortrag auf die diesbezüglichen "Erfolge" des "Deutschen Instituts für psychologische Forschung und Psychotherapie". Eine Umfrage unter den Mitgliedern des Instituts habe ergeben, "daß in den letzten 15

136 Linden, S.405.
137 Ebd., S.406.
138 Ebd., S.412.
139 Ebd., S.413.
140 Ebd., S.415.
141 Ebd., S.412.
142 Ebd., S.414.

Jahren von 60 deutschen Psychotherapeuten 510 homosexuelle Patienten und Patientinnen behandelt worden"[143] seien.

Lindens Befürwortung der Psychotherapie war in einer Zeit, in der biologistische Ansätze Hochkonjunktur hatten, zumindest auf den ersten Blick erstaunlich. Wie läßt sich das Interesse des NS-Staats an der Psychotherapie erklären? Ein Blick auf die Geschichte der Psychotherapie[144] und ihre Institutionalisierung, die 1936 mit der Gründung des "Deutschen Instituts für psychologische Forschung und Psychotherapie" begann, ist nötig, um verstehen zu können, welche politischen Vorteile die Psychotherapie im Gegensatz zur Erbbiologie bot.

Nach 1933 bestand die große "Gefahr" für die noch nicht etablierte Psychotherapie darin, daß sie mit der "jüdischen" Psychoanalyse assoziiert wurde, die aufgrund ihrer Erforschung des Unbewußten und aufgrund ihrer intensiven Beschäftigung mit Sexualität dem Nationalsozialismus suspekt sein mußte. Viele nichtjüdische Psychoanalytiker versuchten deshalb den NS-Staat von der Nützlichkeit einer in jeder Hinsicht "arisierten" Psychoanalyse zu überzeugen. So schrieb bspw. der Psychoanalytiker Carl Müller-Braunschweig (1881-1958) 1933 in seinem Artikel "Psychoanalyse und Weltanschauung", nachdem er sich von den jüdischen Analytikern scharf abgegrenzt hatte:

> "Die Psychoanalyse bemüht sich, unfähige Weichlinge zu lebenstüchtigen Menschen, <...> ihren Triebimpulsen Ausgelieferte zu solchen, die ihre Triebe zu beherrschen vermögen, <...> am Ganzen des Lebens Uninteressierte zu Dienern des Ganzen umzuformen. Dadurch leistet sie eine hervorragende Erziehungsarbeit und vermag den gerade jetzt neu herausgestellten Linien einer heroischen, realitätszugewandten, aufbauenden Lebensauffassung wertvoll zu dienen."[145]

Diese Sätze bildeten den Auftakt für die in den folgenden Jahren von vielen nichtjüdischen Mitgliedern der Deutschen Psychoanalytischen Gesellschaft (DPG) mitgetragenen "Arisierung" der Psychoanalyse in personeller, materieller und ideologischer Hinsicht. Dabei mußten die Psychotherapeuten ihre Berufsinteressen mit der NS-Ideologie identifizieren. Indem die Psychotherapeuten die psychiatrische Erklärung von der Neurose als körperlicher Krankheit ablehnten, erwiesen sie sich flexibler als die Psychiater mit ihrer starren Fixierung auf organische Ursachen. Und genau dies war die "Chance" für die Psychotherapie und führte, trotz der Konkurrenz zur traditionellen Psychiatrie, 1936 zur Gründung des "Deutschen Instituts für psychologische Forschung und Psychotherapie".

---

143 Ebd.

144 Zur Geschichte der Psychotherapie im Nationalsozialismus s. Karen Brecht u.a. (Hg.): "Hier geht das Leben auf eine sehr merkwürdige Weise weiter..." Zur Geschichte der Psychoanalyse in Deutschland. Hamburg 1985. - Geoffrey Cocks: Psychotherapy in the Third Reich. The Göring Institute. New York/Oxford 1985. - Regine Lockot: Erinnern und Durcharbeiten. Zur Geschichte der Psychoanalyse und Psychotherapie im Nationalsozialismus. Frankfurt/M. 1985. - Hans-Martin Lohmann: Psychoanalyse und Nationalsozialismus. Beiträge zur Bearbeitung eines unbewältigten Traumas. Frankfurt/M. 1984.

145 Carl Müller-Braunschweig: Psychoanalyse und Weltanschauung (1933), nachgedruckt in: Lohmann, S. 109-112, hier:111f.

Das Institut stand unter Leitung von Mathias Heinrich Göring (1879-1945) und wurde deshalb auch Göring-Institut genannt. M.H. Göring war ein Vetter von Hermann Göring und Vorsitzender der im September 1933 gegründeten Deutschen Allgemeinen Ärztlichen Gesellschaft für Psychotherapie. Mit zum Institut gehörte die von den jüdischen Mitgliedern "gesäuberte" DPG, die auch nach dem offiziellen Verbot im November 1938 unter der neutralen Bezeichnung "Arbeitsgruppe A" ein wichtiger Bestandteil des Instituts bis 1945 blieb.

In einer Zeit, in der der erbbiologische Ansatz in der Homosexualitätsforschung zumindest umstritten war, behauptete die Psychotherapie, daß "psychische Störungen" - zu denen auch die Homosexualität gezählt wurde - prinzipiell heilbar seien. Darauf hatte ja auch Herbert Linden, oberster Dienstherr des Göring-Instituts, Vorstandsmitglied und verantwortlich für die Integration des Instituts in das NS-System, in seinem Vortrag im Januar 1938 hingewiesen. Von den erwähnten 510 PatientInnen wurden 341 als "geheilt" bezeichnet, was eine Erfolgsquote von immerhin über 70% bedeutete. Das mußte und sollte imponieren, vor allem, wenn man das Ergebnis mit anderen Behandlungsmethoden und deren fragwürdigen Erfolgen verglich. Zur Manipulation von Massen war die Psychotherapie allerdings nicht geeignet; auch Linden sah die Erfolgsziffer "im Verhältnis zu der Zahl der sexuell Abwegigen als gering"[146] an.

Leider sind keine Details über die bis 1938 durchgeführten psychotherapeutischen "Behandlungen" bekannt;[147] lediglich eine statistische Bilanz über die Zeit von Oktober 1937 bis September 1938 wurde im "Zentralblatt für Psychotherapie", dem Organ der psychotherapeutischen Gesellschaft, veröffentlicht.[148] Darin heißt es über die dem Institut einverleibte Poliklinik - ursprünglich eine Gründung des Berliner Psychoanalytischen Instituts (BPI) -, es seien dort 259 neue Patienten in die Sprechstunde gekommen; davon wurde bei 13 Homosexualität diagnostiziert, die unter der Rubrik "Perversionen" verzeichnet wurden. Auch die Rolle, die Homosexualität in der theoretischen und praktischen Arbeit des Instituts bis 1945 spielte, kann heute nur noch bruchstückhaft rekonstruiert werden.[149]

Im Gründungsjahr des Göring-Instituts, 1936, erschien die "ärztliche Wegweisung" des Psychotherapeuten und Institutsmitglieds Hans v. Hattingberg (1879-1944) "Über die Liebe".[150] Im Kapitel "Die Gleichlinge", so seine Neuschöpfung

---

146 Linden, S.414.

147 Zum einen, da sie vermutlich der Schweigepflicht unterlagen, zum andern, weil bei Kriegsende die meisten Unterlagen des Instituts vernichtet wurden, da M.H. Göring darauf bestanden hatte, das Institutsgebäude bis zur letzten Kriegsminute zu "verteidigen".

148 Bericht der Landesgruppe Deutschland, in: Zentralblatt für Psychotherapie, Bd.12 1940, H.1, S.2-5. - Regine Lockot stellte mir freundlicherweise ihre Sammlung des Zentralblatts zur Verfügung.

149 Weder konnten sich die ehemaligen Mitarbeiterinnen der inzwischen verstorbenen, für die Homosexualitätsarbeit Hauptverantwortlichen - Boehm, Schultz, Kalau vom Hofe - an nähere Details erinnern; noch legten die Verbände der Psychotherapeuten und -analytiker nach dem Krieg besonderen Wert auf eine umfassende Aufarbeitung ihrer Vergangenheit.

150 Hans v. Hattingberg: Über die Liebe. Eine ärztliche Wegweisung. München 1936. - Nähere

für Homosexuelle, stellte er fest, daß die Ursachenfrage in der Homosexualitätsforschung zwar "noch nicht endgültig entschieden"[151] sei. Er ging jedoch davon aus, daß es sich in den allermeisten Fällen bei der Homosexualität um eine Neurose, um eine seelische Entwicklungsstörung handle, die durch "seelische Behandlung", also Psychotherapie, heilbar sei.

Die Homosexuellen blieben auf einer (pubertären) Entwicklungsstufe stehen und schafften "nicht den entscheidenden Schritt zu dem am meisten anderen".[152] Als entscheidende Voraussetzung für das Gelingen dieses "Schritts" nannte Hattingberg die "*Übernahme der Geschlechtsrolle* <...>, der zufolge alle jene Charaktereigenschaften geächtet werden müssen, welche als zum Gegengeschlecht gehörig gelten".[153] Die Übernahme der Geschlechtsrolle und damit auch der Heterosexualität sei dann entscheidend gefährdet, "wo der junge Mensch sich 'als Homosexueller' erkennt und sich damit zu einer anderen Wertordnung bekennt".[154] Geschickt auf die möglichen negativen Konsequenzen verweisend, die aus dem Erblichkeits-Ansatz gezogen werden konnten, kritisierte er:

> "Überflüssig zu betonen, welche gefährliche Rolle hier die moderne Literatur spielen kann. Es müssen durchaus nicht Schriften 'aus dem anderen Lager' sein; auch streng wissenschaftliche Abhandlungen (die Erklärung der Homosexualität als einer Anlage) können den gleichen Dienst tun."[155]

Wie sehr auch Hattingbergs Neurosentheorie durch die politisch-strafrechtlichen Verhältnisse beeinflußt wurde, zeigte sich in seiner unterschiedlichen Einschätzung der männlichen und der weiblichen Homosexualität. Die weibliche Homosexualität sei "weniger gefährlich", da "die Mehrzahl der 'Lesbierinnen' zu der Gruppe der Auch-Homosexuellen"[156] gehöre, also zu den Bisexuellen, die auch sexuelle Beziehungen zu Männern pflegten - schon des Intellekts wegen, den Hattingberg selbstsicher mit dem männlichen Geschlecht gleichsetzte. Die "Ungefährlichkeit" lesbischer Frauen bestand für Hattingberg außerdem darin, "daß Ansammlungen von lesbisch orientierten Frauen durch eine fast kindliche Naivität etwas Rührendes und jedenfalls nichts Abstoßendes haben, wie oft ähnliche Zusammenkünfte unter Männern".[157] Es werde behauptet, schrieb Hattingberg weiter, daß Homosexualität unter Frauen "heute im Zunehmen begriffen sei":

> "Wo es sich um eine Elite von Frauen handelt, die im Kampfe stehen (und das ist heute möglich, weil die Frau auf der ganzen Welt zum Geist erwacht), sollte man der

---

Angaben zur Person v. Hattingbergs s. Cocks, S.68-72.

151 V. Hattingberg, S.68.

152 Ebd., S.73,

153 Ebd., S.70, Hervorheb.i.Org.

154 Ebd., S.74.

155 Ebd.

156 Ebd., S.81.

157 Ebd.

Erscheinung die gleiche Würdigung widerfahren lassen wie bei den Männerbünden".[158]

Unklar ist, ob mit der "Würdigung" die Ausdehnung des §175 auf Frauen gemeint war.

Johannes Heinrich Schultz

Als Alternative zur Erbbiologie stellte 1937 Johannes Heinrich Schultz (1884-1970)[159] in Erwiderung auf einen von Langs bekannten Artikeln die Psychotherapie vor.[160] Schultz, enger Mitarbeiter von Göring, Leiter der Poliklinik des Instituts und Begründer des autogenen Trainings, kritisierte, daß mit der Langschen Annahme vom "Umwandlungsmännchen" die "alte 'Urning'-Theorie von der 'Weiberseele im Männerkörper' für einen gewissen Prozentsatz <...> der Homosexuellen aus der Sphäre romantischer Fantasie in die Fundamentalität biologischer Gesetzlichkeit überführt"[161] werde. Ob eine solche "echte" Homosexualität einer Behandlung zugänglich sei, und ob es "überhaupt verantwortbar sein würde, solches zu unternehmen",[162] ließ Schultz dahingestellt sein. Die Langschen Untersuchungsergebnisse schienen Schultz auch anders interpretierbar zu sein:

> "Betrachten wir - entsprechend der Auffassung der Kernneurosen als einer unter bestimmten erblichen Voraussetzungen etablierten Tiefenstörung der Persönlichkeitsentwicklung - die *homosexuelle Tendierung als Entwicklungsstörung der Liebesfähigkeit*, so finden wir als banalste Kinderschicksalssituation das *männliche Einzelkind* mit der *'bösen, kalten' Mutter* und dem *'guten, weichen' Vater* <...>."[163]

---

158 Ebd.

159 Nähere Angaben zur Person s. Cocks, S.72-76.

160 Johannes Heinrich Schultz: Bemerkungen zu der Arbeit von Theo Lang über die genetische Bedingtheit der Homosexualität, in: Zeitschrift für die gesamte Neurologie u. Psychiatrie, Bd.157 1937, S.575-578. Vgl. auch Schultz' Antwort auf die Anfrage "Homosexuelle Veranlagung oder verweichlichende Erziehung?" in: Die medizinische Welt, 23.5.1936, S.761. Das abweichende Verhalten eines 8jährigen Jungen erklärte Schultz hier mit einer "Feminisierung durch Mutterbindung", die jedoch durch "eine gründliche fachärztliche Beratung" zu beheben sei.

161 Schultz 1937, S.575.

162 Ebd.

163 Ebd., Hervorheb.i.Org. - Vgl. auch J.H. Schultz: Vorschlag eines Diagnose-Schemas, in: Zentralblatt für Psychotherapie, Bd.12 1940, H.2/3, S.132-161. In diesem Diagnose-Schema, das von mehreren Mitgliedern des Instituts unter Leitung von Göring erarbeitet wurde, wurden homosexuelle Männer und Frauen unter "manifest sexuellgestörte Persönlichkeiten" bzw. den Oberbegriff "neurotische Persönlichkeiten ('Charakterneurosen', 'Kernneurosen')" subsumiert

So käme es zu einer "Liebesfestlegung auf die eigene Person und die Person des Vaters";[164] analog bei der lesbischen Frau auf die Person der Mutter.

Neben der bösen Mutter als Ursache bei Einzelkindern sah Schultz als zweite Variante den Typ des "lieben Brüderchens",[165] der aus einer überwiegend oder nur aus Brüdern bestehenden Geschwisterschaft stamme und dem wohl dadurch der Weg zum andern Geschlecht unüberwindbar sein sollte.[166] In einer abschließenden rhetorischen Verbeugung vor der Erbbiologie meinte Schultz 1937 noch, "erbhygienische Fürsorge und psychotherapeutischer Persönlichkeitsaufbau (seien) unzertrennliche Bundesgenossen".[167] Dies lief auf eine Teilung der Beute hinaus, wobei die Mehrheit der "brüdergeschädigten" homosexuellen Männer der Psychotherapie anheim fallen sollte, während die wenigen erblich "Geschädigten" der "erbhygienischen Fürsorge" preisgegeben wurden. Diesen Anspruch bekräftigte Schultz 1940 in einer im Zentralblatt veröffentlichten Rezension[168] von Langs Arbeit.

Schultz wiederholte seine Theorien in seinem 1940 erschienenen Buch "Geschlecht, Liebe, Ehe", das zum Bestseller wurde, folgendermaßen: "Die Gründe, warum ein Mann sich nur für männliche, eine Frau sich nur für weibliche Wesen zärtlich und sinnlich interessieren kann, sind tiefliegende seelische Entwicklungsstörungen<...>."[169] Die Verbeugung vor dem "Bundesgenossen Erbbiologie" unterblieb diesmal; das Allheilmittel sollte nun Psychotherapie heißen:

> "Fehlhaltungen auf dem Gebiete des Liebeslebens, sogenannte Perversionen, sind grundsätzlich immer durch eine entsprechende fachärztliche seelische Krankenbehandlung (Psychotherapie) *heilbar*, und das um so mehr, je mehr sie sich bei einem sonst völlig gesunden und vollwertigen Menschen durch tragische *Schicksalsverwicklungen*, besonders der *Kindheit*, einstellen."[170]

(S.159).

164 Schultz 1937, S.576.

165 Ebd.

166 Darauf entgegnete Lang in "Weiterer Beitrag zur Frage nach der genetischen Bedingtheit der Homosexualität" (Zeitschrift für die gesamte Neurologie u. Psychiatrie, Bd.157 1937, S.557-574), es hätten sich nur 10% Einzelkinder feststellen lassen, ein Prozentsatz, der nicht auffallend hoch sei. Auch Schultz' Vermutung von überwiegend männlichen Geschwisterreihen ließe sich anhand seines Materials nicht belegen.

167 Schultz 1937, S.578.

168 Rezension von Johannes Heinrich Schultz, in: Zentralblatt für Psychotherapie, Bd.12 1940 (=1940a), H.2/3, S.181-183. Darin kritisierte Schultz noch einmal Langs "z.T. recht hypothesenreiche Deutungen".

169 Johannes Heinrich Schultz: Geschlecht, Liebe, Ehe. Die Grundtatsachen des Liebes- und Geschlechtslebens in ihrer Bedeutung für Einzel- und Volksdasein. München ^{2}1941, S.97.

170 Ebd., S.98, Hervorheb.i.Org.

Felix Boehm

Bei der Homosexualitätsforschung des Instituts spielte der Psychoanalytiker Felix Boehm (1881-1958), der schon in den 20er Jahren regelmäßig Arbeiten zur Homosexualität publiziert hatte,[171] eine wichtige Rolle. Boehm arbeitete bereits seit 1920 an der Poliklinik des Berliner Psychoanalytischen Instituts, war dort von 1923 bis 1936 Dozent und wesentlich an der Integration des BPI in das Göring-Institut beteiligt.

Im Sommer 1933 übernahm er als Nichtjude den Vorsitz der Deutschen Psychoanalytischen Gesellschaft, den er bis zu deren Auflösung 1938 behielt; danach war er Vorsitzender der psychoanalytischen "Arbeitsgruppe A". Nach der gescheiterten Übernahme des Wiener Psychotherapeutischen Instituts durch das Göring-Institut verlor Boehm zwar seinen dortigen Schriftführerposten und wurde in seiner Lehranalysetätigkeit eingeschränkt, arbeitete jedoch weiter zur Homosexualität[172] und war ab 1940 u.a. zuständig für die Erhebung und Bearbeitung von Katamnesen.[173]

In einem nichtveröffentlichten, institutsinternen Manuskript hatte sich Boehm im Februar 1938 zur "Bekämpfung der Homosexualität in Deutschland"[174] geäußert. Darin behauptete er zur Ursachenfrage: "Wissenschaftliche Arbeiten über die Frage, ob es eine wirklich angeborene Homosexualität gibt, haben noch nicht zu einem abschließenden Urteil geführt."[175] Wie zuvor Linden in seinem Vortrag meinte auch Boehm, daß in das Institut "keine Homosexuellen zur Behandlung gekommen sind, bei denen sich nicht frühe, wenn auch verschüttete, heterosexuelle Tendenzen nachweisen liessen". Im Unterschied zu den meisten anderen Forschern warnte Boehm davor, "die Gefahr der weiblichen Homosexualität nicht zu unterschätzen im Sinne einer Entfremdung für die spätere Aufgabe als Frau und Mutter."[176]

In einem Rundschreiben an die Mitglieder des Instituts vom Dezember 1939 teilte Boehm den TherapeutInnen mit, daß die unter Leitung von Hattingberg stehende Forschungsabteilung des Instituts ihm den Auftrag erteilt habe, "die Erfah-

---

171 Vgl. Felix Boehm: Schriften zur Psychoanalyse. München 1978.

172 Veröffentlicht wurde davon - jedenfalls im Zentralblatt - nur wenig; z.B. eine Kritik an Lemkes "Über Ursache und strafrechtliche Beurteilung der Homosexualität", in: Zentralblatt für Psychotherapie, Bd.14 1942, S.119-124.

173 Felix Boehm: Erhebung und Bearbeitung von Katamnesen, in: Zentralblatt für Psychotherapie, Bd.14 1941, H.1/2, S.17-25. Zu Boehms Tätigkeiten vgl. Hg. Brecht u.a., S.154-157.

174 Im Schriftenverzeichnis bei Boehm 1978, S.317, trägt dieses Manuskript die Bezeichnung: "Betrifft: Bekämpfung der Homosexualität in Deutschland. Deutsches Institut für Psychologische Forschung und Psychotherapie (Berlin), 23.2.1938, 10 S. (Manuskript, wohl Arbeitspapier)." Das Manuskript befindet sich im Besitz der Erben Boehms, wurde mir aber leider nicht zur Verfügung gestellt. - Zwei kurze Auszüge aus dem Dokument sind - allerdings mit abweichendem Datum v. 28.2.1938 - abgedruckt in Hg. Brecht u.a., S.155.

175 Boehm 1938, zit.n. Hg. Brecht u.a., S.155.

176 Ebd.

rungen sämtlicher Mitglieder unseres Institutes auf diesem Gebiete <der Homosexualität,C.S.> weiter zu sichten und wissenschaftlich auszuwerten."[177] Boehm bat die TherapeutInnen alles, was diesen in den Behandlungen von Homosexuellen aufgefallen sei, ihm für ein "ausführliches Sammelreferat" mitzuteilen. Im Februar 1940 mahnte Boehm die "verehrten Kollegen" noch einmal, ihm die gewünschten Mitteilungen zu machen; es seien "bis jetzt sehr wenig Antworten auf meine Anfrage eingetroffen, sodaß die Arbeit in der von Dr. von Hattingberg geleiteten Forschungsabteilung nicht genügend gefördert werden kann".[178] Ob der angekündigte ausführliche Bericht über die Homosexualitätsforschung am Institut je geschrieben wurde, ist heute nicht mehr bekannt.

Die praktische Arbeit am Institut ging jedoch weiter. (Spätestens) 1940 wurde ein Forschungsprojekt Homosexualität gegründet. Die "Frage der Homosexualität" sollte "in einem kleinen Arbeitsausschuß in Angriff genommen werden", zu dem die Institutsmitglieder Kalau vom Hofe, Boehm, Heyer, Rittmeister, Schultz, Schultz-Hencke, Vetter und Hattingberg gehörten.[179] Dabei handelte es sich um einen Forschungsauftrag, der entweder direkt oder indirekt von NS-Behörden initiiert wurde. Näheres über die Arbeit des Forschungsprojekts ist jedoch nicht bekannt.[180]

Maria Kalau vom Hofe

Ab 1939 wurden Homosexuelle auch im Rahmen der neugegründeten Abteilung für Kriminalpsychologie unter Leitung der Psychoanalytikerin Maria Kalau vom Hofe (geb. 1891) "behandelt".[181] Aufgabe dieser Abteilung, die Teil der Poliklinik war, war die Kriminalitätsbekämpfung. Um die "Heilungsquote" und damit die Erfolge der Psychotherapie zu erhöhen, sei jedoch, so Kalau vom Hofe 1942, eine gründliche Auswahl der Patienten vorzunehmen:

> "Wenn wir es heute durch sorgfältigste Auswahl der zu behandelnden Fälle erreichen, wenige wirklich zu heilen, so nützen wir damit der Allgemeinheit sowie dem Ruf der Psychotherapie mehr, als wenn wir marktschreierisch z.B. behaupten würden, jeden Fall von Homosexualität heilen zu können, um dann etwa in Fällen homosexueller Prostitution und Verwahrlosung oder auch nur in solchen, wo der Patient *unbelehrbar*

177 BA, Kl. Erwerb. 762, Bd.4. Rundschreiben Boehms an alle Institutsmitglieder v. 6.12.1939.
178 Ebd., Rundschreiben Boehms an alle Institutsmitglieder v. 15.2.1940.
179 Jahresbericht 1940, in: Zentralblatt für Psychotherapie, Bd.14 1942, S.6.
180 Cocks, S.205f., beruft sich auf eine Aussage des Psychoanalytikers Werner Kemper.
181 S. Cocks, S.188f. Kalau vom Hofe arbeitete seit 1926 für die Charité und das Berliner Polizeipräsidium in der Gerichtspsychiatrie. 1937 war sie ans Institut gekommen, um die gerichts-

> *bleibt* und konstant nicht Heilung, sondern in §51 den Schutz des StGB. begehrt, kläglich zu versagen."[182]

Es werde ausdrücklich nicht "die Exkulpierung, im Gegensatz zu irrtümlichen diesbezüglichen Auffassungen, die auch aus unserem Kreis zum Schaden des Institutes gelegentlich immer noch laut werden",[183] verlangt. Weiter ging es ihr darum, "allgemein den Justizbehörden das psychologische Verständnis zu vermitteln, um dadurch evtl. die Urteilsfindung zu erleichtern" oder in Fällen, bei denen "Aussicht auf Heilung" bestehe, nach der Strafverbüßung einen Rückfall zu verhindern.[184]

Ebenso deutlich hatte sich Schultz schon 1940 geäußert. Er war der Meinung, solange ein Gerichtsverfahren gegen einen "sexuell Perversen" schwebe, könne dieser nicht behandelt werden, denn "erstens lügt er dann immer, zweitens will er ja doch nur einen 'Jagdschein' von uns haben, wie der Psychiater sagt."[185]

Kalau vom Hofe behandelte eine Reihe Jugendlicher, die von HJ und BDM wegen homosexueller Betätigung an das Institut überwiesen wurden, wie Geoffrey Cocks in seinem Buch "Psychotherapy in the Third Reich" schreibt. In vielen Fällen seien sie psychoanalytisch behandelt worden.[186] Die Arbeit der Kriminalpsychologie sollte sich jedoch nicht auf Jugendliche beschränken; es seien, so Kalau vom Hofe, dem Institut

> "von seiten der Ärzte und Anwaltschaft, wie auch von seiten besonders interessierter Gerichtspersonen <...> bereits jetzt spontan eine ganze Reihe erwachsener Krimineller zugewiesen worden, und zwar fast ausschließlich Sexualdelikte (Homosexuelle und Exhibitionisten)."[187]

Wie viele dies insgesamt waren, läßt sich jedoch nicht mehr feststellen. Für 1941 liegt eine Statistik der Kriminalpsychologischen Abteilung vor, in der von 73 untersuchten Fällen 16 als Homosexuelle diagnostiziert wurden.[188]

---

psychiatrische Tätigkeit - ein Spezialgebiet Görings - fortzusetzen.

182 Maria Kalau vom Hofe: Kriminalpsychologie, in: Zentralblatt für Psychotherapie, Bd.14 1942, S.37-41, hier:40, Hervorheb.i.Org.

183 Ebd., S.38.

184 Ebd.

185 Schultz 1940, S.146.

186 Von den 53 Behandlungsfällen des 1. Jahres nennt Kalau vom Hofe (S.39) "11 Homosexuelle, darunter 2 Frauen, mit welch letzteren sich die Kriminalpolizei in einem Fall wegen Bedrohung, im anderen Falle wegen Jugendgefährdung befaßte"; für eine Behandlung in Aussicht genommen seien außerdem "5 männliche Homosexuelle, darunter 4 jugendliche und eine weibliche Homosexuelle, ebenfalls im Pubertätsalter". - Auch Ernst Göring, Sohn von M.H. Göring und selbst Psychotherapeut, bestätigte, daß die NS-Jugendorganisationen sich des Instituts bedient hätten, und "daß regelmäßig Fälle homosexueller Betätigung dorthin überwiesen worden seien". S. Cocks, S.208.

187 Kalau vom Hofe, S.38.

188 Zentralblatt für Psychotherapie Bd.14 1942, S.70f. Bei den genannten 16 wurde nicht zwischen Männern und Frauen differenziert. Von diesen waren 1942 noch drei homosexuelle Männer und eine lesbische Frau in Behandlung.

Fritz Mohr

Aufschlußreich ist ein Vortrag des Düsseldorfer Institutmitglieds Fritz Mohr über "Wesen, Entstehung und Behandlung der Homosexualität", den er am 17.6.1941 in Berlin hielt und der im Zentralblatt veröffentlicht wurde.[189] Mohr begann seinen Vortrag mit einer selbst 1941 offenbar noch publikumswirksamen Attacke gegen Magnus Hirschfeld. Für Mohr war Homosexualität eine "krankhafte Abweichung von der Norm"; es sei kein Widerspruch, daß sie gleichzeitig "vom Staate aus gesehen eine sozial und ethisch verwerfliche und durch Strafen zu bekämpfende Erscheinung"[190] sei, was ja im Widerspruch zur Straffreiheit der weiblichen Homosexualität stand.

Die Homosexualität sei "Teilerscheinung einer Neurose, bei der die jedem Menschen innewohnende Bisexualität in abnormer Weise zum Vorschein"[191] komme. Wie bei anderen Neurosen spiele auch bei der Homosexualität die "falsche Verarbeitung" von Kindheitseinflüssen eine entscheidende Rolle; gerade dies gäbe der Psychotherapie "die Möglichkeit erfolgreichen Eingreifens", denn "jeder Homosexuelle hat irgendwie und irgendwann, am deutlichsten meist in der Kindheit oder Pubertätszeit, eine heterosexuelle Phase durchlebt".[192] Hoffnungslos sei eine Behandlung allerdings bei allen "schwer Degenerierten", bei denen sich "eine völlige Einsichtslosigkeit in die Krankhaftigkeit ihres Zustandes, infolgedessen auch keinerlei Wunsch nach einer Änderung desselben"[193] zeige und die deshalb ausgesondert werden müßten.

Unter denen jedoch, die freiwillig zur Behandlung kämen, seien "sehr häufig, abgesehen von ihren krankhaften Neigungen, an sich wertvolle Menschen <...>, die bei richtiger Führung Gutes für die Volksgesamtheit leisten könnten".[194] Es war das erklärte Ziel der Psychotherapie, die "geheilten" Homosexuellen zur Ehe zu konditionieren, ihre "volle Arbeits- und Lebensfähigkeit" wiederherzustellen und damit "nicht nur einem Menschen zur vollen Lebensentfaltung verholfen, sondern auch der Volksgemeinschaft ein nützliches Glied erhalten zu haben".[195] Mohr lobte die rigide Strafverfolgung, die die Homosexuellen der Psychotherapie gewissermaßen in die Arme treibe: "Staat und Psychotherapie gehen also hier vollkommen Hand in Hand."[196]

---

189 Fritz Mohr: Einige Betrachtungen über Wesen, Entstehung und Behandlung der Homosexualität, in: Zentralblatt für Psychotherapie, Bd.15 1943, H.1/2, S.1-20. - Ein Vortrag von Victor v. Gebsattel über den "Sinn der Homosexualität", den Göring für den 27.11.1942 ankündigte, ist leider nicht dokumentiert. S. BA, Kl. Erwerb. 762, Bd.4.

190 Mohr, S.1.

191 Ebd., S.13.

192 Ebd., S.14.

193 Ebd., S.16.

194 Ebd., S.17.

195 Ebd., S.20.

196 Ebd., S.16.

Während des Krieges erhielt das Institut den begehrten Status der "Kriegswichtigkeit";[197] es konnte nicht nur seinen Einfluß in der Homosexualitätsfrage ausdehnen, sondern wurde auch mit der Erforschung eines während des Krieges immer wichtiger werdenden Themas betraut: der psychisch bedingten Unfruchtbarkeit, worauf sich der Psychoanalytiker Werner Kemper (1899-1976) spezialisiert hatte. Kemper leitete seit 1941 die Poliklinik, war Vertreter Görings und gehörte zu den aktivsten Dozenten, Ausbildern und Autoren am Institut; er veröffentlichte u.a. zu sexuellen Störungen und Sterilität.[198]

1942 erschien sein Hauptwerk "Die Störungen der Liebesfähigkeit beim Weibe".[199] Kemper betonte immer wieder, diese "Störungen" seien "längst aus der Sphäre einer individuellen Privatangelegenheit der erkrankten Einzelperson herausgetreten und zu einer uns alle angehenden Aufgabe geworden".[200] Sexualität war nur als "Dienerin an der gewaltigen Aufgabe der Arterhaltung"[201] berechtigt; deshalb galt es, die Ursachen der nach Meinung Kempers hauptsächlich psychisch bedingten Sterilität aus dem Weg zu räumen.

In diesem Zusammenhang beschäftigte sich Kemper auch mit der Homosexualität als einer möglichen Ursache der Unfruchtbarkeit. Schließlich müßten Mädchen - im Gegensatz zu Jungen - in ihrer Entwicklung besondere Schwierigkeiten überwinden, nämlich die "Loslösung vom 'Objekt' seiner ersten Liebeserfahrung, also von dem Mütterlich-Weiblichen"; sonst seien sie gefährdet, eine "folgenschwere Fehlentwicklung, nämlich zur gleichgeschlechtlichen Liebe einzuschlagen"[202]. Kompliziert sei der Fall, wenn "*geschlechtlich abwegige Neigungen* der Grund einer angstvollen Abwehr" und der "Scheu vor dem normalen Geschlechtsvollzuge"[203] seien. Noch komplizierter sei es, wenn,

> "wie meist, jene abwegigen Impulse der Trägerin selbst völlig unbekannt sind, wie wir dies insbesondere bei *latenten gleichgeschlechtlichen Neigungen* finden. Der Typus solcher Patientinnen ist äußerlich gewöhnlich als solcher nicht erkennbar, seine latenten Strebungen bleiben aber auch ihm völlig unbewußt <...>, zumal seine realiter

---

197 Lockot, S.209.

198 S. Cocks, S.150f.

199 Werner Kemper: Die Störungen der Liebesfähigkeit beim Weibe. Zur Klinik, Biologie und Psychologie der Geschlechtsfunktion und des Orgasmus. Leipzig 1942. Kemper stimmte darin in vielen Punkten nationalsozialistischen Vorstellungen zu, so z.B. in seiner Forderung, erbbiologisch "Minderwertige" seien von einer Psychotherapie auszuschließen. Die Erstauflage von 1942 wurde 1967 u. 1972 ohne ein Wort kritischen Kommentars neu aufgelegt.

200 Ebd., S.12.

201 Ebd., S.5.

202 Ebd., S.22.

203 Ebd., S.52, Hervorheb.i.Org.

> meist auch vorhandenen, wenn auch gestört erlebten heterosexuellen Beziehungen offenbar gegen eine Homosexualität sprechen".[204]

Damit kennzeichnete Kemper die weibliche Homosexualität als eine in der Regel "latent" bleibende Entwicklungsstörung ohne äußerliche Merkmale, die für die Frigidität bedeutsam, doch dank der Psychotherapie zu "heilen" sei. Als Beleg führte Kemper folgende Fallgeschichte an, bei der sich die Homosexualität durchaus "manifest" äußerte:

> "Eine in jahrelanger guter Ehe lebende, aber geschlechtsgestörte Frau wird nach dem Tode ihres Mannes, als sie eines Abends etwas unter Alkohol stand, durch eine Bekannte, von deren Neigungen sie bisher nichts wußte, regelrecht zu homosexuellen Betätigungen verführt und erlebt dabei zu ihrer grenzenlosen Überraschung erstmalig volle Lust einschließlich Orgasmus. Das bleibt unverändert so während der etwa einjährigen Dauer dieser Beziehung. (Vorher hatte sie niemals auch nur die geringsten homosexuellen Impulse gehabt - sie im Gegenteil gefühlsmäßig eindeutig abgelehnt.) Dann heiratet sie den Bruder ihres verstorbenen Mannes. Ihm gegenüber wieder die alte Geschlechtsstörung, abgesehen von den wenigen Malen, in denen es ihr gelang, sich statt ihres Mannes jene Partnerin in der Phantasie vorzustellen. - Ohne die 'zufällige' Begegnung mit jener Bekannten würde diese Frau also niemals etwas von ihrer latenten Homosexualität gewußt haben - noch weniger ihre Umgebung."[205]

Auffällig - und in Übereinstimmung mit vielen Kasuistiken homosexueller Männer - ist hier der Verweis auf die Rolle, die der Alkohol spielte, und das Verführungsmotiv. Über Behandlungsmethode und -resultat gab Kemper keine Auskunft.

Dem "Kundigen" fiele an "solchen Frauen" die "*Verleugnung weiblicher Funktionen* (insbesondere biologischer Art)" auf, resümierte Kemper: "Als primär tragende Schicht ihrer Fehlentwicklung liegt eine eindeutige Angst vor, die weibliche Rolle mit allen biologischen und psychologischen Folgerungen übernehmen zu wollen."[206] Doch selbst bei manifester Homosexualität wollte Kemper sich nicht geschlagen geben; diese sei "durchweg nicht organisch-hormonal bedingt; fast alle Fälle leiten sich aus seelischen Fehlentwicklungen der Kindheit ab". Und auch wenn die weibliche Homosexualität, verglichen mit der männlichen, "wesentlich belangloser" sei - man denke nur an die strafrechtliche Ungleichbehandlung - so habe sie "doch pathogenetisch für uns in keiner Weise an Bedeutung verloren".[207] Die beste Prophylaxe geschlechtlicher Störungen sah Kemper in einer strikt geschlechtsspezifischen Erziehung.

---

204 Ebd., S.52f, Hervorheb.i.Org.

205 Ebd., S.53.

206 Ebd., Hervorheb.i.Org.

207 Ebd., S.102.

Kurz nach Kriegsausbruch kam es zu einer engen Zusammenarbeit zwischen dem Institut und der Luftwaffe (das Reichsluftfahrtministerium finanzierte dem Institut ein eigenes Büro in der Knesebeckstraße, in dem hauptsächlich M.H. Göring und I.H. Schultz arbeiteten[208]). Der tatsächliche Einfluß des Instituts auf diesem Gebiet und seine konkrete Arbeit lassen sich jedoch nur bruchstückhaft belegen. So heißt es in einem Schreiben im Auftrag des Chefs der Wehrmacht an Hermann Göring vom August 1941, das die differenzierte Strafverfolgung bei "einmalig Entgleisten oder Verführten" einerseits und "homosexuell Veranlagten" andererseits belegt:

> "Die Belegschaft des Konzentrationslagers bestehe zu einem erheblichen Teil aus Homosexuellen. Oberstabsarzt Prof. Dr. Göring im Reichsluftfahrtministerium versuche durch psycho-therapeutische Untersuchungen die Wiedereingliederung solcher Menschen in die Volksgemeinschaft und mache damit gute Erfahrungen."[209]

Zumindest für vier Fälle scheint die Zusammenarbeit zwischen SS und Göring-Institut belegt zu sein: Kalau vom Hofe gab an, während des Krieges vier Homosexuelle behandelt zu haben, die aus einem KZ entlassen und im Gefängnis in Berlin-Charlottenburg festgehalten wurden.[210] Nach einer Aussage von I. Dybus, der Sekretärin von Kalau v. Hofe, soll diese sich bemüht haben, Homosexuelle in ihrer kriminalpsychologischen Abteilung "vor der Verschleppung in ein KZ zu bewahren (z.B. durch Überweisung zur stationären Behandlung in ein Krankenhaus)".[211]

Göring versuchte, seinen Einfluß und den des Instituts - insbesondere gegen die Macht der Psychiater - in der Wehrmacht und in NS-Organisationen, z.B. der HJ, weiter auszudehnen.[212] Schultz bekräftigte in seinen "Anweisungen für Truppenärzte" vom November 1944 noch einmal seine 1937 geäußerte Auffassung, daß "die überwiegende Mehrzahl <Homosexueller,C.S.> lediglich durch Schicksalsfügung zu dieser falschen Haltung kommt (gewordene Homosexuelle)" und wies auf die diesbezüglichen "Erfolge" des Göring-Instituts hin:

> "Es darf betont werden, daß das Reichsinstitut für Psychologische Forschung und Psychotherapie 1939 500 geheilte Fälle dieser Art mitteilen konnte, wobei unter Heilung nicht das Beherrschen eines Antriebes, sondern eine innere Entwicklung und Wandlung verstanden wird, die dahin führt, daß die früher reizvollen perversen Dinge

---

208 Cocks, S.220.

209 BA-MA H 20/374. Schreiben v. Lehmann i.A. des Chefs der Wehrmacht, 14 n 19 WR (II/7) Tgb.Nr. 753/42g v. 12.8.1941. Auszug aus Vortragsvermerk für Herrn Feldmarschall.

210 Cocks, S.209.

211 Lockot, S.225.

212 BA-MA H 20/557. Göring kritisierte auf einer Tagung des "Arbeitskreises zur Bekämpfung gleichgeschlechtlicher Verfehlungen" in der HJ im November 1942 die Richtlinien zur "Bekämpfung gleichgeschlechtlicher Verfehlungen". Er protestierte dagegen, daß den Richtlinien zufolge bei der Begutachtung von Fällen in erster Linie die Leiter der Universitäts-Nervenkliniken heranzuziehen seien.

> völlig gleichgültig und ohne jedes Interesse sind, während ein ungestörtes, gesundes und erfüllendes Liebesleben vorhanden ist."[213]

Was Schultz als Bereitschaft zur "Heilung" anerkannte, belegt folgendes Beispiel. Der ehemaligen Sekretärin von Schultz, Ellen Bartens zufolge, gelang es Schultz

> "einen Homosexuellen zu retten, indem dieser Patient in Gegenwart einer Kommission nachweisen mußte, daß er behandlungsfähig sei. Dieser Nachweis wurde dadurch erbracht, daß er aufgefordert wurde, mit einer Prostituierten unter Zeugen sexuell zu verkehren."[214]

Dabei soll es sich um einen homosexuellen SS-Mann gehandelt haben, den Schultz privat in Behandlung gehabt habe.[215]

Auch über die Gutachter-Tätigkeit in der Wehrmacht versuchte das Göring-Instituts, Einfluß auf die Homosexuellenpolitik zu nehmen. Einem Schreiben vom Dezember 1944 zufolge war Felix Boehm als "Beauftragter des Direktors des Reichsinstituts für Psychotherapie" Mitglied eines Arbeitsauschusses, zu dem mehrere Psychiater der Wehrmacht, der Waffen-SS und der Beauftragte der "Reichszentrale zur Bekämpfung der Homosexualität und Abtreibung" gehörten.[216] Es ging darum, die Erfahrungen zu überprüfen, die sich aus der Anwendung der "Richtlinien für die Behandlung von Strafsachen wegen widernatürlicher Unzucht"[217] in medizinischer, juristischer und kriminologischer Hinsicht ergaben.

Diese 1943 vom Oberkommando der Wehrmacht erlassenen Richtlinien dienten der Unterscheidung von homosexuellen Männern in sog. Hangtäter, "Verführte" und Täter, deren Hang zweifelhaft sei, denen unterschiedliche Strafen drohten. Die entscheidende Frage der "Hangtäterschaft" war nicht mehr von medizinischen Sachverständigen, sondern vom Richter bzw. von der Reichszentrale zur Bekämpfung der Homosexualität und Abtreibung zu entscheiden. Homosexuelle Soldaten wurden Verbrechern gleichgestellt, es sei denn - und nur noch in diesem Fall wurden ärztliche Sachverständige konsultiert - die Delikte kamen stets unter Alkoholeinfluß, im Zustand der Schlaftrunkenheit zustande, der Delinquent war unter 21 Jahren alt oder litt an einer Geisteskrankheit. Stellvertretend für das Institut nahm Boehm damit an den tödlichen Unterscheidungspraktiken in der Wehrmacht zwi-

---

213 Johannes Heinrich Schultz: Anweisungen für Truppenärzte, November 1944, zit.n. Karl-Heinz Roth: Die Homosexuellen zwischen Psychotherapie und Vernichtungsexperiment. Unveröffentlichtes Manuskript, S.64. - Schultz' "Erfolgsziffer" scheint mir übertrieben zu sein; schließlich waren in der erwähnten Umfrage vom Frühjahr 1938 nur 341 von 510 homosexuellen PatientInnen als "geheilt" bezeichnet worden.

214 Lockot, S.225.

215 Schriftliche Mitteilung der ehemaligen Sekretärin Boehms, Grete Mittelhaus, v.10.12.1987.

216 BA-MA H 20/482. Schreiben von Boehm u.a. an den Beratenden Psychiater beim Heeres-Sanitätsinspekteur Wuth betr. "Begutachtung von Strafsachen wegen widernatürlicher Unzucht" v. 15.12.1944.

217 BA R 22/5007, Bl.14+RS. Der Chef des Oberkommandos der Wehrmacht, 14 n 19 WR (II) 58/43g. "Richtlinien für die Behandlung von Strafsachen wegen widernatürlicher Unzucht (§§175, 175a und 330a RStGB)" v. 19.15.1943.

schen Heilen und Vernichten teil - in dem Versuch, dem Institut einen möglichst großen Anteil an den "Heilungswerten" zu sichern.

Himmlers "medizinische" Homosexualitätsbekämpfung

Himmler, den die Lösung sozialer Probleme mit medizinischen Mitteln reizte,[218] bekundete schon früh sein vehementes Interesse an der (männlichen) Homosexualität und an der Erforschung ihrer Ursachen, die eine bessere Bekämpfung ermöglichen sollte. Gleichzeitig war er für die polizeiliche Verfolgung Homosexueller verantwortlich, und in dieser Eigenschaft behauptete er 1937, daß Homosexualität nicht - oder nur in 2% der Fällen - angeboren sei; bei der Mehrheit handle es sich dagegen um "Verführte", die - zu "systematischer Arbeit" angehalten - wieder "normal" geworden seien.

1935/36 gab Himmler - wohl durch Vermittlung des Reichsarztes-SS Ernst-Robert Grawitz - Arbeiten "über das Thema Linkshändigkeit einerseits und geistige Verfassung der Homosexuellen andererseits"[219] in Auftrag. Mit der Erforschung der "geistigen Verfassung der Homosexuellen" wurde ein Professor Creutzfeldt von der Berliner Charité beauftragt.[220] Näheres über dessen Arbeit ist nicht bekannt.

1937 gelang es Prof. Karl Astel (1898-1945), seit 1933 Präsident des "Landesamtes für Rassewesen" in Thüringen und Staatsrat im Thüringischen Ministerium des Innern, Himmler zur Unterstützung seiner Homosexualitätsforschung zu gewinnen. In seinem Brief, in dem er Himmler seine Forschung andiente, bezeichnete Astel es als

> "großes Glück, daß der Chef der deutschen Polizei <Himmler,C.S.> eine geborene Züchternatur ist, die dem immer wieder - auch in den Reihen der NSDAP - auftauchenden Umweltwahn die sichere Kenntnis der naturgesetzlichen Tatsachen, beispielsweise von der wesentlich erblichen Bedingtheit sowohl des schädlichen Verbrechertums als auch des trefflichen Mannestums entgegenstellt und daraus die Folge-

---

218 Vgl. Heinz Schwan: Himmlers Anregungen für die medizinische Forschung. Diss.med. Kiel 1973; zur Homosexualität: S.7f.

219 BA NS 19/1073. Dies geht aus einem Brief v. SS-Hauptsturmführer Ullmann an SS-Hauptsturmführer Prof. Dr. Werner Jansen v. 5.12.1936 hervor. Vgl. auch das undatierte Schreiben Himmlers an Grawitz über die Linkshändigkeit in Helmut Heiber (Hg.): Reichsführer! Briefe von und an Himmler. München 1970, S.50. - Heiber, ebd., zufolge war Jansen Spezialist für natürliche Heil- und Lebensweise, seit 1934 ordentlicher Professor und Direktor der Hydrotherapeutischen Universitäts-Anstalt in Berlin-Frohnau.

220 BA NS 19/1073. Schreiben v. Prof. Jansen an Ullmann vom Persönlichen Stab Himmlers v.

rungen zieht, was die Vernichtung der einen und zumindest ihre Ausschaltung von der Fortpflanzung, und die züchterisch zahlreiche Vermehrung der anderen betrifft".[221]

Dergestalt seine Loyalität beweisend, kündigte Astel an, "demnächst 3 größere Arbeiten, die für Sie als Chef der Polizei in verschiedener Hinsicht Bedeutung haben, durchzuführen, sofern Sie, Reichsführer, die Mittel dazu zur Verfügung stellen". Neben einer Arbeit über Kriminalität und einer über Unehelichkeit ging es dabei hauptsächlich um Homosexualitätsforschung, die Astel folgendermaßen beschrieb:

> "Die erste dieser Arbeiten haben Sie bereits für sehr erwünscht bezeichnet. Sie betrifft die Erforschung der Homosexualität, d.h. deren erbliche Bedingtheit oder Mitbedingtheit, ihre etwaige Häufung in der Sippschaft der Homosexuellen, ihr gehäuftes Vorkommen mit bestimmten körperlichen und geistigen Merkmalen und Eigenschaften usw."

Dies erinnert ganz an Langs Ansatz, und auch Astels Methode scheint ähnlich gewesen zu sein, denn er forderte von Himmler "die Anschriften von mindestens 100 spezifischen Homosexuellen aus Thüringen" und bat Himmler um deren "baldige Übermittlung". Himmler zeigte großes Interesse an Astels Plänen, wobei die Homosexuellenarbeit für ihn Priorität hatte. Er versprach zu veranlassen, "daß Sie die Namen von mindestens 100 spezifischen Homosexuellen in Thüringen durch die Geheime Staatspolizei erhalten".[222] Auch dieses Beispiel macht noch einmal deutlich, wie wichtig die Homosexuellenkarteien der Gestapo für diese "Forschung" war.[223] Leider ist auch hier das Ergebnis der von Himmler unterstützten Arbeit nicht bekannt.

Trotz seiner Ablehnung der "jüdischen" Psychoanalyse war Himmler auch zu einer Zusammenarbeit mit dem Göring-Institut bereit, was sein Kontakt zu dem einflußreichen Berliner Arzt Martin Brustmann beweist. Brustmann, Parteigenosse und SS-Mitglied, war Mitarbeiter von M.H. Göring, Hausarzt von Heydrich, behandelnder Arzt in Himmlers Verwandtschaft sowie beratender Arzt in der Terrorzentrale Reichssicherheitshauptamt (RSHA).[224]

Allerdings war Himmlers Wohlwollen der Psychotherapie gegenüber nur vorübergehend. Doch bis 1942 schien der Kontakt zwischen beiden Seiten ungetrübt: am 9.10.1942 schrieb Himmler Brustmann noch einen freundlichen Brief,[225] in

---

8.12.1936.

221 BA NS 19/1838. Brief v. Astel an Himmler v. 14.6.1937. Daraus auch die folgenden Zitate.

222 Ebd., Brief v. Himmler an Astel v. 22.6.1937.

223 Ebd. In einem Schreiben vom Persönlichen Stab an Astel v. 4.9.1937 wurde diesem mitgeteilt, daß er die Namensliste der Homosexuellen "direkt von dem zuständigen Bearbeiter dieser Fragen, SS-Obersturmbannführer Meisinger, Berlin-SW 11, Prinz-Albrechtstr. 8, an den Sie sich bitte stets mit Rückfragen auf diesem Gebiet wenden wollen", erhalten werde. Meisinger war Leiter des "Sonderreferats Homosexualität" im Geheimen Staatspolizeiamt sowie der Reichszentrale zur Bekämpfung der Homosexualität und Abtreibung.

224 BDC, Personalakte Martin Brustmann.

225 BA NS 19/2075. Schreiben Himmlers an SS-Standartenführer Dr. Brustmann v. 9.10.1942.

dem er sich für dessen Manuskript über "Homosexualität in der Spionage und Sabotage"[226] vom 15.9.1942 bedankte. Offenbar hatte sich Brustmann darin für eine weniger rigide Verfolgungspraxis ausgesprochen, was Himmler jedoch strikt ablehnte. Er könne nicht zulassen, "das homosexuelle Laster weiter in unserem Volk ungestraft grassieren"[227] zu lassen, antwortete er und sprach damit der tatsächlichen Verfolgung homosexueller Männer Hohn. Außerdem glaube er nicht,

> "daß ein Nachlassen der Verfolgung der Homosexualität uns von diesen Pathologen und Gaunern auch nur einen zurückbrächte, sondern ich bin davon überzeugt, daß wenn jemand ein so großer Verbrecher ist, daß er seine Nation verrät, er dies als Homosexueller mit den Strafen des § 175 oder ohne die Strafen in gleicher Weise tun wird".[228]

Wenige Monate später, im Juni 1943, war Brustmann jedoch - und mit ihm auch I.H. Schultz - bei Himmler in Ungnade gefallen. In einem Brief vom 23.6.1943 verbat Himmler sich "in aller Form, von Ihnen bescheinigt zu erhalten, daß Fehlurteile auf dem Gebiet der Homosexualität vom SS-Gericht gesprochen und von mir bestätigt wurden".[229] Eine "Belehrung" durch Brustmann "über die Frage der Homosexualität" fand Himmler "abwegig und unnötig". Brustmann und Schultz, den er "nicht empfangen werde", hätten wohl vergessen, daß Deutschland im Krieg um seine Existenz kämpfe. Da sei es, so Himmler im Gegensatz zur ansonsten propagierten "Umerziehungs"these, unmöglich,

> "Erziehungsversuche an anormalen Menschen zu machen, deren Ergebnis, wie Sie selbst wissen, ein höchst zweifelhaftes ist.<...> Wir sind damit aber verpflichtet, vor der Vernichtung anormaler, zwar Verführter, die Truppe aber schädigender Menschen nicht zurückzuscheuen".[230]

Ein von Brustmann gefordertes "Erziehungslager" werde während des Krieges nicht eingerichtet.

Brustmann hatte offenbar ein Schreiben über "Fehlurteile" gegen Angehörige der SS und Polizei in drei Fällen verfaßt,[231] denen nach dem von Himmler eingeführten Erlaß zur "Reinhaltung von SS und Polizei" vom November 1941 wegen Delikten nach §175 die Todesstrafe drohte. Dabei ging es um den wegen homosexueller Betätigung zum Tode verurteilten SS-Kanonier Helmut H. Zwecks Überprüfung des Urteils wurde Brustmann als Mitarbeiter Görings von der Reichszentrale zur Bekämpfung der Homosexualität und Abtreibung in diesem und "in eini-

---

226 Das Manuskript ist leider nicht erhalten. - Es war eine beliebte These, zwischen Homosexualität und Landesverrat einen ursächlichen Zusammenhang zu behaupten. Einen wichtigen Grund hierfür sah man in der Erpreßbarkeit homosexueller Männer aufgrund der Strafbestimmungen.

227 BA NS 19/2075.

228 Ebd.

229 BDC, Akte Brustmann. Brief Himmlers an Brustmann v. 23.6.1943.

230 Ebd. Damit bezog sich Himmler auf die Verfolgungspraxis gegen homosexuelle Männer in der Wehrmacht.

231 Ebd. Dies geht aus einem Brief Himmlers an Kaltenbrunner v. 23.6.1943 hervor.

gen Zweifelsfällen mit der Erstellung derartiger Gutachten beauftragt". Der Kanonier wurde, da Brustmann ihn als "geistig und körperlich zurückgeblieben"[232] diagnostizierte, zu fünf Jahren Zuchthaus begnadigt.

Bei Robert G., einem Unterwachtmeister der Schutzpolizei, war zu begutachten, ob es sich "um einen unheilbaren Homosexuellen handele bezw. der Versuch einer Heilung nach dem Verfahren des Professors Göring angebracht erscheine". Wiederum beauftragte die Reichszentrale Brustmann mit dem Gutachten, der bei G. "einen unnormal großen Geschlechtsteil" feststellte, wodurch dieser "nicht mit jeder Frau verkehren" könne; er sei jedoch "normal veranlagt" und befinde sich in Behandlung bei Göring, nach dessen Gutachten "eine Heilung höchstwahrscheinlich" sei. Im Fall des Oberwachtmeisters Ludwig Z. schließlich, dem Sodomie mit Hühnern zur Last gelegt wurde, wurde Unzurechnungsfähigkeit attestiert.

Himmler beschwerte sich bei Kaltenbrunner, dem Chef des RSHA, über die unbotmäßige Kritik, ordnete die "Abstellung dieser unmöglichen Verhältnisse" an und "empfahl", Brustmanns "Tätigkeit als beratender Arzt des Reichssicherheitshauptamtes mehr und mehr einschlafen zu lassen".[233] Brustmann und Schultz seien zum "Rechtsanwalt" der Homosexuellen geworden. Es gehe nicht an, während des Krieges "derartig weiche Touren zu verfolgen". Für die Dauer des Krieges ordnete Himmler an,

> "daß es hier nur die strengste Ahndung aller Verbrechen gibt auch auf dem Gebiet der Homusexualität<sic> und nur in den Fällen, in denen es sich wirklich um die Verführung eines eindeutig normalen Jugendlichen handelt, kann Milde herrschen".[234]

Kaltenbrunner beeilte sich, Himmlers "Empfehlung" Folge zu leisten. In einem Brief an Himmler vom 20.7.1943 teilte er ihm mit, daß bei künftig zu erstellenden Gutachten Brustmann als beratender Arzt nicht mehr beteiligt werde: "Ich habe angeordnet, nur noch Prof. Göring mit den notwendigen Untersuchungen zu beauftragen, sofern die Hinzuziehung eines Arztes überhaupt erforderlich erscheint."[235]

Danach schien Himmler, angeregt durch den dänischen Arzt Carl Vaernet, radikalere Lösungen zu favorisieren. Vaernet (1903-?)[236] hatte sich Himmler 1943

---

232 Ebd. Brief Himmlers an Brustmann v. 23.6.1943. Daraus auch die folgenden Zitate.

233 Ebd. Himmler an Kaltenbrunner v. 23.6.1943.

234 Ebd. Die "Milde" sollte freilich nur dem "verführten" Jugendlichen gelten.

235 Ebd. Brief Kaltenbrunners an Himmler v. 20.7.1943.

236 S. "SS-Arzt Dr. Vaernet", in: Lambda-Nachrichten (Wien) 2/88, S.53-55. Der Bericht ist eine bearbeitete Übersetzung aus dem Buch von Harly Foged/Henrik Krüger: Flugtrute Nord. Nazisternes hemmelige flugtnet gennem Danmark. Lynge 1985. - Dem Bericht zufolge wurde Vaernet als Carl Peter Jensen am 28.4.1903 in Astrup geboren; 1921 änderte er seinen Nachnamen in Vaernet um. Er studierte Medizin, 1932-1934 in Deutschland und Paris. Zu Beginn des Krieges pflegte er Kontakt mit der dänischen Nazipartei und übersiedelte dann nach Deutschland, um sich dort nützlich zu machen. Als nach dem Krieg seine Identität in Dänemark bekannt zu werden drohte, gelang es ihm - offenbar ohne große Schwierigkeiten -, nach Schweden und von dort nach Argentinien zu entkommen, wo er trotz der ihm zur Last gelegten Verbrechen eine Stelle im Gesundheitswesen in Buenos Aires bekleidete. - Zu Vaernets

über Reichsarzt-SS Grawitz angedient. Aufgrund seiner seit 1934 in Dänemark durchgeführten Hormonversuche an Mäusen war er der Überzeugung, homosexuelle Männer würden zu geringe Mengen männlicher Sexualhormone produzieren und glaubte sie durch eine Hormonzufuhr zu produktiven Heterosexuellen umfunktionieren zu können. Er wollte nun an KZ-Häftlingen ausprobieren, "ob homosexuelle Personen durch Implantation der 'künstlichen männlichen Sexualdrüse' in ihrer sexuellen Einstellung normalisiert werden können".[237] Die "künstliche männliche Sexualdrüse", eine Testosteronkapsel, als deren Erfinder sich Vaernet brüstete und die in die rechte Leistengegend eingepflanzt wurde,[238] sollte die "Triebumkehr" erwirken.

Himmler war offenbar von diesem Plan begeistert. Im November 1943 beauftragte er die Anstellung Vaernets, ließ ihn zum SS-Sturmbannführer ernennen, gab ihm Laboratorien in Prag und versprach ihm jede mögliche Unterstützung. Er dachte wohl an einen Großeinsatz von Vaernets Erfindung und plante schon "die Errichtung eines Instituts, in dem die Behandlung auf der Grundlage der 'künstlichen Drüse' erfolgt".[239] Im Oktober 1944 begann Vaernet seine aufwendigen Experimente an mehreren homosexuellen und kastrierten Männern des KZ Buchenwald. Die Ergebnisse der zunächst an fünf Homosexuellen (davon waren zwei kastriert, einer sterilisiert) am 13.9.1944 durchgeführten Operationen wertete Vaernet als Beleg für deren neu erwachte Heterosexualität und damit als Erfolg.[240]

Die genaue Zahl der so von Vaernet Maltraitierten ist nicht bekannt. Schiedlausky, SS-Arzt in Buchenwald, sprach am 31.1.1945 von 13 bisher Operierten, davon sei Häftling Henze am 21.12.1944 gestorben.[241] Kogon nennt 15 Versuchspersonen und zwei Verstorbene.[242] 1945 tauchte Vaernets Name in den Unterlagen des KZ Neuengamme auf, wo er versuchte, "seine Kastrations-Hormon-Tests zu wiederholen".[243] Ob ihm dies gelungen ist, geht aus den Unterlagen jedoch nicht hervor. Das nahe Kriegsende verhinderte die Anwendung von Vaernets Experimenten in großem Ausmaß. Ähnliche KZ-Versuche zur "Heterosexualisierung" lesbischer Frauen sind mir nicht bekannt.[244]

Versuchen s.a. Stümke 1989, S.123-127.

237 "SS-Arzt Dr. Vaernet", S.54.

238 Eugen Kogon: Der SS-Staat. Das System der deutschen Konzentrationslager. München 1983, S. 284f.

239 Geheimbefehl Himmlers v. 15.11.1943, zit.n. Stümkc 1989, S.127.

240 "SS-Arzt Dr. Vaernet", S.54.

241 BA NS 4/Bu 50, Akte SS-Arzt Carl Vaernet. Standortarzt der Waffen-SS Weimar am 3.1.1945 an Vaernet.

242 Kogon, S.285. Davon starb einer "zweifellos an den Folgen der vorgenommenen Operation, da sich eine mächtige Phlegmone bildete"; der andere "wenige Wochen später infolge allgemeiner Schwäche".

243 Plant, S.178.

244 Die polnische Ravensbrück-Forscherin Wanda Kiedrzynska erwähnt, daß im Frauen-KZ Ravensbrück "zehn anomale Frauen verschiedener Nationalität" operiert worden seien; unklar bleibt jedoch, wofür "anomal" hier stand. Bei den Operationen handelte es sich um Knochen-,

Wie gezeigt stellten sich die Mediziner mit ihrer Forschung in den Dienst kriminalpolitischer Verfolgung, legitimierten sie, und auf vielfältige Weise trugen sie dazu bei, "die Böcke von den Schafen zu sondern" und zwischen besserungsfähigen "Verführten" und den homosexuell "Veranlagten" zu unterscheiden. Immer wieder wurde auch von den Ärzten darauf hingewiesen, daß die männliche Homosexualität kein "medizinisches", sondern ein politisches Problem sei, das ein scharfes Vorgehen erfordere, und so behinderte die nicht gelöste Ursachenfrage keineswegs die rigide polizeiliche Verfolgung Homosexueller (Männer). Der Frankfurter Gefängnisarzt J. Strüder war einer der wenigen, der in seinem "Beitrag zur Homosexuellenfrage"[245] von 1937 betonte, weitere Ursachenforschung sei nötig, um "dies Übel wirksam bekämpfen" zu können, doch man dürfe

> "nicht nur die *männliche* Homosexualität angehen, sondern muß genau so die *weibliche* angreifen. Auch sie ist recht verbreitet und für den substantiellen Bestand eines Volkes noch bedeutsamer als die männliche. Ist doch diese Art der Betätigung absolut gefahrlos hinsichtlich unerwünschter Schwangerschaft."[246]

Die homosexuelle Betätigung erfordere "einen unnachgiebigen, steten Kampf gegen dieses Verbrechertum an Volksgesundheit und Volkskraft".[247]

Andererseits bewertete der Beratende Psychiater beim Heeres-Sanitätsinspekteur, Otto Wuth, der Langs Ergebnisse infragegestellt hatte, den Stellenwert medizinischer Forschung für die Strafverfolgung geringschätzig folgendermaßen:

> "Kriminalpolitisch ist die ganze Frage <Ursachenfrage,C.S.> insofern vollständig belanglos, als sich maßgebende Stellen mit Recht dahin geäußert haben, daß, wenn die Homosexualität angeboren ist, die Verführer erst recht bestraft und verwahrt werden müssen."[248]

Muskel- und Nervenoperationen sowie um Operationen zwecks Hervorrufung einer Infektion mit eitererregenden Bazillen. S. Das Frauenkonzentrationslager Ravensbrück, in: Internationale Hefte der Widerstandsbewegung. Wien 1960, S.82-98, hier:91.

245 J. Strüder: Beitrag zur Homosexuellenfrage, in: Kriminalistsche Monatshefte, 11.Jg. Okt. 1937, H.10, S.217-221, 248-251.

246 Ebd., S.251, Hervorheb.i.Org.

247 Ebd.

248 BA-MA H20/749.

HOMOSEXUELLENVERFOLGUNG

In diesem Kapitel werden verschiedene staatliche Formen der Homosexuellenverfolgung im "Dritten Reich" dargestellt. Wie ging das Regime zunächst gegen die sichtbarste Form, die organisierte Homosexuellenbewegung vor? Wie reagierten einzelne Frauen auf diese Zerstörung der Lebensform? Die im Zusammenhang mit dem Roehm-Mord geschaffenen spezifischen Verfolgungsinstanzen bei Gestapo und Kriminalpolizei, ihr Vorgehen sowie die Hauptverantwortlichen sollen, soweit noch rekonstruierbar, dargestellt werden. Wie wirkte sich die Straffreiheit auf die Verfolgungssituation aus und inwieweit bot insbesondere die unspezifische "Asozialen"verfolgung Handhabe auch zur Verfolgung lesbischer Frauen?

Zerschlagung und Auflösung der Homosexuellenbewegung

Im Zuge der Ausschaltung parteipolitisch oder anderweitig nicht konformer Gruppen wurde 1933 auch die Homosexuellenbewegung und -subkultur weitgehend zerschlagen. Mit der Zerstörung der homosexuellen Infrastruktur sollte die öffentliche und organisierte Form homosexuellen Lebens ausgeschaltet werden, bildete sie doch einen sichtbaren Widerspruch zur NS-Sexualpolitik. In diesem Kontext ist auch das Verbot der häufig der Arbeiterbewegung nahestehenden Sexualberatungsstellen zu sehen.[1] Scheinlegale Grundlage für die Verbote bildete die Notverordnung vom 28. Februar 1933.

Bis heute läßt sich der genaue Ablauf der Zerstörung und teilweisen Selbstauflösung der in den 20er Jahren vielfältigen homosexuellen Subkultur nur unvollständig rekonstruieren. Drei Ebenen sind jedoch feststellbar: Auflösung der großen Organisationen wie Institut für Sexualwissenschaft (IfS), BfM und der dem BfM

1 Vgl. Kristine v. Soden: Die Sexualberatungsstellen der Weimarer Republik 1919-1933. Berlin 1988, S.146ff.

angeschlossenen Vereine; Verbot des Kommunikationsnetzes (Medien); Schließung der Lokale bzw. deren Überwachung.

Während das Wissenschaftlich-humanitäre Komitee, um einem Verbot durch die Nazis zuvorzukommen, sich im Juni 1933 selbst auflöste,[2] nahm das Schicksal des Instituts für Sexualwissenschaft einen anderen Verlauf. Das IfS war bald nach seiner Gründung 1919 durch Hirschfeld zu einer weltbekannten Forschungs- und Beratungsstätte für sexuelle Fragen und Probleme jeder Art avanciert. Der Kampf um die Homosexuellen-Emanzipation war hier in eine umfassende Sexualreformbestrebung integriert, womit eine größere soziale Basis und Akzeptanz erreicht worden war.[3]

Im Februar/März 1933 hatte es im IfS bereits mehrere Hausdurchsuchungen durch die Gestapo gegeben. Drei Angestellte schrieben am 29.3.1933 einen Brief an Göring, in dem sie dem NS-Staat ihre "Loyalität" versicherten, was wohl mehr aus Überzeugung als in dem Glauben geschah, dadurch das IfS retten zu können.[4] Wie dem auch sei: nach den Hausdurchsuchungen Ende März ging die Arbeit am Institut unter strenger Beobachtung weiter - bis zum 6. Mai 1933: an diesem Tag drangen NS-Sportstudenten in das Institut ein und plünderten es, von den Klängen einer Blasmusikkapelle untermalt. Am Nachmittag vollendete ein SA-Trupp die Aktion, demolierte das Gebäude, rückte mit der einzigartigen, rund 10000 Bände umfassenden Bibliothek ab und entwendete die meisten der 10000 ausgefüllten Fragebögen und 30000 handgeschriebenen Zeugnisse.[5] Hirschfelds Mitarbeiter Karl Giese hatte zuvor nur wenig wichtiges Material in Sicherheit bringen können.

Damit war dem IfS der Garaus bereitet. Am 10. Mai 1933 wurden die Bestände des IfS, zusammen mit den Werken "entarteter" SchriftstellerInnen, bei der Aktion "wider den undeutschen Geist" verbrannt. Hirschfelds Büste, ebenfalls aus dem Institut geraubt, wurde dabei symbolisch ins Feuer geworfen. Es war sein Glück, daß er sich seit 1931 auf einer Weltreise im Ausland befand; die SA-Männer hatten keinen Zweifel daran gelassen, daß sie ihn, den Juden, Sexualforscher und Sozialisten, sofort umgebracht hätten, wären sie seiner habhaft geworden.

Schon kurz nach dem Reichstagsbrand waren führende Mitarbeiter des IfS verhaftet worden, so etwa Kurt Hiller, der schließlich im KZ Oranienburg inhaftiert

---

2 S. Mitteilungen des Wissenschaftlich-humanitären Komitees 1926-1933, S.XXXI, Postkarte betr. Auflösung des WHK. Dieser Postkarte zufolge lud das WhK zur Mitgliederversammlung am 8.6.1933 ein. Einziger Tagesordnungspunkt war die Auflösung des WhK.

3 Vgl. Manfred Baumgardt: Das Institut für Sexualwissenschaft und die Homosexuellenbewegung in der Weimarer Republik, in: Eldorado, S.31-43.

4 Charlotte Wolff: Magnus Hirschfeld. A portrait of a pioneer in sexology. London u.a. 1986, S.376f.

5 S. Kristine v. Soden: "All dem hat Hitler ein grausames Ende bereitet". Magnus Hirschfeld und das "Institut für Sexualwissenschaft" in Berlin. Hörfunk-Feature v. 4. u. 13.12.1985, Koproduktion Hessischer Rundfunk/Sender Freies Berlin, Manuskript S.16. - Einer der erwähnten Fragebögen aus dem IfS, der "Psychobiologische Fragebogen" von 1930, ist abgedruckt in Kokula 1989, S.164f.

wurde.[6] Diese Verhaftungen geschahen jedoch in erster Linie aus politischen Gründen (Hiller bspw. schrieb für die "Weltbühne"). Andere konnten emigrieren, wie der Schriftsteller Bruno Vogel, der auch WhK-Vorstandsmitglied war; Helene Stöcker emigrierte 1933 über die Schweiz und Schweden in die USA, wo sie 1943 starb. Karl Giese beging 1938, aus Angst vor einer Verhaftung durch die Nazis, Selbstmord.

Wie der BfM, die größte Homosexuellen-Massenorganisation, sein Ende fand, ist ungeklärt. Die Notverordnung vom 28. Februar 1933 (§1) nannte ausdrücklich eine Beschränkung des Vereinsrechts und bot somit eine Handhabe gegen den BfM und andere Verbände und Vereine. Fest steht, daß die Bremer Zweigstelle des BfM, um möglichen Hausdurchsuchungen zuvorzukommen, rechtzeitig ihre Mitgliederlisten vernichtet hatte,[7] und daß der BfM das Erscheinen seiner offiziellen Monatsschrift "Blätter für Menschenrecht" mit der Ausgabe vom Februar/März 1933 einstellte; die Zeitschrift "Die Freundin" erschien zum letzten Mal am 8.3.1933. Das Verlagshaus von Radszuweit in Potsdam soll von den Nazis geplündert worden sein;[8] Radszuweits Adoptivsohn wurde im KZ Oranienburg ermordet.[9] In der vorletzten Ausgabe der "Freundin" vom 1.3.1933 wurde noch zu einem "Abend der Freundin" am 6.3.1933 eingeladen, an dem Paul Weber, 1. Vorsitzender des BfM nach Friedrich Radszuweits Tod im Jahr 1932, einen Vortrag halten sollte; ungewiß ist, ob dieses Treffen noch zustandekam.[10] Demnach bestand der BfM also noch mindestens bis Anfang März 1933.

Auch aus der Vereinsakte geht das genaue Schicksal des BfM nicht hervor - die möglicherweise entscheidenden Seiten wurden aus der Akte entfernt! Vorhanden sind nur noch die Spuren der bürokratischen Auflösung des Vereins, die zwei Jahre in Anspruch nahm. In einem Schreiben vom 9.11.1934 an das Amtsgericht Berlin beantragte Paul Weber die Streichung des BfM aus dem Vereinsregister, "da die Zahl der Vereinsmitglieder unter drei gesunken ist". Außer ihm habe der Verein keine Mitglieder mehr. Das noch verbleibende Vermögen wollte er - gezwungenermaßen - "der Winterhilfe oder dem Finanzamt als Spende zur Förderung der nationalen Arbeit zur Verfügung stellen".[11] De jure wurde damit dem BfM erst am 17.12.1934 durch Verfügung des Amtsgerichts Berlin die "Rechtsfähigkeit entzogen, da die Mitgliedzahl unter 3 gesunken ist".[12] Die Bürokratie mahlte langsam,

---

6 S. Stümke 1981, S.162-174.

7 Rüdiger Lautmann: Eine Sexualität am sozialen Rande: Die Schwulen. Damals - Alltag im Nationalsozialismus, in: ders.(Hg.): Der Zwang zur Tugend. Die gesellschaftliche Kontrolle der Sexualitäten. Frankfurt/M. 1984, S.156-180, hier:168.

8 Baumgardt, S.41.

9 Stümke 1981, S.237.

10 Die Freundin v. 1.3.1933, S.7.

11 Landesarchiv Berlin, Rep.42 Acc.1743, Nr.8990, Bl.63. Vereinsakte des BfM. Schreiben Paul Webers v. 9.11.1934 an das Amtsgericht Berlin (Vereinsregister).

12 Ebd., Bl.64. Beschluß des Amtsgerichts Charlottenburg vom 17.12.1934.

aber gründlich. Den letzten Schritt konnte Paul Weber dem Amtsgericht Berlin am 5.1.1936 mit einem makabren "Die Liquidation ist beendet! Heil Hitler!"[13] melden.

Über das Schicksal von im BfM organisierten Frauen ist kaum etwas bekannt - mit Ausnahme von Lotte Hahm, die als Leiterin der "Damenabteilung" des BfM u.a. eine wichtige Rolle spielte. Lotte Hahm (geboren um 1900 - die genauen Lebensdaten konnten nicht ermittelt werden) leitete zwischen 1926 und 1933 mehrere Vereinigungen für lesbische Frauen, die z.T. dem BfM angeschlossen waren. So seit 1926 den "Damenklub Violetta" mit über 400 Mitgliedern und seit 1929 die Vereinigung "Monbijou"; sie gründete und führte die "Monokel-Diele" und die "Manuela-Bar". Sie setzte sich für die Organisierung lesbischer Frauen und für die Verbesserung ihrer Lage ein, organisierte Vorträge, Lesungen, Ausflüge und bemühte sich darum, daß auch in anderen Städten Organisationen entstanden.

Anfang 1933 wurde es still um Lotte Hahm, über deren Aktivitäten sonst stets die "Freundin" berichtet hatte. Offenbar vom Vater ihrer Freundin der "Verführung Minderjähriger" beschuldigt und angezeigt, kam sie Anfang 1933 ins Gefängnis. Nach Aussage von Gertrud Keen,[14] die in Moringen inhaftiert war, weil sie Blumen auf das Grab von Rosa Luxemburg gelegt hatte, wurde Lotte Hahm Anfang 1935 in das Frauen-Konzentrationslager Moringen eingeliefert; Spuren von Folterung waren sichtbar. Ihren Mitgefangenen erzählte Lotte Hahm, sie sei am Alexanderplatz von einem Unbekannten angesprochen worden, der sie gebeten habe, auf seinen Koffer aufzupassen. Kurz darauf sei sie von der Gestapo verhaftet worden, denn im Koffer habe sich illegales kommunistisches Material befunden. Ob dies tatsächlich zutrifft, kann nicht mehr festgestellt werden; der offizielle Verhaftungsgrund ist unbekannt, da ihre Einweisungspapiere nicht mehr aufzufinden sind. Im Lager schloß sie sich einer kommunistischen Gruppierung an und war politisch sehr interessiert; über ihr privates Schicksal hat sie jedoch nie gesprochen. Spätestens 1937 wurde Lotte Hahm aus Moringen entlassen und organisierte auch danach noch versteckte Treffpunkte für lesbische Frauen, die sich aber nicht lange halten konnten (so einmal vor 1939 am Alexanderplatz im ersten Stock eines Hauses).[15] Über ihre Erlebnisse im KZ hat sie auch nach dem Krieg Bekannten gegenüber geschwiegen. Nach 1945 leitete sie wieder einen Frauenclub. Sie verstarb in den 50er Jahren.

Das oben erwähnte Publikationsverbot der "Blätter für Menschenrecht" und der "Freundin", das sämtliche Homosexuellen-Zeitschriften miteinschloß, war die Folge des Erlasses des Kommissarischen Preußischen Justizministers zur "Bekämpfung unzüchtiger Schriften, Abbildungen, Darstellungen etc."[16] vom 7.3.1933, der sich generell gegen "Anstößiges" wandte. Damit war das für die

---

13 Ebd., Bl.70. Schreiben Paul Webers v. 5.1.1936 an das Amtsgericht Berlin.

14 Persönliches Gespräch am 21.11.1988.

15 Gespräch mit Johnny F. am 13.5.1987.

16 Erlaß des Kommissarischen Preußischen Justizministers. Bekämpfung unzüchtiger Schriften, Abbildungen, Darstellungen usw. v. 7.3.1933, abgedruckt in: Volkswart, 26.Jg. Nr.5, Mai 1933, S.71ff.

Organisationen und die Einzelnen gleichermaßen wichtige und weitverzweigte Kommunikationsnetz zerstört.

Das Verbot der Homosexuellen-Medien gehörte zu einem Maßnahmenkatalog der preußischen Regierung zur "Bekämpfung der öffentlichen Unsittlichkeit", der auch ein Verbot der Freikörperkultur sowie die "Bekämpfung der Absteigequartiere und homosexuellen Lokale" miteinschloß. In dem Erlaß des preußischen Innenministeriums vom 23.2.1933 hieß es über die Lokale, "in denen ausschließlich oder überwiegend Personen verkehren, die der *widernatürlichen Unzucht* huldigen": "Derartige Betriebe können nicht länger geduldet werden. Der Wiederaufstieg Deutschlands ist nicht zuletzt durch eine sittliche Erneuerung des deutschen Volkes bedingt."[17] Deshalb seien solche Gaststätten "*auf das schärfste zu überwachen*" bzw. sei ein "*Erlaubnisentziehungsverfahren* einzuleiten. Das gilt insbesondere hinsichtlich der Betriebe, die den Kreisen, die der *widernatürlichen Unzucht* huldigen, als Verkehrslokale dienen",[18] sowie der Stundenhotels. Auf dieser Grundlage wurde sofort eine Reihe von Lokalen "bis auf weiteres" geschlossen; in einer Meldung im "Berliner Tageblatt" vom März 1933 wurden zwölf bekannte Lokale genannt, wovon die meisten von lesbischem Publikum besucht worden waren.[19]

Allerdings wurden nach Aussagen von Zeitzeuginnen einige der Bars später wieder geöffnet. Dies ging mit ziemlicher Sicherheit auf den Einfluß Roehms zurück, der sich nach getaner blutiger Arbeit abends weiterhin in mannmännlicher Gesellschaft entspannen wollte. So berichtet es jedenfalls Rudolf Diels, der erste Gestapo-Chef bis 1934; ihmzufolge soll Roehm bei Hitler eine Hinauszögerung der Schließungen um einige Monate erreicht haben. Hitler selbst habe gar von ihm, Diels, verlangt, daß dieser "dummen polizeilichen Praxis" ein Ende bereitet werde.[20]

Nach der Ermordung Roehms im Juni 1934 war es jedoch mit dieser taktischen Rücksichtnahme vorbei. Zwar bestanden auch danach in Berlin und auch in andern Großstädten Lokale mit (überwiegend) homosexuellem Publikum. Äußerste Diskretion war jedoch angesagt, da stets die Gefahr einer Razzia bestand. Doch auf diese Weise hatten Kripo und Gestapo diejenigen unter Kontrolle, die sich überhaupt noch zu solchen Treffpunkten begaben, und sie nicht aus Angst vor Spitzeln und Razzien mieden..

Über eine solche Razzia im "Kleist-Casino" in Berlin-Schöneberg, das laut "Berliner Tageblatt" bereits Anfang März geschlossen, dann aber wieder geöffnet worden war, berichtet die Zeitzeugin Johnny F.[21] Im "Kleist-Casino" habe es mehrere Razzien gegeben, bevor es 1935/36 endgültig geschlossen worden sei. Durch

---

17 Ebd., S.71. Runderlaß des Preußischen Ministers des Innern v. 23.2.1933 betr. "Schließung von Gaststätten".

18 Ebd.

19 "Nachtlokale geschlossen", in: Berliner Tageblatt v. 4.3.1933.

20 Rudolf Diels: Lucifer ante portas. Es spricht der erste Chef der Gestapo. Stuttgart 1950, S.129.

21 Gespräch mit Johnny F. am 13.5.1987.

einen Zufall befand sich Johnny F. zum Zeitpunkt der Razzia nicht im Lokal, sondern beobachtete die Situation von draußen. Am andern Tag hörte sie von ihren Freundinnen, was passiert war. Alle anwesenden Frauen waren von der Polizei mitgenommen worden, und zwar angeblich deshalb, weil sie den Besitzer des Lokals des Drogenhandels verdächtigte. Alle Frauen mußten mit auf das Polizeipräsidium und danach zur "Sitte"; morgens wurden sie dann wieder freigelassen. Trotz des angeblichen Verdachts auf Rauschgiftkonsum mußten sich die Frauen einer Gesundheitskontrolle unterziehen, d.h. sie wurden offenbar auch der Prostitution verdächtigt und auf Geschlechtskrankheiten hin untersucht. Dies bestätigt den von den Nazis häufig unterstellten Zusammenhang zwischen weiblicher Homosexualität und (heterosexueller) Prostitution.

Von der Notverordnung vom 28. Februar 1933 und dem offiziellen Gaststättenverbot waren auch die zahlreichen Vereinigungen betroffen, die sich in Gaststätten getroffen hatten. So wurden z.B. dem lesbischen Kegelverein "Die lustige Neun", dem Johnny F. seit 1931/32 angehörte und der sich jede Woche in einem Ballsaal in der Landsberger Allee getroffen hatte, nach 1933 die Räume von den Pächtern nicht mehr zur Verfügung gestellt.

Diese beschriebenen Maßnahmen waren gegen die organisierte, sichtbare Emanzipationsbewegung mit ihrer Infrastruktur, ihren Vereinen und Medien gerichtet. Rudolf Klare hatte in dieser Zerschlagung der "Organisationen der Tribaden" ein wichtiges Mittel zur Disziplinierung lesbischer Frauen gesehen, die zunächst eine weitergehende strafrechtliche Verfolgung überflüssig erscheinen ließ.[22] Folge der Zerschlagung der Homosexuellenbewegung und -subkultur war die Vereinzelung der Frauen und Männer, ihr Rückzug auf den Freundeskreis, die kleine Gruppe von Eingeweihten. Manche brachen aus Angst vor Entdeckung alle Kontakte ab, zogen in ein anderes Viertel oder wechselten gar den Wohnort.[23] Eine kollektive homosexuelle Lebensform und Identität, wie sie sich in den 20er Jahren ansatzweise hatte herausbilden können, war weitgehend zerstört worden.

Reaktionen lesbischer Frauen auf die Verfolgung

Daß nach der Machtübernahme mit der Auslöschung der sichtbaren Homosexuellen-Kultur und -Bewegung ein vorrangiges sexualpolitisches Ziel erreicht war, erklärt auch, warum lesbische Frauen in der Folgezeit nicht zwangsläufig verfolgt

---

22 Klare 1938, S.504.

23 Eine "Landflucht" unternahm etwa Gerda Madsen. S. "Da hab ich jeden Kontakt zu Lesben verloren...". Gespräch mit Gerda Madsen, in: Kokula 1986, S.65-73.

wurden und relativ unbehelligt leben konnten. Dies gilt sowohl für "gewöhnliche" lesbische Frauen - was einige meiner Interviewpartnerinnen bestätigten -, als auch für manche prominente Künstlerin[24] etc., selbst wenn deren Homosexualität aus der Zeit vor 1933 einer breiteren Öffentlichkeit bekannt gewesen sein dürfte.[25]

Eine wichtige Voraussetzung, um das "Dritte Reich" relativ ungefährdet zu überstehen, war eine mehr oder weniger starke Anpassung im sozialen Bereich und ein "unauffälliges" Verhalten in der Öffentlichkeit. Letzteres war jedoch eine auch in den 20er Jahren - zumindest außerhalb der Subkultur - übliche Verhaltensweise. Wie berichtet, gingen einige Frauen auch Scheinehen ein. Dergestalt geschützt, hatten lesbische Frauen eine vergleichsweise große Chance, einer staatlichen Verfolgung zu entgehen, sofern sie nicht durch andere Stigmata gefährdet waren. Diese Chance war wohl ungleich größer als die homosexueller Männer, von denen viele - oft mit tödlichem Ausgang - im KZ "umerzogen" werden sollten; von den rassistisch Verfolgten ganz zu schweigen, deren ausnahmslose Vernichtung, wenn auch nicht von Anfang an, geplant war.

An mehreren Beispielen sollen nun Werdegänge lesbischer Frauen im NS-Staat aufgezeigt werden. Die Quellenlage läßt jedoch nur bedingt Schlüsse zu, und so kann im Einzelfall kaum mit Sicherheit entschieden werden, ob das (geänderte) Verhalten nach 1933 etwa auf den Versuch der Anpassung - um sich und andere zu schützen - zurückzuführen ist, oder ob es sich um politische Überzeugung handelte, die sich in Mitläufertum bis hin zur Kollaboration äußerte. Damit wird noch einmal deutlich werden, daß es einen ursächlichen Zusammenhang zwischen Homosexualität und einem bestimmten sozialen Verhalten - etwa Kollaboration oder Widerstand - nicht gibt.

Bei den folgenden Schilderungen sollte das Klima der Angst, das kennzeichnend für die NS-Zeit ist, nicht vergessen werden. Einige meiner Gesprächspartnerinnen berichteten, sie hätten angesichts der Verhaftungen homosexueller Freunde Angst gehabt, "daß es uns auch bald trifft". Auch sexuelle Denunziationen führten zur Einschüchterung der Frauen. Die Pazifistin Ingeborg Küster schildert in ihrer Autobiographie einen Vorfall, wobei ihr und einer Arbeitskollegin 1936 von einem eifersüchtigen Kollegen ein lesbisches Verhältnis unterstellt wurde. Die angekün-

---

24 Allerdings muß im Fall lesbischer "Prominenz", insbesondere bei Künstlerinnen und Schauspielerinnen, bedacht werden, daß sie eine bestimmte Funktion für das Regime hatten und diesem nützlich waren. Das sollte man andererseits nicht, wie es immer wieder getan wird - z.B. von Nikolas Sombart in der "tageszeitung" v. 24.11.1987 -, mit einer besonderen Affinität des NS zur Homosexualität verwechseln, denn diese KünstlerInnen wurden nicht wegen, sondern trotz ihrer mehr oder weniger bekannten Homosexualität geduldet oder konnten gar Karriere machen. Prominente Beispiele hierfür sind Zarah Leander und Gustaf Gründgens, der nach 1933 vom anerkannten Künstler mit internationalem Renomée zum einflußreichen Staatsintendanten aufstieg. Den äußeren Rahmen wahrte er, indem er seine Schauspielerkollegin Marianne Hoppe heiratete (der Berliner Volksmund kommentierte denn auch die Scheinehe treffend mit 'Hoppe hoppe Gründgens, wo bleiben denn die Kindgens?').

25 Dies trifft auch auf eine Anzahl angepaßter homosexueller Männer zu, vgl. Baumgardt und Herzer, in: Eldorado, S.41f.; S.44ff.

digte eingehende Untersuchung durch den Betriebsrat hätte I. Küster den Arbeitsplatz gekostet, denn sie war mit Fritz Küster, dem Herausgeber einer pazifistischen Zeitschrift verlobt, der seit 1933 im KZ war. Doch der "germanisch" aussehenden Kollegin Hildegard gelang es, den Betriebsrat zu bezirzen und die Untersuchung abzubiegen.[26]

Einen ebenfalls glimpflichen Ausgang nahmen die Anschuldigungen gegen die Ballettmeisterin Sabine R. am Berliner Theater am Nollendorfplatz.[27] Zwei der ihr untergebenen Tänzerinnen hatten sich in einer Eingabe an das Propagandaministerium im Februar 1939 über "unsittliche Berührungen" durch die Vorgesetzte beschwert und ihr außerdem unterstellt, mit einer anderen Schülerin ein Verhältnis zu haben. Doch der Theaterintendant stellte sich ganz auf die Seite seiner Ballettmeisterin; er hatte zu Recht erkannt, daß die Anschuldigungen erhoben worden waren, um berufliche Vorteile herauszuschlagen. In der vom Propagandaministerium angestrengten Untersuchung wurde denn auch festgestellt, daß der "Verdacht, daß Frau R. bei der Behandlung des Balletts noch andere als künstlerische Empfindungen walten lasse, <...> damit in keiner Weise auch nur in etwa erhärtet" sei.[28]

Doch nun zum ersten Beispiel, das die Schwierigkeiten der Einschätzung besonders verdeutlicht.[29] Die Widerstandskämpferin Hiltgunt Zassenhaus schildert in ihrem Erinnerungsbuch "Ein Baum blüht im November" über ihre Jugend im "Dritten Reich" ihre Lieblingslehrerin, "Fräulein" Brockdorf, die sie zu Demokratie und Pazifismus erzogen hatte. Nach 1933 schwenkte die Lehrerin - zum Entsetzen Hiltgunts - auf nationalsozialistischen Kurs um. Erst Jahre später erfuhr Hiltgunt Zassenhaus etwas über die Hintergründe, als sie die Lehrerin zufällig auf dem jüdischen Friedhof an einem frisch aufgeworfenen Grab traf. Sie erfuhr, daß Brockdorfs Freundin Jüdin gewesen war. Beide Frauen hatten ihr Leben zusammen verbracht; als die Freundin deportiert werden sollte, nahm sie sich das Leben.

> "'Verstehen sie jetzt, warum ich nach der Machtergreifung mitmachen mußte?' fragte Fräulein Brockdorf mich. 'Um meine Freundin zu schützen, mußte ich so tun, als wäre ich dafür.'
> Für einen Augenblick kam die bittere Erinnerung an jene frühen Tage wieder. Auch ihr 'Mitmachen' konnte schließlich das Leben, das sie hatte schützen wollen, nicht retten. Und nicht nur das: ihr Verhalten hatte ein Beispiel gegeben für junge, geistig noch unselbständige Menschen.

---

26 Ingeborg Küster: Politik - haben Sie das denn nötig? Autobiografie einer Pazifistin. Hamburg 1983, S.210f.

27 BA R55/151, Bl.96-139. Reichsministerium für Volksaufklärung und Propaganda, Theater am Nollendorfplatz, Personalangelegenheiten.

28 Ebd., Bl.124. Vermerk des Sachbearbeiters Kohler im Propagandaministerium v. 31.3.1939.

29 Auch in Alexandra v. Grotes Spielfilm "Novembermond" (BRD 1984) geht es um eine ähnliche Thematik. Eine nach Paris emigrierte lesbische Jüdin wird während der deutschen Besatzung von ihrer französischen Freundin versteckt. Diese wird nach der Befreiung von ihren Landsleuten fälschlicherweise als Kollaborateurin abgestempelt, da sie als Sekretärin in einer Kollaborationszeitung gearbeitet hatte, um die Freundin zu retten.

Doch dann entdeckte ich im Schein der Straßenlaterne die vielen Falten in ihrem Gesicht und verstummte. Welches Recht hatte ich, mit ihr ins Gericht zu gehen?"[30]

Zweites Beispiel: Elsbeth Killmer, geboren am 29.12.1890, und vom "Volkswart" 1929 als "Vorkämpferin der lesbischen Frauenwelt"[31] bezeichnet. 1927 war sie verantwortliche Redakteurin der "Freundin"; bis 1932 veröffentlichte sie zahlreiche Kurzgeschichten, Gedichte und theoretische Artikel und hielt in der "Damenabteilung des BfM" Lesungen und Vorträge u.a. über Themen wie "Die normale und die anormale Frau", "Die Stellung der modernen Frau zur Homosexualität" oder "Die Notwendigkeit der homosexuellen Aufklärung". E. Killmer gehörte zu denjenigen Autorinnen in der "Freundin", die häufig ihre Verbundenheit zur Frauenbewegung bekundeten. In der Berufstätigkeit aller Frauen sah sie ein zentrales Moment ihrer Emanzipation. "Mit ihren Emanzipationsvorstellungen könnte man sie dem 'radikalen' Flügel der Frauenbewegung der Weimarer Republik nahestehend zuordnen",[32] meint Katharina Vogel, die Killmers Arbeit analysiert hat. Killmer setzte sich auch für eine straffere Organisierung lesbischer Frauen ein, um so besser für die Gleichberechtigung kämpfen zu können.

Was wurde nach 1933 aus ihr? Ihre Personalakte aus der Reichskulturkammer gibt hierzu, wenn auch nur lückenhaft, Aufschluß.[33] In einem Fragebogen des Reichsverbands Deutscher Schriftsteller[34] vom November 1934 klassifiziert sie sich als "Lyriker" und gibt an, daß sie bislang noch nichts veröffentlicht habe. Sie sei außerdem akademisch ausgebildete Kunstmalerin, Plastikerin und Schülerin ihres Vaters Ferdinand Killmer, eines bekannten, 1917 verstorbenen Frankfurter Bildhauers und "Hofgoldschmieds". Sie sei unverheiratet, nenne sich aber trotzdem "Frau" und habe einen Sohn (Jg. 1919). Auf die Frage, welcher Partei sie vor 1933 nahegestanden habe, antwortet sie mit "deutschnationale und deutschvölkische Freiheitspartei" - ob dies zutraf, kann nicht gesagt werden. Daß sie frühzeitig in die NS-Frauenschaft eintrat, belegt ihre niedrige Mitgliedsnummer 31598.

---

30 Hiltgunt Zassenhaus: Ein Baum blüht im November. Bericht aus den Jahren des Zweiten Weltkriegs. Hamburg 1974, S.85.

31 Böser, April 1929, S.52.

32 Katharina Vogel: Elsbeth Killmer. Unveröffentlichtes Manuskript.

33 Die folgenden Angaben beruhen auf der Personalakte von Elsbeth Killmer, BDC.

34 Der Reichsverband Deutscher Schriftsteller war eine auf Veranlassung des Propagandaministeriums im Juni 1933 gebildete Organisation, die nach der Bildung der Reichskulturkammer (RKK) am 22.9.1933 in deren Unterabteilung Reichsschrifttumskammer (RSK) einging. Der Dachorganisation RKK, die ebenfalls unter Führung des Propagandaministeriums stand, gehörten die entsprechenden Organisationen (wie Reichskammer der bildenden Künste, Reichstheaterkammer, Reichspressekammer etc.) an. Die Mitgliedschaft in einer der Kammern war Voraussetzung für künstlerische Arbeit im "Dritten Reich"; als unzuverlässig oder ungeeignet erachtete Mitglieder wurden ausgeschlossen oder nicht aufgenommen. Dazu gehörten neben Juden und Juden"mischlingen", politisch Unzuverlässigen und "geistig Minderwertigen" auch Homosexuelle. Vgl. Volker Dahm: Die nationalsozialistische Schrifttumspolitik nach dem 10. Mai 1933, in: Hg. Ulrich Walberer: 10. Mai 1933. Bücherverbrennung in Deutschland und die Folgen. Frankfurt/M. 1983, S.36-83.

1936 wechselt sie zur Reichskammer der bildenden Künste (Gruppe Bildhauer und Maler) über und entwirft fortan vor allem systemkonformes Kinderspielzeug. Ende 1938 wird ihr von der NSDAP bescheinigt, daß in "politischer Hinsicht keine Bedenken" gegen sie vorlägen. Killmers Korrespondenz mit der Reichskammer der bildenden Künste ist bis zum Februar 1944 erhalten; demzufolge hatte sie zumindest mit dieser Institution wegen ihrer Homosexualität keine Schwierigkeiten bzw. war diese nicht bekannt geworden.

Drittes Beispiel: Selma ("Selli") Engler, geboren am 28.9.1899. Selli Engler war ab 1924 Herausgeberin der Zeitschrift für lesbische Frauen "BIF" (Blätter idealer Frauenfreundschaften, im Untertitel: Monatsschrift für weibliche Kultur). Wie lange Englers Zeitschrift im Selbstverlag tatsächlich erschien, ist nicht bekannt. Allen Leserinnen der BIF bot sie Rechtsbeistand an. Eine Ausgabe von 1927 lädt alle BIF-Leserinnen zur Gründung des "Damen-BIF-Clubs" ein, Clubleiterin war Engler selbst. Bis zum Herbst 1929 arbeitete sie bei der Zeitschrift "Frauenliebe" mit und wechselte schließlich im September 1929 zur "Freundin" über, wo sie zahlreiche Geschichten und Gedichte veröffentlichte. Ebenfalls im Herbst 1929 eröffnete sie den Damenclub "Erato". Ab Mai 1931 wird ihr Name in der "Freundin" nicht mehr erwähnt. Während ihres zweijährigen Engagements im BfM legte sie immer großen Wert auf die Ehrung des "Führers der Bewegung", Friedrich Radszuweit, und beklagte wie auch Elsbeth Killmer die mangelnde Organisationsbegeisterung der Frauen. Im April 1931 rief sie zu einem lesbischen "Netzwerk", zu gegenseitiger Unterstützung und mehr Bekennermut auf. Homosexuelle sollten ihre "Feigheit" überwinden.[35]

Nach 1933 war es mit Englers Bekennermut offenbar schnell vorbei - Anpassung (oder besser: Anbiederung?) war angesagt. Einem Schreiben des "Reichsdramaturgen" im Reichsministerium für Volksaufklärung und Propaganda vom Dezember 1933 zufolge hatte Selli Engler ein "deutsches Spiel <Theaterstück,C.S.> 'Heil Hitler'" verfaßt und es im Lauf des Jahres 1933 Hitler persönlich zugesandt.[36] Der Reichsdramaturg bestätigte ihr,

> "daß die Gesinnung, aus der heraus Sie das Werk geschrieben haben, der höchsten Anerkennung wert ist. Leider erscheint mir in künstlerisch-dramatischer Hinsicht das Werk nicht so reif und gelungen, daß ich eine Aufführung pflichtgemäß gutheißen oder befürworten könnte und dürfte."

Und er rät ihr:

> "Da man aus Ihrem Manuskript deutlich fühlt, daß Sie den Drang haben, wirklich Selbsterlebtes zu gestalten, so möchte ich Ihnen raten, es statt mit der dramatischen Form, mit kleinen Skizzen und Erzählungen zu versuchen."

Im September 1938 stellte Engler einen Antrag auf Aufnahme in die Reichsschrifttumskammer. Sie gibt an, etwa 100 unveröffentlichte(!) lyrische Arbeiten,

---

35 Diese Angaben basieren auf einem unveröffentlichten Manuskript von Katharina Vogel, das sie mir dankenswerterweise überließ.

36 Folgende Angaben basieren auf der Personalakte von Selli Engler, BDC.

einen Roman "Alkohol", ein Schauspiel "Drei blaue Steinchen" und ein Singspiel "Der Defraudant" verfaßt zu haben. Ihrem dem Antrag beigefügten Lebenslauf (nebst "Ariernachweis") kann man folgendes entnehmen: Engler wuchs in ärmlichen Verhältnissen auf, hatte elf Geschwister, der Vater war Pantoffelfabrikant. Nach dem Tod des Vaters kam sie 1914 mit der Mutter, mit der sie auch 1938 noch zusammenwohnte, nach Berlin und wurde Verkäuferin, später Buchhalterin. Die Zeit ihres Engagements für lesbische Frauen liest sich im offiziellen Lebenslauf nun folgendermaßen:

> "Von 1921 bis 1931 beschäftigte ich mich überwiegend im Haushalt meiner Mutter.<...> Ich hatte zu Hause mein Auskommen und konnte täglich einige Stunden meinen literarischen Neigungen leben. Ich befaßte mich mit dem Kennenlernen deutscher Klassiker <...>. Inzwischen versuchte ich meine literarischen Arbeiten in einem kleinen Kabarett vorzubringen, drang aber nicht durch; auch ein Kaffeehaus pachtete ich mir einige Monate, um meine Lieder in die Öffentlichkeit zu bringen, aber ich erkannte bald das Ungesunde und Unvereinbare und gab es auf. Dann habe ich meine Arbeiten als Wandsprüche und kleine Heftchen selbst verlegt, aber es geschah ohne Erfolg und Verdienst."

1931, also zu der Zeit, als Englers Name aus der "Freundin" verschwand, versuchte sie offenbar erfolglos eine Stelle als Buchhalterin zu finden. Erst für 1938 verzeichnete sie eine Aushilfsstellung als Stenotypistin. Über Englers weiteren Werdegang im "Dritten Reich" ist nichts bekannt; vermutlich blieb ihre jahrelange Aktivität in der lesbischen Subkultur unbemerkt. 1982 starb sie in Ostberlin.

Aber auch "größere Fische" gingen unbeschadet durchs Netz. So etwa die einem größeren Publikum bekannt gewordene lesbische Schriftstellerin Ruth Margarete Roellig (1887-1969), in den 20er Jahren eine populäre Autorin. Sie verfaßte zahlreiche Romane, die z.T. auch als Fortsetzungsromane in Berliner Tageszeitungen erschienen, schrieb "Lesbierinnen und Transvestiten" für das Buch "Das lasterhafte Weib" (1930) und veröffentlichte Beiträge in der "Freundin" und "Garçonne". 1928 stellte sie in ihrem Buch "Berlins lesbische Frauen"[37] 14 Bars und Clubs vor, und noch in der letzten Ausgabe der "Freundin" vom März 1933 wurde darin ihr Buch "Die Kette im Schloß" als "Roman eines lesbischen Mädchens" als wieder lieferbar angepriesen.

In ihrem dem Fragebogen der Reichsschrifttumskammer beigefügten Lebenslauf gab Roellig bekannt, daß sie als 9jährige mit ihren Eltern von Schwiebus nach Berlin gezogen war; ihr Vater war Inhaber mehrerer Gastwirtsbetriebe, in denen sie auch mitarbeitete.[38] 1911/12 erhielt sie eine Ausbildung als Redakteurin und arbeitete dann schriftstellerisch für mehrere Zeitungen. Nach einem Aufenthalt in Finnland und Bonn kam sie 1927 wieder nach Berlin, wo sie in Schöneberg lebte. Ihr in der NS-Zeit verfaßtes Buch "Memoiren einer Tänzerin" wurde von der RSK

---

37 Ruth Margarete Roellig: Berlins lesbische Frauen (mit Vorwort von Hirschfeld). Berlin 1928. Roelligs Buch ist nachgedruckt in Adele Meyer (Hg.): Lila Nächte. Köln 1981.

38 Folgende Angaben basieren auf Ruth Roelligs Personalakte, BDC.

als "stilistisch gut und inhaltlich einwandfrei" abgesegnet. In dem 1936 verfaßten Lebenslauf schreibt sie, sie arbeite z.Zt. an einem

> "kleineren Roman (Verwirrungen im Dasein eines Adoptivkindes, das erst nach langen Schwierigkeiten dahinter kommt, daß es rein arischer Abstammung und nicht wie sein Adoptivvater, jüdisch ist)".

Und sie schließt mit den Worten:

> "Damit wäre alles erörtert, was sich über mein schlichtes, sich in stiller Zurückgezogenheit abspielendes Dasein sagen läßt. Ich bin ein durch und durch deutsch fühlender Mensch und bringe den Bestrebungen unseres verehrten Führers die innigsten Sympathien entgegen."

Letzteres schlug sich zumindest in Roelligs in der NS-Zeit verfaßten Arbeiten nieder, ob es nun Lippenbekenntnisse waren oder nicht. Margarete Knittel (1906-1991) zufolge, die Roellig Mitte der 20er Jahre kennenlernte und mit ihr bis zu ihrem Tod befreundet war, waren Ruth Roellig und ihre FreundInnen "alles keine Nazis".[39]

Die in der Berliner Grundstücksverwaltung tätige Margarete Knittel, die die Kriegszeit "unentdeckt" überstand, erinnert sich an eine Episode während des Krieges, bei der "die Ruth für ihre Gutmütigkeit beinahe bei den Nazis in Ungnade gefallen" sei. Roellig habe in einem Geschäft zwei französische Zwangsarbeiterinnen (Mutter und Tochter) kennengelernt und für sie gedolmetscht, da beide kein Deutsch konnten. Dabei erfuhr Roellig, daß die Französinnen in einem Sammellager untergebracht waren. Da sie selbst mit ihrer Freundin Erika in einer großen Wohnung lebte, wo noch ein Zimmer frei war, nahm sie beide Frauen aus Mitleid auf und sorgte für sie. Roelligs Freundin machte jedoch der Französin eine Liebeserklärung, worauf diese zur Polizei gegangen sei und Roellig und ihre Freundin als lesbisch angezeigt habe. Dem Polizeibeamten gegenüber gab Roellig ihre Freundin, die wesentlich jünger war als sie, als Pflegetochter aus und stritt alles ab. Der Polizist meinte beschwichtigend zu Roellig, er wolle ihr ja gar nichts tun, aber die Französinnen dürften doch nicht bei ihr wohnen. Darauf wurden diese abgeführt; ihr Schicksal ist nicht bekannt. Für Roellig hatte dies keine weiteren Folgen. Während des Krieges hielt sie sich nach mehreren Ausbombungen z.T. in ihrem Landhaus in Schlesien auf.

Fünftes Beispiel: Claire Waldoff (1884-1957). Die berühmte Schauspielerin, Kabarettistin und Chansonsängerin hatte aus ihrer jahrzehntelangen Beziehung mit Olly von Roeder keinen Hehl gemacht. 1907 wurde ihr von der Zensur ein Auftritt mit Scheerbart-Texten wegen antimilitaristischer Tendenz und - einem Etonboyanzug verboten. Sie hatte zahlreiche Auftritte, u.a. im Schauspielhaus von Berlin als "Halb-Mann, Halb-Frau" (Waldoff). Auf Künstler-Festen tauchte sie als "reizender Bauernjunge" auf, zusammen mit einem "Blue Boy" namens Marlene Dietrich. Zu ihren berühmtesten Liedern gehörten die "Hannelore vom Halleschen Tore", die

---

39 Gespräch mit Margarete Knittel am 5.5.1986.

sowohl "Bräutigam und Braut" hatte, und das von Ludwig Mendelssohn 1914 geschriebene Couplet "Hermann heeßt er".

Kurz nach der Machtübernahme hatte die Waldoff vorübergehend ein "politisches Auftrittsverbot", da sie vor 1933 bei Veranstaltungen der "Roten Hilfe" mitgewirkt hatte. Die Sache wurde von der Berliner Gruppe des "Kampfbundes für Deutsche Kultur",[40] der sich als "vom Führer der Nationalsozialistischen Bewegung allein bevollmächtigten Kulturorganisation" rühmte, überprüft. Waldoff versicherte, "den Charakter der Roten Hilfe nicht gekannt zu haben <...> und schon im Kriege in nationalem Sinne tätig"[41] gewesen zu sein. Sie wurde daraufhin für politisch unbedenklich befunden. Ganz anderer Meinung war dagegen die "Ortsgruppe Hamburg" des genannten Kampfbundes. In einem Schreiben vom April 1933 an das Flora-Theater Hamburg, wo Waldoff aufgetreten war, wetterte die Ortsgruppe gegen "die kommunistische Exponentin und Vertreterin einer dekadent gewerteten Kunstrichtung Claire Waldorf" <sic> und kündigte an, ihr weiteres Auftreten mit allen Mitteln zu verhindern. Doch der zuständige Staatskommissar des Preußischen Ministeriums für Wissenschaft, Kunst und Volksbildung, Hans Hinkel, entschied anders und Claire Waldoff trat wieder auf, so im Oktober 1933 mit einer Tournee durch Süddeutschland, die auch im "Völkischen Beobachter" vom 11.10.1933 bejubelt wurde. (Allerdings hatte man im Programmheft den jüdischen Komponisten von Waldoffs Hit "Hermann heeßt er" schnell "arisiert" und in Adolf Walter umbenannt.)

Als sie bei späteren Auftritten dem "Hermann" die auf Göring gemünzte Strophe "Rechts Lametta, links Lametta und der Bauch wird immer fetta und in Preußen ist er Meester - Hermann heeßt er!" hinzufügte, soll sie verhaftet worden sein, doch ließ sich für dieses Gerücht bisher kein Beleg finden. Claire Waldoff trat zwar noch mehrfach auf - ein letztes Mal 1940 in einer Gastspielrolle in Berlin - doch nach und nach entzog ihr das NS-Regime den Boden für ihre Arbeit. So zog sich die Sängerin mit der "Berliner Schnauze" resigniert aus der Schußlinie zurück und lebte seit Kriegsbeginn mit ihrer Freundin in Bayrisch-Gmain.

Diese Beispiele, die durch eine Reihe weiterer Fälle ergänzt werden könnten, mögen hier genügen.[42] Sie zeigen, daß es für lesbische Frauen unter bestimmten Voraussetzungen möglich war, relativ unbehelligt zu bleiben.

Auch mit dem Nationalsozialismus offen sympathisierende und kollaborierende lesbische Frauen hat es gegeben; diesbezügliche Informationen sind jedoch äußerst

---

40 1929 gründete Alfred Rosenberg den "Kampfbund für deutsche Kultur", der die Bekämpfung "entarteter Kunst" zum Ziel hatte. Als oberster Kulturhüter unterlag Rosenberg jedoch schon 1933/34 seinem schärfsten Kontrahenten Goebbels.

41 Personalakte Claire Waldoff, BDC. Schreiben des Kampfbundes für Deutsche Kultur v. 10.4.1933.

42 Vgl. etwa Ilse Kokula: Sophie Hoechstetter (1873-1943), in: Ariadne. Almanach des Archivs der deutschen Frauenbewegung, H.14 Juli 1989, S.16-21; sowie neuerdings Christiane Habich: Lilian Harvey. Berlin 1990.

spärlich.[43] Auf drei Beispiele sei hingewiesen. So war etwa Hilde Lemke, Bezirksführerin des "Arbeitsdienstes für die weibliche Jugend", auch der Frauenliebe zugetan. Johnny F., die 1933 im Arbeitsdienst wegen einer lesbischen Beziehung in Bedrängnis geraten war, gelang es aufgrund ihrer diesbezüglichen Kenntnisse über Lemke, diese zu einer hilfreichen Intervention zu bewegen.[44]

Eine der "gefürchtesten Naziaufseherinnen" im Lübecker Gefängnis, Sauerberg, soll nach dem Bericht von Lucie Suhling, die wegen ihrer KPD-Arbeit dort einsaß, die inhaftierten Frauen sexuell belästigt haben. Im Gefängnis ging später das Gerücht um, daß Sauerberg wegen "lesbischer Ambitionen und Bestechung krimineller Häftlinge entlassen" werden sollte.[45]

Besser belegt ist der Fall der Schriftstellerin Grete von Urbanitzky (1893-1974), die ich als letztes Beispiel anführen möchte. Hier wird zugleich deutlich, daß Anpassung oder gar Kollaboration nicht zwangsläufig davor schützte, bei den Nazis in Ungnade zu fallen (ob hierbei Urbanitzkys Homosexualität[46] eine Rolle spielte, kann allerdings nicht gesagt werden).

Die österreichische Schriftstellerin, Verfasserin zahlreicher Romane, wuchs in Linz auf und studierte in Zürich. In Wien war sie Redaktionsmitglied bei "Der Tag", schrieb aber auch für andere Zeitungen und führte das Verlagshaus Urbanitzky; dort ging sie auch zwei Ehen ein. In ihrem 1927 erschienenen, sehr populären Roman "Der wilde Garten" nimmt einzig die Beziehung zwischen den lesbischen Figuren "Gert" und Alexandra einen positiven und hoffnungsvollen Verlauf und "wird gegen alle Vorwürfe einer heterosexuellen Moral verteidigt".[47] Zwar wird in dem späteren Roman "Himmel und Hölle" (1932) die heterosexuelle Beziehung zum Scheitern verurteilt, aber auch die Nebenfigur Irene, die "von Lesbos bis zum Kokain" alles ausprobiert hat, erscheint in diesem Roman in einem negativen Licht und wird vom Vater in eine Ehe gezwungen.

---

43 S.a. die Hinweise bei Gudrun Schwarz: "Gemeinschaftsleben ist immer ein Wagnis". Frauensiedlung und -gymnastikschule Schwarzerden in der Rhön, in: Die ungeschriebene Geschichte. Dokumentation des 5. Historikerinnentreffens. Wien 1984, S.238-250, bes. S.248f.

44 S.a. Hilde Lemke: Sinn und Ziel des Arbeitsdienstes, in: Die Ärztin, 9.Jg. 1933, H.6, S.124-128.

45 Lucie Suhling: Der unbekannte Widerstand. Erinnerungen. Frankfurt/M. 1980, S.116. - Auch von KZ-Aufseherinnen heißt es in den Berichten ehemaliger Häftlinge immer wieder, daß sie inhaftierte Frauen sexuell mißbraucht hätten. Dabei werden die Namen Irma Grese und Maria Mandel besonders häufig erwähnt. Außerdem soll die im Rang eines SS-Generals stehende Hitler-Vertraute "Schwester Pia" (bürgerlich Eleonore Bauer) KZ-Häftlinge mißbraucht haben. Auf diese Fälle (sexueller) Machtausübung kann jedoch hier nicht näher eingegangen werden.

46 Die aus Deutschland emigrierte Fotografin Marianne Feilchenfeldt (geb. Breslauer) bestätigte Urbanitzkys Homosexualität in einem Gespräch mit Madeleine Marti am 5.8.1988, das diese mir freundlicherweise zur Verfügung stellte. M. Feilchenfeldt lernte Urbanitzky um 1944 in der Schweiz mit ihren beiden Freundinnen kennen.

47 Hacker, S.209, S.223f..

In dem 1933 erschienenen Roman "Karin und die Welt der Männer" sympathisiert Urbanitzky mit dem Nationalsozialismus; die Hauptfigur Karin findet schließlich in der Ehe das alleinige Glück.[48] Auch in der Politik unterstützte Urbanitzky, Mitbegründerin und Vize des österreichischen PEN-Clubs, die Nazis.[49] In einem Brief vom April 1933 an den Londoner PEN-Club wandte sie sich gegen die "wüste Greuelhetze gegen Deutschland".[50] Auf einem Kongreß des Internationalen PEN-Clubs im Mai 1933, auf dem es um die jüngst erfolgten Bücherverbrenungen in Deutschland gehen sollte, stellte sich die Österreicherin Urbanitzky auf die Seite der deutschen Delegation, die gegen diese "Einmischung" protestierte und abmarschierte. Wegen einer anschließenden antideutschen Resolution des Wiener PEN-Clubs trat Urbanitzky aus dem österreichischen PEN aus und in den deutschen ein, bevor dieser dann im November 1933 aus der internationalen Organisation ausgeschlossen wurde. Über den politischen Werdegang Urbanitzkys in der Folgezeit ist mir nichts bekannt.

Schmid-Bortenschlager zufolge soll sich die Haltung der Autorin zum Nationalsozialismus in der darauffolgenden Zeit geändert haben. Dabei beruft sie sich auf Urbanitzkys spätere Romane ("ein historischer (Roman) und einige völlig a-politische Unterhaltungsromane ohne jegliche politische Tendenz").[51] 1938 ging Urbanitzky nach Frankreich, wo sie für in Paris erscheinende deutsche und österreichische Zeitungen schrieb, und übersiedelte 1939 endgültig in die Schweiz, wo auch ihre nächsten Bücher erschienen (im Standardlexikon der Emigration wird sie seit 1938 als Emigrantin verzeichnet[52]). 1941 wurden ihre sämtlichen Bücher von Himmler "im Einvernehmen" mit Goebbels in Deutschland verboten.[53] Urbanitzkys 1943 erschienener Roman "Der Mann Alexander" weise, so Schmid-Bortenschlager, "eine eindeutige Anti-Kriegstendenz auf":

> "So wichtig Urbanitzkys Propagandatätigkeit für Faschismus und Nationalsozialismus gewesen ist, so scheint sie ein Beispiel für jene Gruppen gewesen zu sein, die durch die Erfahrungen des NS-Regimes ihre Meinung revidiert haben (..)."[54]

Lesbische Frauen, die keine Anpassungsleistungen erbringen wollten und aufgrund politischer Betätigung oder aus ethnischen Gründen auch nicht konnten, waren in wesentlich stärkerem Maß Verfolgung ausgesetzt. Nur stichwortartig einige Beispiele:

---

48 Vgl. Sigrid Schmid-Bortenschlager: Thema Faschismus. Zu einigen Romanen österreichischer Autorinnen der dreißiger Jahre, in: Zeitgeschichte, 9.Jg. 1981, H.1, S.5-8.

49 Zum folgenden s. Joseph Wulf: Literatur und Dichtung im Dritten Reich. Gütersloh 1963, S.90f.; Kindlers Literaturgeschichte der Gegenwart. Bd. 3, München/Zürich 1976, S.19-23.

50 Wulf, S.90.

51 Schmid-Bortenschlager, S.7.

52 S. "Grete von Urbanitzky", in: International Biographical Dictionary of Central European Emigrés 1933-1945. Vol.II Part 2, München u.a. 1983, S.1186.

53 IfZ MA 442/1, Bl.9217, RSHA Amt IV (=Gestapa), Meldung wichtiger staatspolizeilicher Ereignisse, Nr.10 v. 22.9.1941

54 Schmid-Bortenschlager, S.7f.

Hilde Radusch, geb. 1903, von 1929-1932 KPD-Stadtverordnete in Berlin, wurde im April 1933 wegen ihrer Parteizugehörigkeit in Schutzhaft genommen und im Gefängnis Barnimstraße inhaftiert. Im September des gleichen Jahres wurde sie wieder freigelassen. Aus Sicherheitsgründen wechselte sie mehrfach den Wohnort, hielt aber weiterhin Kontakt mit der Roten Hilfe. Vor ihrer erneuten Verhaftung 1944 wurde sie gewarnt, konnte mit ihrer Freundin untertauchen und so überleben.[55]

Christa Winsloe (1888-1944), Autorin von "Mädchen in Uniform", in dem die enge Beziehung zwischen einer Schülerin und ihrer Lehrerin geschildert wird, emigrierte 1938, da sie nicht mehr in Deutschland schreiben wollte, obwohl sie als ungarische Staatsangehörige zunächst ungefährdet war. Sie lebte mit ihrer Freundin in Südfrankreich, wo sie die Résistance unterstützte. Bei dem Versuch, 1944 nach Deutschland zurückzukehren, wurden beide Frauen von Franzosen ermordet und posthum als Kollaborateurinnen abgestempelt.

Erika Mann (1905-1969), Schauspielerin, Schriftstellerin und Leiterin des erfolgreichen antifaschistischen Kabaretts "Die Pfeffermühle", war schon ab 1930 von den Nazis attackiert worden (u.a. von Rosenberg). Im März 1933 emigrierte sie aus politischen Gründen, wurde 1935 ausgebürgert und ihre Bücher wurden in Deutschland verboten. Auch ihre Freundin und Partnerin, die Schauspielerin Therese Giehse (1898-1975), die zudem jüdischer Herkunft war, emigrierte zusammen mit Erika Mann und setzte mit ihr die Kabarettarbeit im Exil fort.

Die jüdische Malerin *Gertrude Sandmann* (1893-1981) täuschte, um der Gestapo zu entgehen - einen Selbstmordversuch vor und wurde jahrelang von Freundinnen zunächst in der Wohnung, später in einem unbeheizten Bauwagen im Freien versteckt und konnte auf diese Weise überleben.

Die politisch engagierte *Charlotte Wolff* (1897-1986) erhielt als jüdische Ärztin 1933 Berufsverbot und konnte gerade noch ihrer Verhaftung entgehen. Sie emigrierte zunächst nach Frankreich, dann nach England, wo sie bis zu ihrem Tod lebte.[56]

Ebenso emigrierten aufgrund jüdischer Herkunft die Schriftstellerin *Ann K. Hartwin*; die Lyrikerin und Altphilologin *Vera Lachmann* (1904-1986);[57] und die "schöne Mali", Leiterin des einstigen Damenclubs "Mali und

---

55 S. den Fernsehfilm (Portrait von Hilde Radusch) "Muß denn gleich beides sein?" von Pieke Biermann und Petra Haffner, 17.5.1986, NDR; Anna Rheinsberg: "Man bleibt, wo man gebraucht wird". Die Geschichte der Hilde Radusch: Begegnung mit einer ungewöhnlichen Frau, in: Frankfurter Rundschau v. 30.11.1985; Claudia Schoppmann: Als Lesbe immer zwischen allen Fronten - Hilde Radusch, in: LesbenStich, 7.Jg. 1985, H.4, S.40f.

56 Von ihr stammt eines der sehr seltenen, die Homosexualität nicht aussparenden autobiographischen Zeugnisse: Augenblicke verändern uns mehr als die Zeit. Weinheim/Basel 1982.

57 Vgl. Gabriele Kreis: Frauen im Exil. Düsseldorf 1986, S.126ff.

Igel".[58] *Anna Freud*, selbst Analytikerin, war als Mitarbeiterin und Tochter Freuds höchst gefährdet, nicht aber wegen ihrer jahrelangen Beziehung mit Dorothy Burlingham.[59]

Homosexuellenverfolgung durch Gestapo und Kriminalpolizei

Das "Sonderdezernat Homosexualität" beim Geheimen Staatspolizeiamt

Nach der Zerschlagung und Auflösung der Homosexuellen-Organisationen bildete der 30. Juni 1934 den Auftakt zu einer neuen Verfolgungswelle. Wie bekannt wurden an diesem Tag Roehm und andere SA-Führer, aber auch andere politische Gegner erschossen.[60] Der Mordaktion lag die Rivalität zwischen SA und Reichswehr zugrunde; dabei gingen Himmler und die SS, die sich aus der Unterstellung unter die SA löste und damit selbständig wurde, als die eigentlichen Sieger hervor. Hitler verbreitete im nachhinein das Gerücht, Roehm habe einen Putschversuch unternehmen wollen; deshalb sei dessen Ermordung "Staatsnotwehr" gewesen. Darüber hinaus habe er inzwischen von Roehms Homosexualität erfahren, und das "gesunde Volksempfinden" habe eine entschiedene Säuberung von ihm verlangt. In Wahrheit war Hitler seit langem bestens über Roehms Homosexualität informiert gewesen, und so lange, wie er auf Roehm und die SA angewiesen war, hatte er von Maßnahmen abgesehen.

Nun nutzte Hitler die Gunst der Stunde zu einem nicht nur propagandistischen Feldzug gegen Homosexuelle. Neben der Ermordung von etwa 85 Personen gab es auch rund 1100 Festnahmen von politisch einflußreichen Persönlichkeiten - darunter nur fünf Frauen[61] - deren Fälle anschließend von einem Sonderdezernat

---

58 Dies berichtet Hilde Radusch in dem englischen Film "Desire - Sexuality in Germany 1910-1945" v. Stuart Marshall (GB 1988).

59 Detlef Berthelsen: Alltag bei Familie Freud. Die Lebenserinnerungen der Paula Fichtl. Frankfurt/M. 1989.

60 Hierzu grundlegend Heinz Höhne: Mordsache Röhm. Hitlers Durchbruch zur Alleinherrschaft 1933-1934. Reinbek 1984. - Nach dem Roehm-Mord flüchteten offenbar zahlreiche homosexuelle Männer in die CSR. S. Käte Frankenthal: Der dreifache Fluch: Jüdin, Intellektuelle, Sozialistin. Lebenserinnerungen einer Ärztin in Deutschland und im Exil. Frankfurt/M./New York 1981, S.233.

61 GStA Rep.90P, Nr.114f., Alphabetisches Verzeichnis der bei der Röhm-Revolte Festgenom-

(II1S) bei dem im April 1933 gegründeten Geheimen Staatspolizeiamt (Gestapa) registriert und ausgewertet wurden.[62] Bekanntlich hatte der preußische Innenminister Göring im März 1933 die Politische Polizei aus der Abhängigkeit von der Staatsanwaltschaft gelöst und von den übrigen Polizeikräften getrennt. Am 26. April 1933 erfolgte die offizielle Gründung der Gestapo. Ihre Hauptaufgabe bestand in der Ausschaltung politischer Gegner, die sie mit von der Justiz unabhängigen und von keiner Instanz kontrollierbaren "Inschutzhaftnahmen" durchsetzte.[63]

Vermutlich wurde das im Zusammenhang mit dem Roehm-Mord im Gestapa entstandene Sonderdezernat II1S zur ersten zentralen Stelle zur Erfassung und Verfolgung Homosexueller.[64] Am 24.10.1934 ging ein Fernschreiben des Gestapa an alle Staatspolizei(leit)stellen, dort bis zum 1.12.1934 Listen "solcher Personen, die irgendwie in homosexueller Hinsicht in Erscheinung getreten sind",[65] einzureichen. Eine Woche später wurde das Fernschreiben spezifiziert: gemeldet werden sollten nur Männer, und besonders die politischen Organisationen, denen sie angehörten.[66] Die Maßnahmen richteten sich also hauptsächlich gegen politische Gegner bzw. gegen Homosexuelle in den eigenen (Partei)Reihen. Möglicherweise war dieser Coup von Hitler persönlich angeordnet worden, denn in dem bereits erwähnten Schreiben von Arthur Gütt vom 28.1.1935 heißt es:

> "In der Baseler Zeitung vom 19. Dezember 1934 ist eine Mitteilung erschienen, nach der auf persönlichen Befehl des Führers und Reichskanzlers im ganzen Reich eine Reinigungsaktion gegen homosexuelle Elemente durchgeführt sein soll. Die Zahl der im ganzen Reich in Haft genommenen Personen soll sich - nach dieser Meldung - auf ungefähr 700 belaufen."[67]

Geleitet wurde das erwähnte Sonderdezernat von Kriminalrat Josef Meisinger, einem "der Hauptakteure des 30. Juni 1934".[68] In einer politischen Beurteilung von 1937 heißt es über Meisinger: "Meisinger gilt als alter Kämpfer der nationalsozialistischen Bewegung, dessen Zuverlässigkeit und jederzeitiger rückhaltloser Einsatz für die Bewegung außer allem Zweifel steht."[69] Dieses Lob war durchaus angebracht. Der am 14.9.1899 in München geborene Meisinger, ein Freikorpskämpfer, war bereits seit 1921 in der NSDAP. 1923 nahm er als SA-Mann am Putsch teil, wofür er den "Blutorden" der NSDAP bekam; seit 1933 war er SS-Mitglied und

---

menen 1934.

62 Johannes Tuchel/Reinold Schattenfroh: Zentrale des Terrors. Berlin 1987, S.85.

63 Zur Geschichte der Gestapo s. Tuchel/Schattenfroh, S.66ff.

64 Die Hauptabteilung II befaßte sich mit der sog. "Innerstaatlichen Abwehr" und ordnete mittels "Schutzhaftbefehl" Verhaftungen an. S. Kogon, S.52.

65 IfZ MA 131, Bl.3520. Schreiben der Stapostelle Dortmund, Außenstelle Hagen an die Stapostelle Dortmund v. 24.11.1934.

66 Ebd., Bl.3513ff.

67 GStA Rep.90P, Nr.65 H.1, Schutzhaft 1934-35 Bd.3, Bl.86. - Jellonnek, S.102, der sich auf die Basler National-Zeitung vom 13. und 20.12.1934 beruft, spricht von 2000 Verhaftungen.

68 Jacques Delarue: Geschichte der Gestapo. Düsseldorf 1964, S.158.

69 BDC, Personalakte Josef Meisinger.

wurde rasch befördert. Schon seit 1922 war er bei der Münchner Kripo gewesen, wo er sich auf die Gebiete "Abtreibung, Homosexualität und Falschmünzerei"[70] spezialisierte. Nach seinem Wechsel zur Politischen Polizei wurde er von Himmler, damals Polizeipräsident von München, im März 1933 mit der Überwachung der Kriminalität innerhalb der NSDAP beauftragt.

Nachdem Himmler Ende 1933 von Bayern aus die Leitung der meisten Politischen Polizeien an sich gerissen hatte, erreichte er im April 1934 ein vorläufiges Etappenziel - den Posten des Inspekteurs und stellvertretenden Chefs der Gestapo - und zog in Berlin ins Gestapa ein. Dabei nahm er auch Meisinger und andere bayrische "Spezialisten", z.B. Heinrich Müller, Gestapo-Chef ab 1939, mit. Auch in Berlin war Meisinger für die politisch bedeutende Abteilung der Parteiüberwachung zuständig; in diese Abteilung war das Sonderdezernat Homosexualität zunächst eingegliedert.[71] Mit Schreiben vom 4.10.1934 wurde er beauftragt, Sonderakten über "alle führenden Männer des Staates, der Bewegung und ihre(r) Untergliederungen"[72] anzulegen. In den Kontext dieses Schreibens paßt das erwähnte Fernschreiben Himmlers vom Oktober 1934 ausgezeichnet.

Ob der eigentliche Zweck der Aktion, die Verhaftung und damit Unschädlichmachung politischer Gegner und homosexueller Männer in der NSDAP und ihren Gliederungen in großem Maßstab erfüllt wurde, darf angezweifelt werden (von den eingegangenen Listen sind nur wenige erhalten).[73] Hauptsächlich gingen wohl "kleine Fische" ins Netz, wie auch aus einer Liste aus Hagen hervorgeht: Arbeiter, Handwerker und kleine Angestellte werden da genannt, "Prominente" sind nicht darunter.[74] Eines hatte die Sammelei jedoch zweifellos bewirkt: der Grundstock für eine zentrale Homo-Kartei war damit gelegt. Sowohl das Dezernat für Parteiangelegenheiten als auch das Sonderdezernat Homosexualität blieb bis Kriegsbeginn unter Leitung Meisingers, mit dessen Leistungen Himmler offenbar zufrieden war, denn er ließ ihn in sechs Jahren fünf mal befördern. Unterstützt wurde Meisinger durch mehrere Mitarbeiter; so (spätestens) seit März 1935 durch Kriminalkommissar Kanthack. Dessen seit Oktober 1935 bestehender Dienststelle II1H ("Parteiangelegenheiten") mit dem umständlichen Titel "Bekämpfung staatsfeindlicher und staatsgefährlicher Organisationen, soweit dies im staatlichen Interesse liegt" war die Homosexuellenverfolgung vorübergehend zugeordnet.[75]

---

70 Walter Wuttke: Homosexuelle im Nationalsozialismus (Ausstellungskatalog). Ulm 1987, S.22.

71 Aronson, S.232.

72 BA R 58/248, Bl.269. Schreiben des Gestapa v. 4.10.1934 betr. "Führung von Sonderakten führender Männer des Staates".

73 Harry Wilde: Das Schicksal der Verfemten. Die Verfolgung der Homosexuellen im Dritten Reich und ihre Stellung in der heutigen Gesellschaft. Tübingen 1969, S.132.

74 IfZ MA 131, Bl.3516-21. Schreiben der Stapostelle Dortmund, Außenstelle Hagen, an die Stapostelle Dortmund v. 24.11.1934. Die Liste nennt 41 Männer, die a) nach §175 vorbestraft sind, b) gegen die ein Verfahren gegen §175 schwebte oder ganz unspezifisch c), "die im Verdacht stehen, homosexuell veranlagt zu sein" (Bl.3518).

75 BA R58/239, Bl.87. Schreiben der Gestapa-Kanzlei v. 22.5.1935 sowie BA R58/840, Bl.68,

Parallel zum Sonderdezernat arbeiteten entsprechende Referate auf lokaler Ebene; über die Verfolgung homosexueller Männer durch die Gestapostellen Neustadt, Würzburg und Düsseldorf berichtet Burkhard Jellonnek in "Homosexuelle unter dem Hakenkreuz" detailliert und sehr aufschlußreich.[76] Auch konnten sich die Stapostellen bzw. das Sonderdezernat auf Zuarbeiten von außerhalb stützen, wie der folgende ausführliche Spitzelbericht des SD an die Stapostelle Frankfurt/M. vom 9.1.1936 betreffend "Heidi W. (oder ähnlich) genannt 'die blonde Hedi' und Frau K." zeigt:

> "Einer hier eingegangenen Meldung zufolge steht die oben genannte Frau K. in einem homosexuellen Hörigkeitsverhältnis (lesbisch) zu der 'blonden Hedi'. Die K. ist die geschiedene Frau eines SS-Mannes und scheint schuldig geschieden zu sein, da sie keinerlei Alimente erhält. Früher war sie als Angestellte in der Firma H. und B. Ffm. zwei Jahre lang beschäftigt; wo sie wohnt, konnte bisher nicht festgestellt werden.
> Die 'blonde Hedi', 22 bis 23 Jahre alt, sehr elegant, ist die Tochter eines Wirtes W., oder ähnlich, aus Langen in Hessen. Derselbe besitzt dort die größte Wirtschaft am Ort, trägt sich aber mit dem Gedanken, seinen Betrieb in Langen aufzugeben und ein Lokal in Frankfurt zu übernehmen. W. soll früher eine große Rolle in der SPD gespielt haben und als SPD-Bonze Polizeipräsident (oder in ähnlicher maßgebender Stellung) von Krefeld gewesen sein. 1933 soll er dann auf ein Jahr ins Konzentrationslager gekommen sein. Wie weit diese Behauptungen den Tatsachen entsprechen, konnte von hier aus bisher nicht festgestellt werden.
> Die Tochter, die erwähnte 'blonde Hedi', besitzt eine ständige 2-Zimmerwohnung in der Bettina-Straße in Ffm. Hier finden öfter Zusammenkünfte von Personen statt, deren Zusammensetzung nach Äußerungen der 'blonden Hedi' der Frau K. gegenüber sehr verdächtig erscheint. Allem Anschein nach handelt es sich hier um einen Kreis von Salonbolschewisten. Die K. äußerte sich unserem V-Mann gegenüber u.a. folgendermaßen: 'Wenn alle Kommunisten so wären, wie die 'blonde Hedi', dann wäre alles in Ordnung; sie ist eine Idealkommunistin!' In der Wohnung sollen viele

---

Gestapa-Geschäftsverteilungsplan v. 1.10.1935. - Ob die Homosexuellenverfolgung nun, wie ab Mai 1935 der Fall, organisatorisch der Dienststelle II1H ("Parteiangelegenheiten") oder, was (spätestens) ab Oktober 1936 zutraf, wieder die eigenständige Bezeichnung "Referat II1S" trug - an der personellen Leitung durch Meisinger änderte dies nichts.

76 Jellonnek, S.176-326. - S.a. GStA Rep.90P, 18. Hauptabteilung C Nr.1, Aktenpläne der Stapo Erfurt Abt. II nebst Geheimsachen, o.D., o.P. Diesem undatierten Aktenplan zufolge gab es auch in der Gestapo Erfurt ein Referat "II S Homosexuelle und Abtreiber". Als Unterpunkte werden u.a. genannt: "Erlasse über Homosexualität und Abtreibung"; "Verbände und Organisationen"; "Homosexuelle Vereinigungen"; "Nacktkulturbestrebungen auf homosexueller Grundlage" sowie die Sonderakten "Gleichgeschlechtliche Verfehlungen in Langensalza" und "Gleichgeschlechtliche Verfehlungen in Thamsbrück". - Bei den Stapostellen taten sich einzelne Beamte in der Verfolgung Homosexueller (Männer) besonders hervor. So heißt es in der dienstlichen Beurteilung eines Kasseler Gestapobeamten, der außerdem "in geradezu hervorragender Weise die KPD bekämpft" hatte: "Auch bei einer grossen Aktion gegen homosexuelle Kreise hat er seine unermüdl. Tatkraft bewiesen. Seinem energischen Zugreifen war es damals zu verdanken, dass gerade in Kassel die führenden homosex. Kreise nahezu ausnahmslos erfasst und zur gerichtlichen Aburteilung gebracht werden konnten." S. Volksgemeinschaft und Volksfeinde. Kassel 1933-1945. Hg. Jörg Kammler u.a. Fuldabrück 1984, S.210.

Künstler(?) und sonstige Intellektuelle (sic!) verkehren und es soll nach Andeutungen der K. oft 'sehr hoch' dort hergehen. Insbesondere sollen dort öfter sexuelle Orgien gefeiert werden.
Die K. ist der 'blonden Hedi' vollkommen hörig. Unter diesen Umständen ist nur mit äußerster Geschicklichkeit etwas aus der K. herauszubekommen.
'Die blonde Hedi' verkehrt sehr viel im 'Kaffee Bettina' in der Bettinastraße, wo sie oft mit jungen eleganten Mädchen zu sehen ist. Ebenfalls verkehrt sie häufig in der 'Bauernschänke' am Main, Nähe 'Eiserner Steg', die ein Treffpunkt homosexueller Kreise sein soll. Alle diese Angaben stützen sich auf die Mitteilungen unseres V-Mannes und konnten auf ihre Richtigkeit bisher noch nicht überprüft werden. Unsererseits werden in dieser Angelegenheit Erhebungen angestellt und wird über das Ergebnis gegebenenfalls nach dort berichtet werden.
Falls dort in dieser Angelegenheit Näheres festgestellt werden kann, wird um Mitteilung hierher gebeten."[77]

Was die weiteren Ermittlungen des "äußerst geschickten" V-Mannes des SD ergaben, ob und wie die Stapostelle Frankfurt ihrerseits gegen die "blonde Hedi" vorging, ist leider nicht bekannt. Das Beispiel offenbart jedoch die Arbeitsmethoden des SD zur Genüge. Auffallend ist die Häufung verschiedener Stigmata, um den Eindruck der "Gefährlichkeit" zu erwecken.

Über die konkrete Arbeit des Sonderdezernats ist nur sehr wenig bekannt - Razzien gehörten jedoch zum Handwerk. Der folgende ausführliche Bericht eines SS-Obersturmführers vom März 1935 schildert eine solche Razzia in Berlin, wie sie häufig vorkam, und dokumentiert dabei auch die gute Zusammenarbeit zwischen Gestapo und SS.[78] Am 9.3.1935 meldeten sich bei Kriminalkommissar Kanthack, Meisingers Gehilfen im Sonderdezernat, 20 SS-Männer, die zur Unterstützung von etlichen Gestapo-Beamten "zur Razzia auf Homosexuelle bestimmt"[79] waren. Kurz vor 23 Uhr fuhr der Trupp los und stürmte zunächst die "Weinmeister Klause", ein Lokal, in dem man "viele homosexuell veranlagte Menschen" vermutete. Die Ausgänge wurden versperrt, und dann nahm Kanthack all diejenigen ins Gestapa in der Prinz-Albrecht-Straße mit, "die ihm verdächtig erschienen". Ein Teil der Gestapo-Leute übernahm es, die Verhafteten zu verhören, während die SS für die Überwachung sorgte. Die Ausbeute war im ersten Lokal offenbar nicht groß genug gewesen, denn Kanthack und einige der Männer zogen noch einmal los zu einem Bierlokal am Kottbusser Damm. "Annähernd 2 Transportwagen voll" war die Beute, die wiederum zum Verhör zum Gestapa gebracht wurde. Damit aber nicht genug - es galt noch die Residenzfestsäle in der Landsberger Straße auszuheben, jedoch anscheinend ergebnislos, da die Betreffenden bereits gewarnt worden waren. Auf dem Weg dorthin hatte man noch ein Lokal in der Alten Jacobstr. 50 "mitgenom-

---

77 Schreiben einer (nicht genau feststellbaren) Außenstelle des SD in Frankfurt an die Staatspolizeistelle Frankfurt v. 9.1.1936; von Wolfgang Wippermann freundlicherweise zur Verfügung gestellt.

78 Tuchel/Schattenfroh, S.146-149.

79 Ebd., S.147.

men", in dem homosexuelles SA- und SS-Publikum vermutet wurde, doch auch diese Aktion verlief ergebnislos.

Dann wurden erstmal "mit Nachdruck" die Verhöre im Gestapa fortgesetzt, wobei sich ein Gestapo-Mann im Polizeipräsidium schnell über eventuelle Vorstrafen informierte. Zu später Stunde ging es dann noch in die "Milch Bar" in der Augsburger Straße, und in einer Bar in der Kant-/Ecke Fasanenstraße "war die Beute ein Transportwagen voll".[80] Nachdem auch diese ins Gestapa gebracht worden waren, gab Kanthack noch immer keine Ruhe; er hatte es noch auf eine "bestimmte Persönlichkeit" abgesehen, deren Namen er aber offenbar nicht verraten wollte. Aber weder in einem Bierlokal am Schiffbauerdamm noch in der Schöneberger "Insel" wurde man fündig. Darauf erklärten die Männer die Razzia für beendet und machten sich an die "Sortierung" der Verhafteten im Gestapa. Nach die ganze Nacht dauernden Verhören wurden am nächsten Morgen diejenigen, denen partout nichts angehängt werden konnte, freigelassen, nicht ohne sie zum Abschied noch etwas einzuschüchtern. Die anderen wurden von den SS-Männern im Columbiahaus, einem KZ in Berlin, das für besonders schlimme Folterungen berüchtigt war, abgeliefert.

Auch außerhalb von Berlin schlug das Sonderdezernat unter Meisinger zu, so im August 1936 in Hamburg. Im Zuge einer "großen Säuberungsaktion" wurde eine "aufsehenerregende Zahl von homosexuellen Verkehrslokalen" festgestellt, heißt es in "Schwarze Chronik einer Weltstadt", in der Homosexualität auch 1968 noch mit Kriminalität und Asozialität assoziiert wird:

> "Innerhalb kurzer Zeit wurden mehrere hundert Personen wegen gleichgeschlechtlicher Betätigung festgenommen und den Gerichten zugeführt. Eine Welle von Abschreckungsprozessen rollte heran <...>. Und für Vergehen, die heute mit Geldstrafen, allenfalls mit geringen Haft- oder Gefängnisstrafen geahndet werden würden, fielen Strafen zwischen 12 und 18 Monaten Gefängnis. Wiederholungstäter wanderten unnachsichtlich ins KZ."[81]

Die Neuorganisation der Polizei

Nach seinem Einzug ins Gestapa hatte Himmler seine Macht dort immer weiter auszudehnen gewußt, und seit November 1934 war er nun auch offiziell deren Chef. Was damals noch ausstand, war eine Neuorganisation der Kriminalpolizei, die Himmler zur Bekämpfung der "asozialen Elemente" einsetzen wollte - in

---

80 Ebd., S.149.

81 Helmut Ebeling: Schwarze Chronik einer Weltstadt. Hamburg 1968, S.387.

Ergänzung zur Gestapo, die ja hauptsächlich als "Staatsfeinde" bezeichnete Gegner verfolgte. Am 17. Juni 1936 hatte Himmler sein Ziel erreicht: Innenminister Frick ernannte ihn zum Chef der deutschen Polizei. Damit intensivierte sich die Durchsetzung politischer Entscheidungen durch Polizeimaßnahmen.

Eine wesentliche Voraussetzung für "effizientere" Arbeit war eine zentrale Kriminalpolizeibehörde, die es bisher in Deutschland nicht gab. Aufgrund von Erlassen zur Neuorganisation der Polizei vom 26.6.1936 wurde die Polizei nun "verreichlicht" (d.h. die Länderhoheit wurde aufgelöst), zentral strukturiert wie die Gestapo und Heydrich, dem Chef der Sicherheitspolizei, unterstellt, während die Ordnungspolizei, die in diesem Zusammenhang außer Acht gelassen werden kann, Kurt Daluege unterstand. Das preußische Landeskriminalpolizeiamt erhielt reichsweite Weisungsbefugnis und konnte sich ab Juli 1937 Reichskriminalpolizeiamt (RKPA) nennen. Dem RKPA unterstanden für die Durchführung auf lokaler Ebene die Kriminalpolizeileitstellen (analog zu den Staatspolizeileitstellen), und diesen wiederum die Kriminalpolizeistellen.

Der Kripo ging es nun nicht mehr allein um "die Vernichtung des Verbrechertums, sondern gleichzeitig auch um die Reinerhaltung der deutschen Rasse",[82] wie es Arthur Nebe, der Leiter der Kripo, formulierte. Der Kampf der Polizei richtete sich vor allem gegen die "inneren Feinde": "Asoziale" und "Kriminelle", zu denen sie auch die Roma und Sinti zählte. Die Befugnisse der Polizei wurden erheblich erweitert; sie war nicht mehr nur "Vollzugsorgan der Staatsanwaltschaft" (Nebe), sondern betrieb eine nach kriminalbiologischen und rassistischen Gesichtspunkten ausgerichtete Verfolgungspolitik.

Schon seit November 1933 war in Preußen - basierend auf der Notverordnung vom 28. Februar 1933 - die "vorbeugende Verbrechensbekämpfung" gegen "Berufsverbrecher" praktiziert worden.[83] Auf diese Weise wurde der Polizei ein schrankenloses Eingreifen in das Grundrecht der persönlichen Freiheit ermöglicht. Bei Vorliegen bestimmter Haftstrafen konnte die Polizei Vorbestrafte "planmäßig überwachen" bzw. - ohne Gerichtsurteil! - verhaften und ins KZ einweisen, was im Unterschied zur sog. "Inschutzhaftnahme" durch die Gestapo polizeiliche "Vorbeugehaft" hieß. In späteren Erlassen wurde der betreffende Personenkreis ausgeweitet: so sah der Erlaß vom 10.2.1934 Vorbeugehaft z.B. auch bei "Handlungen volljähriger Personen vor, welche Jugendliche bis zum 16. Lebensjahr sittlich gefährden", was auch Frauen einschloß.[84] Nach §175 Verurteilte schloß dieser Erlaß allerdings von der Definition als "gewohnheitsmäßige Sittlichkeitsverbre-

---

82 Arthur Nebe: Aufbau der deutschen Kriminalpolizei, in: Kriminalistik, 12.Jg. 1938, S.4-8, hier:4.

83 Zur "vorbeugenden Verbrechensbekämpfung durch die Polizei" s. grundlegend: Karl-Leo Terhorst: Polizeiliche planmäßige Überwachung und polizeiliche Vorbeugungshaft im Dritten Reich. Heidelberg 1985. - Zum Erlaß des Preußischen Ministeriums des Innern vom 13.11.1933, "Anwendung der vorbeugenden Polizeihaft gegen Berufsverbrecher", s. Terhorst, S.75.

84 Ebd., S.87.

cher" noch aus; ihre Überwachung war dagegen möglich.[85] Die in Preußen geltenden Vorschriften wurden von den meisten der übrigen Länder übernommen.[86]

Die "Reichszentrale zur Bekämpfung der Homosexualität und Abtreibung"

Im Zuge der Zentralisierung wurden, um die Verfolgung intensivieren zu können und um das System effizienter zu machen, bei der Kripo sog. "Reichszentralen" für bestimmte Sachgebiete eingerichtet, z.B. für Kapitalverbrechen, "Zigeunerunwesen", "unzüchtige Bilder und Schriften". Diese Reichszentralen sammelten nicht nur alles Material zu ihrem Spezialgebiet und legten Karteien an, was offenbar der Schwerpunkt der Arbeit war; sie konnten aber auch selbst "vollzugsmäßig" vorgehen, d.h. verhaften. Die verschiedenen Reichszentralen waren auf diese Weise mit daran beteiligt, die Grundlagen und Voraussetzungen für jedes weitere polizeiliche Vorgehen, für Überwachung und Festnahme, zu schaffen.

Kurz nachdem die Olympiade vorbei war und Deutschland wieder sein "wahres Gesicht" zeigen konnte, wurde per Himmlerschem Erlaß vom 10.10.1936 eine weitere Reichszentrale gebildet: die unter Leitung von Meisinger stehende "Reichszentrale zur Bekämpfung der Homosexualität und Abtreibung"[87] im Preußischen Landeskriminalpolizeiamt (im folgenden kurz Reichszentrale genannt). Die organisatorische Vereinigung der beiden Sachgebiete war nur folgerichtig, repräsentierten sie doch nach Meinung der NS-Bevölkerungspolitiker zwei Seiten der gleichen Medaille, die den Fortbestand des deutschen Volkes gefährdeten. Im Gegensatz zu den Erlassen, die die übrigen Reichszentralen betrafen, war der o.g. Erlaß geheim und durfte bspw. nicht, wie sonst üblich, im "Reichsministerialblatt der inneren Verwaltung" publiziert werden. Im Erlaß hieß es:

> "Die erhebliche Gefährdung der Bevölkerungspolitik und Volksgesundheit durch die auch heute noch verhältnismäßig hohe Zahl von Abtreibungen, die einen schweren Verstoß gegen die weltanschaulichen Grundsätze des Nationalsozialismus darstellen sowie die homosexuelle Betätigung einer nicht unerheblichen Schicht der Bevölke-

---

85 BA R 58/483, Bl.69ff., hier:69RS. "Übersicht über die Bestimmungen der planmäßigen Überwachung der auf freiem Fuß befindlichen Berufsverbrecher und gewohnheitsmäßigen Sittlichkeitsverbrecher nach dem Erlaß vom 10.2.1934".

86 Terhorst, S.101.

87 BA-MA H 20/479, Bl.1-4. Reichsführer-SS und Chef der Deutschen Polizei v. 10.10.1936 betr. "Bekämpfung der Homosexualität und der Abtreibung".

rung, in der eine der größten Gefahren für die Jugend liegt, erfordert mehr als bisher eine wirksame Bekämpfung dieser Volksseuche."[88]

Dem Erlaß zufolge, der die "jugendgefährdende" Wirkung der Homosexualität beschwörte, sollte auf lokaler Ebene die Bekämpfung der genannten Delikte in Zukunft grundsätzlich der örtlichen Kriminalpolizei obliegen. Um aber wegen der "Gefährlichkeit der Delikte"[89] auch bei staatspolitisch brisanten Fällen gewappnet zu sein, blieb das Gestapa-Sonderreferat weiter bestehen; für eine "reibungslose Zusammenarbeit" sorgte Meisinger, der beide Stellen in Personalunion leitete.[90]

Minutiös war vorgeschrieben, wie im konkreten Fall vorzugehen sei und welche Stelle zuständig war. Die betreffende Polizeibehörde mußte zunächst entscheiden, ob Gestapomaßnahmen erforderlich waren; wenn sie dies für nötig hielt, hatte sie das Gestapa-Sonderreferat zu unterrichten und "bei diesem die erforderlichen Maßnahmen anzuregen".[91] In jedem Fall hatte sie jedoch seit dem 15.10.1936 an die Reichszentrale zu melden: Verstöße gegen §§174, 176 und 253 (Erpressung), "soweit sie auf homosexueller Grundlage beruhen";[92] bei §§175 und 175a dann, wenn der betreffende Mann a) der NSDAP oder einer ihrer Gliederungen angehörte oder eine "führende Stellung" einnahm, b) der Wehrmacht oder c) einem Orden angehörte, d) Beamter oder e) Jude war oder f) vor 1933 eine "führende Stellung" innegehabt hatte.[93] Dies belegt, daß zumindest grundsätzlich nicht jeder homosexuell sich betätigende Mann erfaßt werden sollte, sondern in erster Linie diejenigen, die man aufgrund der genannten Kriterien für besonders gefährlich hielt. Einem späteren Schreiben, das auf den Erlaß über das Meldewesen vom 16.7.1937 Bezug nahm, war weiter zu entnehmen, daß homosexuelle Straftaten Jugendlicher direkt an die Reichsjugendführung gemeldet werden sollten, und daß für Künstler und Schauspieler durch Geheimerlaß besondere Bestimmungen ergangen waren.[94]

Eine Meldung an die Reichszentrale entband die Kripo jedoch nicht, so wurde ausdrücklich vermerkt, "von ihrer Pflicht, sofort alle Maßnahmen zu ergreifen, die zur Bekämpfung des Vergehens erforderlich sind."[95] Die Reichszentrale war, im

---

88 Ebd., Bl.1.

89 BA R 58/473, Bl.14f., Durchschriften v. Schriftverkehr o.D., darin: Erlaß zum Meldewesen v. 16.7.1937.

90 BA-MA H 20/479, Bl.2. - Die Reichszentrale wird auch in der Folgezeit in den Gestapa-Geschäftsverteilungsplänen genannt, so in dem ab 1.1.1938 gültigen (BA R 58/840, Bl.144).

91 BA-MA H 20/479, Bl.2.

92 Ebd.

93 Ebd., Bl.3.

94 BA R 58/473, Bl.15. - Der erwähnte Erlaß Himmlers "betr. Festnahme von Schauspielern und Künstlern wegen widernatürlicher Unzucht" vom Oktober 1937 unterstrich die Bedeutung, die Künstler für das Regime hatten: "Der Reichsführer-SS und Chef der Deutschen Polizei im Reichsinnenministerium hat angeordnet, daß jede Inhaftierung eines Schauspielers oder Künstlers wegen widernatürlicher Unzucht seiner vorherigen Genehmigung bedarf, es sei denn, daß einer der Genannten auf frischer Tat ertappt wird." BA R 58/11. Vertrauliche Erlaßsammlung des RSHA v. 1941, Erlaß v. 29.10.1937, B Nr. PP-II S Nr.6958/37.

95 BA-MA H 20/479, Bl.3f.

Einvernehmen mit dem Gestapa-Sonderreferat, befugt, weitere Ermittlungen entweder anzuordnen oder selbst durchzuführen. Damit spielte nun auch die Kripo eine zentrale Rolle in der Homosexuellenverfolgung. Heydrich sah sich allerdings im Februar 1937 wegen der "Wichtigkeit der Materie" genötigt, "mehr als bisher eine fachkundigere Bearbeitung durch die Spezialbeamten der Staats- und Kriminalpolizei" in Sachen Homosexuellen- und Abtreibungsverfolgung zu fordern. Er rief alle Stapo- und Kripostellen dazu auf, "staatspolizeiliche Maßnahmen" insbesondere bei vorliegender Gefährung der Jugend anzuwenden und wies ausdrücklich darauf hin, daß darunter "auch Schutzhaft zu verstehen" sei.[96]

Auch Himmler sprach sich auf einer Tagung im Frühjahr 1937 vor den Leitern der Kripo- und Gestapostellen und den Sachbearbeitern der Reichszentrale "im Interesse der Erhaltung der deutschen Volkskraft" für eine "durchgreifende und rücksichtslose Bekämpfung der männlichen Homosexualität und der Abtreibung" aus.[97] Die Bekämpfung dürfe sich jedoch nicht nur auf die Großstädte beschränken, sondern müsse auch auf dem Land geführt werden - womit zugegeben wurde, daß auch die naturverbundene Landbevölkerung vor den zivilisationsbedingten Lastern nicht gefeit war, wie es die Propaganda gern glauben machen wollte.

Himmler wollte die Kripo in Zukunft nach ihren Erfolgen auf diesem Gebiet, das er "für eine der wichtigsten staatspolizeilichen Aufgaben"[98] erachtete, beurteilen. In Zukunft sollten ihm vierteljährlich Statistiken über diesbezügliche Festnahmen und Anzeigen vorgelegt werden (dieses statistische Material lag nicht vor). Himmler führte weiter aus, daß die zwei Millionen homosexueller Männer, die 1933 "als Mitglieder homosexueller Vereinigungen und Klubs festgestellt worden" seien, "Staatsfeinde" und "als solche zu behandeln" seien, denn "es geht um die Gesundung des deutschen Volkskörpers, um die Erhaltung und Stärkung der Deutschen Volkskraft."[99]

Zur leidigen Ursachenfrage stellte Himmler klar, daß "die Erkenntnis eines Kraft-Ebing<sic> oder des Juden Magnus Hirschfeld, die auf der Annahme beruhte, daß die Homosexualität eine ererbte oder angeborene Anomalie sei", sich "als falsch erwiesen" habe.

> "Einwandfreie polizeiliche Feststellungen hätten ergeben, daß von 100 Männern, die sich homosexuell betätigen oder als Homosexuelle fühlten, nur zwei wirklich anormal veranlagt seien, während die große Zahl der übrigen Männer 'Verführte' seien."[100]

---

96 BA-MA H20/479. Schreiben des Chefs der Sicherheitspolizei v. 9.2.1937 an Gestapa, Preuß. LKPA, alle Staatspolizei(leit)stellen u. Kripo(leit)stellen, 2. Anordnung zur Durchführung des Geheimerlasses v. 10.10.1936. - Den Hinweis auf die Akte verdanke ich Günter Grau.

97 Hessisches Staatsarchiv Marburg, Bestand 180 LA Eschwege/1718. Schreiben der Kripostelle Kassel v. 11.5.1937, Richtlinien zur Bekämpfung der Homosexualität und der Abtreibung. - Hierin wurde die zum Reichszentralen-Erlaß ergangene, jedoch nicht auffindbare Anordnung v. 19.12.1936 (Tgb.Nr.LKPA 8422/4.36) erwähnt.

98 Ebd., Bl.2.

99 Ebd.

100 Ebd., Bl.1.

Letztere hielt man für besserungsfähig: bei "systematischer Arbeitsleistung" hätten sich die "Verführten" "auffallend schnell gewandelt und seien heute als durchaus normale Männer anzusprechen". Himmlers Kampf galt in erster Linie den homosexuellen Männern, "die in der Öffentlichkeit Anstoß erregen oder unliebsam in Erscheinung treten",[101] d.h. den Strichjungen sowie den "Jugendverführern" in Schulen, Jugendverbänden, Militäranstalten und Klöstern. Zu bekämpfen seien aber auch

> "die homosexuellen Männer, die besonders vorsichtig sind und sich mehr im Geheimen betätigen, die ihre Opfer mit in ihre Zimmer, in Hotels und Fremdenpensionen nehmen oder sich ihnen auf Spaziergängen und Wanderungen nähern."

Als Verdachtsmoment galt, daß diese "weibliche Gesellschaft meiden, sich fast ausschließlich in Begleitung von Männern zeigen und oft Arm in Arm mit ihnen gehen." Um dieser Männer habhaft zu werden, sollten als Spitzel befragt werden:

> "die Hotelpförtner, die Gepäckträger auf den Bahnhöfen, die Kraftdroschkenführer, die Aufwartemänner in den Bedürfnisanstalten, die Friseure, insbesondere auf Bahnhöfen und in Hotels, die Badewärter".[102]

Die Willkür der Maßnahmen war offensichtlich. Alles konnte zum Verdachtsmoment werden. Der Bespitzelung und Überwachung - wohlgemerkt von nicht straffällig gewordenen Personen - war Tür und Tor geöffnet. "Verdächtige" Personen sollten erkennungsdienstlich behandelt werden, und wenn ihnen partout nichts Strafbares nachzuweisen war, sollten Durchsuchungen belastendes Material ans Tageslicht bringen (das konnte z.B. ein Brief mit einer vertraulichen Anrede sein); ansonsten war derjenige so lange zu überwachen, bis es einen ausreichenden "Grund" für seine Verhaftung gab. Eine Inschutzhaftnahme, wiederholte Himmler in Übereinstimmung mit der 2. Durchführungsverordnung vom Februar 1937, galt dann als erforderlich,

> "wenn das Verhalten - nach Art und Umfang - des Täters eine Gefährdung der Bevölkerungspolitik oder der Volksgesundheit, einen schweren Verstoß gegen die weltanschaulichen Grundsätze des Nationalsozialismus oder eine Gefahr für die Jugend darstellt".[103]

Ähnlich rigide waren die Vorschriften zur Abtreibung, auf die ich hier jedoch nicht näher eingehen möchte. Dieser Kampf müsse sich besonders gegen "verdächtige Fehlgeburten" und gegen "gewerbsmäßige" Abtreiber richten.

Auch Meisinger, Leiter der Reichszentrale, äußerte sich Anfang April 1937 in einem Vortrag vor Medizinal-Dezernenten über die "Bekämpfung der Abtreibung und der Homosexualität als politische Aufgabe".[104] Auf dieser Tagung sollte

---

101 Ebd., Bl.5.

102 Ebd., Bl.5f.

103 Ebd., Bl.9.

104 Staatsarchiv Sigmaringen, Ho 235 St., Pak.Nr.108 (M00.4). Josef Meisinger: Bekämpfung der Abtreibung und der Homosexualität als politisches Aufgabe, in: Zusammenstellung der auf der Dienstversammlung der Medizinal-Dezernenten und -Referenten am 5. u. 6. April 1937 in

offenbar auch den Medizinern klargemacht werden, daß die Homosexualität - jedenfalls für die Gestapo - kein ärztliches, sondern ein politisches Problem sei. Mit Himmler übereinstimmend äußerte Meisinger, Homosexualität und Abtreibung seien zwar auf den ersten Blick zwei grundverschiedene Dinge, aber in ihren Auswirkungen sehr ähnlich, da beide "Delikte" "dem Lebensmark eines Volkes am meisten nahegehen".[105] Diese seien "von jeher in der Geschichte ein Grundproblem der Politik" gewesen; von daher sei die gemeinsame Bekämpfung naheliegend und notwendig.

Meisinger zufolge - der deutlich an Klare, Eckhardt u.a. anknüpfte - war Homosexualität eine asiatische "Erfindung", die erst durch die Griechen und Römer zu den unschuldig-reinen Germanen importiert worden war. Damit schien "bewiesen", "daß die Homosexualität der nordischen Rasse artfremd"[106] sei, was sich auch im strafrechtlichen Umgang der Völker mit der Homosexualität zeige. Je "rassebewußter" ein Volk sei, umso rigider sei homosexuelles Verhalten bestraft worden. Die Demokratie, den Pazifismus und Liberalismus machte Meisinger für den angeblich sprunghaften Anstieg der Homosexualität in der Weimarer Republik verantwortlich. Aufgrund der damaligen "zügellosen Freiheit" hätten sich die Homosexuellen in Vereinen und Verbänden organisiert, und seien in "fanatisch frecher Weise" für ihre Interessen (Abschaffung des §175) eingetreten.[107] Für diese "demokratisch-pazifistische Zersetzungsarbeit" machte er folgerichtig die "jüdisch verseuchte Wissenschaft", insbesondere Hirschfeld, verantwortlich.

Die "ungeheuere Verbreitung" der Homosexualität und der sprunghafte Anstieg von Vergehen nach §175 nach 1933 sei jedoch nicht allein auf durch "die nationalsozialistische Schulung hervorgerufene größere Anzeigefreudigkeit der Bevölkerung" (sprich: Denunziationen), "die intensivere Tätigkeit der Polizei" und die "klarere Rechtsprechung der Justiz" zurückzuführen.[108] Darüber hinaus begünstigten die nach Geschlechtern getrennten Organisationen solche Handlungen, und am meisten sei dadurch "das wertvollste Gut der Nation",[109] die Jugend bedroht. Daß man die Frauenorganisationen in dieser Hinsicht offenbar für wesentlich ungefährlicher hielt, hat seinen Grund nicht zuletzt in der allgemeinen "Asexualisierung" von Frauen.

Da zum Zeitpunkt seines Vortrags die "Sittlichkeitsprozese" gegen die katholische Kirche liefen, war es naheliegend, daß Meisinger sich auch in diesem Vortrag ausführlich über die in den Klöstern angeblich verübten unbeschreiblichen "sittlichen Verfehlungen" auslies, zumal die Reichszentrale an den diesbezüglichen Ermittlungen in großem Maß beteiligt war.

Berlin gehaltenen Vorträge.

105 Ebd., Bl.1.

106 Ebd., Bl.2.

107 Ebd., Bl.3.

108 Ebd., Bl.5f.

109 Ebd., Bl.7.

Obwohl die katholische Kirche im Juli 1933 das Konkordat mit dem NS-Regime unterzeichnet hatte - das ab 1935 zunehmend von diesem gebrochen wurde, so wurden etwa die katholischen Jugendverbände verboten -, und obwohl die katholische Kirche keinen aktiven Widerstand leistete, fürchtete das Regime die kirchliche Konkurrenz z.B. bei der Jugenderziehung. In zahlreichen Publikationen und Schauprozessen agitierten Justiz- und Propagandaministerium gegen Priester und Mönche der katholischen Kirche. Damit sollte der Glaube der katholischen Bevölkerung an die Kirche unterminiert und gleichzeitig die NS-Weltanschauung als "Staatsreligion" bekräftigt werden. Hauptvorwurf waren "sittliche Vergehen" und insbesondere die homosexuelle Jugendverführung. Die 1936/37 mit großem propagandistischem Aufwand betriebenen "Sittlichkeitsprozesse" gegen über 1000 Angeklagte entpuppten sich jedoch für das Regime als Reinfall und wurden dann eingestellt. Selbst unter der NS-Justiz gab es nur eine lächerliche "Erfolgsquote": Von 21000 weltlichen Priestern wurden 57, von 4000 Ordensbrüdern sieben und von 3000 Laienbrüdern nur 170 verurteilt.[110] Aufgrund der untergeordneten Stellung von Frauen in der katholischen Kirchenhierarchie wurde auch dieser politische Schlag auf die männlichen Kirchenvertreter beschränkt.

Doch zurück zu Meisingers Vortrag. Seinen Zuhörern malte er das Schreckensbild einer homosexuellen Verschwörung an die Wand. Die Homosexuellen, die sich "instinktiv" erkannten, unterhöhlten den Staat und seine Ordnung, indem sie einen auf (homo)sexuellen Kriterien basierenden "Staat im Staate" (sprich: Opposition) bildeten. Es sei nicht Aufgabe der Polizei, "die Homosexualität wissenschaftlich zu untersuchen. Sie kann höchstens die wissenschaftlichen Feststellungen bei ihrer Arbeit so weit als möglich beachten",[111] meinte Meisinger, wohl zur Beruhigung der anwesenden Mediziner. Auch Meisinger unterschied - analog dem praktizierten Spaltungsprinzip - zwischen den wenigen homosexuellen "Veranlagten" einerseits und der überwiegenden Mehrzahl der "Verführten" und damit Besserungsfähigen. "Übersättigung an den Lebensgenüssen" oder Angst vor Geschlechtskrankheiten seien für die homosexuelle Betätigung verantwortlich zu machen. Als "Erziehungsmethode" empfahl er "straffe Zucht, Ordnung und geregelte Arbeitsweise"; auf diese Weise habe "ein großer Teil der bei den Behörden bereits in Erscheinung getretenen Homosexuellen zu nützlichen Gliedern der Volksgemeinschaft erzogen werden"[112] können. Er verschwieg jedoch, wie zuvor Himmler auf der Tagung im Frühjahr 1937, sowohl den Ort der "Erziehung" als auch die Zahl der Opfer.

Die Homosexuellen - "erfahrungsgemäß für den normalen Geschlechtsverkehr unbrauchbar" - gefährdeten darüber hinaus den militärischen Nachwuchs des Volkes und bewirkten eine "Schwächung der allgemeinen Volkskraft".[113] Bei etwa

---

110 Hans Günter Hockerts: Die Sittlichkeitsprozesse gegen katholische Ordensangehörige und Priester 1936-1937. Mainz 1971, S.54.

111 Staatsarchiv Sigmaringen, Ho 235 St., Pak.Nr.108 (M00.4), Bl.14.

112 Ebd.

113 Ebd., Bl.12.

zwei Millionen homosexueller Männer seien das 10% der "zeugungsfähigen" Männer. Die von der "lesbischen Liebe" ausgehende bevölkerungspolitische Gefahr sei dagegen "absolut nicht so groß" wie bei den Männern. Es müsse hier von "vollkommen anderen Voraussetzungen" ausgegangen werden. Durch den traditionellen Frauenüberschuß, noch verstärkt durch die Kriegstoten, befänden sich viele Frauen in einem "gewissen sexuellen Notstand":

> "Der größte Teil der sich lesbisch betätigenden Mädchen ist aber - wenigstens nach unseren Erfahrungen, soweit überhaupt Ermittlungen in vertraulicher und taktvoller Weise angestellt werden konnten - alles andere als anormal veranlagt. Erhalten diese Mädchen Gelegenheit, der ihnen von der Natur bestimmten Aufgabe nachzukommen, so werden sie bestimmt nicht versagen."[114]

Eine zu "strenge Erziehung" und "Mangel an männlichem Bekanntenkreis" nennt Meisinger als Ursachen der weiblichen Homosexualität. Auch hier gelte es zu unterscheiden:

> "Um wirklich von einer lesbischen Betätigung sprechen zu können, ist von ausschlaggebender Bedeutung die Frage, worauf die Willensvorstellung bei der Ausübung der sexuellen Handlung gerichtet war."

Und als Indiz hierfür gibt er an:

> "Es besteht Grund zu der Annahme, daß bei dem überwiegenden Teil <der lesbischen Frauen,C.S.> die Vorstellung auf den normalen Verkehr gerichtet war. Beweis dafür sind die bei vielen Frauen gefundenen Onanierapparate und nicht zuletzt die immer wieder verwendete Kerze."[115]

Immerhin verrät hier der sehr phantasievolle Meisinger, daß auch "bei vielen Frauen" Ermittlungen wegen Homosexualität angestellt wurden, über deren Ausgang jedoch nichts bekannt ist. Ob diese Ermittlungen wirklich so "taktvoll" durchgeführt wurden, darf darüber hinaus angezweifelt werden. Meisingers Vertrauen darauf, daß die lesbischen "Mädchen" bei erstbester Gelegenheit ihrer "natürlichen" Aufgabe nachkämen, steht in krassem Gegensatz zu dem - milde ausgedrückt - Mißtrauen, das er homosexuellen Männern in dieser Hinsicht entgegenbrachte. Im zweiten Teil seines Vortrags wandte sich Meisinger dann der Abtreibung zu und äußerte sich dazu wie schon Himmler an anderer Stelle.[116]

---

114 Ebd., Bl.15.

115 Ebd.

116 Die Abtreibung machte Meisinger, Bl.27, für den seit 1900 angeblich katastrophalen Geburtenrückgang verantwortlich, den es insbesondere angesichts der Kriegsvorbereitungen unerbittlich zu bekämpfen gelte. Aufgrund der ermittelten Fehlgeburten - die Meisinger zu 90% als verkappte Abtreibungen ansieht - geht er von etwa 600000 Abtreibungen jährlich aus, die - unsachmäßig ausgeführt - zur Sterilität und zum Tod der Frauen führten. Und er erhebt - in Übereinstimmung mit Himmler - die Forderung, die unehelichen Mütter "aus ihrer Pariastellung in der menschlichen Gesellschaft" zu befreien, denn die Furcht vor der gesellschaftlichen Mißachtung sei einer der Hauptgründe für die Abtreibung.

Den letzten großen "Einsatz" in der Homosexuellenbekämpfung hatte Meisinger Ende 1937/Anfang 1938 während der sog. Fritsch-Affäre.[117] In seinem Bemühen, auch die Wehrmacht völlig "gleichzuschalten" waren Hitler Kriegsminister von Blomberg und Generaloberst Werner Freiherr von Fritsch, seit 1935 Oberbefehlshaber des Heeres und zudem der SS abgeneigt, im Wege. Beide hatten Hitler im November 1937 vor einem zu frühen Kriegsbeginn gewarnt; beide wurden im Januar 1938 mit sexualpolitischen Denunziationen ausgeschaltet. Während der Kriegsminister mit den Nacktfotos, die von seiner Braut gefunden wurden, zu Fall gebracht wurde, wurde gegen den alleinstehenden von Fritsch der Vorwurf der Homosexualität erhoben. Von entscheidender Bedeutung war hier eine von Meisingers Büro gebastelte Akte, die auf einer falschen Zeugenaussage und einer bewußt in Kauf genommenen Verwechslung Fritschs mit einem Rittmeister von Frisch beruhte. Nachdem Blomberg ausgeschaltet war, ernannte Hitler sich selbst zum Kriegsminister. Im Fall Fritsch wurde zwar ein Militärgericht zur Untersuchung der Vorwürfe eingesetzt, das Fritsch sogar freisprach, aber eine Rückkehr auf seinen Posten war ausgeschlossen, und als seinen Nachfolger setzte Hitler den willfährigen Walther v. Brauchitsch ein. Fritsch durfte sich 1939 an der Front "bewähren", wo er sofort in den feindlichen Kugelhagel lief und fiel.

1939 wurden im Gestapa im Rahmen der Kriegsvorbereitungen Umstrukturierungen vorgenommen; dabei wurde unmittelbar vor Kriegsbeginn das Sonderdezernat Homosexualität aufgelöst: "Die Bearbeitung kann völlig eingestellt werden. Dringende Fälle können an die Kriminalpolizeistelle abgegeben werden."[118] Die Verfolgung Homosexueller lag damit seit Kriegsbeginn prinzipiell beim RKPA unter Leitung von Arthur Nebe;[119] abgesehen von den als politisch brisant erachteten Fällen. Der Sachbearbeiter der für Homosexualdelikte zuständigen Abteilung, die noch im April 1944 erwähnt wird,[120] schätzte im August 1941 die Zahl der "homosexuell Veranlagten" gar auf vier Millionen und nannte als Vorgehensweise der Gestapo

> "eine Unterscheidung zwischen homosexuell Veranlagten und einmalig Entgleisten oder Verführten für vertretbar. Die widernatürlich Veranlagten seien gemeinschaftsschädliche Elemente, eine Besserung oder Bewährung sei abzulehnen. Bei einmalig

---

117 S. Friedrich Koch: Sexuelle Denunziation. Die Sexualität in der politischen Auseinandersetzung. Frankfurt/M. 1986, S.35-46; sowie zur Rolle Meisingers: Alexander Harder: Kriminalzentrale Werderscher Markt. Die Geschichte des "Deutschen Scotland Yards". Bayreuth 1963, S.299ff.

118 BA R 58/243, Bl.276. Schreiben Heydrichs v. 31.8.1939 an das Gestapa u.a. betr. "Entlastung der Geheimen Staatspolizei".

119 Diese Zuordnung bestätigt auch ein interner Tätigkeitsbericht des RKPA v. 1939 u. 1940. BA RD 19/29, Bl.15.

120 BA-MA H 20/374, Chef WR, 14 n 19 WR (II/7), Tgb.Nr.753/42g. Auszug aus einem Vortragsvermerk von Lehmann für Göring v. 12.8.1941. - "Sammelerlaß" Himmlers v. 15.4.1944 betreffend die Beteiligung des Gestapa-Referats an "einschlägigen Strafverfahren" der SS- und Polizeigerichte. BDC Akte Rodenberg.

Entgleisten oder Verführten dagegen könne der Versuch einer milden Behandlung und Wiedereingliederung in die Volksgemeinschaft unternommen werden."[121]

Bei diesem Sachbearbeiter handelte es sich möglicherweise um Kriminalinspektor Fehling, über den Himmler in einem Brief an Kaltenbrunner vom Juni 1943 sich beklagte, er, Fehling, sei "offenkundig sehr alt und pastoral geworden <...>. Er ist aus dem Ankläger gegen die Homusexualität <sic> zu ihrem Rechtsanwalt geworden."[122]

Nachdem kurz vor Kriegsbeginn auch Meisingers zweites Aufgabengebiet, die Parteiangelegenheiten, eingestellt worden war und er ab Oktober 1939 in Polen ein neues Betätigungsfeld gefunden hatte,[123] galt es die Leitung der Reichszentrale neu zu besetzen. Diese gehörte seit Oktober oder November 1939[124] zum Reichssicherheitshauptamt (RSHA), Amt V, eine unter Leitung Heydrichs stehende Dachorganisation für sämtliche Sicherheitsdienste, die Ende September 1939 von Himmler geschaffen worden war, um für den Krieg besser gerüstet zu sein.

Erich Jacob,[125] der neue Leiter der Reichszentrale, hatte sich schon früh mit diesem Arbeitsgebiet vertraut gemacht. Er war am 22.12.1907 als Sohn eines kaufmännischen Angestellten in Königswusterhausen bei Berlin geboren und trat, da er sich ein Studium nicht leisten konnte, in den unteren Polizeidienst ein. Als "Oberwachtmeister" bewarb er sich jedoch 1932 um eine Weiterbildung bei der Kriminalpolizei, wo er bei der Mordinspektion tätig und ab Herbst 1935 mit der Leitung des Abtreibungsdezernats bei der Berliner Kripo betraut war. Über seine weitere Karriere schreibt er in einem Lebenslauf von 1943:

> "Ich war sodann mit den vorbereitenden Arbeiten zur Durchführung einer umfassenden Bekämpfung der Abtreibung und der Homosexualität im gesamten Reichsgebiet beteiligt, die zur Errichtung der Reichszentrale für die genannten Sachgebiete im Herbst 1936 führte, der ich als Dienststellenleiter zugeteilt wurde. Gleichzeitig erfolgte meine Versetzung zum Reichskriminalpolizeiamt und Abordnung zum Geheimen Staatspolizeiamt, dem die Reichszentrale zunächst zugeteilt war. Fast sämtliche vom Geheimen Staatspolizeiamt durchgeführten Aktionen gegen Abtreibungen in den verschiedenen Gebieten des Reiches standen unter meiner Leitung. Die hierbei gesammelten Erfahrungen konnten schon wiederholt auf bevölkerungspolitischem Gebiet verwandt werden".

---

121 Ebd.

122 Brief Himmlers an Kaltenbrunner v. 23.6.1943, abdr. in Hg. Heiber, S.271f.

123 Ab November 1939 war Meisinger als Kommandeur der Sicherheitspolizei und des SD in Warschau tätig, wo ihm aufgrund seiner Greueltaten gegen die jüdische und die polnische Bevölkerung der Beinamen "Schlächter von Warschau" (Wuttke, S.24) verliehen wurde. Daraufhin wollte Himmler ihn erschießen lassen, doch Heydrich setzte sich für Meisinger ein und rettete ihn, indem er ihn an die Deutsche Botschaft nach Tokio schickte (BDC, Akte Meisinger). Dort wurde er 1945 von den Amerikanern verhaftet, nach Polen ausgeliefert und am 3.3.1947 wegen seiner in Warschau begangenen Verbrechen hingerichtet.

124 Im Bericht des RKPA von 1939 (BA RD 19/29, Bl.15) wird Oktober genannt, während Erich Jacob (Personalakte, BDC) den November 1939 als Termin für den Wechsel der Reichszentrale ins RSHA, Amt V, nennt.

125 Folgende Angaben basieren auf der Personalakte Erich Jacobs, BDC.

Jacob war seit Oktober 1940 Kriminalrat und, ebenfalls seit 1940, NSDAP-Mitglied. Neben der für RSHA-Mitglieder obligatorischen SS-Mitgliedschaft gehörte er auch der Waffen-SS an. Sein Posten war wichtig genug, um ihn "uk" zu stellen, d.h. er wurde nicht eingezogen. Von seinen Vorgesetzten wurde Jacob ein "sicherer Blick und gesunde Lebenseinstellung"[126] bescheinigt.

In einer Beurteilung, mit der er am 9.11.1943 zum SS-Sturmbannführer befördert wurde, heißt es lobend: Jacob

> "<...> bearbeitet neben der Leitung der einschlägigen zentralen Exekutive in erster Linie die vielfältigen grundsätzlichen Fragen und Maßnahmen, die sich auf den genannten, während des Krieges besonders wichtigen Gebieten immer neu ergeben, selbständig in der Ministerialinstanz. Er hat sich den hierbei zu stellenden Anforderungen in hohem Maße gewachsen gezeigt und besitzt bei guter Allgemeinbildung gründlichste Spezialkenntnisse und eine klare Intelligenz, die in<sic> befähigt, auch schwierigste und eine subtile Einfühlung erfordernde Fragenkomplexe sicher zu erfassen und schöpferisch zu entwickeln. Seine Leistungen müssen als weit über dem Durchschnitt stehend bezeichnet werden."[127]

Wohl in Anerkennung seiner "überdurchschnittlichen Leistungen" war Jacob einige Zeit nach seiner Beförderung zum Kriminalrat im Oktober 1940 die Leitung des "Referats B (= Einsatz) 3 Sittlichkeitsverbrechen" übertragen worden. Zu diesem Referat gehörten neben der Reichszentrale zur Bekämpfung der Homosexualität und der Abtreibung die Reichszentralen zur Bekämpfung a) unzüchtiger Schriften und Inserate, b) des internationalen Mädchenhandels, c) der Rauschgiftvergehen und d) der Sittlichkeitsverbrechen und Triebverbrechen[128]. Kurz vor seiner Beförderung zum Kriminaldirektor im Januar 1945 wurde Jacob im Rahmen einer Umorganisation Abteilungsleiter für dieselben Sachgebiete; seine Vorgesetzten waren von 1936 bis 1944 Oberregierungs- und Kriminalrat Hans Lobbes, 1944/45 Obersturmbannführer Filbert.

Über die Arbeit der Reichszentrale zur Bekämpfung der Homosexualität und Abtreibung unter Führung von Meisinger und Jacob geben zwei Berichte Auskunft: ein Bericht ("Aide-Mémoire") des bereits erwähnten Beratenden Psychiaters beim Heeres-Sanitätsinspekteurs, Oberstarzt Otto Wuth, sowie ein interner Tätigkeitsbericht des RKPA.

Das Aide-Mémoire "betr. Verbrechen und Vergehen §175 RStGB" wurde Anfang 1943 im Rahmen der Homosexualitätsbekämpfung in der Wehrmacht angefertigt. Wuth gibt zunächst die vom Statistischen Reichsamt genannten Zahlen

126 Ebd.

127 Ebd.

128 Das "Arbeitsgebiet der Bekämpfung von Sittlichkeitsverbrechen", das vermutlich ab Herbst 1936 bestand, gehörte zunächst zur Reichszentrale zur Bekämpfung von Kapitalverbrechen, wurde aber (spätestens 1939) zur selbständigen Reichszentrale zur Bekämpfung der Sittlichkeitsdelikte und Triebverbrechen umstrukturiert. - Der Jahresbericht des RKPA von 1940, Bl.61, nannte für diese Reichszentrale 2936 Neumeldungen; davon sei in 11 Fällen aufgrund des Kriegsstrafrechts die Todesstrafe verhängt worden.

über die nach §175 verurteilten Männer wieder und stellt sie den nicht näher erläuterten Verurteilungen des entsprechenden Jahres insgesamt gegenüber:[129]

1932:	801	(Verurteilte insgesamt:	564479)
1933:	853		489090
1934:	948		383885
1935:	2106		431426
1936:	5320		385400
1937:	8271		438493
1938:	8562		385665
1939:	8274		335162
1940:	3773		264625
1941:	3739		318293

Wuth nennt dann unter Berufung auf die Reichszentrale die von der "gesamten Polizei im Reich", d.h. von Kripo und Gestapo ermittelten Beschuldigten, die nicht nach Geschlecht differenziert werden:[130]

1937:	2360
1938:	28882
1. Halbjahr 1939:	16748
2. Halbjahr 1942:	4697

Die Beschuldigten differenziert Wuth in die von der Reichszentrale vorgenommenen Kategorien "Jugendverführer" und "Strichjungen", von denen besondere Karteien angelegt wurden. Demzufolge waren von den Beschuldigten:[131]

Jugendverführer	1937:	7452	Strichjungen:	800
"	1938:	7472	"	587
" 1.Halbj.	1939:	4162	"	300
" 2.Halbj.	1942:	1257	"	114

Für den auffälligen Rückgang sowohl der Verurteilten- als auch der Beschuldigtenziffern von 1939 auf 1940 bzw. 1942 gibt es keine eindeutige Erklärung. Der Rückgang der Verurteilungsziffern läßt sich zumindest teilweise damit erklären, daß im Zuge der "Vorbeugenden Verbrechensbekämpfung" durch die Polizei, insbesondere nach 1940, Homosexuelle direkt, also ohne Gerichtsverfahren, ins KZ eingewiesen wurden und deshalb auch in den Verurteilungsstatistiken nicht mehr erscheinen.

---

129 BA-MA H 20/479, Bl.1. Das Aide-Mémoire lag Wuths Schreiben v. 24.2.1943 an den Wehrmachtsführungsstab bei.

130 Ebd., Bl.2.

131 Ebd.

Wenn man die Beschuldigten- und die Verurteilten-Ziffern miteinander vergleicht (und die Zahl für das 1. Halbjahr 1939 zu Vergleichszwecken verdoppelt), so ergibt sich, daß in den Jahren 1937-1939, in denen die Verfolgung am intensivsten gewesen sein dürfte, rund 95000 von der Gestapo und Kripo ermittelte Menschen von der Reichszentrale erfaßt wurden, und daß im selben Zeitraum jeder Vierte (Mann) davon schließlich von einem Gericht nach §175 verurteilt wurde. Nicht bekannt ist, was mit jenen geschah, die nicht der Justiz übergeben wurden und wieviele davon etwa die "Inschutzhaftnahme" oder die "Vorbeugehaft" erdulden mußten; ebensowenig kann etwas über den zahlenmäßigen Anteil von Frauen an den Beschuldigten gesagt werden.

Im Tätigkeitsbericht des RKPA von 1939 heißt es über die damals zu Referat IIA gehörende Reichszentrale:[132]

> "Wegen Päderastie sind zur Zeit 33000 Personen bei der Reichszentrale erfaßt. Darunter befinden sich allein 7800 Jugendverführer und Verführer in mehreren schwerwiegenden Fällen sowie 3800 Strichjungen."[133]

Während die Anzahl der Strichjungen erheblich höher ist als die von Wuth genannte Zahl sind die anderen Zahlen dagegen in etwa entsprechend.

Zu den Auswahlkriterien der Reichszentrale für die Erfassung wird erklärt, "daß nicht jede homosexuelle Betätigung, die bekannt wurde, karteimäßig erfaßt" wurde. Die Überwachung richte sich vielmehr besonders gegen die qualifizierten Fälle, vor allem "Jugendverführer" und Strichjungen, die den Angaben zufolge auch fast ein Drittel aller Fälle ausmachten. Man hoffe, so hieß es im Tätigkeitsbericht von 1939 weiter, durch verschiedene kürzlich verhängte Gerichtsurteile gehörig abzuschrecken, denn die Homosexuellen könnten kaum als "verbesserliche Rechtsbrecher" bezeichnet werden. Um die noch immer "erhebliche Verbreitung dieser Seuche" einzudämmen, werde die wissenschaftliche Erforschung der Homosexualität vertieft und mit verschiedenen, namentlich nicht genannten Organisationen, zusammengearbeitet.[134]

Im zweiten erhaltenen Tätigkeitsbericht von 1940 hieß es, 2553 neue Täter seien in die Kartei aufgenommen worden, die damit etwa 42000 Karten umfasse. Knapp die Hälfte davon wurden nun als "Jugendverführer" klassifiziert. Sechsmal seien die Beamten der Reichszentrale im "auswärtigen Einsatz" gewesen, wobei 16 Täter überführt worden seien, was darauf hindeutet, daß die Haupttätigkeit der Reichszentrale in der zentralen namentlichen Erfassung von Homosexuellen bestand und erst in zweiter Linie im "vollzugsmäßigen Einsatz".

Mit den Verfolgungsziffern war man offenbar nicht zufrieden und machte dafür "Erkennungsschwierigkeiten" verantwortlich: "Für eine erfolgreiche Bekämpfung der Homosexualität bleibt nach wie vor die noch unklare Erkenntnis ihrer Ursachen

---

132 Zum Referat IIA gehörten außerdem die Reichszentrale zur Bekämpfung von Kapitalverbrechen, von Rauschgiftverbrechen und für Vermißte und unbekannte Tote.

133 BA RD 19/29, Bl.16.

134 Ebd., Bl.17.

von wesentlicher Bedeutung."[135] Deshalb sei weitere Ursachenforschung nötig. Lobend wird die Zusammenarbeit "mit einigen wissenschaftlichen Instituten[136] - darunter auch einer Dienststelle der Wehrmacht" genannt: "Der Wehrmacht und einem Institut wird laufend Material übersandt, während mit einem anderen Institut praktische Behandlungsfälle durchgeführt werden"[137] - dabei handelte es sich möglicherweise um das Berliner Institut für Psychotherapie. Außerdem habe die Reichszentrale "einige Fälle von Transvestismus" geprüft, "bei denen eine zufriedenstellende Lösung seitens der zuständigen Behörden nicht erfolgt war".[138] Ob es sich dabei etwa um hosentragende Frauen handelte, geht nicht hervor. Weibliche Homosexualität wird in beiden Berichten nicht ausdrücklich erwähnt. Auch liegen außer den genannten Quellen weitere quantitative Angaben zur Homosexuellenerfassung und -verfolgung durch die Reichszentrale nicht vor.

Einem späteren Geschäftsverteilungsplan[139] zufolge bearbeitete Jacob mit immerhin 17 Sachbearbeitern neben den Abtreibungsfällen die Gebiete "Homosexualität aller Erscheinungsformen", "Transvestiten, Überwachung der Bevölkerungsbewegung und Bekämpfung aller Feinde der positiven Bevölkerungsentwicklung". Und bei der ja ebenfalls unter seiner Leitung stehenden "Reichszentrale zur Bekämpfung von Sittlichkeitsdelikten und Triebverbrechen" steht neben der "Kinderschändung" auch "Besondere Perversitäten", ebenfalls ein vager Begriff, der wie auch die oberen lesbische Frauen miteinschloß.[140]

Die scheinbare Notwendigkeit einer weiteren wissenschaftlichen Erforschung der Homosexualität, die in den beiden Jahresberichten des RKPA genannt worden war, muß weiteren Nachdruck gefunden haben, denn seit dem 1.7.1943 war SS-Sturmbannführer und Oberregierungsrat Dr. Karl Heinrich Rodenberg "als wissenschaftlicher Referent für sexual-psychologische Fragen" im RKPA tätig.[141] In einem Schreiben vom April 1944 wird er als wissenschaftlicher Leiter der Reichszentrale genannt; es ist zu vermuten, daß er diese Funktion bereits seit Juli 1943 innehatte.

Rodenberg, geboren am 19.11.1904 in Heide/Holstein, war eine sehr "vielseitige" Figur, dazu "vorwiegend nordisch, soldatisch, korrekt und kameradschaftlich, sehr einsatzbereit" und von überdurchschnittlichem Wissen, wie es in seinem Personalbericht von 1940 heißt. Nach seinem Medizinstudium war er zwischen 1930-1934 Arzt an der Heil- und Pflegeanstalt Branitz (Oberschlesien). 1936 wurde er

---

135 Ebd., Bl.61.

136 Auf die gute Zusammenarbeit zwischen Gestapo und Kripo und ihrer bereitwilligen Übermittlung von Tausenden von Namen an Theo Lang, Klaus Jensch, Hans Bürger-Prinz und Karl Astel wurde bereits hingewiesen.

137 BA RD 19/29, Bl.61.

138 Ebd.

139 BA R 58/1085, Bl.58, RSHA Amt V, Geschäftsverteilungsplan o.D. (1942/43).

140 Ebd., Bl.57.

141 Die folgenden Angaben zu Rodenberg basieren auf der Personalakte Karl Heinrich (auch: Carl-Heinz) Rodenberg, BDC.

als Facharzt für Neurologie und Psychiatrie anerkannt. Ab 1932 war er SA- und NSDAP-Mitglied und ab 1940 in der SS.

Seinen tatkräftigen Einsatz für die "Erb- und Rassenpflege" offenbart sein Lebenslauf aufs deutlichste: er war Mitarbeiter im RPA und Mitglied am Erbgesundheitsobergericht Berlin, wo er über Zwangssterilisationen mitentschied. 1937 war er Leiter der Abteilung "Erb- und Rassenpflege" im Reichsausschuß für Volksgesundheitsdienst im Innenministerium. Ab 1939 bis August 1942 arbeitete er in der Abteilung für "Erb- und Rassenpflege" des Reichsgesundheitsamts Berlin (Unterabteilung Kriminalbiologie) und war Führer der Staatsmedizinischen Akademie Berlin. Seit 1940 war er ehrenamtlicher Mitarbeiter an der Kriminalbiologischen Sammelstelle Berlin und wurde ab Februar 1940 mit nicht näher beschriebenen Sonderaufträgen der "Kanzlei des Führers" betraut, die die Durchführung der Euthanasie organisierte.

Im August 1942 wurde Rodenberg auf Anordnung des RMdI zum RSHA überstellt; dort war er im SD, für den er bereits seit 1937 als V-Mann gearbeitet hatte, für "Fragen der Rassenpolitik und Volksgesundheit" zuständig. Sein Personalbericht verrät, daß er "mehrfach wertvolles Material zur Verfügung gestellt" und an der "SD-Arbeit reges Interesse" gezeigt habe.

Eines von Rodenbergs besonderen Interessengebiete war die Zwangskastration "homosexueller Sittlichkeitsverbrecher", die er befürwortete und einzuführen wünschte, da sie nach den bestehenden Gesetzen nicht ohne weiteres möglich war. In einem Zeitungsartikel plädierte er 1942 für die Einführung dieser Maßnahmen und war insofern erfolgreich, als die Kastration homosexueller Männer Bestandteil des in Vorbereitung befindlichen "Gemeinschaftsfremdengesetzes" wurde, um das es im übernächsten Abschnitt gehen wird.

Per Verfügung des Nebe-Nachfolgers Panzinger über die Neuordnung der Kripo vom 6.11.1944 wurde Rodenberg zum "wissenschaftlichen Sonderbeauftragten" ernannt und Panzinger direkt unterstellt. Er war nun zuständig für Sonderaufträge Himmlers und sowohl - wie bereits zuvor - Berater in "medizinisch-wissenschaftlichen Spezialfragen der Kriminalistik" für das RKPA, als auch in "neurologisch-psychiatrischen Beratungen" für die Gestapo. Zu seinen Aufgaben zählten sein Spezialgebiet, die "Klärung des Entmannungsproblems", des weiteren die "Mitwirkung bei der Ausgestaltung der sicherheitspolizeilichen Behandlung sexuell Entarteter (Transvestiten, Fetischisten u.ä.)" sowie die "Auswertung in der Kriminalpraxis anfallenden Materials zur Lösung des Problems der weiblichen Homosexualität".[142] Dies ist einer der seltenen Hinweise darauf, daß "in der Kriminalpraxis" auch Material über lesbische Frauen gesammelt wurde,[143] doch leider wissen wir

142 BA R 58/240, Bl.232. Verfügung des Amtschef V v. 6.11.1944 im Zuge der Neuordnung des Amtes V.

143 In einem am 5.6.1986 geführten Gespräch mit einer Zeitzeugin erhielt ich ein weiteres Indiz für diese These. E.L. hatte als Mitglied des Kommunistischen Jugendverbands an Widerstandsaktionen teilgenommen und hatte einen Prozeß wegen "Hochverrat", in dem sie jedoch freigesprochen wurde. In der Folgezeit wurde sie mehrmals von der Gestapo verhört. Bei einer

weder etwas über Art und Umfang dieses Materials, noch über Rodenbergs Vorschläge zur "Problemlösung".

Am Rande sei noch auf die gute Zusammenarbeit zwischen Reichszentrale und Wehrmacht hingewiesen.[144] Auf eine ausführlichere Darstellung der Bekämpfung der Homosexualität in der Wehrmacht verzichte ich, zum einen, weil diese Problematik bereits von Franz Seidler in seinem Buch "Prostitution, Homosexualität, Selbstverstümmelung. Probleme der deutschen Sanitätsführung 1939-1945"[145] aufgearbeitet worden ist, zum andern, weil in der Wehrmacht Frauen zahlenmäßig und von ihrer Funktion her nur eine sehr untergeordnete Rolle spielten, die zudem kaum erforscht ist.[146]

Während der auf Veranlassung Himmlers durch Hitler eingeführte "Reinhaltungserlaß" vom 15. November 1941 homosexuelle Handlungen von männlichen SS- und Polizeiangehörigen mit der Todesstrafe bedrohte,[147] gab es im Militärstrafrecht keine Sonderbestimmung gegen Homosexualität. Auch hier galt prinzipiell die Unterscheidung zwischen Tätern, die sich "aus Veranlagung" schuldig gemacht hatten und solchen, die "verführt" worden waren oder z.B. unter Alkoholeinfluß gehandelt hatten. Soldaten der zweiten Gruppe konnten damit rechnen, nach Haftverbüßung wieder zur Wehrmacht zu "dürfen"; als Kanonenfutter waren sie noch gut genug. Im Mai 1943 gab das Oberkommando der Wehrmacht neue "Richtlinien für die Behandlung von Strafsachen wegen widernatürlicher Unzucht" heraus. Seitdem wurde schärfer als bisher unterschieden, ob es sich um "Hangtäter", "Verführte" oder Zweifelsfälle handle. Gestaffelt war dementsprechend auch das Strafsystem: Für "Hangtäter" waren empfindliche Zuchthausstrafen vorgesehen (in besonderen Fällen nach §5a der Kriegsstrafverordnung die Todesstrafe); nach

---

dieser Vorladungen 1938 wollte sie der Gestapomann dazu bringen, als Spitzel zu arbeiten. Als sie ablehnte, drohte er ihr und behauptete, ihr Name stünde auf einer "Lesben-Kartei".

144 S.a. Wuth, Aide-Mémoire; sowie Jellonnek, S.126f., über "ein von der Reichszentrale unterstütztes Großprojekt der Wehrmacht, durchgeführt von Oberstabsarzt Prof. Dr. Wuth im Reichskriegsministerium zwecks 'Klärung des Wesens der Homosexualität'".

145 Seidler, S.193-232. - Zur einschlägigen Kriminalstatistik in der Wehrmacht - v. 26.8.39-30.6.42: 3823 Fälle - s. Aide-Mémoire, BA-MA H 20/479, Bl.4.

146 S. hierzu Westenrieder, S.112-122. Anfang 1945 gab es ungefähr eine halbe Mio. Wehrmachtshelferinnen; hinzu kamen noch die 80000-100000 Angehörigen des weiblichen Arbeitsdienstes, die in irgendeiner Weise in der Wehrmacht beschäftigt waren.

147 IfZ MA 392, Bl. 2082. Erlaß des Führers zur Reinhaltung von SS und Polizei v. 15.11.1941. - Der Erlaß sah Todesstrafe für den Angehörigen der SS und Polizei vor, "der mit einem andern Mann Unzucht treibt oder sich von ihm zur Unzucht mißbrauchen läßt", in minder schweren Fällen konnte auf Zuchthaus oder auf Gefängnis nicht unter 6 Monaten erkannt werden. Bei unter 21jährigen konnte in besonders leichten Fällen von Strafe abgesehen werden. Zur Anwendung dieses Erlasses s. Jellonnek, S.34-36. - Sonderbestimmungen gegen weibliche SS-Angehörige gab es dagegen keine. Aus den Akten der SS-Helferinnenschule Oberehnheim ist ein Fall bekannt, in dem zwei SS-Helferinnen sich im Dez. 1943 bei der Heimleitung über das "lesbische Treiben" zweier Stubenkameradinnen beschwerten. Die Vernehmung weiterer Stubenkameradinnen hatte jedoch offenbar für die Beschuldigten keine negativen Folgen. BA NS 32 II/112, Bl.1-3. SS-Helferinnenschule Oberehnheim, "sittliche Verfehlungen".

Haftverbüßung wurde die Einweisung ins KZ praktiziert. Für "verführte" Täter konnte "Feindbewährung" nach Verbüßung der Gefängnisstrafe angeordnet werden. Die dritte Gruppe wurde in Feldstraflager oder Feldstrafgefangenenabteilungen eingewiesen. Für Gutachten über die "Hangtäterschaft" war insbesondere die Reichszentrale zuständig,[148] wobei Rodenberg eine entscheidende Rolle spielte.[149]

Interessant ist in diesem Zusammenhang noch, daß in einer vom Chef des Sanitätswesens der Luftwaffe 1944 herausgegebenen "Anweisung für Truppenärzte zur Beurteilung gleichgeschlechtlicher Handlungen",[150] die im wesentlichen die Unterscheidung zwischen "Scheinhomosexuellen" und "echten" Homosexuellen ermöglichen sollte, überraschenderweise betont wurde, daß auch homosexuelle Handlungen zwischen Frauen unter den Unzuchtsbegriff fallen könnten. Für die "richtige Beurteilung und Wertung gleichgeschlechtlicher Handlungen zwischen Frauen, die in der Wehrmacht eingesetzt sind", sei wesentlich, daß unter "Unzucht" jede Handlung anzusehen sei, "die in wollüstiger Absicht vorgenommen wird und das allgemeine Scham- und Sittlichkeitsgefühl verletzt, soweit dieses im Volksbewußtsein verankert ist".[151] Auch wenn Frauen keiner Sonderbestimmung wie dem §175 unterliegen würden, könnten bspw. die "§§ 174 (Unzucht mit Abhängigen), 176 (Nötigung zur Unzucht), <...> 183 (Erregung geschlechtlichen Ärgernisses)"[152] gegen sie Anwendung finden. "Unzucht" zwischen Frauen dürfe nicht dadurch entschuldigt werden, daß das Gesetz keine Sonderstrafbestimmung gegen sie vorsähe. Der Truppenarzt müsse über diese Sachlage unterrichtet sein, "um dem Einheitsführer, der ihn erfahrungsgemäß in solchen Fragen sehr häufig zu Rate zieht",[153] richtige Aufklärung geben zu können. Im übrigen sei auch bei Frauen die Unterscheidung zwischen "echten" und "Schein"-Homosexuellen zu treffen. Wieviele lesbische Frauen in der Wehrmacht möglicherweise erfaßt worden sind und welche konkreten Auswirkungen diese "Anweisung" für sie hatte, ist jedoch nicht bekannt. Seidler vermutet, daß die erst Mitte 1944 herausgegebenen "Anweisungen für Truppenärzte" wegen des nahen Kriegsendes im allgemeinen "keine praktischen Auswirkungen mehr" hatten.[154]

Zurück zur Reichszentrale, deren weitere Arbeit nicht mehr belegt ist - der Aktenbestand muß als verschollen oder vernichtet gelten.[155] Vermutlich wurde die

---

148 BA R 58/473, Bl.183f. Schreiben Heydrichs v. 12.5.1944 an die Kriminalpolizei(leit)stellen betr. "Vorbeugende Maßnahmen gegen Homosexuelle, die aus der Wehrmacht entlassen werden".

149 Ebd., S.216 sowie BA-MA H 20/482. Schreiben von Rodenberg u.a. an Wuth v. 15.12.1944 betr. "Begutachtung von Strafsachen wegen widernatürlicher Unzucht".

150 BA-MA H 20/479, Bl.1-14. Der Chef des Sanitätswesens der Luftwaffe, gez. Schröder, Anweisung für Truppenärzte zur Beurteilung gleichgeschlechtlicher Handlungen v. 7.6.1944.

151 Ebd., Bl.2.

152 Ebd., Bl.1.

153 Ebd., Bl.2.

154 Seidler, S.219.

155 Vermutungen, daß sich Akten der Reichszentrale in Archiven der ehem. DDR befinden, haben sich bisher nicht bestätigen lassen. Abschlägige Schreiben erhielt ich am 11.3.1986 v. der

Reichszentrale im März 1945 aufgelöst - sei es, um Spuren zu beseitigen oder aus Personalmangel. Zumindest wurde Jacob zu dieser Zeit zur Kriminalpolizeileitstelle Berlin abgestellt, wo er Leiter des Referats für Sittlichkeitsverbrechen war. Mit den Beamten dieses Referats setzte er sich im April 1945 nach Westen ab.

Aus den genannten Gründen kann die konkrete Arbeitsweise dieser zentralen Organisation zur Erfassung und Verfolgung von Homosexuellen nicht genauer rekonstruiert werden, und insbesondere auch nicht, welchen Umfang hierbei die weibliche Homosexualität einnahm. Festzustehen scheint jedoch, daß homosexuelle oder der Homosexualität bezichtigte Männer eindeutig im Mittelpunkt des Interesses standen und daß der Schwerpunkt der Arbeit in der zentralen Erfassung sowie der Auslieferung der Beschuldigten an lokale Polizeiinstanzen und die Justiz bestand.

Wie wenig diese Tätigkeit in der Nachkriegszeit von den Hauptverantwortlichen als Unrecht angesehen wurde, zeigen die Ermittlungen gegen Jacob und Rodenberg, die in den 60er Jahren durchgeführt wurden. Wie gegen andere ehemalige Angehörige des RSHA wurden auch bei ihnen allgemeine Vorermittlungen wegen Mordes durchgeführt, die sich nicht speziell auf ihre Reichszentralen-Tätigkeit beschränkten.

Erich Jacob, der inzwischen verstorben ist,[156] war zunächst im Oktober 1945 von den Alliierten festgenommen und interniert, im Januar 1946 jedoch ohne Bedingungen wieder entlassen worden.[157] Seine im "Dritten Reich" erworbenen Kenntnisse wußte er auch in der Nachkriegszeit zu verwerten - er war als Detektiv tätig. Im Oktober 1964 wurde er schließlich von der Braunschweiger Polizei vernommen, und er gab an, seit 1936 bei der Reichszentrale zur Bekämpfung der Homosexualität und Abtreibung gewesen zu sein. Empört wies er die Anschuldigung zurück, jemals etwas mit der Gestapo zu tun gehabt zu haben, obwohl ja die Reichszentrale bis 1939 formal vom Gestapa aus geleitet wurde und er dies auch in einem vor 1945 verfaßten Lebenslauf festgestellt hatte. In dem Schreiben der Staatsanwaltschaft vom Dezember 1964, mit dem die Ermittlungen eingestellt wurden, hieß es:

> "Nach den hier vorliegenden Unterlagen war der Betroffene im RSHA lediglich in einem Referat tätig, über dessen Sachgebiet bisher belastende Erkenntnisse nicht vorliegen. Die polizeiliche Vernehmung des Betroffenen hat ja in dieser Richtung nicht Neues ergeben.<...> Es ist daher zunächst nichts weiter zu veranlassen."

Angesichts der Tatsache, daß bis 1969 §175 nach wie vor in der NS-Fassung in Kraft war, ist es kaum verwunderlich, daß die Reichszentrale von der bundesrepublikanischen Justiz als "unbelastet" eingestuft wurde.

Staatlichen Archivverwaltung der DDR sowie am 15.8.1986 v. Zentralen Staatsarchiv Merseburg; s.a. Vismar, S.317.

156 Jellonnek, S.125.

157 Folgende Angaben basieren auf der Akte E.J., Az. AR (RSHA) 330/64, Staatsanwaltschaft beim Kammergericht Berlin.

Auch im Fall von Karl Heinrich Rodenberg führten die Vorermittlungen zu keiner Anklage.[158] Daß Rodenberg in den letzten Kriegsjahren als "wissenschaftlicher" Berater der Reichszentrale fungiert hatte, spielte in den Ermittlungen keine erkennbare Rolle. Vielmehr war gegen Rodenberg eine Strafanzeige wegen des Verdachts der Beteiligung an der Judenvernichtung erstattet worden, da er an der sog. 3. "Endlösungs"-Besprechung vom 27.10.1942 im RSHA Amt IV B 4, dem "Judenreferat" Eichmanns, teilgenommen hatte. Das Verfahren wurde im Januar 1965 an die Staatsanwaltschaft Darmstadt abgegeben, da andere belastende Erkenntnisse gegen ihn nicht vorlägen.

Während seiner Vernehmung am 23.6.1967 teilte Rodenberg schließlich mit, daß er von 1939 bis 1943 Regierungsrat im Reichsgesundheitsamt gewesen und im August 1942 zur Gruppe II B 3 des RSHA, dem SD, überstellt worden sei:

> "Von dort wurden mir insbesondere die Bearbeitung kriminalbiologischer Fragen und medizinischer Fachfragen übertragen. Dabei handelte es sich jedoch um eine rein nachrichtendienstliche Tätigkeit, z.B. um Buchbesprechungen udgl.
> Mit Rassenproblemen, soweit sie polnische Volkszugehörige betrafen, hatte ich nichts zu tun. Meine Tätigkeit betraf mehr die Bearbeitung der erbgesundheitlichen Belange des Deutschen Volkes. <...> Die mir in diesem Zusammenhang vorgehaltene Zamosc-Aktion, in deren Verlauf Ende 1942/Anfang 1943 mehrere tausend Polen der Wertungsstufe 4 nach Auschwitz/Birkenau 'ausgesiedelt' worden sind, ist mir völlig unbekannt."

Des weiteren wies Rodenberg Vorwürfe zurück, an den Euthanasiemordaktionen beteiligt gewesen zu sein:

> "Wenn es in meinem vorerwähnten Lebenslauf heißt, daß ich ab Februar 1940 mit Sonderaufträgen der Kanzlei des Führers betraut war, so handelte es sich damals um Gutachtenerstattungen über die Heilbarkeit von Geisteskranken. Ich selbst hatte mit dem Euthanasieprogramm aber nichts zu tun. <...> Die mir in diesem Zusammenhang vorgehaltenen Tötung der Geisteskranken aus der Irrenanstalt in Konradstein und die mir weiter vorgehaltene Tötung von Geisteskranken im Durchgangslager Soldau ist mir unbekannt."

Nachgewiesen wurde Rodenberg von alledem nichts. Zu einem Gespräch mit mir über seine Tätigkeit für die Reichszentrale war Rodenberg nicht bereit.[159] In einer brieflichen, von seiner Frau verfaßten Mitteilung behauptet Rodenberg, daß seine Zuordnung zur Reichszentrale "nur eine rein verwaltungstechnische Maßnahme gewesen (sei), die sich durch seine Zugehörigkeit seit 1942 zum Reichskriminalpolizeiamt ergab".[160] Über die "Bekämpfung von gewöhnlichen Homosexuellen" könne er gar nichts aussagen, da ihn dieser "Fragenkomplex" bei seiner Arbeit als Kriminalbiologie im RKPA nicht berührt habe: "Das war Sache der Kriminalisten

158 Folgende Angaben basieren auf der Akte K.H.R., Az. 1 AR (RSHA) 154/65, Staatsanwaltschaft beim Kammergericht Berlin.

159 Vgl. Jellonnek, S.127.

160 Schreiben v. Frida Rodenberg an mich v. 2.2.1990.

und der Justiz, die wohl nach §175 u.s.w. des StGB verfuhren." Er habe sich vielmehr

> "rein wissenschaftlich mit der Frage beschäftigt, ob gefährliche Sittlichkeitsverbrecher (darunter auch Homosexuelle) die sich an Kindern, Jugendlichen oder Abhängigen mehrfach, gewalttätig vergangen hatten und darum gemäß Gerichtsbeschluß oder freiwillig entmannt worden waren, durch diesen Eingriff geheilt waren."

Das ihm zur Verfügung stehende Aktenmaterial der Kriminalbiologischen Sammelstellen der Reichsjustizverwaltung und die Erfahrungen, die auf diesem Gebiet im "In- und Ausland" gemacht worden seien, hätten die Kastration als äußerst erfolgreich ausgewiesen:

> "Tatsächlich ging aus den aufgestellten Statistiken hervor, daß fast 98% dieser Gewalttäter durch diese Maßnahme von ihrem verbrecherischen Hang befreit wurden, so daß sie in Freiheit leben konnten, ohne noch eine Gefahr für oben genannte Gruppen zu bilden."

Leider sei seine Habilitationsschrift - ein "in jahrelanger Arbeit erstelltes, wissenschaftliches Manuskript über den Begriff der 'Hangtäterschaft'" - das offenbar in einem Berliner Verlag erscheinen sollte, bei einem Bombenangriff verbrannt.

Rodenbergs Angaben sind ebenso zynisch wie unzutreffend. Bei der hier mit dem verharmlosenden Mäntelchen der Wissenschaftlichkeit umgebenen Frage nach der "Hangtäterschaft" ging es im "Dritten Reich" um Leben oder Tod. Und nicht nur stammen, wie bereits gezeigt, Gutachten über die "Hangtäterschaft" von ganz "gewöhnlichen" homosexuellen Wehrmachtsangehörigen aus Rodenbergs Feder; auch ist, wie im übernächsten Abschnitt zu sehen, sein Interesse an der Zwangskastration homosexueller Männer nachhaltig belegt.

"Vorbeugende Verbrechensbekämpfung" durch die Polizei

Mit der Ernennung Himmlers zum Chef der deutschen Polizei war auch der Weg für eine einheitliche "vorbeugende Verbrechensbekämpfung" freigeworden. Diese wurde von Himmler per Erlaß vom 14.12.1937 - gestützt auf die Notverordnung vom 28. Februar 1933 - eingeführt; die Richtlinien vom 4.4.1938 regelten die Durchführung.[161] Damit griff die Polizei auch in die Kompetenzen der Justiz ein, denn die vom RKPA angeordnete Vorbeugehaft wurde z.B. auch nach Absitzen

161 BA R 58/473, Bl. 46ff. Erlaß des Reichs- und Preußischen Minister des Innern v. 14.12.1937 betr. "Vorbeugende Verbrechensbekämpfung durch die Polizei"; sowie ebd., Bl.63ff, Richtlinien v. 4.4.1938 zum Erlaß v. 14.12.1937.

einer Haftstrafe oder gar bei Freispruch angeordnet und machte damit Justizentscheidungen zunichte.

Neben den schon seit 1933/34 betroffenen Personengruppen ("Berufs- und Gewohnheitsverbrecher", "Gemeingefährliche") war nun insbesondere auch gegenüber "Asozialen", d.h. nicht straffällig gewordenen Personen Überwachung und Vorbeugehaft (d.h. Einweisung ins KZ) möglich, und zwar auf unbestimmte Zeit. Ausdrücklich verwies der Erlaß auf die Kriminalbiologie[162] als "wissenschaftliche" Grundlage der "Vorbeugenden Verbrechensbekämpfung": die angeblich erwiesene Vererblichkeit und damit die Unverbesserlichkeit der Kriminalität und Asozialität sollten die polizeilichen Maßnahmen rechtfertigen.

Mit dem Erlaß war endlich, so Paul Werner, Stellvertreter Nebes und Chef der "Vorbeugenden Verbrechensbekämpfung", eine "fühlbare Lücke" geschlossen. Werner in einem Artikel, in dem er den streng vertraulichen Erlaß in der Zeitschrift des RKPA bekannt machte:

> "*Jeder Verbrecher*, ja jeder Gemeinschaftsschädling wird erfaßt. Die bisher in der Praxis fühlbaren Lücken sind geschlossen. Durch die Einbeziehung der Asozialen schlechthin ist die Möglichkeit geschaffen, das Verbrechen an der Wurzel anzupacken."[163]

In der Tat war mit diesem Erlaß eine "Lücke" geschlossen worden, denn während straffällig Gewordene aufgrund des "Gesetzes gegen gefährliche Gewohnheitsverbrecher" vom November 1933 Verwahrung und anderen Maßnahmen ausgesetzt waren, war ein spezielles Bewahrungsgesetz gegen sozial Unangepaßte - obwohl schon in den 20er Jahren oft gefordert - auch nach 1933 nicht zustandegekommen.

Bezugnehmend auf den Erlaß definierte Werner die Gruppe der "Asozialen", die unausgesprochen auch lesbische Frauen miteinschloß, folgendermaßen:

> "Gemeinschädlich (asozial) sind Personen, die durch gemeinschaftswidriges, wenn auch nicht verbrecherisches Verhalten zeigen, daß sie sich nicht in die Gemeinschaft einfügen wollen und diese dadurch ernsthaft schädigen. Dieses Verhalten kann in Erbanlage, in schlechter Erziehung oder andern Gründen seine Ursache haben. Gemeinschädlich in diesem Sinne sind z.B. Personen, die scheinbar nur geringfügige aber sich immer wiederholende Gesetzesübertretungen begehen und sich der im nationalsozialistischen Staat selbstverständlichen Ordnung nicht einfügen wollen oder können, wie Bettler, Landstreicher, Dirnen, Trunksüchtige, dann aber auch Personen, die sich der von jedem Volksgenossen zu verlangenden Pflicht zur Arbeit entziehen und die Sorge für ihren Unterhalt der Allgemeinheit überlassen, wie Arbeitsscheue und Arbeitsverweigerer."[164]

---

162 Vgl. hierzu etwa Marlies Dürkop: Zur Funktion der Kriminologie im Nationalsozialismus, in: Udo Reifner/B.-R. Sonnen (Hg.): Strafjustiz und Polizei im Dritten Reich. Frankfurt/M./New York 1984, S.97-120.

163 Paul Werner: Die vorbeugende Verbrechensbekämpfung durch die Polizei, in: Kriminalistik, 12.Jg. 1938, S.58-61, hier:59, Hervorheb.i.Org.

164 Werner, S.60.

War zum einen die wichtigste Ausweitung gegenüber den Erlassen von 1933/34 die Einbeziehung der "Asozialen", so umfaßte andererseits der vom Erlaß mitbetroffene Personenkreis der "Berufs- und Gewohnheitsverbrecher" nun auch homosexuelle Männer, die mehr als drei einschlägige Vorstrafen über sechs Monate aufzuweisen hatten.[165] Im Tätigkeitsbericht des RKPA von 1939 heißt es vage, daß in "zahlreichen Fällen" Vorbeugehaft gegen Homosexuelle verhängt worden sei.[166] Denjenigen, die sich "freiwillig" kastrieren ließen, wurde offenbar Haftentlassung in Aussicht gestellt.[167]

Mit einem ergänzenden Erlaß vom 12.7.1940 intensivierte Himmler die Verfolgungspraxis; er ordnete die generelle Vorbeugehaft gegen homosexuelle Männer an, die eine Haftstrafe abgesessen hatten - vorausgesetzt, sie hätten "mehr als einen Partner verführt", was in den meisten Fällen leicht "nachzuweisen" war.[168] Diejenigen, die sich "freiwillig" kastrieren ließen, wurden kurz darauf von diesem Erlaß ausgenommen, "wenn nach ärztlicher Begutachtung der Geschlechtstrieb bereits vollkommen abgeklungen und ein Rückfall in homosexuelle Verfehlungen nicht zu befürchten ist".[169]

Das RKPA, das 1941 zu seiner Strafdifferenzierungspraxis befragt wurde, gab an, in bestimmten Fällen auch ohne Gerichtsurteil die Vorbeugehaft anzuordnen:

> "Das Reichskriminalpolizeiamt unterscheidet zwischen umweltbedingten und anlagemäßigen Fällen widernatürlicher Unzucht. Es arbeitet in der Praxis nach folgenden Richtlinien: Einmalig Entgleiste werden zunächst überwacht. Bei wiederholter Verurteilung oder beim Bekanntwerden der Verführung mehrerer Partner wird die polizeiliche Vorbeugungshaft angeordnet. Die Belegschaft des Konzentrationslagers bestehe zu einem erheblichen Teil aus Homosexuellen."[170]

Oberstarzt Wuth, zuständig für Homosexualitätsbekämpfung in der Wehrmacht, gab in seinem Anfang 1943 angefertigten Bericht an, die "Mindestzahl" der homosexuellen Vorbeugehäftlinge betrage seit 1940 "2284, dürfte aber jetzt etwas höher sein".[171] Weitere Zahlen liegen nicht vor, und auch die Anzahl der Frauen, die aufgrund von Homosexualität als Vorbeugehäftlinge inhaftiert wurden, ist nicht bekannt, dürfte aber erheblich geringer gewesen sein.

---

165 S. Jellonnek, S.139.

166 BA RD 19/29, Bl.17.

167 BA RD 19/28, Bl.130. In einem Schreiben v. 20.5.1939 an das RKPA betr. "Freiwillige Entmannung von Vorbeugungshäftlingen" betonte Himmler, "daß die nach der Bestimmung des §14 Abs. 2 des Gesetzes zur Verhütung erbkranken Nachwuchses erforderliche Freiwilligkeit *nicht* in Frage gestellt wird, wenn der in *Vorbeugungshaft* befindliche Sittlichkeitsverbrecher darüber belehrt wird, daß nach der Vornahme der Entmannung *wahrscheinlich* seine Entlassung aus der Vorbeugungshaft wird erfolgen können." Hervorheb.i.Org.

168 BA R 58/11. Vertrauliche Erlaßsammlung des RSHA von 1941, Erlaß v. 12.7.1940, VB 1 Nr.1143/40.

169 BA R 58/11. Erlaß v. 7.9.1940, Tgb.Nr.Allg.2057B. - Ein solcher Fall wird geschildert in: Volksgemeinschaft und Volksfeinde, S.213.

170 BA-MA H 20/374, Bl.1.

171 BA-MA H 20/479, Bl.2.

Während es im nächsten Abschnitt um die "Asozialen"verfolgung geht, die auch lesbische Frauen bedrohte, soll an dieser Stelle noch auf zwei Fälle aus der Kriminalpraxis verwiesen werden, die in dem nichtöffentlichen Organ der Kriminalpolizei dokumentiert wurden, und die - selten genug - auf lesbische Frauen Bezug nehmen.

1933 wies die Kripo Augsburg auf einen Fall von Brandstiftung hin, der sich im September 1932 zugetragen hatte, und bei dem "verschmähte 'lesbische' Liebe als Brandstiftermotiv"[172] eine Rolle gespielt habe. Josepha G. sei mit der Magd Anna Sch. "acht Jahre lang in lesbischer Liebe eng verbunden" gewesen. Doch zwei Monate vor dem Brand habe G. das Verhältnis gelöst, "weil sie sich einen Bräutigam zugelegt hatte und somit eine natürliche Befriedigung ihrer Liebesbedürfnise fand",[173] meinte Gendamerie-Sekretär K. Zimmerlein befriedigt. Statt nun wie geplant Selbstmord zu begehen, zündete Anna Sch. schließlich aus Kummer die Scheune des Vaters von G. an und wurde deswegen von einem Schwurgericht zu zwei Jahren und vier Monaten Zuchthaus verurteilt. Dieser Fall zeige, resümierte der Kriminalbeamte, daß bei Brandstiftungen "Anhaltspunkte für die Täterschaft nicht nur aus bestehenden Feindschafts-, sondern auch aus Freundschaftsverhältnissen geschlossen werden können".[174]

Abschließend soll auf einen makabren Fall eingegangen werden, der u.a. die häufig praktizierte Gleichsetzung von Homosexualität und Kriminalität belegt. Unter der Überschrift "Ein eigenartiges Verbrechensmotiv - ein Beitrag zur Kriminalität der homosexuellen Frau"[175] wird geschildert, wie eine lesbische Frau sich aus Eifersucht und Liebeskummer ausgerechnet an die Polizei gewandt haben soll: Ilse P., Schneiderin und aus ärmlichen Verhältnissen stammend, begeht seit ihrem 15. Lebensjahr "aus Gewinnsucht" eine Reihe von Betrügereien. Zu ihrer Person heißt es:

> "Die P. war homosexuell; sie frönte diesem Laster, indem sie mit vielen gleichfalls lesbisch veranlagten Frauen Verkehr pflegte. Sie wohnte auch mit einer solchen Frau zusammen, mit der sie über neun Jahre hindurch ein inniges Liebesverhältnis unterhielt. Diese Frieda K., von den Lesbierinnen, da sie den männlichen Typus darstellte, kurzweg 'Fritzchen' genannt, war ebenfalls eine schwer vorbestrafte Person <...>"[176]

Beide Frauen hatten sich 1929 bei einer im gleichen Gefängnis verbüßten Haftstrafe "kennen und lieben gelernt", wie Kriminalrat Espenschied bemerkt. Aufgrund einer gegen Ilse P. erstatteten Anzeige und wegen der Eifersüchteleien der Freundin verließ Ilse P. die K. und flüchtete mit einer anderen, "ebenfalls den männlichen Partner darstellenden Lesbierin" aus Berlin. Aus "Rache und grenzen-

---

172 K. Zimmerlein: Verschmähte "lesbische" Liebe als Brandstiftermotiv, in: Kriminalistische Monatshefte, 7.Jg. 1933, S.112.f.

173 Ebd., S.113.

174 Ebd.

175 Kriminalrat Espenschied: Ein eigenartiges Verbrechensmotiv. (Ein Beitrag zur Kriminalität der homosexuellen Frau), in: Kriminalistik, 14.Jg. 1940, H.12, S.137-139.

176 Ebd., S.138.

loser Eifersucht" denunzierte Frieda K. daraufhin ihre Freundin Ilse, so behauptet es jedenfalls der Bericht, und eine wilde Verfolgungsjagd durch die Polizei setzte ein. Ilse P. und ihre Begleiterin wurden von einer anderen lesbischen Frau versteckt (die dafür später wegen "Begünstigung" zu drei Monaten Gefängnis verurteilt wurde); schließlich von der Polizei im Gasthaus eines Berliner Vororts aufgespürt, das Ilse P. mit ihren lesbischen Freundinnen angeblich wöchentlich zu einem Kaffeekränzchen aufgesucht hatte. Mit der Festnahme der geständigen Ilse P. seien Eifersucht und Rachegefühle der Frieda K. vollkommen erloschen, und in vielen Briefen an Kripo und Justizbehörden versuchte sie diese von den guten Taten ihrer Freundin zu überzeugen. Freilich umsonst. Ilse P. wurde im April 1937 wegen fortgesetzten Betruges zu dreieinhalb Jahren Zuchthaus und fünf Jahren Ehrverlust verurteilt. Aus Verzweiflung über die Trennung von der Freundin beging Frieda K. nun ebenfalls einen Diebstahl, um wenigstens im Gefängnis "die gleiche Luft" wie diese atmen zu können. Doch "in Kenntnis der Zusammenhänge weiß die Sicherheitspolizei"[177] dies zu verhindern.

Die Verfolgung der "Asozialen"

Wie bisher gezeigt wurde, subsumierten Rassenhygieniker Homosexualität unter den Oberbegriff "Asozialität"; aber auch Klare, Freisler die SS oder das Rassenpolitische Amt sprachen häufig von Homosexuellen als dem "Prototyp des Asozialen". Darüber hinaus wurde von den Nazis, aber auch schon im 19. Jahrhundert von dem italienischen Psychiater Cesare Lombroso, ein besonderer Zusammenhang zwischen lesbischen Frauen und Prostituierten behauptet. Erinnert sei an die Behauptung des HJ-Führers Tetzlaff, daß es sich bei lesbischen Frauen zu zwei Dritteln um "Vorbestrafte und Dirnen, also Kriminelle und Asoziale" handle. Gleispach hatte für die Strafrechtskommission des RJM behauptet, daß weibliche Homosexualität besonders "in Dirnenkreisen" stark verbreitet sei.[178] Und Klare berief sich auf "Umfragen bei den Sittlichkeitsdezernaten", denenzufolge

> "'lesbischer Verkehr' am meisten bei den weiblichen Prostituierten in Übung steht, und zwar aus Ekel vor dem männlichen Geschlecht; er ist zwar auch in den anderen Bevölkerungsschichten in nicht unbeträchtlichem Ausmaße zu finden, auf jeden Fall in einem größeren, als der Laie annimmt."[179]

---

177 Ebd., S.139.

178 Gleispach, in Gürtner 1935, S.125.

179 Klare 1937, S.120f., verwies auf "persönliche Erfahrungen in der Praxis der Kriminalpolizei verschiedener Großstädte". - Als "Beweis" für das zahlreiche Vorkommen weiblicher Homo-

Möglich also, daß ein Zusammenhang zwischen der Verfolgung lesbischer Frauen und derjenigen von Prostituierten bestand, wie ihn bspw. Gisela Bock vermutet: "Denkbar auch, daß die Prostituiertenverhaftungen und das Unsichtbarwerden lesbischer Frauen mehr als nur gleichzeitig sind <...>."[180]

Ein generelles Verbot der Prostitution war auch im "Dritten Reich" nicht praktikabel, wohl aber ihre strenge Reglementierung. Angestrebt wurde eine perfekte Kontrolle der Prostituierten, die durch ihre Kasernierung erreicht werden sollte; gleichzeitig sollte auf diese Weise der Anschein öffentlicher "Sauberkeit", auf den der NS-Staat so viel gab, erweckt werden. Den "germanisch großzügigen" Umgang mit der (heterosexuellen) Prostitution hielt Himmler anscheinend für ein geeignetes Mittel, mannmännliche Vorlieben zu verhindern. Insbesondere ab Kriegsbeginn wurde der Versuch unternommen, den männlichen "Geschlechtshaushalt" (Himmler) generalstabsmäßig staatlich zu lenken. Zahlreiche Wehrmachtsbordelle für Soldaten, aber auch Bordelle für Zwangsarbeiter und männliche KZ-Häftlinge wurden eingerichtet, um einerseits die ominöse "Rasse" und die "Volksgesundheit" zu schützen - damit war in erster Linie die Verhütung von Geschlechtskrankheiten gemeint -, und um andererseits die Leistungsfähigkeit der Männer zu steigern und Unmut und Widerstand zu ersticken.[181]

War mit der Verabschiedung des Reichsgesetzes zur Bekämpfung der Geschlechtskrankheiten von 1927 die "gewerbliche Unzucht" prinzipiell nicht mehr strafbar gewesen, bot die Novellierung des §361,6 StGB vom 26.4.1933 eine Handhabe gegen "renitente" Prostituierte, die gegen die im Gesetz auferlegten strengen und sehr weit auslegbaren Reglementierungen verstießen, denn "wer öffentlich in auffälliger Weise oder in einer Weise, die geeignet ist, einzelne oder die Allgemeinheit zu belästigen, zur Unzucht auffordert oder sich dazu anbietet",[182] konnte strafrechtlich belangt werden.

Damit waren alle Frauen, die das Straßenbild und die NS-Sexualmoral störten, davon bedroht, als Prostituierte zu gelten. Bei mehrfachem Verstoß gegen die Bestimmungen des §361 konnten Frauen aufgrund §42d des "Gesetzes gegen gefährliche Gewohnheitsverbrecher" vom November 1933 als "Gewohnheitsverbrecher" in ein Arbeitshaus eingewiesen werden. Im Rahmen der "Vorbeugenden Verbrechensbekämpfung" wurde insbesondere mit dem Erlaß zur "Polizeilichen Behandlung der Prostitution" vom 9.9.1939, ergänzt durch mehrere Erlasse von 1940, die Reglementierung verschärft.[183] Dies bedeutete verstärkte Überwachung

---

sexualität führte Klare "die Organisationen der weiblichen Homosexuellen" an, die jedoch zu diesem Zeitpunkt längst nicht mehr bestanden.

180 Gisela Bock: "Keine Arbeitskräfte in diesem Sinne". Prostituierte im Nazi-Staat, in: Hg. Pieke Biermann: Wir sind Frauen wie andere auch. Prostituierte und ihre Kämpfe. Reinbek 1980, S.70-107, hier:99.

181 Vgl. Seidler, S.135-190.

182 Novelle zum §361,6 v. 26.5.1933, zit.n. "Der Staat - Prostituiertenjäger und Zuhälter", in: Hg. Ebbinghaus u.a., S.85-92, hier:85.

183 BA R 22/970, Bl.12-14. Erlaß des Reichsminister des Innern v. 9.9.1939 betr. "Polizeiliche Behandlung der Prostitution".

und Verfolgung: während sich Anfang 1940 dem bereits erwähnten Tätigkeitsbericht des RKPA zufolge "7713 Personen als Asoziale in polizeilicher Vorbeugungshaft" befanden (davon 499 Frauen), waren es Ende 1940 6824 Personen, davon 918 Frauen. "Der erhebliche, fast 90prozentige Anstieg der Zahl der weiblichen Asozialen" sei, so heißt es im RKPA-Bericht, auf den Prostitutionserlaß vom 9.9.1939 zurückzuführen.[184]

Tatsächlich dürften allerdings sehr viel mehr Prostituierte verhaftet worden sein.[185] Da die Prostituiertenverfolgung im "Dritten Reich" bisher nicht umfassend erforscht ist, können hier keine Gesamtzahlen genannt werden. Auch kann nicht gesagt werden, wie oft sich unter den als Prostituierten Verhafteten auch lesbische Frauen befanden bzw. lesbische Frauen wegen angeblicher Prostitution verhaftet wurden.

Ähnliches gilt für die "Asozialen"-Verfolgung überhaupt, die bisher nur in Ansätzen untersucht wurde.[186] Auf verschiedene Methoden und Ebenen des Zugriffs, die sich in unterschiedlicher Konsequenz für die Betroffenen ergänzten, wurde bereits im zweiten Kapitel hingewiesen: die Maßnahmen reichten vom Ausschluß von finanzieller Familienförderung und vom Eheverbot bis hin zur Zwangssterilisation und zum Euthanasiemord.

Die Verfolgung der niemals abschließend definierten Gruppe der "Asozialen" nahm seit Mitte der 30er Jahre stetig zu und betraf einen immer größeren Personenkreis, dessen wirtschaftliche Bedürftigkeit oder sozial abweichendes Verhalten zum Stigma wurde. Einen ersten Höhepunkt stellten die Razzien vor der Olympiade dar:

> "Vor der Olympiade wurden in Deutschland nicht nur die Straßen von Bettlern und Landstreichern gesäubert, die zur Erziehung in Arbeitshäuser oder in die Konzentrationslager wanderten, es wurden auch die Städte und Bäder von den allzu vielen Prostituierten und den Homosexuellen bereinigt. Sie sollten in den Konzentrationslagern zu nützlichen Arbeiten erzogen werden",[187]

berichtete Rudolf Höß, 1936 Rapportführer im KZ Dachau, der in diesen nach dem Krieg verfaßten Memoiren die KZ-Einweisung noch immer selbstgerecht als "Erziehung zur Arbeit" darstellte.

Polizei, Justiz und kommunale Einrichtungen, wie z.B. Arbeitsämter oder Fürsorgeverbände arbeiteten, wie etwa 1936 in Berlin, bei der regionalen "planmäßig fortschreitenden Auskämmung der Asozialen"[188] eng zusammen. 1938 wurde per

---

184 BA RD 19/29, Tätigkeitsbericht von 1940, Bl.45.

185 So wurden etwa, wenn auch nur vorübergehend, allein in Hamburg im Zeitraum März bis Dezember 1933 1527 Frauen wegen "belästigenden und anstößigen Strichens" in Schutzhaft genommen. S. "Der Staat" - Prostituiertenjäger und Zuhälter", S.85.

186 S. neuerdings Klaus Scherer: "Asozial" im Dritten Reich. Die vergessenen Verfolgten. Münster 1990. Seine wenigen Angaben zur Homosexualität sind ausschließlich männerspezifisch.

187 Rudolf Höß: Kommandant in Auschwitz. Autobiographische Aufzeichnungen. Hg. Martin Broszat. München 1963, S.79.

188 Heinrich Haeckel: Die Bewahrung Asozialer nach geltendem und gefordertem Recht, in:

Verfügung des Berliner Oberbürgermeisters angeordnet, die Kartei der Wohlfahrtsverwaltung zu einer umfassenden "Asozialen"-Kartei auszubauen.[189] Einzelne Städte wie Frankfurt/Oder hatten bereits "Asozialen"-Karteien; große regionale Karteien, wie sie aus Württemberg, Hessen, Sachsen, Thüringen und dem Rheinland bekanntgeworden sind, befanden sich 1938 dagegen erst im Aufbau bzw. in Planung.

An der Erfassung und Verfolgung der "Asozialen" war insbesondere auch das Rassenpolitische Amt beteiligt, welches ja auch versucht hatte, eine Datensammlung über lesbische Frauen zu initiieren. So wurde etwa die "Asozialen"-Kartei für Württemberg von dem Gauamtsleiter Karl Ludwig Lechler aufgebaut.[190] Dieser stützte sich dabei auch auf die hierzu wichtigste "wissenschaftliche" Arbeit von Heinrich Wilhelm Kranz (1897-1945), Gauamtsleiter des RPA Hessen-Nassau und einer der Wegbereiter des "Gemeinschaftsfremdengesetzes", der die "Asozialen" - nun als "Gemeinschaftsunfähige" eingedeutscht - auf rund eine Million bezifferte.[191] Kranz, und mit ihm zahlreiche andere Psychiater wie Bumke, Rüdin oder Gaupp, rechnete zu den erblich belasteten und damit unverbesserlichen "Gemeinschaftsunfähigen" auch diejenigen, "die - ohne kriminell auffällig zu werden - infolge ihrer persönlichen, sozialen und völkischen Haltung als Dauerversager anzusehen sind".[192]

Bei der Erstellung der Kartei stützte sich Lechler insbesondere auf die Mitarbeit der NSDAP-Ortsgruppenleiter, der Bürgermeister, der NSV sowie Wohlfahrtsämter, Polizei und Gerichte. Auf diese Weise konnte ein engmaschiges Netz gezogen werden. Die "Erkennung" der "Asozialen" war schließlich Voraussetzung für die geplante "Ausmerze", denn - so Lechler warnend: "Vergessen wir es nie, daß niemals ein gesunder Apfel einen fauligen heilt bzw. günstig beeinflußt, während ein fauliger sehr wohl zehn gesunde anzustecken vermag."[193]

Wenn auch Lechlers Erfassungsarbeit durch den Krieg unterbrochen wurde, so wurde dennoch, wie das RPA 1942 meldete,

> "in einigen Gauen der Versuch gemacht <...>, nun von der bloß theoretischen Begriffserklärung weiter zur aktiven Bekämpfung der Gemeinschaftsunfähigen zu

---

Deutsche Justiz, 2. Halbjahr 1936, S.1728, zit.n. Klee 1985, S.55.

189 BA NSD 17/12. Informationsdienst des RPA v. 30.11.1938 betr. "Behandlung Asozialer". Verfügung des Oberbürgermeisters der Reichshauptstadt Berlin vom 29.3.1938.

190 S. Karl Ludwig Lechler: Erkennung und Ausmerze der Gemeinschaftsunfähigen, in: Deutsches Ärtzeblatt Nr.70, 1940, S.293-295.

191 Heinrich Wilhelm Kranz: Die Gemeinschaftsunfähigen. Ein Beitrag zur wissenschaftlichen und praktischen Lösung des sog. Asozialenproblems. Gießen Teil 1 1939; Teil 2 u. 3 (zusammen m. Siegfried Koller) 1941.

192 H.W. Kranz: Weg und Ziel bei der Lösung des Problems der Gemeinschaftsunfähigen, in: Nationalsozialistischer Volksdienst, Nov. 1942, zit.n. Klee 1985, S.356. - Zu Kranz und der Rolle anderer Psychiater als "Strategen zur Endlösung der 'Asozialenfrage'" s. Siemen, S.123-137.

193 Lechler, S.293.

> kommen.<...> Da die Asozialen ein politisches Unruheelement erster Ordnung darstellen, ist diese Arbeit gerade im Krieg sehr wichtig!"[194]

Nach der Definition des RPA von 1942 galten diejenigen Personen als "gemeinschaftsunfähig",

> "die auf Grund einer anlagebedingten und daher nicht besserungsfähigen Geisteshaltung nicht in der Lage sind, den Mindestanforderungen der Volksgemeinschaft an ihr persönliches, soziales und völkisches Verhalten zu genügen".[195]

Hierzu zählte, wer 1."infolge verbrecherischer, staatsfeindlicher und querulatorischer Neigungen *fortgesetzt* mit den Strafgesetzen, der Polizei und anderen Behörden in Konflikt gerät"; 2. "arbeitsscheu" war; 3. wer Wohlfahrtseinrichtungen, der NSV etc. "auf der Tasche" lag; 4. wer keinen "*geordneten Haushalt* zu führen noch Kinder zu brauchbaren Volksgenossen zu erziehen vermag"; 5. wer als Alkoholiker galt und 6.

> "Personen, die durch unsittlichen Lebenswandel aus der Volksgemeinschaft herausfallen bezw. ihren Lebensunterhalt ganz oder teilweise durch ihr *unsittliches Gewerbe* verdienen. Hierher gehören Straßendirnen, Zuhälter, Sittlichkeitsverbrecher, Homosexuelle usw."[196]

Die Großoffensive gegen immer größere Personenkreise, die von einer zunehmend enger gesteckten willkürlichen Norm abwichen und sich dem totalen Leistungsanspruch des NS-Staats zu entziehen suchten - wobei die Arbeitskraft, generatives Verhalten und das Angewiesensein auf Sozialleistungen eine wesentliche Rolle spielten -, war angekündigt. Österreich ging in dem Kampf gegen die "inneren Schädlinge, die ihre minderwertige Leistung und Haltung oft geradezu raffiniert zu tarnen verstehen",[197] mit unrühmlichem Beispiel voran. Die Bildung von "Kreisasozialenkommissionen" wurde beschlossen,[198] und in Wien, wo diese Kommission bereits seit 1940 bestand, entschieden die Vertreter der wesentlichsten Behörden - wie Partei, Gestapo, Kripo, Arbeits-, Wohlfahrts- und Gesundheitsamt - über das weitere Schicksal der "Asozialen": Einweisung in Arbeits- oder Konzentrationslager. Bei den eingewiesenen Frauen handelte es sich in erster Linie um "Geheimprostituierte".[199]

---

194 Informationsdienst des RPA v. 20.6.1942, zit.n. Klee 1985, S. 356.

195 BA R 22/1932, Bl.41f. Informationsdienst des RPA v. 20.6.1942, Nr. 126, Merkblatt herausgegeben vom Rassenpolitischen Amt der Gauleitung Niederdonau (auch abgedruckt bei Klee 1985, S.357).

196 Ebd., Bl.41f., Hervorheb.i.Org.

197 Lechler, S.293.

198 Vgl. Klee 1985, S.356ff.

199 BA NSD 17/17. Informationsdienst des RPA v. 20.3.1943, Nr. 135: Der Stand der Asozialenbekämpfung im Gau Wien. - Zur "Asozialenkommission" und ihrer Arbeit in der Steiermark vgl. NSD 17/17, Informationsdienst des RPA v. Juli 1944, Nr. 147, Walther Mattner (SS-Obersturmbannführer u. Kreisamtsleiter des RPA im Kreis Mürzzuschlag, Gau Steiermark): Erfassung und Bekämpfung der Gemeinschaftsunfähigen, Bl. 143-150.

Auch in Elsaß-Lothringen wurde unmittelbar nach dem Einmarsch der deutschen Truppen

> "als eine der ersten und vordringlichsten Maßnahmen der Deutschen Kriminalpolizei <...> die Erfassung der Berufs- und Gewohnheitsverbrecher, Asozialen, Homosexuellen, Wilderer, Zigeuner usw. angeordnet".[200]

Die Betroffenen wurden wahlweise mitsamt Familienangehörigen in das unbesetzte Frankreich abgeschoben oder in das Sicherungslager Vorbruck und das KZ Natzweiler (beide Elsaß) eingeliefert. Einer Statistik zufolge wurden in der Zeit vom Juni 1940 bis April 1942 230 "Berufsverbrecher, Asoziale, Zuhälter" mit "rund 260" Familienangehörigen nach Frankreich abgeschoben; im Sicherungslager Vorbruck befanden sich noch 33 "Berufsverbrecher und Asoziale", und 11mal war Vorbeugehaft gegen "Berufsverbrecher und Asoziale" angeordnet worden, wovon 6 im KZ umgekommen waren.[201] Wieviel Frauen sich unter den Verhafteten befanden, ist nicht bekannt. Der Chef der Zivilverwaltung für das Elsaß, der badische Gauleiter Robert Wagner, soll im Sommer 1942 Hitler für seinen Plan einer Ausweisung von etwa 20000(!) "Asozialen" und Straftätern nach Frankreich im Zuge der "Germanisierung" des Elsaß gewonnen haben.[202] Für Polen dagegen ordnete Himmler am 16.2.1942 an, im Rahmen der Umsiedlung Volksdeutscher aus Polen ins "Altreich" die von der Polizei als "asozial" klassifizierten Umsiedler direkt ins KZ zu verschleppen.[203]

Parallel hierzu beteiligte sich auch die Justiz an der Vernichtung der "Asozialen". Eine Vereinbarung von Justizminister Thierack und Himmler vom 18.9.1942 sah die "Auslieferung asozialer Elemente aus dem Strafvollzug an den Reichsführer SS zur Vernichtung durch Arbeit" vor. Dies betraf generell Juden, Sinti und Roma, Russen und Ukrainer sowie Polen (bei einer Strafe über drei Jahren) und deutsche männliche Sicherungsverwahrte und Zuchthausgefangene mit einer Strafe über acht Jahren. Auch diskriminierte ethnische Gruppen - und in besonderer Weise die Sinti und Roma - zählten also zu den "Asozialen". Abgesandte des RJM reisten daraufhin durch die Anstalten und selektierten die zur Vernichtung bestimmten, auch sprachlich ihres Menschseins beraubten "Elemente".[204] Darüber hinaus wurden als "asozial" Klassifizierte bei Haftentlassung in Vorbeugehaft genommen. Rund 16000 Gefangene wurden auf diese Weise in KZs eingewiesen. Bei den vorhandenen Deportationslisten aus dem Zuchthaus Hamburg-Fuhlsbüttel

---

200 IfZ MA 438, Bl.2991. Schreiben des Befehlshabers der Sicherheitspolizei und des SD Straßburg v. 29.4.1942 an das RSHA betr. "Vorbeugende Verbrechensbekämpfung".

201 Ebd. Bl.2993f. Sicherheitspolizei Mülhausen/Elsaß, "Statistik über die polizeiliche vorbeugende Tätigkeit im Oberelsaß" v. 27.6.1940 bis 27.4.1942. - IfZ MA 438, Bl.3013+3017 enthält statistische Angaben für Juli-Oktober 1942 und Januar-April 1943.

202 Patrick Wagner: Das Gesetz über die Behandlung Gemeinschaftsfremder. Die Kriminalpolizei und die "Vernichtung des Verbrechertums", in: Beiträge zur nationalsozialistischen Gesundheits- und Sozialpolitik Bd.6. Berlin 1988, S.75-100, hier:87.

203 Ebd.

204 Klee 1985, S.358ff.

von 1942-1944 war die "Häufung von Opfern, die wegen kleinkrimineller Delikte, 'Rassenschande' oder Homosexualität einsaßen", auffällig.[205]

Nach mehreren von Himmler angeordneten großen Verhaftungsaktionen gegen sozial Unangepaßte 1937/38[206] waren Hilberg zufolge von insgesamt 110000 bis 1943 ins KZ eingewiesenen nichtjüdischen Deutschen gar eine Mehrheit von 70000 als "Asoziale" gekennzeichnet worden, denen 40000 politische Gefangene gegenüberstanden.[207] Unbekannt ist jedoch die Gesamtzahl der Personen, die den verschiedenen Formen der "Asozialen"-Verfolgung zum Opfer fielen, ebenso wie die Anzahl lesbischer Frauen.

Die geplante Zwangskastration homosexueller Männer

Nach verschiedenen fehlgeschlagenen Versuchen, nach 1933 ein "Asozialen"-Gesetz zu verabschieden, machte das RKPA 1939 einen neuen Vorstoß und brachte den ersten Entwurf eines "Gesetzes zur Behandlung Gemeinschaftsfremder" (GBG)[208] ein, das im wesentlichen die "Vorbeugende Verbrechensbekämpfung" legalisiert und der Polizei noch weitergehende Befugnisse zugeschrieben hätte. Mit diesem Gesetz sollte die, wie es hieß, nichtpolitische Inhaftierung in KZ und Fürsorgeanstalten endgültig geregelt werden. Der Entwurf betraf im wesentlichen den bereits von der "Vorbeugenden Verbrechensbekämpfung" betroffenen Personenkreis: Nichtseßhafte, Bettler, Prostituierte, Arbeitsunwillige und die als nicht mehr resozialisierbar erachteten mehrfach Vorbestraften und sah ihre durch das RKPA angeordnete Inhaftierung und Sterilisation vor.

Aufgrund von Kompetenzstreitigkeiten war der Konflikt mit dem Reichsjustizministerium vorprogrammiert; es kam zu langen Verhandlungen zwischen Vertretern des RKPA bzw. des RSHA und dem RJM. In deren Verlauf nannte Werner in einem GBG-Entwurf vom Mai 1942 erstmals explizit Homosexuelle in der Neude-

---

205 Karl Heinz Roth: "Abgabe asozialer Justizgefangener an die Polizei" - eine unbekannte Vernichtungsation der Justiz, in: Hg. Ebbinghaus u.a., S.21-25, hier:21.

206 Wolfgang Ayaß: "Ein Gebot der nationalen Arbeitsdisziplin". Die Aktion "Arbeitsscheu Reich" 1938, in: Beiträge zur nationalsozialistischen Gesundheits- und Sozialpolitik Bd. 6. Berlin 1988, S.43-74.

207 Raul Hilberg: Die Vernichtung der europäischen Juden. Berlin 1982, S.586, unter Berufung auf eine Himmler-Rede v. Oktober 1943.

208 Zum folgenden s. vor allem P. Wagner sowie Detlev Peukert: Volksgenossen und Gemeinschaftsfremde. Anpassung, Ausmerze und Aufbegehren unter dem Nationalsozialismus. Köln 1982, bes. S.219ff.

finition des betroffenen Personenkreises.[209] Aufgrund des Kompetenzgerangels und aus kriegsbedingten Gründen verzögerte sich die Verabschiedung des Gesetzes immer weiter; es wurde letztendlich nie erlassen. Wichtig ist jedoch, daß das RKPA mithilfe des GBG "für sich jene Möglichkeiten festschreiben (wollte), die es de facto schon an sich gerissen hatte"[210] - was lediglich für die Zwangssterilisation nicht zutraf.

Ausführlicher soll nun auf die im Gesetz geplante Zwangskastration homosexueller Männer eingegangen werden und auf die Vorreiterrolle, die Rodenberg, als ein einflußreicher und nachhaltiger Befürworter[211], entgegen seiner jüngst geäußerten Unschuldsbeteuerung, dabei spielte. Er ist zudem ein aufschlußreiches Beispiel für die Beteiligung von Ärzten an der polizeilichen Verfolgung von Homosexuellen.

Im September 1942 veröffentlichte Rodenberg, inzwischen ins RSHA überstellt, den Artikel "Zur Frage des kriminaltherapeutischen Erfolges der Entmannung homosexueller Sittlichkeitsverbrecher".[212] Die Forderung nach Kastration, so meinte Rodenberg, sei nicht von der Klärung der Ursachen der Homosexualität abhängig. Es gehe in erster Linie ja nicht darum,

> "Homosexuelle durch Kastration zu Heterosexuellen umzuformen, sondern zunächst einmal ganz allein darum, ihren perversen Trieb ganz auszuschalten oder die Triebstärke so weit herabzumindern, daß sie keine Neigung mehr zeigen, ihren perversen Trieb in strafbaren Handlungen zu betätigen".[213]

So betrachtet maß sich der Erfolg einer Kastration an der Rückfallquote, und die hielt Rodenberg aufgrund der bisher gemachten Erfahrungen für sehr niedrig.[214] Aufgrund der von ihm für so günstig befundenen Ergebnisse gäbe es für den Gesetzgeber keinen Grund mehr, homosexuelle Männer - nachdem sie einmal nach §175 bzw. §175a verurteilt worden waren - von der Zwangskastration nach §42k StGB auszunehmen, wie es bis dahin der Fall war.

---

209 BA R 22/943, Bl. 212. Entwurf Werners v. 5.5.1942 zu einem Durchführungserlaß des RKPA zum GBG v. Frühjahr 1942.

210 P. Wagner, S.84.

211 Weitere Befürworter waren etwa der bekannte Kriminologe Eduard Mezger: Kriminalpolitik auf kriminologischer Grundlage. Stuttgart [2]1942, S.252; sowie Otto Striehn mit seiner medizinischen Dissertation.

212 Carl-Heinz Rodenberg: Zur Frage des kriminaltherapeutischen Erfolges der Entmannung homosexueller Sittlichkeitsverbrecher, in: Deutsche Justiz, 10.Jg., 11.9.1942, S. 581-587.

213 Ebd., S. 586.

214 Rodenberg stützte sich auf Material der Kriminalbiologischen Sammelstellen Berlin (dieser gehörte er ja als "ehrenamtlicher Mitarbeiter" selbst an), Halle und Münster von homosexuellen Männern, die sich nach §14,2 des GVeN "freiwillig" hatten kastrieren lassen und solchen, die nach §176,3 und 183 (Erregung öffentlichen Ärgernisses) verurteilt und zwangsweise kastriert worden waren, sowie auf die Ergebnisse freiwilliger Kastrationen in der Schweiz und Dänemark. Von diesen 182 Männern seien nur 8 "rückfällig" geworden. Ebd., S.585.

In dieser Überzeugung wandte sich Rodenberg an das Reichsjustizministerium, genauer gesagt an Ministerialrat Otto Rietzsch, Leiter des Referats 4 (StGB und Nebengesetze), der die Verhandlungen betreffend GBG federführend leitete. Rodenberg beklagte, daß die Arbeitskraft "homosexueller Sittlichkeitsverbrecher" in den KZ brachliege - was in krassem Gegensatz zur tatsächlichen Ausbeutung der Häftlinge stand:

> "Diese Untergebrachten <in den KZ,C.S.> kosten den Staat viel Geld und arbeiten nicht produktiv genug. Wenn sie kastriert werden, können sie in kürzerer Zeit entlassen werden, da sie keine Gefahr mehr für die Volksgemeinschaft bilden, und außerdem können sie nutzbringend im Leben wieder eingesetzt werden."[215]

Rietzsch meinte daraufhin in einem Schreiben an den bereits erwähnten Herbert Linden - inzwischen Sachbearbeiter des Reichsgesundheitsführers Conti -, auf den Wunsch Rodenbergs bezugnehmend: "Es wäre nicht ausgeschlossen, daß sich eine Gelegenheit zur Neufassung des §42k StGB im Zusammenhang mit dem Gemeinschaftsfremdengesetz findet."[216] Ein Vermerk Rietzschs gibt Auskunft über die weiteren diesbezüglichen Verhandlungen mit dem RKPA. Am 25.2.1943 habe er mit dem Sachbearbeiter im RKPA, Regierungsrat Scheefe, gesprochen. Zur geplanten Zwangskastration meinte Scheefe, daß die

> "mit der Bekämpfung der Homosexuellen befaßten Beamten, insbesondere Kriminalrat Jacob, den Wunsch (hätten), daß die Entmannung in allen Fällen des §175a zugelassen werde, aber auch für Fälle des §175 StGB. Die Erfahrung lehre, daß die meisten Fälle durch Verführung einer Person zwischen 21 und 25 Jahren durch eine ältere Person entständen; hier müsse die Entmannung eingeschaltet werden."[217]

Darüber hinaus wünsche Jacob die Festschreibung der Sterilisation für alle "Asozialen" im Gesetz. In einem weiteren Gespräch zwischen Rietzsch und Scheefe am 4.3.1943 hatte letzterer "den Wunsch nach einer erweiterten Zulassung"[218] der Zwangskastration wiederholt. Rietzsch erklärte, im RJM sei eine "Zusammenstellung über den Stand der ärztlichen Literatur in Arbeit".

Bei dem im RJM angefertigen Referat "Ursachen der Homosexualität und Entmannung Homosexueller" handelt es sich vermutlich um das von Rietzsch angekündigte Gutachten.[219] Ziel des Referates war es zu klären, "ob die Entmannung Homosexueller nach wissenschaftlichen Erkenntnissen als erforderlich und Erfolg versprechend erscheint"; zu diesem Zweck müsse untersucht werden,

---

215 BA R 22/943, Bl.262+RS. Schreiben Rodenbergs v. 3.10.1942 an Rietzsch.

216 Ebd., Bl.263. Schreiben v. Rietzsch v. 9.10.1942 an Linden.

217 Ebd., Bl.301+RS. Vermerk v. Rietzsch zum GBG v. 25.2. u. 4.3.1943.

218 Ebd., Bl.301RS.

219 BA R 22/950, Bl.39-57. Referat "Ursachen der Homosexualität und Entmannung Homosexueller. Überblick über das Schrifttum". - Das Manuskript macht keinerlei Angaben zum Verfasser, Auftraggeber oder zum Jahr der Anfertigung. Aus den Literaturangaben läßt sich jedoch schließen, daß es nicht vor September 1942 angefertigt wurde.

> "welche Ansichten über die Ursachen der Homosexualität vertreten werden, welche Folgen diese Erkenntnisse in medizinisch-therapeutischer Hinsicht und in strafrechtlicher Hinsicht zeitigen".[220]

Der unbekannte Verfasser referierte die vier verschiedenen Ätiologien, die die Homosexualität "entweder als erworbenes Laster, als erworbene Abnormität, als angeborene Abnormität, oder als angeborene natürliche Erscheinung" ansahen und gab entsprechende Beispiele von Krafft-Ebing bis Hirschfeld. Auch nach 1933 sei die Ursachenfrage nicht geklärt, wenngleich "die Vertreter der Meinung, die in der Homosexualität etwas Angeborenes sehen, die Überhand gewonnen"[221] hätten. Als neu hinzugekommene Theorie wird Tirala genannt, der in der Homosexualität eine "Rassenentartung infolge Rassenvermischung" gesehen habe. Auf seiten der "Erbbiologen" nannte der Verfasser dann die bereits bekannten Arbeiten von Deussen, Lang, Jensch, Lemke; die "Gegenmeinung der neueren Zeit" werde dagegen von Bürger-Prinz vertreten, der eine ererbte Anlage zur Homosexualität abstreite und den "Süchtigkeitscharakter der anormalen sexuellen Gestaltung"[222] hervorhebe - ein Moment, das in vielen Neuroseformen wirksam sei. Auch Paul Schröder habe gemeint, daß die Homosexualität ein "erworbenes Laster" und am besten strafrechtlich zu bekämpfen sei. Verwundert konstatierte der Referent, daß auch nach 1933 "hier und da noch die Frage aufgeworfen (werde), ob und vor allem in welchem Umfange die Homosexualität strafbar sein soll";[223] er übersah dabei, daß man diese Frage bei der weiblichen Homosexualität durchaus mit "straffrei" hatte beantworten können. Er kritisierte, "wie unfruchtbar der wissenschaftliche Streit bisher für die Frage der strafrechtlichen Behandlung der Homosexuellen gewesen" sei und forderte:

> "Im Interesse einer gesunden Sexualethik, der kämpferischen Mannbarhaltung des deutschen Volkes und der Bevölkerungspolitik müßte daher die Frage der Bestrafung notfalls gegen die ärztliche Wissenschaft entschieden werden"[224].

Damit war eine Gegnerschaft behauptet, die so überhaupt nicht bestand.

Doch die von Rodenberg und anderen so überzeugt vertretene Ansicht, "daß die Kastration wenigstens die Herabsetzung der Stärke des perversen Triebes zur Folge habe", könne indessen "auch heute noch nicht, zumindest nicht hinsichtlich der zwangsweise zu entmannenden Homosexuellen als herrschend angesehen werden",[225] äußerte sich der Verfasser pessimistisch. Gegen Rodenbergs positive Darstellung äußerte er Bedenken, da dieser die Ergebnisse der freiwilligen Kastration ohne weiteres auf die zwangsweise Kastration übertragen habe; außerdem sei der Beobachtungszeitraum Rodenbergs zu kurz gewesen, um ein abschließendes Urteil über den "Erfolg" der durchgeführten Kastrationen abgeben zu können. Die Pro-

---

220 Ebd., Bl.39.
221 Ebd., Bl.43.
222 Ebd., Bl.45.
223 Ebd., Bl.46.
224 Ebd.
225 Ebd., Bl.50.

bleme seien nicht eher endgültig zu lösen, bis die Ätiologie der Homosexualität genau bekannt sei. Trotz dieser vorsichtigen Einschätzung der Erfolgsaussichten empfahl der Verfasser jedoch "ohne weiteres" die Zwangskastration bei den Delikten nach §175a als Strafmaßnahme:

> "Im Kampf gegen den gefährlichen Verführer oder gewalttätigen Sexuellen muß jedes Mittel recht sein, das auch nur eine entfernte Aussicht bietet, der Seuche Einhalt zu gebieten. Grade die in solchen Fällen vorliegende Triebstärke ohne vielfach tiefere seelische Untermauerung wird sogar häufig Erfolge zeitigen. Im übrigen sind aber diese Verfehlungen so schwerwiegend, daß die Zwangskastration auch als schwerste leibliche Strafe angebracht ist".[226]

Da es "sich um keinen kriegsentscheidenden Vorgang"[227] handle, sollte das Anliegen Rodenbergs, Jacobs und anderer um ein Jahr verschoben werden. Doch bereits am 7.7.1943 stand die Ausdehnung der Kastration auf homosexuelle Männer bereits wieder zur Debatte; Kaltenbrunner persönlich machte sich für eine entsprechende Gesetzesänderung stark.[228] In einer Vorbesprechung hatten die Vertreter der Medizinalabteilung des Reichsinnenministers der vorgeschlagenen Zwangskastration homosexueller Männer zugestimmt und - im Gegensatz zu dem erwähnten Gutachten - bestätigt, "daß nach dem heutigen Stande der ärztlichen Wissenschaft die Entmannung ein geeignetes Mittel sei, um homosexuellen Verfehlungen vorzubeugen".[229] Man plädierte dafür, die Zwangskastration im Rahmen des GBG einzuführen.

Diesen Zeitpunkt glaubte Kaltenbrunner jedoch nicht abwarten zu können; er forderte die schnelle Verabschiedung einer einzelnen diesbezüglichen Verordnung. Zur Klärung der Angelegenheit wurde vom RJM am 20.7.1943 eine Besprechung einberufen. Hier führte Kaltenbrunner aus, daß nach der Statistik 48% der Delikte "im Rückfall" begangen worden seien; die Gerichte hätten oft bedauert,

> "daß sie nicht in der Lage gewesen wären, die Entmannung anzuordnen. Auch bestehe die dringende Notwendigkeit, die in den Lagern untergebrachten Gleichgeschlechtlichen baldmöglichst wieder in den Arbeitsprozeß einzufügen; da ein Abklingen des Triebes erst 1/2 Jahr nach der Entmannung eintrete, so müsse der Betreffende noch 1/2 Jahr nach der Entmannung im Lager bleiben".[230]

So hatte es im Oktober 1942 schon Kaltenbrunners Untergebener Rodenberg formuliert.

---

226 Ebd.,Bl.56. Bei den Delikten nach §175 schien es dem Gutachter dagegen "gewagt, daß der Gesetzgeber den medizinischen Erkenntnissen vorauseilen sollte".

227 BA R 55/1219, Bl.35RS. Gussmann <v. Propagandaministerium> an Hofmann, Vermerk vom 5.1.1943 betr. "Entmannung homosexueller Sittlichkeitsverbrecher".

228 Ebd., Bl.36+RS, hier:36. Schreiben des RJM v. 7.7.1943 an RMdI, OKW, Reichsminister für Volksaufklärung und Propaganda, Leiter der Parteikanzlei, den Chef der Sicherheitspolizei und des SD betr. "Entmannung Homosexueller".

229 Ebd., Bl.39+RS, hier:39. Aktenvermerk v. 24.7.1943 über die Besprechung im RJM am 20.7.1943.

230 Ebd.

Eine solche Einzelverordnung wurde jedoch von den anwesenden Vertretern des Propagandaministeriums, des RMdI und der Parteikanzlei abgelehnt - angeblich "mit Rücksicht auf die propagandamäßige Auswirkung im Ausland".[231] Man wollte die Kastration vielmehr im Rahmen des "Gemeinschaftsfremdengesetzes" einführen. Daraufhin zog Kaltenbrunner seinen Antrag auf Erlaß einer Sonderverordnung zurück. In einem späteren Entwurf des GBG hieß es denn auch: "Ausdehnung der Entmannung auf Homosexuelle, mindestens in den Fällen des § 175a Nr.1-3 StGB."[232]

Der kriminalpolitische Aspekt - "Abschreckung" und "Erziehung" durch Strafe und damit die vermeintliche Verhütung weiterer Straftaten - stand im Vordergrund der geplanten Zwangskastration; daneben spielten auch, ebenso wie bei der "freiwilligen" Kastration nach §14,2 des GzVeN, rassenhygienische Motive eine Rolle. Auch war, wie zuvor schon bei den Sterilisationen, der Kosten-Nutzen-Faktor zumindest propagandistisch bedeutsam, denn dergestalt "resozialisiert" und "unschädlich" zugleich, sollten die verstümmelten Männer "baldmöglichst wieder in den Arbeitsprozeß" eingefügt werden, wie es Kaltenbrunner 1943 formuliert hatte.

Die Beschränkung der Zwangskastration auf Männer erklärt sich zum einen ganz praktisch daraus, daß als "Indikation" der von der NS-Justiz kreierte §175(a) und nicht etwa eine medizinische Diagnose zugrundegelegt wurde. Wohl noch wichtiger war jedoch die behauptete soziale "Ungefährlichkeit" von Frauen, welche schon die Anwendung des §175 überflüssig gemacht hatte, was umso mehr für die "schwerste leibliche Strafe", die irreversible Kastration galt.

Homosexuellenverfolgung in den von Deutschland besetzten Ländern

Nach der Schilderung der Homosexuellen- und "Asozialen"verfolgung in Deutschland soll zum Vergleich untersucht werden, ob - und wenn ja, wie - die Nazis gegen Homosexualität in den besetzten Ländern vorgingen. Diese Frage ist bisher, mit Ausnahme der Niederlande, kaum untersucht worden. Grundsätzlich läßt sich wohl sagen, daß erstens - ebenso wie in Deutschland - die Homosexuel-

231 Ebd.

232 BA R 22/943, Bl.278. "Aufzeichnung betreffend das Gesetz über die Behandlung Gemeinschaftsfremder", o.D. - P. Wagner, S.91, meint dagegen, die Kastration sei bereits in einem Entwurf v. 1.2.1943 eingeführt worden. Dies widerspricht jedoch den auf der Besprechung im RJM vom Juli 1943 gemachten Ausführungen.

lenverfolgung bei weitem nicht die Intensität und Radikalität der Judenverfolgung erreichte. Zweitens, daß sich das Vorgehen gegen Homosexuelle danach richtete, welche Rolle das entsprechende Land im einstigen Großdeutschen Reich spielen sollte. Anders ausgedrückt: je höher der "arische" Bestandteil eines Volkes veranschlagt wurde, umso intensiver gestaltete sich - in Anlehnung an das im Deutschen Reich praktizierte Vorgehen - die Homosexuellenverfolgung. Drei Beispiele:

1. Polen. Nach den Plänen der Nazis sollte Polen - nach der Ermordung der jüdischen Bevölkerung und der polnischen Führungsschicht - die Rolle eines Sklavenstaates spielen, das Land für das "Volk ohne Raum" und billige Nahrungsmittel zur Verfügung stellen sollte. Nach einem Erlaß Himmlers vom 11.3.1942[233] sollte bei Verstößen gegen §§175,175a und 218 StGB keine Anklage erhoben werden, wenn es sich bei allen Beteiligten um Polen handle. (Wenn ein Deutscher oder eine Deutsche dabei beteiligt war, hielt man jedoch die Todesstrafe für den polnischen Teil für "angemessen".) Sie waren - unter Ausschaltung der Gerichte - der Kripo zu übergeben. Proteste des RJM[234] und des Generalstaatsanwalts[235] gegen diese Praxis, die mit ihren Machtbefugnissen kollidierte, blieben erfolglos.

Einem wenige Tage später ergangenen Erlaß Heydrichs zufolge sollte die Bekämpfung der Homosexualität und Abtreibung der "Pflege des eigenen Volkstums" dienen: "Es würde unseren Belangen sogar widersprechen, wenn auch fremde <...> Volksgruppen <...> in ihrer Lebenskraft noch gefördert würden".[236] Er plante offenbar den Erlaß von Richtlinien, um sicherzustellen,

> "daß diese Elemente nach ihrer Festnahme in Gebiete verbracht werden, wo die Bedenken gegen eine Duldung der Homosexualität und Lohnabtreibung angesichts der dortigen volkstumspolitischen Verhältnisse nicht bestehen".[237]

Um "eine Ansteckung der deutschen Bevölkerung" zu vermeiden - man beachte die offen zutage tretende Angst vor der "Seuche" Homosexualität - sollten die Polen "in Gebiete außerhalb des Reichs abgeschoben werden".[238] Wie oft dies tatsächlich vorkam und was mit den polnischen Männern - auf diese beschränkte sich der Erlaß in puncto Homosexualität - geschah, konnte bisher nicht festgestellt werden. In jedem Fall waren sie der völligen Willkür der Kripo ausgesetzt.

---

233 BA R 22/850, Bl.462. Runderlaß Himmlers v. 11.3.1942 betr. "Bearbeitung von Abtreibungs- und Sittlichkeitsdelikten unter Polen".

234 Ebd., Bl.469f. Schreiben des RJM v. 30.6.1942 an die Partei-Kanzlei und das RMdI betr. "Strafverfolgung von Abtreibungs- und Sittlichkeitsdelikten in den eingegliederten Ostgebieten".

235 Ebd., Bl.461. Schreiben des Generalstaatsanwalts v. 13.4.1942 an den RJM betr. "Bearbeitung von Abtreibungs- und Sittlichkeitsdelikten unter Polen".

236 Erlaß Heydrichs v. 21.3.1942 betr. "Verfolgung von Abtreibungs- und Sittlichkeitsdelikten unter Polen", zit.n. Lautmann u.a., S.329.

237 BA R 22/850, Bl.464-468, hier:467. Schreiben der Partei-Kanzlei v. 3.6.1942 an den RJM betr. "Strafverfolgung von Abtreibungs- und Sittlichkeitsdelikten in den eingegliederten Ostgebieten".

238 Ebd., Bl.472. Schreiben v. 18.9.1942 an den RJM (o.Verf.).

2. Einen anderen Stellenwert hatte die Homosexuellenverfolgung dagegen in den Niederlanden.[239] Diese sollten aufgrund ihrer Volksgruppe, die die Nazis als "germanisch" und ethnisch wertvoll erachtete, zur Provinz im Großdeutschen Reich "aufsteigen". Diesem Status entsprechend sollte hier eine Verfolgung homosexueller Männer stattfinden, die zumindest auf ähnlicher strafrechtlicher Grundlage wie in Deutschland basierte. So erließ im Juli 1940, kurz nach dem Einmarsch deutscher Truppen im Mai 1940, der Reichskommissar für die besetzten Niederlande, Arthur Seyß-Inquart (1892-1946), die Verordnung 81/40, die homosexuelle Handlungen zwischen Männern (d.h. bei allen über 14jährigen!) mit Gefängnisstrafen bis zu vier Jahren bedrohte. Gleichzeitig blieb §248bis des niederländischen Strafgesetzbuches, der sexuelle Handlungen zwischen erwachsenen Männern und Frauen mit Minderjährigen kriminalisierte, in Kraft; die Strafen wurden von vier auf zehn Jahre erhöht.

Die Verfolgung homosexueller Niederländer war jedoch nicht Sache der deutschen Besetzer, die stattdessen die Judenverfolgung organisierten, sondern die der niederländischen Polizei und Justiz. (Ausgenommen waren Fälle, in denen der Beschuldigte mit der Wehrmacht, der SS oder einer anderen NS-Organisation zu tun hatte). Mit den Verfolgungsresultaten waren die Deutschen offenbar unzufrieden, so daß sie zeitweilig - zumindest bis März 1941 - stärkeren Druck auf die niederländischen Behörden auszuüben vesuchten.

Wie viele NiederländerInnen aufgrund echter oder vermeintlicher Homosexualität insgesamt verhaftet wurden, läßt sich nur schätzen, da die entsprechenden Unterlagen nicht mehr vorhanden sind.[240] Die Betroffenen saßen jedoch ihre Strafe in der Regel in Gefängnissen ab und blieben von anschließender KZ-Haft verschont - mit Ausnahme homosexueller Juden: So wurde eine niederländische Jüdin, der man 1942 vorwarf, ein lesbisches Verhältnis mit einer "arischen" Frau gehabt zu haben, nach Auschwitz deportiert, wo sie umkam.[241] Ebensowenig soll in Konzentrationslagern auf niederländischem Gebiet eine Kategorie homosexueller Gefangener bestanden haben, die mit einem rosa Winkel gekennzeichnet wurde.

---

239 S. hierzu grundlegend: Pieter Koenders: Homoseksualiteit in bezet Nederland. Amsterdam 1984; Yvonne Scherf: De vervolging van homoseksualiteit tijdens de Tweede Wereldoorlog. Amsterdam 1987. - Den Hinweis auf die im Auftrag des niederländischen Ministeriums für Soziales, Volksgesundheit und Kultur angefertigte Untersuchung von Y. Scherf verdanke ich Robertine Romeny. - Beide Untersuchungen beschränken sich angesichts der strafrechtlichen Situation im wesentlichen auf die männliche Homosexualität.

240 Zu den bekannten Ziffern s. Koenders, S.87ff.

241 Diese Frau, geboren 1916, von Beruf Schneiderin, wurde am 24.7.1942 in Amsterdam von der Gemeindepolizei verhaftet, dann dem Sicherheitsdienst vorgeführt. Aufgrund der Tatsache, daß sie bei einer "arischen" Frau zu Besuch war, wurde sie verdächtigt, mit ihr ein lesbisches Verhältnis gehabt zu haben. Vom Polizeibüro Amsterdam wurde sie am 4.8.1942 ins Lager Westerbork und drei Tage später nach Auschwitz deportiert, wo sie umkam (Scherf, S.159). Wahrscheinlich ist, daß der Vorwurf des lesbischen Verhältnisses die Deportation beschleunigte, aber nicht bedingte.

3. Zur Homosexuellenpolitik in den besetzten Ländern ist darüber hinaus nur noch für Frankreich bekannt, daß auch dort - im allerdings bis November 1942 unbesetzten, wenn auch gleichfalls von den Deutschen kontrollierten Südfrankreich - ein Gesetz eingeführt wurde, das nun die männliche Homosexualität, die seit dem Code Napoleon von 1792 straffrei war, kriminalisierte. Jean Boisson nennt als Urheber des Gesetzes den Flottenadmiral François Darlan, Vizepräsident der Marionettenregierung. Am 6.8.1942 wurde von Pétain für die Vichy-Regierung das Gesetz No. 744 (§334 des Code pénal) unterzeichnet, das Gefängnisstrafen zwischen sechs Monaten bis drei Jahren vorsah; das Gesetz wurde übrigens nach 1945 von de Gaulle beibehalten und erst 1982 unter Mitterand abgeschafft.[242] Die Zahl der verfolgten Franzosen ist allerdings nicht bekannt; fest steht wohl, daß die Deutschen - ebenso wie in den Niederlanden - den Franzosen diese Arbeit überließen. Mit Ausnahme von Elsaß-Lothringen, das ähnlich wie Österreich annektiert worden war und in dem alle in Deutschland geltenden Gesetze gültig waren, inklusive §175.[243] Wie schon erwähnt, wurden in Elsaß-Lothringen im Zuge der "Vorbeugenden Verbrechensbekämpfung" auch Homosexuelle verfolgt: zwischen Juni 1940 und April 1942 wurden 95 Homosexuelle - ob ausschließlich Männer, wird nicht gesagt - sowie 19 Familienangehörige ins unbesetzte Frankreich ausgewiesen; fünf Homosexuelle befanden sich im Sicherungslager Vorbruck; neun waren von dort entlassen worden und gegen einen Homosexuellen wurde KZ-Haft angeordnet.[244]

Von den Niederlanden und Elsaß-Lothringen sowie dem annektierten Österreich abgesehen wurden Homosexuelle (Männer) offenbar in den besetzten Gebieten nicht aktiv von den Nazis verfolgt. Die spezielle Anordnung zur KZ-Einweisung Homosexueller richtete sich also im wesentlichen wohl gegen nichtjüdische Deutsche. Dies schloß jedoch nicht aus, daß insbesondere vor Beginn der Shoah homosexuelle Juden und Jüdinnen in Deutschland einer spezifischen, mehrfachen Verfolgung ausgesetzt sein konnten.

---

242 Boisson, S.114-116.

243 Plant, S.139.

244 IfZ MA 438, Bl.2993f. Sicherheitspolizei Mülhausen/Elsaß, "Statistik über die polizeiliche vorbeugende Tätigkeit im Oberelsaß" v. 27.6.1940 bis 27.4.1942. - IfZ MA 438, Bl.3013 u. 3017, nennt weitere Verhaftungsziffern für 1942 und 1943.

Zur Situation lesbischer Frauen im KZ

In den vorangehenden Abschnitten wurden verschiedene von Gestapo und Kripo praktizierte Verfolgungsmuster dargestellt, von denen lesbische Frauen mitbetroffen waren oder sein konnten. Im schlimmsten Fall führte eine Verhaftung zu einer Einweisung in ein Konzentrationslager - eine qualvolle Erfahrung, die der Mehrzahl lesbischer Frauen glücklicherweise erspart blieb. Dennoch wäre diese Arbeit unvollständig, würde sie nicht auf das zentrale Mittel zur Durchsetzung nationalsozialistischer Herrschaftspolitik, das Lagersystem, einzugehen versuchen. Im folgenden Abschnitt soll - nach einer Übersicht über die Verfolgungssituation homosexueller Männer - und trotz erheblicher Schwierigkeiten bei den Recherchen[245] auf einige Aspekte der Situation lesbischer Frauen im KZ eingegangen werden. Die Situation lesbischer Frauen in den der Justizverwaltung, nicht der SS unterstehenden Gefängnissen kann hier nicht näher behandelt werden.[246]

---

245 1. Es gelang der SS gegen Ende des Krieges, die meisten der Lagerunterlagen zu vernichten. - 2. Datenschutzgesetze erschweren bzw. verunmöglichen die wissenschaftliche Auswertung der noch vorhandenen Akten. So stand mir das im Archiv des Internationalen Suchdienstes des Roten Kreuzes (ITS) in Arolsen befindliche Material - sämtliche Reste der nach dem Krieg noch vorhandenen KZ-Unterlagen - nicht zur Verfügung (personenbezogene Auskünfte erteilt der ITS grundsätzlich nur noch an ehemals Verfolgte und deren direkte Angehörige). Eine Durchsicht von Häftlingspersonalunterlagen war mir deshalb nicht möglich. - 3. Mündliche wie schriftliche Erlebnisberichte ehemaliger Inhaftierter sind oft nicht unproblematisch. Erinnerungslücken sind bei Befragungen nach so langer Zeit unvermeidlich. Insbesondere bei schriftlichen Zeugnissen ist die Grenze zwischen Tatsachenbericht und fiktiver Gestaltung oft nicht genau auszumachen. Zu diesen allgemeinen Problemen kommt noch hinzu, daß die hier angeführten Quellen - meist Aussagen ehemaliger Ravensbrückerinnen, die aus politischen Gründen inhaftiert waren - eine subjektive Perspektive enthalten, die in den meisten Fällen von Homophobie nicht frei ist.

246 Über den Umgang der Gefängnisverwaltung bei homosexueller Betätigung gibt eine Bestimmung des RJM Aufschluß, derzufolge "Verurteilte, die wegen homosexueller Betätigung einsitzen und Gefangene, die sonst noch als Homosexuelle erkannt sind, von anderen Gefangenen mindestens bei allen denjenigen Gelegenheiten getrennt gehalten werden, bei denen die Gefahr einer Annäherung besteht. Üblicherweise werden also Homosexuelle auch von ihresgleichen getrennt gehalten, damit auch dort, wo es einer Verführung nicht bedarf, die Gelegenheit zur Fortsetzung homosexueller Betätigung unterbunden wird." BA R 22/1261, Bl.154. Schreiben des RJM v. 15.12.1939 an Himmler betr. Homosexuelle in Vollzugsanstalten und Strafgefangenenlagern der Justizverwaltung. - Daß dies auch lesbische Frauen betraf, bestätigt folgende Episode, die mir von einer aus politischen Gründen im Gefängnis Berlin-Barnimstraße Inhaftierten mitgeteilt wurde (Brief v. 1.9.1987):
"Als politische Gefangene in Einzelhaft (18 Monate) konnte ich - ungewollt - manche unflätigen Bemerkungen hören, die von Kriminellen von Luke zu Luke ausgetauscht wurden. Eines Tages erschienen beim Spaziergang im Gefängnishof zwei 'Neue'. Sie schienen aber einigen 'Langjährigen' bekannt zu sein. So hörte ich, daß es zwei Frauen waren, die vor einigen Jahren zu 11jähriger Haft wegen Bandendiebstahl verurteilt waren, randaliert hatten, in Dunkelhaft versetzt wurden, nach einigen Tagen simulierten und nach Buch in eine Irrenan-

Das Schicksal homosexueller Männer im KZ ist zumindest in den Grundlagen erforscht worden.[247] Mitte der 70er Jahre untersuchten die Soziologen Rüdiger Lautmann, Winfried Grikschat und Egbert Schmidt die im Internationalen Suchdienst des Roten Kreuzes (ITS) befindlichen Lagerunterlagen, die damals einer wissenschaftlichen Auswertung noch offenstanden. Die genaue Zahl homosexueller KZ-Opfer läßt sich nicht ermitteln; aufgrund von 1572 Personalakten von homosexuellen Männern sowie 40 Bestandsmeldungen aus sieben Lagern aus dem Zeitraum 1938-1945 kann man jedoch von etwa 10-15000 in KZ inhaftierten homosexuellen Männern ausgehen. Bis 1939, also vor Beginn der Shoah und der Überbelegung der Lager, kann damit der Anteil der homosexuellen Häftlinge bis an 1% der Gesamtzahl ausgemacht haben. Da sich die Homosexuellenverfolgung im wesentlichen auf nichtjüdische Homosexuelle aus dem Deutschen Reich beschränkte, fänden sich, so Lautmann und seine Mitarbeiter, Häftlinge mit rosa Winkel "fast ausschließlich in den KZL auf bzw. nahe dem Reichsgebiet."[248] Ihre Untersuchung beschränkte sich daher im wesentlichen auf diese Lager.

Während spätestens seit Januar 1942 die Vernichtung des europäischen Judentums beschlossene Sache war, die in den Jahren seit der Machtübernahme kontinuierlich ermöglicht worden war, sollte die KZ-Haft für die Mehrheit der nichtjüdischen deutschen Homosexuellen "Umerziehungs"funktion haben. Wie verharmlosend dieser zynische Begriff auch immer war, bedeutete er gleichwohl, daß eine prinzipielle physische Vernichtung aller homosexuellen Frauen und Männer nicht

---

stalt versetzt wurden. Das kam ihnen gerade recht, denn von dort war es leichter auszurücken, als aus dem Gefängnis. So geschah es dann auch. Drei Jahre hatten sie erst verbüßt. Sie wurden wieder geschnappt und nun sollten sie die restlichen 8 Jahre absitzen. Man sperrte sie zusammen in eine Zelle. Auffällig war, daß sie Verlobungsringe trugen. Eine nannte sich 'Peter'. Es waren lesbisch veranlagte Frauen. Eines Nachts hörten wir ein fürchterliches Getöse. Eine Wärterin hatte sie 'auf frischer Tat' ertappt. Nun wurden sie getrennt. Tagelang war von Luke zu Luke das 'Liebesgeflüster' der getrennten 'Brautleute' zu hören, bis eines Tages 'Peter' untreu wurde - natürlich nur platonisch mit gelegentlichem Augenzwinkern auf dem Hof zu einer anderen 'Freundin' und durch Flüstern von Luke zu Luke. Die Reaktion der Verlassenen war dann ein laut gebrülltes 'Halt de Schnauze, det is mein Verhältnis'. Ich konnte nicht mehr erleben, ob sie die 8 Jahre abgesessen haben - es kam zwischendurch eine Amnestie für Kriminelle und ich hatte meine 18 Monate im September 1934 beendet."

Im Gefängnis München-Stadelheim hatte die Gefängnisleitung andere Methoden: dort wurden Frauen bei entdecktem lesbischen Verhalten mit dem Wasserschlauch naßgespritzt (Auskunft der ehemaligen Gefangenen Lisl Jäger v. 1.3.1986).

Über die sicherlich verbreitete Gefängnishomosexualität ist nur wenig bekannt; vgl. Luise Rinser: Gefängnistagebuch. Reinbek 1982, S.14, 86; sowie Margareta Glas-Larsson: Ich will reden. Tragik und Banalität des Überlebens in Theresienstadt und Auschwitz. Hg. Gerhard Botz. Wien 1981, S.109.

247 S. hierzu grundlegend den Aufsatz v. Lautmann, Grikschat und Schmidt.

248 Ebd.

geplant war. Bei dem "Umerziehungs"konzept wurde vorausgesetzt, daß homosexuelle Männer ihre sexuelle Orientierung wie ein schmutziges Hemd nach Belieben wechseln könnten, und dies galt umso mehr für die als "pseudohomosexuell" eingestuften lesbischen Frauen. Auf die "Umerziehungs"funktion, die im übrigen auch für andere Häftlingskategorien - nicht jedoch für Juden, Sinti und Roma sowie slawische Völker - zutraf, wurde immer wieder hingewiesen, sei es im "Schwarzen Korps",[249] den oben erwähnten Reden Himmlers, Meisingers oder von Höß,[250] der in direkter Weise für die Durchführung dieser Maßnahmen sorgte.

Ab etwa 1942 jedoch, als die Arbeitskraft der Häftlinge systematisch für die Kriegsproduktion ausgebeutet wurde, galt für die nichtjüdischen Häftlinge zunehmend das Prinzip der "Vernichtung durch Arbeit". Andererseits deuten die Bemerkungen von Kaltenbrunner im Zusammenhang mit der geplanten Zwangskastration darauf hin, daß im RSHA 1943 darüber nachgedacht wurde, wie die Mehrzahl homosexueller KZ-Häftlinge - nach Vernichtung ihres abweichenden "Triebes", jedoch unter Erhalt ihrer Produktivität - aus den überfüllten KZ entlassen werden könnte, um sie sodann wieder in die "Volksgemeinschaft" einzugliedern. Auch Vaernets "Heterosexualisierungs"versuche, an deren Anwendung in großem Umfang Himmler gedacht hatte, deuten auf eine geplante "medizinische" Problemlösung hin.

Lautmann u.a. stellten in ihrer Untersuchung fest, daß die Kriminalisierung der späteren KZ-Häftlinge hauptsächlich über §175 erfolgte: von 250 Männern hatten 76% eine Vorstrafe nach §175. Strafjustiz und -vollzug bildete also für viele homosexuelle Männer die Vorstufe für spätere KZ-Haft. Aber auch ohne Strafverfahren war eine Einweisung durch Kripo und Gestapo möglich.

In der Regel wurden homosexuelle Männer bzw. die unter dem Vorwurf der Homosexualität inhaftierten mit einem rosa Winkel gekennzeichnet; gelegentlich werden aber auch andere Kennzeichnungen genannt.[251] Bei deutschen homosexuellen Juden war auch eine doppelte Kennzeichnung möglich (rosa und gelber Winkel übereinander in Form des Davidsterns). In der Lagerhierarchie rangierten die rosa-Winkel-Männer unter den nichtjüdischen deutschen Gefangenen meist an unterster Stelle. Teilweise, aber durchaus nicht immer, wurden sie in die härtesten Arbeitskommandos eingeteilt bzw. besaßen eine wesentlich geringere Chance, in ein besseres (Innen)Kommando zu kommen. Z.T. wurden sie in einzelnen Lagern und zu bestimmten Zeiten von den andern Häftlingen isoliert, und z.T. waren sie häufiger Strafen ausgesetzt als die anderen Häftlinge.

Die Überlebenschancen der homosexuellen Männer wurden - etwa im Vergleich zu den Politischen oder den Straftätern - dadurch gemindert, daß sie nicht voll in

249 Das Schwarze Korps v. 4.3.1937, S.1.

250 Höß, S.80-82. - Diese "Umerziehungs"funktion bestätigt bspw. auch Mosse 1985, S.182: "Homosexuelle waren im Prinzip heilbar, während die Juden jenseits jeder Erlösung standen. Für die Rassisten stellte sich das Problem, daß die meisten Homosexuellen Arier waren, obwohl sie doch die Gesundheit der Nation untergruben."

251 S. Stümke 1981, S.268.

die Lagergemeinschaft integriert waren, sie keinen Gruppenzusammenhalt untereinander hatten und der für das psychische Überleben wichtige Außenkontakt zu Familie und Freunden in der Regel fehlte. Im Vergleich zu den Politischen und den Bibelforschern, die von Lautmann u.a. als Vergleichsgruppen herangezogen worden waren, war die Todesrate bei einer Gruppe von 350 Homosexuellen mit 60% um die Hälfte höher als bei den beiden anderen Kategorien. Besonders gefährdet waren offenbar am ehesten die ganz jungen und die älteren Männer.

Spätere Veröffentlichungen wie die von Stümke und Richard Plants "The pink triangle" basieren bei ihren Angaben über die homosexuellen KZ-Opfer im wesentlichen auf Lautmanns Grundlagen. Die erst kürzlich erschienene französischsprachige Arbeit von Jean Boisson "Le triangle rose", die Lautmanns Ergebnisse ignoriert, nennt dagegen ganz unhaltbare Zahlen: Boisson geht aufgrund einer Himmler-Rede(!) von einem Minimum von einer Million homosexueller KZ-Toter (offenbar Männer) aus.[252]

Es verwundert wohl kaum - zumal angesichts der weiterbestehenden Kriminalisierung homosexueller Männer nach dem Krieg -, daß es kaum Selbstzeugnisse homosexueller Männer über ihre KZ-Haft gibt. Neben Stümke, der in seiner Arbeit mühevoll recherchierte Interviewauszüge mit ehemaligen Inhaftierten dokumentiert,[253] veröffentlichte Heinz Heger[254] die Geschichte eines österreichischen Homosexuellen, der 1939 in Wien zur Gestapo bestellt, zu sechs Monaten Gefängnis verurteilt und nach Verbüßung bis Kriegsende in verschiedenen KZ (Sachsenhausen, Flossenbürg) behalten worden war. Und es ist sicher auch kein Zufall, daß Albert Christel, der in Sachsenhausen als Politischer inhaftiert war, aber zugleich auch einen rosa Winkel trug, in seinem Erlebnisbericht "Apokalypse unserer Tage"[255] seine Homosexualität nicht einmal erwähnt.

Zum Lagersystem

Bevor ich auf die spezifische Situation lesbischer Frauen im KZ eingehe, müssen ein paar notwendige allgemeine Informationen über die Lager vorangeschickt werden, wobei ich mich hauptsächlich auf das Frauen-KZ Ravensbrück und das Frauenlager in Auschwitz beschränke.[256]

---

252 Boisson, S.204.

253 Stümke 1981, S.301ff.

254 Heinz Heger: Die Männer mit dem rosa Winkel. Berlin 1972.

255 Albert Christel: Apokalypse unserer Tage. Erinnerungen an das KZ Sachsenhausen. Hg. Manfred Ruppel/Lothar Wolfstetter. Frankfurt/M. 1987.

256 Zwar wurden auch in anderen Lagern, wie z.B. Dachau oder Buchenwald, kleinere Frauenab-

Über die Vorläufer von Ravensbrück, das 1933 errichtete erste zentrale Frauenlager Moringen,[257] das Ende 1937/Anfang 1938 von der Lichtenburg[258] abgelöst wurde, gibt es kaum Material. Ravensbrück[259] war ab 15. Mai 1939 der zentrale Einweisungsort für Frauen in Deutschland; bis Kriegsende waren hier rund 107000 Frauen und im angegliederten Männerlager 20000 männliche Häftlinge inhaftiert, wovon etwa 90000 den Tod fanden.[260] Unter den Inhaftierten und Ermordeten befanden sich Frauen aus allen besetzten Ländern, Jüdinnen verschiedenster Nationalität, Sintizzas und Romni, und die verschiedenen Kategorien zugeordneten deutschen Frauen (Politische, "Asoziale", Vorbestrafte, Bibelforscherinnen etc.).

Nach Kriegsbeginn und den Masseneinlieferungen aus den besetzten Ländern, darunter viele Polinnen, wurden die Verhältnisse im Lager immer katastrophaler: Hunger, Seuchen, Schwerstarbeit, Mißhandlungen durch die SS, medizinische Experimente und Transporte in die Euthanasie-Vergasungsanstalten und die Vernichtungslager führten zum Tod vieler Häftlingen. Ab Herbst/Winter 1944 wurden in Ravensbrück selbst Vergasungen durchgeführt.

In Auschwitz war die Situation insofern prinzipiell anders, als bereits kurz nach der Gründung des Lagers im Mai 1940 das KZ zum Vernichtungslager erweitert wurde.[261] Am 26.3.1942 wurde in Auschwitz I, dem sog. Stammlager, eine Frauenabteilung eingerichtet, die zunächst der Kommandantur des FKZ Ravensbrück unterstellt war (von dort kamen an diesem Tag auch die ersten 999 weibli-

---

teilungen, meist spätestens während des Krieges, eingerichtet, diese sind jedoch in der Regel sehr schlecht dokumentiert. Auch können die ausschließlichen Vernichtungslager Belzec, Chelmno, Sobibor und Treblinka hier unberücksichtigt bleiben.

257 In Moringen, das ab 1.6.1934 zum zentralen Frauen-KZ für Preußen und Mitteldeutschland wird und in das ab Januar 1936 auch Frauen aus süddeutschen Gefängnissen überstellt wurden, befanden sich zwischen Oktober 1933 und März 1938 "mehrere hundert Frauen" in Haft. Inhaftiert waren hauptsächlich politische Gefangene, aber auch Bibelforscherinnen, wegen "Rassenschande" Inhaftierte, aus der Emigration zurückgekehrte Jüdinnen und Vorbestrafte. S. Hanna Elling: Frauen im deutschen Widerstand 1933-45. Frankfurt/M. 1979, S.23f.; Barbara Bromberger u.a.: Schwestern, vergeßt uns nicht. Frauen im Konzentrationslager: Moringen, Lichtenburg, Ravensbrück 1933-1935. Frankfurt/M. 1988, S.13.

258 Die Lichtenburg, eine Schloßfestung im Kreis Torgau in Sachsen, war seit 1933 als preußisches KZ für Männer benutzt worden. Ab Dezember 1937 bis Mai 1939 fungierte es als Frauenschutzhaftlager und war das erste der SS unterstehende FKZ. 1415 Frauen befanden sich dort während der 1 1/2 Jahre des Bestehens, darunter auch viele Vorbestrafte, "Asoziale" und Bibelforscherinnen. Mit der Überstellung am 15.5.1939 von über 800 Frauen in das inzwischen errichtete KZ Ravensbrück hörte die Lichtenburg auf, als KZ zu fungieren. Vgl. Ino Arndt: Das Frauenkonzentrationslager Ravensbrück, in: Studien zur Geschichte der Konzentrationslager. Hg. Institut für Zeitgeschichte. Stuttgart 1970, S.93-129.

259 Vgl. Frauen-KZ Ravensbrück. Hg. Komitee der Antifaschistischen Widerstandskämpfer der DDR, Autorenkollektiv unter Leitung von G. Zörner. Frankfurt/M. 1982 (Erstauflage Berlin/DDR 1973). - Dies ist noch immer die einzige Monographie über Ravensbrück in deutscher Sprache.

260 S. Gurdrun Schwarz: Die nationalsozialistischen Lager. Frankfurt/M./New York 1990, S.184f.

261 Vgl. hierzu einführend die übersetzte polnische Arbeit "Auschwitz - Geschichte und Wirklichkeit des Vernichtungslagers". Reinbek 1982.

chen Häftlinge). Im Juni 1942 wurde die Frauenabteilung unmittelbar dem Lagerkommandanten von Auschwitz unterstellt.

Ebenfalls im März 1942 entstand Auschwitz II (Auschwitz-Birkenau); dort war ab Mitte 1942 das zentrale Frauenlager. In Birkenau befand sich auch die Vernichtungsanlage, in der seit Frühjahr 1942 die Massenvernichtung der jüdischen Bevölkerung aus allen von den Nazis besetzten Ländern begann. Viele von ihnen wurden gleich nach der Ankunft umgebracht, ohne je registriert zu werden. Die anderen jüdischen Häftlinge, die - ebenso wie die nichtjüdischen - aus allen von den Nazis besetzten Ländern stammten, wurden zur schonungslosen Zwangsarbeit eingesetzt, was bedeutete, daß die meisten Häftlinge je nach Art der ausgeführten Arbeit drei bis sechs Monate überleben konnten. Allein die katastrophalen Wohnverhältnisse und die Ernährungslage brachten sehr vielen den Tod. Über eine Million Menschen starben in Auschwitz.[262]

Inhaftierungsmuster und Kennzeichnung

Bekanntlich wurden die Häftlinge in den KZ von der SS, der die Lager unterstanden, einheitlich gekennzeichnet. Diese Kennzeichnung mit einem auf der Spitze stehenden farbigen Stoffdreieck wurde gemäß dem Einweisungsgrund durch Kripo oder Gestapo vorgenommen. Einer Übersicht über die für alle Lager verbindliche Winkel-Kennzeichnung aus dem im März 1933 errichteten KZ Dachau zufolge stand der rosa Winkel für "Homosexuelle". Wurden auch Frauen, die aufgrund ihrer Homosexualität verfolgt wurden, mit dem rosa Winkel gekennzeichnet, obwohl sie strafrechtlich nicht kriminalisiert wurden? Bis heute ist die Frage, ob es eine gesonderte und als solche gekennzeichnete Gruppe lesbischer Frauen in den KZ gegeben hat, nicht restlos geklärt. Neben Aktenmangel stellen auch die schriftlichen Zeugnisse ehemaliger Häftlinge bzw. deren mündliche Befragung ein nicht zu unterschätzendes Problem dar.

Rosa Winkel als Kennzeichnung werden etwa von Olga Lengyel genannt. In ihrem Erinnerungsbuch "Five chimneys"[263] nennt die ehemalige Auschwitz-Inhaftierte bei der Beschreibung der im Frauenlager Auschwitz-Birkenau verwendeten Winkeln auch rosa Winkel ("homosexuals"), ohne jedoch konkretere Angaben zu machen.

---

262 Hilberg, S.811.

21 Olga Lengyel: Five chimneys. A woman survivors's true story of Auschwitz. London u.a. 1972, S.117. Olga Lengyel war während des Jahres 1944 in Auschwitz inhaftiert, arbeitete im Krankenrevier und war im Lagerwiderstand tätig.

Über Ravensbrück gibt es mehrere widersprüchliche Aussagen: in einer unveröffentlichen "Gesamtdarstellung"[264] des KZ Ravensbrück wird unter dem Stichwort "Häftlingskategorien" erklärt, daß es "für Homosexuelle" einen rosa Winkel gegeben habe. Unklar bleibt allerdings, ob sich dies eventuell auf das ab April 1941 dem Frauen-KZ angegliederte kleine Männerlager bezieht. Bei der ausführlichen Beschreibung der 32 Blöcke im Frauenlager ist nie von lesbischen Frauen oder rosa Winkeln die Rede.

Auch in der ausführlichen DDR-Untersuchung über das "Frauen-KZ Ravensbrück" findet sich kein entsprechender Hinweis. Ebenso ist man in der Nationalen Mahn- und Gedenkstätte Ravensbrück der Meinung, daß es keine Rosa-Winkel-Frauen gegeben habe.[265]

Im Widerspruch dazu stehen Aussagen ehemaliger Häftlinge, die behaupten, Rosa-Winkel-Frauen im Lager persönlich gesehen zu haben.[266] Ein häufig zitiertes Beispiel ist Isa Vermehren mit ihrem Erinnerungsbuch "Reise durch den letzten Akt",[267] in dem sie ihre Haftzeit schildert, die im Februar 1944 in dem Zellenbau innerhalb des Lagers Ravensbrück begann. Sie beschreibt, daß im Registrierraum des KZ eine Tafel mit den Erklärungen der verschiedenen Winkel gehangen habe, wobei der rosa Winkel mit "LL = Lesbische Liebe"[268] erklärt worden sei. Dies bestreitet jedoch eine andere Zeugin, Katharina Jacob, die Ende 1944 in diesem Raum, in dem die neu eintreffenden Häftlinge registriert wurden, arbeiten mußte. Auch an rosa Winkel bzw. eine entsprechende Bezeichnung in den Listen, in denen die Häftlingen eingetragen wurden, konnte sich K. Jacob nicht erinnern.[269]

Auf diesen Widerspruch hin angesprochen, meinte Isa Vermehren, daß sie ihre Erinnerung an diese Tafel, die sie mit größter Aufmerksamkeit studiert habe, nicht anzweifeln könne; sie habe ihre Eindrücke unmittelbar nach der Befreiung niedergeschrieben. Außerdem habe sie ja auch tatsächlich Häftlinge mit diesem Winkel gesehen:

> "Ich hatte ja eine ganze Reihe von Monaten die Gelegenheit, stundenlang von meinem kleinen Fensterchen auf den Lagerhof zu gucken, und je länger man das

---

264 Frauenkonzentrationslager Ravensbrück. Eine Gesamtdarstellung. Hg. Zentrale Stelle der Landesjustizverwaltungen. Ludwigsburg 1972.

265 So der damalige Leiter der Gedenkstätte Ravensbrück, Dr. Litschke, in einem persönlichen Gespräch am 1.3.1986 sowie in einem Brief an mich v. 11.3.1987.

266 Auch Emmy Handke, zeitweilig Generalsekretärin des Internationalen Ravensbrückkomitees und von 1940-1942 in Ravensbrück inhaftiert, hat in einem Gespräch mit jungen DDR-Frauen Mitte der 80er Jahre von Rosa-Winkel-Frauen gesprochen. Die Aussage konnte jedoch von mir nicht überprüft werden.

267 Isa Vermehren: Reise durch den letzten Akt. Ravensbrück, Buchenwald, Dachau: eine Frau berichtet. Reinbek 1979.

268 Ebd., S.17.

269 Brief v. Katharina Jacob v. 20.11.1986. K. Jacob war als politische Gefangene vom November 1944 bis April 1945 in Ravensbrück.

betrachtete, desto differenzierter sah man ja auch. Zahlenmäßig war die Gruppe <der Rosa-Winkel-Frauen,C.S.> sehr klein, das ist wahr."[270]

Ein letztes Beispiel soll abschließend die spezifischen Forschungsschwierigkeiten verdeutlichen. In einem Zeitungsartikel,[271] in dem es um die Thematisierung der Homosexuellenverfolgung im Rahmen des nationalen Holocaust-Museums in Washington D.C. (USA) ging, wurde auf die Aussage von Hadassah Rosensaft hingewiesen. H. Rosensaft, ehemalige Auschwitz-Inhaftierte und selbst Mitglied des United States Holocaust Memorial Councils, hatte sich an Rosa-Winkel-Frauen in ihrer Baracke erinnert. Auf meine Nachfrage erklärte sie mir jedoch, daß es sich dabei nicht etwa um lesbische Frauen, sondern um Zeugen Jehovas gehandelt habe - die wurden jedoch mit einem lila Winkel gekennzeichnet.[272]

Obwohl anzunehmen ist, daß es sich bei den Hinweisen ehemaliger Inhaftierter auf Rosa-Winkel-Frauen um Erinnerungsfehler oder um eine sprachliche Ungenauigkeit[273] handelt, kann doch zumindest nicht völlig ausgeschlossen werden, daß es auch eine mit dem rosa Winkel gekennzeichnete, wenn auch sehr kleine Sondergruppe lesbischer Frauen in den Lagern gab.

Dagegen dürfte die "verdeckte" Verfolgung lesbischer Frauen und ihre Einweisung, sei es als "Asoziale", sei es unter anderen Kategorien, zahlreicher gewesen sein. Logischerweise blieb hier jedoch die Homosexualität nach außen, z.B. in der Statistik, als Inhaftierungs(mit)grund in der Regel unsichtbar und kann nur in Ausnahmefällen belegt werden. Deshalb können auch hier keinerlei quantitative Angaben gemacht werden.

Nur ein einziger dokumentarisch belegter Fall ist mir bisher bekannt, in dem weibliche Homosexualität von der Lagerverwaltung als Haftgrund genannt wurde. Die Transportliste vom 30.11.1940 des KZ Ravensbrück nennt als elften "Zugang" an diesem Tag die (nichtjüdische) Elli S., die gerade 26 Jahre alt war. Als Haftgrund wird "lesbisch" angeführt. Elli S. wurde offenbar den politischen Häftlingen zugeordnet. Weitere Informationen über ihr Schicksal sind nicht bekannt.[274]

Zwei Beispiele seien für die Inhaftierung lesbischer Frauen als "Asoziale" genannt. Die 1921 geborene Klara W., die in Frankfurt 1938 bei einer Razzia in einem "einschlägigen" Lokal überprüft worden war, zog sich nach einem Umzug in eine andere Stadt in einen Freundinnenkreis zurück und meidete öffentliche Treffpunkte. Doch vermutlich wurde sie denunziert, und ein Verhör 1942 durch die

---

270 Gespräch mit Isa Vermehren am 15.10.1987.

271 The Washington Blade v. 12.12.1986. Den Hinweis verdanke ich Rüdiger Lautmann.

272 Brief v. Hadassah Rosensaft v. 10.7.1987.

273 S. etwa Luce d'Eramo: Der Umweg. Reinbek 1981, S.290f. D'Eramo benutzt die Bezeichnung "rosa Winkel" offenbar als Umschreibung für lesbische Frauen, wenn sie von "drei rosa Winkel(n), dänische (oder norwegische) Lesbierinnen" spricht, die sich mit ihr im Herbst 1944 auf dem "Asozialen"-Block in Dachau befunden hätten.

274 S. Reinhard Schramm: Ich will leben... Bericht über Juden einer deutschen Stadt. Weißenfels 1990, S.30 (Faksimile der Zugangsliste). Den Hinweis auf dieses Dokument verdanke ich Frau Herzog von der Gedenkstätte Ravensbrück.

Gestapo, bei dem ihr Verhältnis mit einer Flakhelferin entdeckt wurde, führte zu ihrer Einweisung nach Ravensbrück als "Asoziale". Aufgrund einer Eingabe ihres Vaters, eines Militärangehörigen und Parteimitglieds, und wegen "guter Führung" wurde Klara W. nach einem Jahr KZ-Haft wieder aus Ravensbrück entlassen. Es gelang ihr, eine neue Arbeitsstelle zu finden und den Krieg zu überstehen.[275]

Im zweiten Fall wurde eine lesbische Frau namens Else (Jg. 1917), die in Potsdam mit ihrer Freundin zusammenwohnte und dort als Kellnerin arbeitete, offenbar wegen ihrer Homosexualität inhaftiert und ebenfalls als "Asoziale" nach Ravensbrück eingewiesen. Von dort kam sie unter ungeklärten Umständen ins KZ Flossenbürg, in dem sich seit 1938 hauptsächlich als "Asoziale" oder "Kriminelle" eingestufte Männer befanden. Das Lagerbordell in Flossenbürg wurde zu Elses nächster Leidensstation. Vermutlich war sie in Ravensbrück zur Prostitution angeworben worden; die Frauen wurden mit dem falschen Versprechen geködert, daß sie nach einer gewissen "Dienstzeit" im Bordell freigelassen werden würden.

Der wegen seiner Homosexualität in Flossenbürg inhaftierte Erich - zehn Jahre verbrachte er in verschiedenen KZ! - lernte Else im Herbst 1943 im Lagerbordell kennen. Dort arbeitete sie einige Monate und war für Erich

> "der einzige Mensch, mit dem ich in den zehn Jahren Freundschaft geschlossen habe. Lesbische Frauen steckten die Nazis besonders gern in Bordelle. Da würden sie schon wieder auf Vordermann gebracht werden, meinten sie.
> Auf den ersten Blick wußten wir, was wir voneinander zu halten hatten. Wir quatschten ausgiebig und lange, bis ich von ihrer Chefin rausgeschmissen wurde. Als die Furie meinen Winkel bemerkte, wollte sie ihren Augen nicht trauen.
> Else richtete es so ein, daß wir uns ab und zu treffen konnten und Zeit zum Quasseln hatten."[276]

Dieses Beispiel von Freundschaft und Solidarität durfte allerdings nicht lange währen. Else verschwand bald aus dem Lager und starb, vermutlich noch vor 1945. Ihr Schicksal kann nicht näher rekonstruiert werden, da der Informant inzwischen ebenfalls verstorben und Elses Nachname nicht bekannt ist (darüber hinaus sind kaum Unterlagen aus Flossenbürg erhalten). Möglich ist, daß Else - nachdem die von der SS veranschlagte Zeit als Lager-Prostituierte von einem halben Jahr abgelaufen war - nach Auschwitz deportiert wurde und dort umkam.[277]

Weibliche Homosexualität als "Wehrkraftzersetzung": Helene G. war in den Jahren 1943-45 Luftwaffenhelferin in Oslo und arbeitete dort als Fernschreiberin.[278] In der Luftwaffenunterkunft lebte sie mit ihrer Freundin zusammen, die ebenfalls Luftwaffenhelferin war, und auf die es ein Leutnant der Truppe abgese-

---

275 Ich danke Terrie Couch für diese Angaben, die auf einem Interview von T. Couch mit Klara W. im Februar 1989 basieren.

276 Jürgen Lemke: Ganz normal anders. Auskünfte schwuler Männer aus der DDR. Frankfurt/M. 1989, S.13-30, hier:26. Die übrigen Angaben über Else teilte mir J. Lemke, der das Interview mit Erich geführt hat, freundlicherweise in einem Gespräch am 15.4.1989 mit.

277 Über Lager-Prostituierte in Flossenbürg s. auch Heger, S.138f.

278 Dokument über ein Lesben-KZ, in: Ina Kuckuc: Der Kampf gegen Unterdrückung. Materialien aus der deutschen Lesbierinnenbewegung. München 1975, S.127f.

hen hatte. Als die Freundin sich die Zudringlichkeiten des Vorgesetzten nicht gefallen ließ, wurden beide Frauen verhaftet; Helene G. wurde unehrenhaft aus der Wehrmacht entlassen und als Zivilperson wegen Wehrkraftzersetzung verurteilt. Sie wurde in das Lager Bützow in Mecklenburg, offenbar ein sog. Stammlager für Kriegsgefangene, gebracht, was allerdings den Bestimmungen widersprach, da Helene G. ja keine Kriegsgefangene war (und in Kriegsgefangenenlagern ausschließlich männliche Häftlinge inhaftiert wurden[279]). Da über das Lager Bützow offenbar keine Unterlagen existieren, können diese Ungereimtheiten, die möglicherweise auf die Auflösungserscheinungen der letzten Kriegsmonate zurückzuführen sind, nicht aufgeklärt werden.[280]

Der Quelle zufolge kam Helene G. mit sechs anderen lesbischen Frauen in einen Extrablock, streng von den anderen Frauen getrennt, und wurde unter männliche, nicht wie sonst üblich weibliche, Bewachung gestellt. SS-Posten[281] hätten russische und französische Kriegsgefangene gegen die lesbischen Frauen aufgehetzt und sie sogar aufgefordert, diese zu vergewaltigen, obwohl sexueller Umgang von Kriegsgefangenen mit deutschen Frauen offiziell verboten war. Zwei dieser Frauen starben im Lager an Hunger, Helene G. kurz nach dem Krieg an Lungentuberkulose. Da die Akten über Verurteilungen wegen "Wehrkraftzersetzung" jedoch die zugrundeliegenden Einzeldelikte nicht aufführen, kann nicht untersucht werden, wieviel ähnliche Fälle es gegeben haben mag.[282]

Unsichtbar blieb die Homosexualität bspw. auch in den Fällen, in denen Frauen als "Kriminelle", z.B. wegen eines Strafverfahrens nach §174 ("Unzucht mit Abhängigen") oder §176 ("Nötigung zur Unzucht") inhaftiert und mit einem grünen Winkel gekennzeichnet wurden. Dies wäre im folgenden Fall einer bayrischen Schulleiterin möglich gewesen. In einem Schreiben der Gestapoleitstelle München vom April 1938 heißt es, die Leiterin sei "wegen eines staatsanwaltschaftlichen Verfahrens wegen Meineids, der Meineindsverleitung und wegen Vergehens gegen die Sittlichkeit"[283] angeklagt und auch verurteilt worden. Das Schreiben spezifizierte das "Vergehen gegen die Sittlichkeit" folgendermaßen: "Die Leiterin der <...>schule ist lesbisch veranlagt und hat sich einzelnen Schülerinnen gegenüber auch in dieser Richtung genähert."[284] Was aus dieser Schulleiterin wurde, wo und wie sie inhaftiert wurde, wissen wir allerdings nicht. Die Schule war 1937 geschlossen worden, u.a. auch deshalb, weil dort anthroposophische Inhalte gelehrt

---

279 Schwarz, S.223f.

280 Brief v. Heimatmuseum Bützow v. 8.11.1990; telefonische Auskunft des Zentralen Staatsarchivs Potsdam v. 10.12.1990.

281 Kriegsgefangenenlager unterstanden normalerweise dem Oberkommando der Wehrmacht, nicht der SS.

282 Seidler, S.211.

283 Hauptstaatsarchiv München, NSDAP 1034. Schreiben der Gestapoleitstelle München v. 25.4.1938 an den NS-Lehrerbund München. Den Hinweis auf diese Akte verdanke ich Burkhard Jellonnek.

284 Ebd.

wurden (die Anthroposophische Gesellschaft war 1935 aufgelöst und verboten worden).

Die Zahl lesbischer Frauen im Lager beschränkte sich selbstverständlich nicht auf die wegen Homosexualität Inhaftierten, doch sind die Spuren lesbischer Frauen, die vor allem wegen antifaschistischer Betätigung, aufgrund ihrer jüdischen Herkunft oder aus anderen Gründen verhaftet wurden, verständlicherweise nur selten überliefert. Margarete Knittel zufolge wurde die lesbische Berliner Jüdin Margot Schwersenz in Auschwitz Opfer der Judenvernichtung,[285] was wohl auch für die bereits erwähnte niederländische Jüdin gilt.

Der jungen Gertie Z., die in einem Rüstungsbetrieb dienstverpflichtet war, wurde dagegen wohl Materialentwendung (Sabotage) zum Verhängnis, nicht aber ihre Homosexualität und ihr Flirt am Arbeitsplatz. Sie wurde in ein Außenkommando des KZ Sachsenhausen eingewiesen, wo sie ab Ende 1944/Anfang 1945 als "Asoziale" inhaftiert war. Nach vier Monaten wurde sie entlassen und durfte sich als Luftwaffenhelferin an der Front "bewähren". Nach starken Bombenangriffen desertierte sie nach Berlin und erlebte das nahe Kriegsende in einem Keller versteckt.[286]

Vom antifaschistischen Widerstand berichten die nächsten beiden Hinweise. Barbara Reimann, die als Politische in Ravensbrück inhaftiert war, erwähnte eine Hamburger Genossin, die im Lager Peggy genannt wurde. Peggy war, ebenso wie ihre Freundin, mit der sie im Lager zusammenlebte, wegen Widerstandstätigkeit inhaftiert worden.[287] Auch bei der Verhaftung der Bühnenbildnerin und Schriftstellerin Thea Sternheim jun. (1905-1954) spielten ihre gelegentlichen Frauenbeziehungen keine Rolle. Die 1933 nach Frankreich Emigrierte hatte dort für die Résistance gearbeitet und wurde nach ihrer Festnahme im Dezember 1943 in Ravensbrück inhaftiert. Dort hat sie mehreren Frauen das Leben gerettet, indem sie z.B. Material aus dem Beutelager der SS entwendete und an die Bedürftigsten verteilte.[288]

Einen ähnlich "unsichtbaren" Fall erwähnt auch Anja Lundholm in ihrem Buch "Das Höllentor",[289] in dem sie ihre Haftzeit in Ravensbrück 1944 beschreibt. Sie erwähnt darin ein lesbisches Frauenpaar, genannt die "Unzertrennlichen". Beide Frauen waren wegen "provozierender Chansons" in Ravensbrück gelandet und trugen den roten Winkel:[290]

> "Claire, die alternde Kabarettistin, und ihre Geliebte, die mickrige Cilly, beide aus Berlin, bieten dem Aufsichtspersonal schon optisch jede Menge Angriffspunkte.

---

285 Gespräch mit Margarete Knittel am 5.5.1986. Die Cousine von Margot Schwersenz, Elli Palm, die ebenfalls lesbisch war und eine jüdische Mutter hatte, gehörte zum Freundeskreis von M. Knittel. Elli Palm überlebte in Berlin.

286 Gertie Z. auf einer Veranstaltung am 26.1.1983 in Berlin zum Thema "Faschismus" (Leitung: Ilse Kokula).

287 Gespräch mit Barbara Reimann am 9.12.1987.

288 Diese Informationen verdanke ich dem Nachlaßverwalter von T. Sternheim, Gert Schiff.

289 Anja Lundholm: Das Höllentor. Reinbek 1988.

> Wenn sie Pech haben, nimmt heute die Bergmann die Parade <den Appell,C.S.> ab. Dann sind sie dran. Die Bergmann kann Lesbierinnen nicht ausstehen und wittert sie auf hundert Meter Distanz."[291]

Wenig später wird Cilly bei einem Ausbruchsversuch von den Hunden der Aufseher zu Tode gehetzt; Claire begeht nach ein paar Tagen Selbstmord, indem sie gegen den unter Hochspannung stehenden Stacheldrahtzaun läuft.

Mehrfache Verfolgung

Während bei einigen Inhaftierungen die Homosexualität ausschlaggebend war oder erschwerend hinzukam, ist bei anderen im Nachhinein nicht mehr auszumachen, welches Stigma letztendlich zur Verhaftung führte. Die ganz spezifische Verfolgungssituation, in der sich der Homosexualität verdächtigte deutsche Jüdinnen befanden, sei am Schicksal zweier Frauen geschildert, die im Rahmen der KZ-Euthanasie als lesbisch selektiert und umgebracht wurden.[292]

Seit Anfang 1941 wurden die KZ von Ärzteteams "durchkämmt". Dabei wurden besonders die jüdischen Häftlinge erfaßt - die KZ auf deutschem Boden sollten "judenfrei" werden -, aber auch arbeitsunfähige, kranke nichtjüdische Häftlinge. Einer der Euthanasie-Ärzte, der sich bei den Selektionen besonders hervortat, war Friedrich Mennecke. In seiner Anstalt Eichberg, einem Zentrum der Kindereuthanasie, und in den KZ hat der SS-Hauptsturmführer mindestens 2500 Opfer selektiert, was deren sicherer Tod bedeutete.[293]

Aus den Kriegsverbrecherprozessen gegen die an der Euthanasie beteiligten Ärzte - Mennecke wurde dabei 1946 zum Tode verurteilt, er verstarb 1947 in Haft - sind die beiden folgenden, von Mennecke ausgefüllten Meldebögen erhalten:

---

290 Schriftliche Auskunft der Autorin v. 16.10.1989.

291 Lundholm, S.12f.

292 Die Euthanasiemorde wurden von Hitler offiziell am 1.9.1939 angeordnet und richteten sich zunächst gegen die "arischen" Insassen der Heil- und Pflegeanstalten. 1940 wurde die Aktion auf die jüdischen Insassen ausgeweitet, bis die Vergasungen in den Anstalten aufgrund von Protesten eingestellt, die Tötungen aber mit unauffälligeren Mitteln weitergeführt wurden. 1941 wurde schließlich auch in den KZ selektiert.

293 Peter Chroust: Friedrich Mennecke. Innenansichten eines medizinischen Täters im Nationalsozialismus, in: Beiträge zur nationalsozialistischen Gesundheits- und Sozialpolitik Bd.4. Berlin 1987, S.67-121. Vgl. auch Klee 1986, S.193-195.

1. "Jenny Sara S., <geb.> 19.2.12. Ffm. <Frankfurt/M.>, *ledige Verkäuferin in Ffm.* Triebhafte *Lesbierin*, verkehrte nur in solchen Lokalen. Vermied den Namen 'Sara'. Staatenlose Jüdin."[294] und
2. "Erna Sara P., geb. 24.8.04 Hamburg, verheiratete Volljüdin. Sehr aktive ('kesse') *Lesbierin*. Suchte fortgesetzt 'lesbische Lokale' auf u. tauschte im Lokal Zärtlichkeiten aus."[295]

Was sagen die Meldebögen, die sich auf der Rückseite von im Lager gemachten Fotos der Frauen befinden und die die Bezeichnung "FKL <Frauen-konzentrationslager> Ravensbrück" tragen, tatsächlich über die beiden Frauen aus? Wenn man sich die Methoden der Selektion vor Augen hält, ist zumindest infragegestellt, ob es sich bei den beiden Frauen tatsächlich um Homosexuelle handelte. Das Ausfüllen der Meldebögen ging fließbandmäßig vor sich; je mehr Bögen ausgefüllt wurden - umso mehr Geld gab es für die Henker im Ärztekittel. Während sie sich bei den nichtjüdischen Häftlingen bei den "Diagnosen" noch etwas "Mühe" gaben, brauchten die jüdischen Häftlinge gar nicht erst "untersucht" zu werden (Mennecke selbst gebrauchte die Anführungsstriche). Es genügte bei den jüdischen Häftlingen vielmehr, die Verhaftungsgründe aus den (Gestapo)Akten einfach zu übernehmen.[296]

Da Henny S. - so lautete ihr richtiger Name - bereits am 13. Januar 1940, also weit vor den im Oktober 1941 beginnenden Massendeportationen, in das KZ Ravensbrück eingeliefert wurde,[297] ist es durchaus möglich, daß tatsächliche oder vermeintliche Homosexualität zu ihrer "Inschutzhaftnahme" durch die Gestapo führte, während bei einer späteren Festnahme im Zuge der Massendeportationen auf eine individuelle "Begründung" verzichtet wurde. Da jedoch "nahezu das gesamte Aktenmaterial der ehemaligen Staatspolizeistelle Frankfurt a.M. kurz vor Kriegsende vernichtet worden ist",[298] wird der Hintergrund ihrer Verhaftung ungeklärt bleiben. Denkbar wäre es aufgrund der Formulierung im Meldebogen, daß sie bei einer Razzia in einem einschlägigen Lokal Frankfurts festgenommen worden war. Die Begegnung mit Mennecke, der im Dezember 1941 in Ravensbrück selektierte - alle etwa 700-800 Jüdinnen im Lager sowie nichtjüdische Schwerkranke und Gebrechliche waren betroffen; sie wurden im Laufe des Jahres 1942 in der "Heil- und Pflegeanstalt Bernburg" bei Dessau vergast - wurde für sie zum Todesurteil. Als Todesdatum ist der 30. Mai 1942, Ravensbrück, überliefert.

Die näheren Umstände von Erna P.s Schicksal bleiben dagegen völlig im Dunkeln. Auch bei ihr wäre aufgrund der Formulierung im Meldebogen denkbar, daß sie bei einer Razzia aufgegriffen wurde. Darüber könnte das Deportationsdatum

---

294 Staatsarchiv Nürnberg, Kriegsverbrecher-Anklage, Dokument NO-3060; Hervorheb.i.Org.

295 Eine Kopie dieses Meldebogens stellte mir dankenswerterweise Ernst Klee zur Verfügung; Hervorheb.i.Org..

296 Bert Honolka: Die Kreuzlschreiber. Ärzte ohne Gewissen. Hamburg 1961, S.79f.

297 Schreiben des Hessischen Staatsarchivs Wiesbaden v. 21.2.1991.

298 Ebd.

Aufschluß geben, das jedoch nicht bekannt ist. Ob aber nun die "Diagnose" aus den Gestapoakten stammte oder Menneckes Kleinbürgerphantasie[299] entsprang ist in Anbetracht der in jedem Fall tödlichen Konsequenzen wohl zweitrangig.[300]

Lagerhierarchie und (Lager)Homosexualität

Neben diesen wenigen belegten Fällen, in denen Homosexualität als Verhaftungs- oder Selektionsgrund eine Rolle spielte, gibt es in der Erinnerungsliteratur ehemaliger Häftlinge einige Beispiele, in denen "Asoziale"[301] (oft Prostituierte) als lesbisch bezeichnet und abgewertet werden. Auch wenn diese Frauen sich im Lager tatsächlich lesbisch verhielten, kann man daraus jedoch keineswegs schließen, daß ein ursächlicher Zusammenhang zwischen Homosexualität und Verhaftung bestand. Im Einzelfall kann auch kaum ausgemacht werden, wie stark die Geschehnisse möglicherweise fiktionalisiert wurden.

Eine der ausführlichsten Beschreibungen lesbischen Verhaltens in der Memoirenliteratur finden wir in Fania Fenelons Buch "Das Mädchenorchester in Auschwitz"[302], in dem neben der abfälligen Beschreibung auch die Gleichsetzung lesbischer Frauen mit Prostituierten auffällt. Im Kapitel "Der Ball der schwarzen Dreiecke" schreibt die Chansonsängerin Fania Fenelon, seit Januar 1944 jüdisches Mitglied dieses zum Musizieren verdammten Orchesters in Auschwitz-Birkenau, von ihrer Begegnung mit den "schwarzen Winkeln" im Lager. Die Szenerie beginnt auf dem Latrinenblock, wo die schwarzwinklige Hilde als Kapo (Funktionshäftling)[303] über die Latrinen herrscht. Sie wird als "dummes Scheusal" und als fette

299 Aus fast allen Bögen, die mir aus dem Kriegsverbrecherprozeß Dokument NO-3060 vorlagen, spricht Menneckes schon pathologisch zu nennende Dämonisierung von weiblicher Sexualität, insbesondere bei Jüdinnen. Um nur ein Beispiel zu nennen: Regina L. wird von ihm als "gemeingefährliche jüdische Vollblutdirne, fortgesetzte Rassenschande" bezeichnet.

300 Die nur in Splittern vorhandenen Aktenreste in der Gedenkstätte Ravensbrück enthalten keinen Hinweis auf Erna P. - Obwohl alles darauf hindeutet, daß der Meldebogen in Ravensbrück ausgestellt wurde, ist seine Herkunft nicht eindeutig. Ernst Klee vermutet, der Bogen sei wohl anläßlich eines Besuchs Menneckes im September 1941 im KZ Dachau ausgestellt worden (Brief v. 22.2.1986). In Dachau wurden jedoch mit Sicherheit keine weiblichen Häftlinge selektiert (Auskunft v. Barbara Distel, Leiterin der KZ-Gedenkstätte Dachau, v. 18.2.1988).

301 Vgl. Auschwitz, S.62: Der Begriff "asozial" wurde "ziemlich weitläufig interpretiert": im KZ Auschwitz zählten zu dieser Kategorie u.a. sowohl Prostituierte (in der Hauptsache deutscher Nationalität) als auch über 20000 in einem "Familienlager" gehaltenen Sinti und Roma.

302 Fania Fenelon: Das Mädchenorchester in Auschwitz. München [2]1982.

303 Kapo (aus dem Italienischen: Vorsteher, Chef) bedeutete in der Lagersprache Funktionshäftling. Dieser Ausdruck wurde von italienischen, bei Straßenarbeiten in Südbayern beschäftigten Arbeitern entlehnt. Der Ausdruck Kapo wurde zum ersten Mal im KZ Dachau eingeführt,

"Megäre" beschrieben; weitere Kennzeichen seien ihr überheblicher Antisemitismus und ihr schamlos offenes Liebesspiel mit ihrer Geliebten Inge: "Betrunken, die Brüste entblößt, zärtlich umschlungen, glotzen uns Hilde und Inge grinsend an."[304] Und in all dem eifern Hildes "Günstlinge", ebenfalls Frauen mit schwarzen Winkeln, ihr nach.

Von Hilde werden Fania und das Orchester im Sommer 1944 zu einem nächtlichen "Ball" im "Asozialen"-Block gekauft. Am fraglichen Abend besteht nach Fenelons Beschreibung die zur Party erschienene Belegschaft des "Asozialen"-Blocks "aus deutschen Prostituierten, arisch natürlich!"[305] 90% dieser Frauen seien

> "homosexuell geworden, zweifellos aus Mangelerscheinungen, aber auch, weil schon ein paar dazu reichten, dieses Gesetz zu erzwingen. Wer sich weigerte, wurde so verprügelt, daß er lieber mitmachte, vor allem die Jüngeren."[306]"

Promiske Chefin dieses "komischen Frauenclubs"[307] ist Georgette alias George, "ein echter kleiner Zuhältertyp",[308] die mit ihrer Fistelstimme die Gesellschaft zum Lachen bringt, wohingegen die anderen "Drohnen des Baus" mit möglichst tiefer Stimme sprechen, um "männlicher" zu wirken. Es fehlt nicht an Alkohol, und so werden die Tänze immer lasziver, steigern sich zu "ekelhafte(n) Sexszenen, die Augen und Ohren anwidern"[309]. Eine herannahende Wache beendet das Treiben vorzeitig.[310]

---

und da dieses Lager "Vorbild" für die andern wurde, auch von diesen übernommen. S. Doris Fürstenberg (Hg.): Jeden Moment war dieser Tod. Interviews mit jüdischen Frauen, die Auschwitz überlebten. Düsseldorf 1986, S.37.

304 Fenelon, S.259.

305 Ebd., S.263.

306 Ebd., S.266.

307 Ebd., S.263.

308 Ebd., S.262.

309 Ebd., S.266.

310 Nach der Vorlage von Fania Fenelons Buch wurde auch ein Film gedreht. In dem von Arthur Miller geschriebenen Drehbuch "Spiel um Zeit" (Frankfurt/M. 1981) wird auf den erwähnten Ball und die Darstellung der Schwarzwinkligen als lesbische Prostituierte nicht eingegangen. Kurz angedeutet wird eine lesbische Beziehung zwischen der brutalen Kapo des Musikblocks, Tschaikowska, und einer Blockältesten (S.104). Eindeutig positiv dargestellt wird dagegen die entstehende Verliebtheit zwischen Charlotte und Michou, zwei jungen Frauen des Orchesters. Eine solche - positive - Beschreibung einer zärtlichen Beziehung zwischen zwei Frauen fehlt in Fenelons Buch völlig. - Auch bei Lengyel, S.191f., werden der "Asozialen"-Block und die nächtlichen Feste erwähnt. Lengyel teilt - wenn auch etwas moderater - Fenelons moralische Verurteilung dieser "Tanzorgien". Als eine der Initiatorinnen dieser "Bälle" nennt Lengyel eine polnische Gräfin, die wie ein "gutaussehender Mann um die 30" ausgesehen und sich auch so verhalten habe. Die Gräfin suchte offenbar Ersatz für ihre im Lager getötete Freundin und umwarb Lengyel, die sich dem jedoch entzog. Der SS diente diese Frau zur Belustigung. Sie war offenbar in Männerkleidung im Lager angekommen, und die SS wollte sie ins Männerlager stecken. Sie protestierte heftig, worauf die SS sie zwang, ihr Frausein zu "beweisen". Dann machten sie sich einen Spaß daraus, die "Mätzchen dieses 'Mannweibs'" unter den Frauen zu beobachten, wie Lengyel es nennt. (S.192f.)

Ein weiteres Beispiel findet sich in Krystyna Zywulskas Buch "Wo früher Birken waren".[311] Zywulska beschränkt sich auf die abfällige Beschreibung von zwei einzelnen Frauen mit schwarzen Winkeln. Sie beschreibt, wie sie nach ihrer Ankunft 1943 im Stammlager Auschwitz im "Kommunikationszentrum" Latrinenbaracke folgende Beobachtung machte:

> "Auf den Brettern zwischen den Löchern saß eine Deutsche mit einem schwarzen Winkel, ein ausgesprochen männlicher Typ. Auf ihren Knien saß ein sehr weibliches, langhaariges Mädchen. Ununterbrochen blickte sie ihre Partnerin an, und dann küßte sie diese plötzlich auf den Mund. Dieser Kuß dauerte ewig. Man kann sich kaum etwas Scheußlicheres vorstellen. Diese Art von Liebe in dieser Umgebung!"[312]

Die zweite Szene beschreibt dagegen eine schwarzwinklige, hosentragende Kapo, die versuchte, ein Mädchen mit Kartoffeln - eine Lagerdelikatesse - zu verführen. Doch "ihr gläserner Blick, ihre buhlerischen Gesten"[313] verrieten die Kapo und das Mädchen flüchtete.

Gemeinsam ist den Beschreibungen von Fenelon, Zywulska u.a., daß sie sich abfällig über einzelne oder eine Gruppe von Frauen äußern, die sie als lesbisch charakterisieren. Diese Frauen werden entweder eindeutig den "schwarzen Winkeln" zugeordnet oder sie werden als "asozial" dargestellt. Die von der SS vorgenommene Gleichsetzung lesbisch=asozial wurde von den meisten Inhaftierten geteilt. Homophobie war den (meisten) Häftlingen aus der Freiheit vertraut war und schien ihnen wenigstens moralische Überlegenheit zu versprechen. Etwas nachvollziehbarer wird diese Ablehnung bei jüdischen Inhaftierten wie Fenelon oder Zywulska dadurch, daß die "arischen" Gefangenen in Auschwitz zur Lager"aristokratie" gehörten, da sie - im Gegensatz zu den jüdischen Häftlingen, auch den "privilegierten" des Orchesters - nicht prinzipiell zur Vergasung bestimmt waren.

Gleichzeitig werden die Beziehungen und Freundschaften unter den Politischen als asexuell und "rein" dargestellt. Je vehementer dies geschieht, umso stärker verbirgt sich dahinter wohl auch die Angst, sich selbst lesbisch zu verhalten oder dessen verdächtigt zu werden. Margarete Buber-Neumann, selbst politische Inhaftierte in Ravensbrück, schreibt in ihrem Erinnerungsbuch "Milena, Kafkas Freundin"[314]:

> "Leidenschaftliche Freundschaften waren unter den Politischen genauso häufig wie unter den Asozialen und den Kriminellen. Nur unterschieden sich die Liebesbeziehungen der Politischen von denen der Asozialen oder der Kriminellen meist dadurch, daß die einen platonisch blieben, während die anderen ganz offen lesbischen Charakter hatten."[315]

---

311 Krystyna Zywulska: Wo früher Birken waren. München 1980.

312 Ebd., S.66. Ihre Abscheu richtet sich nur auf den lesbischen Aspekt dieser Szene; die Freundschaften und Liebesbeziehungen zwischen männlichen und weiblichen Häftlingen - auch Zywulskas eigene - werden dagegen sehr wohlwollend dargestellt (z.B. S.213f.).

313 Ebd., S.118.

314 Margarete Buber-Neumann: Milena, Kafkas Freundin. München 1977.

315 Ebd., S.50.

Das "offen Lesbische" bleibt also - jedenfalls "meist" - den "Asozialen" und "Kriminellen" vorbehalten, während die Freundschaften unter den Politischen "rein" und platonisch bleiben. Dabei war jede Frau, um überhaupt eine Überlebenschance zu haben, auf Freundschaften angewiesen, und gerade Buber-Neumanns Buch handelt von ihrer tiefen Freundschaft zu der tschechischen Journalistin und Kafka-Übersetzerin Milena Jesenska. Vielleicht schien deshalb eine Abgrenzung zwischen "vertretbaren" und "verwerflichen" Formen umso nötiger.[316]

Auch in meinen Gesprächen mit ehemaligen Ravensbrückerinnen wurde die Tabuisierung sexueller Beziehungen unter den Politischen deutlich, in deren Selbstbild Homosexualität keinen Platz haben durfte. Auf die "Asozialen" dagegen konnte all das auch bei den Politischen Gelebte, aber nicht Erlaubte projiziert werden, denn "die waren ja sowieso asozial, das spielte schon keine Rolle mehr", so formulierte es Georgia Tanewa, die als Politische Mitte 1942 nach Ravensbrück kam, wo sie auf dem politischen internationalen Block 3 war, und die hier ausführlicher zu Wort kommen soll:[317]

> "Auf dem internationalen Block, auf dem ich war, hat man über so etwas überhaupt nicht gesprochen. Wenn man jemand gekannt hat, der vielleicht homosexuell war, hat man taktvoll darüber geschwiegen. Das konnte man nicht, das wollte man aber auch nicht wissen. Man ging taktvoll darüber weg. Vielleicht hatte es etwas mit dem Puritanismus der damaligen Linken zu tun. Die Homosexuellen gaben sich auch kaum zu erkennen, aus verständlichen Gründen.
> Ich war damals sehr jung (19 Jahre alt) und ich habe überhaupt nicht gewußt, daß es Homosexualität gibt. Auf unserem Block war das auch übrigens nicht zu merken. Es gab zwar Freundschaften unter den Frauen, aber man hat überhaupt nicht in Betracht gezogen, daß die eventuell homosexuell waren. Das Politische war immer im Vordergrund. Was das Homosexuelle anbetrifft, das war ein strikt privates Problem. Das war auf unserm Block so. Wenn Sie auf die sog. 'Asozialen'-Blocks kamen, war es natürlich anders, bloß - 'asozial' und politisch - das war so eine Trennung, wir kamen ja

---

316 Die Ablehnung von (Lager)Homosexualität ging oft auch einher mit der Verurteilung eines "männlichen" Aussehens oder Verhaltens. Die Veränderung des Aussehens war lagerbedingt (z.B. erzwungenes Haarescheren) und betraf zunächst jeden Häftling. Die Ablehnung "männlichen" Aussehens könnte auf die Angst vor Verlust der Weiblichkeit - und ihrer extremsten Form: der Unfruchtbarkeit - zurückzuführen sein. Die SS beraubte die Frauen systematisch ihrer Weiblichkeit und Individualität, um sie psychisch zu brechen. Fast in jedem Lagerbericht von Frauen findet man einen Hinweis auf den psychischen Schmerz, den der Verlust ihrer Haare für sie bedeutete. Bei vielen Frauen blieb auch aufgrund der Unterernährung die Menstruation aus, und diejenigen, die sie noch bekamen, wurden von den andern um diesen sichtbaren "Beweis" ihrer Weiblichkeit beneidet. Auf diesem Hintergrund ist es vielleicht eher verständlich, wenn Frauen, die sich "männliches" Verhalten aneigneten, für andere bedrohlich wirkten.

317 Gespräch mit G. Tanewa am 3.3.1987. G. Tanewa, gebürtige Bulgarin, lebte bei Kriegsausbruch in Polen, kam zur Zwangsarbeit nach Deutschland und beteiligte sich am Widerstand als Flugblattkurierin, wobei sie verhaftet wurde. Ab Mitte 1942 bis Kriegsende war sie in Ravensbrück. Vgl. auch den Film von Mario Offenberg "Alptraum als Lebenslauf. Das Zeugnis der Georgia T."

gar nicht zusammen. Wir verkehrten nicht mit den Schwarzwinkligen. Wenn man es aus heutiger Sicht sieht, war es natürlich unfair.
Es gab Paare im Lager, wie gesagt meistens unter den Schwarzwinkligen. Unter den Politischen gab es feste Freundschaften, aber es war niemals herauszufinden, ob sie homosexuell waren. Sexuelle Praktiken waren auf dem politischen Block sowieso unmöglich, bei den Asozialen vielleicht, ich weiß es nicht.
Wenn man dann einige Zeit im Lager war und auf einem Block war, wo es einigermaßen geordnet zuging, und das waren manche Blocks bis sagen wir 1944, dann bildeten sich Freundschaften, man hatte eine feste Freundin. Das war aber nicht gerade erotisch gefärbt. Sicherlich war irgendwo im Unterbewußtsein ein Gedanke daran auch da, aber man hat ihn nicht laut werden lassen. Aber das sage ich aus heutiger Sicht.
Man hatte das Bedürfnis nach einer engen Beziehung, nach Anlehnung, nach Zärtlichkeit, so einem Ersatz von einem Beschützer, den die Frau im Mann heute noch sieht. Das waren mehr so Spiele, mit einem ernsten Hintergrund.
Bestimmt gab es Zärtlichkeiten, denn man hatte auch das Bedürfnis danach - aber das würde ich persönlich nicht als homosexuelle Beziehung bezeichnen. Man muß sich davor hüten, das mit heutigen Augen zu sehen.
Wenn man lange verhaftet war, hatte man das Bedürfnis nach der Rollenverteilung, wie es sie in der Gesellschaft für Mann und Frau gibt. Frauen, die stark (waren) und irgendwelche Führungsbedürfnisse hatten, die gaben sich dann als Männer. Die Gertrud nannten wir dann Peter. Ich bin sicher, daß sie keine Homosexuelle in dem heutigen Sinn war - aber wir nannten sie Peter. Sie war eine Politische, sie hatte Arbeitsvertragsbruch, ist irgendwo nicht zur Arbeit erschienen, und die Gestapo in Ilmenau hat sie als Politische eingestuft. Sie war auf dem deutschen politischen Block 4. Sie kam zu Siemens,[318] wir haben dort zusammengearbeitet. Sie hat eben so eine burschikose Art gehabt. Sie hatte ganz kurze Haare, die sie sehr glatt gekämmt hat, um die Aufmerksamkeit auf sich zu ziehen: ich sehe aus wie ein Junge. Ob sie wirklich homosexuell war, weiß ich nicht. Wir haben auch so ein Spiel gehabt, daß sie in mich verliebt war, man hat auch geschäkert miteinander usw., aber ich habe das damals schon als Spiel aufgefaßt."

Sofern das Tabu sexueller Beziehungen unter den Politischen überhaupt gebrochen wird, werden diese Verhältnisse bei den Politischen als lagerbedingt dargestellt, während es sich bei den "Asozialen" um den Ausdruck ihrer manifesten Homosexualität handeln sollte. Während das "männliche" Auftreten der Politischen von einigen Frauen als etwas Positives dargestellt wird, das ihre Heterosexualität keineswegs infragestellte, gilt ein und derselbe Sachverhalt bei den "Asozialen" als Beweis für die Homosexualität.

Der gleiche Mechanismus war in krasserer Ausprägung auch in den Männerlagern zu beobachten. Während sexuelle Beziehungen unter den heterosexuellen Männern weitverbreitet waren und stillschweigend toleriert wurden, wurden die wegen Homosexualität inhaftierten Männer dagegen sowohl von der SS als auch von den Mithäftlingen nach äußerst rigiden Maßstäben beurteilt. Der "Asozialisie-

318 Siemens & Halske errichtete 1944 in umittelbarer Lagernähe eine Rüstungsfabrik, in der neben Zivilarbeitern auch 2500 KZ-Häftlinge arbeiten mußten.

rung" von sich lesbisch verhaltenden Frauen scheint ein ähnlicher Mechanismus zugrundezuliegen.[319]

Die Spannungen und Konflikte zwischen den Häftlingen verliefen nicht nur zwischen den einzelnen Häftlingskategorien, sondern auch zwischen Funktionshäftlingen, die aufgrund ihrer besonderen Tätigkeit und Stellung über bestimmte Privilegien und Machtbefugnisse verfügten, und den gewöhnlichen Häftlingen. Es gehörte zum System der SS, die Häftlinge stets gegeneinander auszuspielen, um Solidarität untereinander und vor allem auch Widerstand gegen die SS zu verhindern. Egal, wie sich der einzelne Funktionshäftling auch verhielt - Spannungen waren vorprogrammiert, insbesondere wenn es um so wichtige Posten wie bspw. den der Blockältesten ging.

Dieses Machtgefälle zwischen den Häftlingen konnte auch dazu führen, daß Sexualität und Liebe für die Masse der unpriviligierten Häftlinge zum Tauschmittel im Kampf ums Überleben wurde oder daß umgekehrt Funktionshäftlinge aufgrund ihrer Stellung versuchten, Liebe zu "kaufen". So berichtete Antonia R., eine Jüdin aus der Tschechoslowakei, über eine deutsche lesbische Kapo in Auschwitz. Diese trug einen schwarzen Winkel; ob sie aber wegen Homosexualität inhaftiert worden war, geht aus der Schilderung nicht hervor. Die Kapo gab Antonia R. eine Zusatzration Brot:

> "Die Kapo ist jeden Abend auf mein Bett gekommen und hat immer die Hand in die Hand genommen und gesagt, du bist mein Liebling, und ich war so naiv, ich hab ihr geglaubt, bis eines Tages jemand hat mich aufmerksam gemacht: Paß auf, die können auch sehr gefährlich sein, die sind homosexuell, und das wird etwas anderes sein. Das war das erste Mal, daß ich solche Menschen getroffen habe, und wie man hat mich aufgeklärt, das ist wieder etwas nicht Gutes für mich."[320]

Einen andern Fall schildert Olga Lengyel am Beispiel einer polnischen Physikprofessorin in Auschwitz, einer schönen, intelligenten und zarten Frau. Einer der (weiblichen) Funktionshäftlinge habe um sie geworben. Die Professorin wußte, daß sie zumindest vom Hunger verschont bleiben würde, wenn sie auf das Angebot einginge. "Sie muß einen großen Kampf gegen die Versuchung geführt haben, aber zum Schluß gab sie nach",[321] vermutet Lengyel. Nach ein paar Wochen habe sie sogar erklärt, ohne ihre "Gemahlin" nicht leben zu können.

Aus anderer Sicht schildert Margareta Glas-Larsson eine solche Beziehung. Da dies auch eine der ganz seltenen positiven Darstellungen von Lagerhomosexualität ist, soll sie ausführlicher zu Wort kommen. Margareta Glas-Larsson, österreichische Jüdin, wurde in Prag verhaftet, ins KZ Theresienstadt deportiert und kam im Mai 1943 nach Auschwitz. In ihrem Erinnerungsbuch "Ich will reden" berichtet sie von ihrem "exzeptionellen Freundschaftsverhältnis" zu der deutschen Kommunistin

319 Vgl. Kogon, S.284.

320 Fürstenberg, S.25. - Neben den bei Miller, Lengyel und Zywulska schon erwähnten ähnlichen Fällen s.a. Glas-Larsson, S.150, 160.

321 Lengyel, S.191.

Aurelia Reichert-Wald,[322] genannt Orli, der Lagerältesten des Krankenbaus in Auschwitz-Birkenau. Nur als Opfer der Judenverfolgung war es Glas-Larsson möglich, auch ihre sexuelle Beziehung zu der Mitgefangenen zu beschreiben:[323]

> "Ich habe zu Orli ein exzeptionelles Freundschaftsverhältnis gehabt, meinerseits besonders eine ungeheure Zuneigung, weil mir ihre Seele so gut gefallen hat. Sie war nie gemein. <...> Die Orli war ein Mensch, den ich so geliebt hab', egal ob es eine Frau oder ein Mann gewesen ist. Das sind Empfindungen, die man eigentlich mit Worten gar nicht sagen kann. Und diese Empfindungen können nur in solchen extremen Situationen vorkommen, denn das gibt's im normalen Leben nicht. <...> Und ich hab' gedacht, daß mich eigentlich die Liebe zu Orli sehr stark am Leben erhalten hat."[324]

Im nächsten Zitat schildert sie sehr anschaulich und nachvollziehbar, wie in der Extremsituation des Lagers - aus dem, wie sie es nennt, Selbsterhaltungstrieb heraus - Liebesbeziehungen zwischen Frauen entstanden sind:

> "Weil der Selbsterhaltungstrieb ist ein ungeheuer starker Trieb. Im Lager war das der meistentwickelte Trieb. Das hat ja auch mit dem Essen zusammengehangen. Und ein ungeheueres Bedürfnis nach Zärtlichkeit - nach Zärtlichkeit, egal ob ein Mann oder eine Frau. Und die Orli war meine große Liebe und ich genier mich nicht, gar nicht...Wenn man ein bißchen psychologisch denkt, muß man das verstehen. Das war eine schlimme Sache. Uns fehlte die Wärme, die menschliche Wärme und die Zärtlichkeit, die man doch schon als Kind mitbekommen hat. Und dann später vom Mann usw. Das war sehr arg. Und daher hat man sich an jemanden angeschlossen. <...> Eines Nachts bat ich Orli, bei ihr bleiben zu dürfen. Und ich legte mich zu ihr. Es war noch die Grete Hamburger im Zimmer. Das ist diese Frau, die ich noch aus Prag kannte. Und in dieser Nacht war der Himmel so rot, und ich weiß nicht, ob das das Feuer war, das die SS bei den Ungarn-Transporten anzündete und Judenkinder verbrannte oder ob das Sonderkommando so viele Menschen verbrannte. Trotzdem war ich nicht unglücklich, im Gegenteil. Ich war in dieser Nacht schrecklich glücklich, weil ich bei Orli sein durfte. Ich sagte auch zu ihr immer wieder: 'Du bist das Wesen, das ich am meisten liebe, egal ob du ein Mann oder eine Frau bist.'

---

322 Aurelia Reichert-Wald, geb. 1914 in Trier, deutsche Kommunistin, wurde 1936 verhaftet und kam nach Verbüßen einer 4 1/2 jährigen Zuchthausstrafe zuerst ins KZ Ravensbrück und 1942 mit dem ersten Transport nach Auschwitz-Birkenau. Dort wurde sie Ende 1943 Lagerälteste des Häftlingskrankenbaus. Physisch und psychisch durch die Haftzeit gebrochen, starb sie am 1.1.1962. S. Bernd Steger/Günter Thiele: Der dunkle Schatten. Leben mit Auschwitz. Erinnerungen an Orli Reichert-Wald. Marburg 1989. - Den Angaben von O. Lengyel (S.191f.) zufolge nahm Orli regelmäßig an den im "Asozialen"-Block veranstalteten nächtlichen "dance soirées" teil.

323 Gerhard Botz, der Herausgeber des Buches, bemerkt hierzu ganz richtig (S.64): "Wäre Margareta Glas-Larsson als sogenannte Asoziale, Landstreicherin, Prostituierte, Homosexuelle, Arbeitsscheue etc. oder als unpolitische Kriminelle in die Unterdrückungsmaschinerie des SS-Staates geraten, so würde sie heute als Ausweg aus ihrer traumatischen Lage nicht die Darstellung ihres Lebens für die Öffentlichkeit gewählt haben können, oder wenn, dann wäre sie bemüht gewesen, ihre Lebensgeschichte vollends ins Politische umzubiegen. Die Geschichte der unmenschlichen nichtpolitischen Verfolgung unter dem deutschen Faschismus gilt als nicht geschichtswürdig."

324 Glas-Larsson, S.149.

Bitte, das ist wortwörtlich zu meinen. Das hab' ich gesagt. Wir tauschten auch Zärtlichkeiten aus, und Grete Hamburger hat alles miterlebt und nur mich immer nachher so komisch angeschaut. Ich kannte sie noch aus der Freiheit und ich habe mich dann plötzlich geschämt, weil sie manchmal einen so boshaften Blick mir gegenüber gehabt hat. Ob es Eifersucht war, das weiß ich nicht.
Es hat mir nichts ausgemacht, daß die Grete Hamburger im Raum gewesen ist. Wahrscheinlich war ich enthemmt oder so vollgespickt mit Zärtlichkeit. Und das Gefühl menschliche Wärme zu fühlen. Ich glaub', daß die Orli das aus Mitleid und aus großer Sympathie für mich getan hat, und weil sie immer gesagt hat: 'Du bist so hübsch, Dolly. Du hast so ein hübsches Gesicht.' Und so. Ich glaub' dann, weil ich eine Jüdin gewesen bin und weil ich immer so Angst um den Schorschi <der ebenfalls in Auschwitz inhaftierte Mann Glas-Larssons,C.S.> gehabt hab', und daß da sehr viele Dinge mitgespielt haben, die man mit Worten so schwer beschreiben kann. Aber so war es. Und es war bestimmt unter anderen Häftlingen auch der Fall, das weiß ich. Ich war nicht dabei, aber ich weiß es, daß sie zusammengehalten haben. Und das war eigentlich richtig so."[325]

Während die Lagerälteste Orli trotz ihrer sexuellen Beziehung bei ihren Mitgefangenen sehr angesehen war,[326] kam es in anderen Fällen zu Auseinandersetzungen. Ein Beispiel dafür ist Käthe Knoll, Blockälteste in Ravensbrück, die zumindest im Lager lesbische Beziehungen hatte. Knoll war zeitweise Blockälteste des sog. "Nacht-und-Nebel"-Blocks,[327] der hauptsächlich mit Angehörigen der besetzten Ländern belegt war. Ab Herbst 1944 bis Kriegsende war sie Lagerälteste des sog. Industriehofs, einem an Ravensbrück angrenzenden Nebenlager, zu dem Wohnblocks und SS- und Rüstungsbetriebe gehörten, für die die Häftlinge Zwangsarbeit leisten mußten.

Germaine Tillion, die auf dem "Nacht-und-Nebel"-Block war, beschreibt Knoll als "infernalisch",[328] und die ehemalige inhaftierte Niederländerin Anne Berendsen liefert in ihrem Buch "Vrouwenkamp Ravensbrück"[329] eine besonders ausführliche Schilderung von Knoll. Berendsen schreibt, daß diese eine "riesige Russin" zur Geliebten hatte, die nachts den Block terrorisierte, und daß Knoll selbst "viele Tote auf dem Gewissen (habe), mehr als Hundert, die sie in den Bunker und in den Strafblock gebracht hat."[330] Knolls Geliebte, die es tatsächlich gab, war jedoch in

---

325 Ebd., S.176f.

326 Vgl. Hermann Langbein: Menschen in Auschwitz. Wien 1972, S.247f. Langbein berichtet, daß er über Orli "niemals Negatives gehört oder gelesen" habe. Viele ehemalige Häftlinge betonten, "daß sie trotz ihrer hohen Stellung im Lager niemals vergessen hat, daß der Nationalsozialismus der gemeinsame Feind aller Gefangenen ist, und daß sie half, wo sie nur helfen konnte."

327 Dieser Block wurde 1942 eingerichtet, entsprechend dem die besetzten Länder betreffenden "Nacht-und-Nebel-Erlaß" vom 4.2.1942. In diesem von Keitel, dem Chef des OKW unterzeichneten Befehl war für "Straftaten gegen das Reich oder die Besatzungsmacht" prinzipiell die Todesstrafe vorgesehen. Die Angehörigen erhielten keinerlei Auskünfte über das Schicksal, den Aufenthaltsort etc. der Verhafteten.

328 Germaine Tillion: Ravensbrück. Neuchatel 1946, S.33.

329 Anne Berendsen: Vrouwenkamp Ravensbrück. Utrecht 1946.

330 Ebd., S.88. - Das schauerliche Bild, das Berendsen von Knoll zeichnet, wird dadurch infrage

Wirklichkeit keine Russin, sondern eine - Niederländerin, wie mir Barbara Reimann versicherte, die Anfang 1945 von Knoll, inzwischen Lagerälteste im Industriehof, dort zur Stubenältesten auf Block 5 berufen worden war.

Reimanns Angaben zufolge war Knoll politische Gefangene und Kommunistin,[331] die sie und andere daran zu hindern versuchte, bestimmte Frauen aus Transporten herauszuschmuggeln, die in die Vernichtungslager gingen. Sie warfen ihr daraufhin vor, sie, Knoll, habe doch auch ihre Freundin protegiert. Daraufhin sorgte Knoll selbst dafür, daß jene Frauen nicht "auf Transport gingen". An weitere Auseinandersetzungen mit Knoll konnte sich B. Reimann nicht erinnern; bei späteren Rettungsaktionen habe Knoll sich nicht mehr eingemischt. Käthe Knoll wurde nach dem Krieg in der DDR wegen "Verbrechen gegen die Menschlichkeit" zu 18 Jahren Zuchthaus verurteilt.[332]

Strafen bei (Lager)Homosexualität

Abschließend möchte ich auf das lagerinterne Strafsystem der SS eingehen, das sich gegen die geringsten "Vergehen", zu denen offenbar auch lesbisches Verhalten gehörte, richten konnte. Dies hatte den Hauptzweck, menschliche Wärme und damit Überlebenskraft zu verhindern und diente darüber hinaus ideologisch auch

---

gestellt, daß ihr Bericht z.T. sachlich falsch ist, zum andern mit üblen Vorurteilen, Behauptungen und Pauschalisierungen gespickt ist. An keiner Häftlingsgruppe läßt sie ein gutes Haar - die Niederländer ausgenommen. Die deutschen Häftlinge werden von ihr als "alle lesbisch" bezeichnet (S.85).

331 Dies steht im Widerspruch zur Auskunft des Generalstaatsanwalts, s. nächste Anm.

332 Schriftliche Mitteilung des Generalstaatsanwalt der DDR v. 20.6.1988: "Am 5. Juli 1948 verurteilte das Landgericht Dresden <...> die Krankenpflegerin Katharina Henriette Sopie Angeler geborene Knoll wegen Verbrechen gegen die Menschlichkeit zu 18 Jahren Zuchthaus. Die Verurteilung erfolgte, weil der Angeklagten nachgewiesen wurde, im Konzentrationslager Ravensbrück Mitgefangene bei der Lagerleitung denunziert und verschiedentlich auch selbst mißhandelt zu haben. Außerdem wirkte die damals die Funktion der Lagerältesten bekleidende Katharina Knoll (ihre Eheschließung mit Hans Angeler erfolgte im August 1945) im Frühjahr 1945 bei der Selektion von kranken Häftlingen mit, die anschließend vergast wurden. Schließlich gehörte sie nach eigener Einlassung ab Anfang März 1945 der sogenannten Lagerpolizei an und trug deren rote Armbinde. Fragen der Homosexualität sind in dem Prozeß - soweit ich das beurteilen kann - nicht erörtert worden. Im übrigen hatte die Verurteilte 1932, 1933 und 1935 jeweils einen Jungen und 1937 ein Mädchen zur Welt gebracht. Die Kinder wuchsen bei den vier Vätern auf. Im Dresdner Prozeß erklärte Frau Angeler, sie sei wegen vermeintlicher Rassenschande in das Konzentrationslager gekommen. Nach ihrer Erinnerung stand auf dem Schutzhaftbefehl 'Sabotage am Aufbauwerk des Führers und volksschädigendes Verhalten'."

der Aufrechterhaltung einer Sexualmoral, für die Homophobie ein wichtiger Bestandteil war. Sinn der Strafe war die Disziplinierung und Unterwerfung der Häftlinge; der Anlaß für die Bestrafungsaktion war oft nebensächlich.[333] Das Strafarsenal reichte vom Nahrungsentzug für einen oder mehrere Tage, dem langen Steharrest bei Wind und Wetter über Prügelstrafen (25-100 Schläge) bis hin zu Bunkerhaft, wo gefoltert und verhört wurde und Einweisung in den Strafblock oder die Strafkompanie. Bei dem schlechten Ernährungs- und Gesundheitszustand der Häftlinge konnte jede dieser Strafen den Tod bedeuten.

Was wurde von der SS als "lesbischer Akt" definiert? Die Grenzen hierfür waren fließend und abhängig von Zeitpunkt, Belegungsstärke und anderen lagerbezogenen Faktoren: was in einem Lager zu Anfang des Krieges den Tod bedeuten konnte, ging ein paar Jahre später oder in einem andern Lager aufgrund völliger Überbelegung einfach unter. Die Kommunistin Doris Maase berichtete, daß Händegeben in Ravensbrück vor 1941 "als lesbisch verboten" gewesen sei und die Übertretung eines solchen Verbots lebensgefährlich sein konnte.[334] Ähnliches berichtete B. Reimann, derzufolge Frauen, die z.B. auf der Lagerstraße Arm in Arm miteinander spazieren gingen und dabei von der SS erwischt oder wenn sie denunziert wurden, in den Strafblock kamen.[335]

Margarete Buber-Neumann zufolge wurden Liebesbeziehungen unter den Frauen streng bestraft:

> "Die Lagerleitung verfolgte solche <lesbischen,C.S.> Verhältnisse besonders rabiat. Liebe wurde mit Prügelstrafe geahndet."[336]

Die Einweisung in den Strafblock gehörte zu den härtesten Strafen. Der Ravensbrücker Strafblock war von den andern Blocks mit Stacheldraht und Holz abgetrennt und von Lagerpolizei bewacht, so daß die andern Häftlinge keine Verbindung zu ihm hatten (und z.B. keine Hilfe leisten konnten). Die ständige Enge im

---

333 Die willkürlich verhängten Strafen und die Gefahr, für Taten anderer Häftlinge bestraft zu werden (z.B. bei Fluchtversuchen) steigerten noch Unsicherheit und Angst, erschwerten solidarisches Handeln der Häftlinge untereinander und trugen auch dazu bei, daß Häftlinge als Spitzel für die SS arbeiteten und denunzierten - ihrer vermeintlichen eigenen Sicherheit wegen.

334 Erika Runge: Statt eines Nachworts: Gespräch mit Doris Maase, in: Elling, S.208-212, hier:211. - Klaus Maase teilte mir in einem Brief v. 28.7.1987 folgende Episode mit, die ihm seine verstorbene Ehefrau erzählt hatte. Bei einem sonntäglichen Gang über die Lagerstraße habe D. Maase eine Kameradin mit Handschlag begrüßt und sei sich plötzlich bewußt geworden, "daß dies als Anzeichen einer lesbischen Sympathie strikt verboten war. Wenn also solche Verbindungen zwischen Frauen bestanden, so waren sie verboten und eine Übertretung derartiger Verbote konnte lebensgefährlich sein".

335 Auskunft von B. Reimann, deren Kenntnisse auf Informationen der Kommunistin Erika Buchmann, der Blockältesten des Strafblocks, und Käthe Latzke, ebenfalls als "politisch Rückfällige" im Strafblock, beruhten.

336 Buber-Neumann, S. 50. Die Prügelstrafe, die zu den sehr schmerzhaften Unterwerfungsritualen gehörte, hatte Himmler in den Frauenlagern 1940 eingeführt, während sie in den Männerlagern seit 1933 angewandt wurde.

Strafblock, die völlig unzureichende Verpflegung und die schweren Arbeiten, die die Frauen verrichten mußten, führten dazu, daß die Todesrate im Strafblock stets höher war als in anderen Blocks. Im Block befanden sich Frauen, die von anderen Blocks wegen lesbischem Verhalten[337] und anderer "Vergehen" eingewiesen wurden, aber auch (meist politische) Inhaftierte, die ein zweites Mal ins KZ kamen.

Schon ein bloßer Verdacht war ausreichend für eine Einweisung in den Strafblock. Isa Vermehren hat beobachtet, wie ein junges Mädchen eines lesbischen Verhältnisses verdächtigt wurde und am nächsten Tag in den Strafblock kam:

> "Vor der Schreibstube sammelten sich zahllose laut keifende und gestikulierende Häftlinge, soweit ich erkennen konnte, vor allem Blockälteste und Lagerpolizei, die im Halbkreis um zwei Mädchen standen, deren eine todblaß und schweratmend an der Wand lehnte. Ich konnte anfangs gar nichts verstehen, bis sich mehrmals das Wort 'El-el' (Bezeichnung für lesbische Liebe) wiederholte, und 'Gib's doch zu, daß du mit ihr geschlafen hast', 'Lüg doch nicht, du bist doch ihre Freundin' und ähnliches mehr. <...> Plötzlich schrie das junge Mädchen auf: 'Das ist nicht wahr, ihr versteht es alle nicht, so war es nicht, oh, laßt mich, ihr quält mich zu Tode', und sank erschöpft von diesem Ausbruch in sich zusammen.<...> Die schreienden Frauen aber kannten keine Gnade. Mit Püffen trieben sie sie über den Lagerhof, und am nächsten Tag wurde sie im Strafblock eingeliefert."[338]

Über den Strafblock äußert sie sich folgendermaßen:

> "Dieser Strafblock war eine von Stacheldraht umzäunte Baracke im großen Lager. Es lohnt sich, in diesem Zusammenhang ein Wort darüber zu verlieren, denn tatsächlich war er die Brutstätte jener wirklich lesbischen Liebe mit allen abstoßenden Erscheinungen ihrer verzerrenden Wirkung. Die jüngeren Insassinnen des Strafblocks waren zum größeren Teil diesem Laster verfallen, und unschwer konnte man sie erkennen an ihren sehr maskulinen Äußerlichkeiten."[339]

Es folgen abfällige Äußerungen über das "maskuline" Verhalten dieser Frauen. Und weiter: "Kaum eine von ihnen war übrigens Trägerin des rosa Winkels, also waren sie nicht wegen lesbischer Tendenz eingeliefert worden, sondern diese hatte sich erst im Lager herausgebildet <...>."[340]

---

337 Dies bestätigt Berendsen, S.85. - Auch Wanda Kiedrzynska legt diese Vermutung nahe (Internationale Hefte der Widerstandsbewegung, S.88): "Meist waren es Häftlinge <im Strafblock,C.S.>, die infolge der Lagererlebnisse degeneriert oder anormal waren, meist Deutsche und Zigeunerinnen, außerdem Häftlinge, die zum zweiten Mal ins Lager geraten waren, oder auch Berufsverbrecherinnen. Unter ihnen weilten ungefähr 20 Prozent normale Frauen, die für verschiedene Lagervergehen oder Diebstahl an Staatseigentum bestraft wurden."

338 Vermehren, S.49f.

339 Ebd., S.50.

340 Ebd., S.51. Im Gespräch mit mir mußte Vermehren jedoch eingestehen, daß sie die Beobachtungen über den Strafblock nicht selbst gemacht, sondern von Dritten übernommen hatte.

Auch für Auschwitz gibt es einen Hinweis auf Strafen bei lesbischem Verhalten.[341] Der ehemalige Kommandant des Lagers, Rudolf Höß, schreibt in seinen 1947 im Gefängnis verfaßten Erinnerungen:

> "Ähnlich der Homosexualität in den Männerlagern, grassierte im FL <Frauenlager,C.S.> die Seuche der lesbischen Liebe. Auch die stärksten Strafen, auch die Einweisung in die Strafkompanie tat dem nicht Einhalt."[342]

Auch in Auschwitz gehörte die Einweisung in die Strafkompanie, über die der Lagerkommandant auf Antrag der Lagerführerin des Frauenlagers, SS-Oberaufseherin Johanna Langefeld und später der Oberaufseherin Maria Mandel entschied, zu den besonders schweren Strafen. Wie der Strafblock in Ravensbrück, war auch die Strafkompanie in Auschwitz, die ab Juni 1942 für etwa zwei Jahre existierte, von den andern Häftlingen getrennt. Die Frauen dort mußten außergewöhnlich schwere Außenarbeiten verrichten, auch bei extremsten Temperaturen, besonders schlechter Verpflegung und bei schärfster Bewachung (Aufseherin war u.a. die berüchtigte Irma Grese). Daher war die Sterblichkeitsziffer in der 200-400 Frauen umfassenden Kompanie besonders hoch. Über das Schicksal von Frauen, die möglicherweise wegen lesbischen Verhaltens dorthin eingewiesen wurden, geht aus der spärlichen Literatur über die Strafkompanie nichts hervor; die Strafmeldungen, die darüber hätten Auskunft geben können, sind nicht erhalten.[343]

---

341 Vgl. dic Dokumentc übcr die "Strafverfügung", die wegen sexueller Handlungen gegen zwei männliche Häftlinge in Auschwitz verhängt worden war: "Auschwitz", in: Lambda-Nachrichten (Wien), 6.Jg. 1984, Nr.1, S.27-29.

342 Höß, S.120. Auch an anderen Stellen in seinen Erinnerungen kommt Höß' Homophobie und sein Verhalten homosexuellen (männlichen) Häftlingen gegenüber zum Ausdruck. - Kolportiert wird Höß' Homophobie in William Styrons Auschwitz-Roman "Sophie's choice" (New York 1976), der auch verfilmt wurde. So soll bspw. ausgerechnet die brutal-schöne Hößsche Haushälterin eine lesbische Kriminelle aus Ravensbrück namens Wilhelmine gewesen sein. Der Roman erhebt wohl zu Unrecht Anspruch auf historische Überprüfbarkeit.

343 Teresa Ceglowska: Strafkompanien im KL Auschwitz, in: Hefte von Auschwitz 17. Hg. Staatliches Museum Auschwitz 1985. Zur Frauenstrafkompanie: S.191-204.

Resümee

Die Homosexuellenpolitik der Nationalsozialisten war Bestandteil einer "qualitativen" Sozial- und Bevölkerungspolitik, mit der eine utopische "Volksgemeinschaft" geschaffen werden sollte, um auf dieser Grundlage die anvisierte Weltherrschaft zu errichten. Die Aussonderung und spätere Vernichtung von als ethnisch minderwertig Klassifizierten wurde ergänzt durch eine rassenhygienisch motivierte "Aufartung der Rasse". Auch der "arische Volkskörper" wurde in Minder- und Höherwertige - definiert nach verschiedenen sozialen Kriterien - eingeteilt und einer gewissermaßen "innervölkischen" Auslese- und Ausmerzepolitik unterzogen. Der NS-Staat beanspruchte die totale Verfügungsgewalt über das generative Verhalten und das Leben der Menschen; daß dies je nach ethnischer Zugehörigkeit, Geschlecht u.a. höchst unterschiedliche Konsequenzen haben konnte, ist wohl hinlänglich deutlich geworden. Über die Bedeutung der Klassenzugehörigkeit in diesem Zusammenhang konnte jedoch aufgrund ungenügender Quellenbelege keine verbindlichen Aussagen gemacht werden.

Der Homosexualität - einem "abweichenden Verhalten" in sexueller wie in sozialer Hinsicht - stand der Nationalsozialismus prinzipiell feindlich gegenüber. Ihre Eliminierung per se war erwünscht, denn die Homosexualität stellte durch ihre bloße Existenz die auf die Produktion "erbgesunder" "Arier" ausgerichtete NS-Sexualmoral infrage. Vor wie nach 1933 wurden die programmatisch-martialischen Ankündigungen zur Eliminierung der Homosexualität in der Praxis jedoch relativiert. So wurde etwa das Thema mit taktischem Schweigen bedacht, als um 1931 die SPD eine Kampagne gegen einige führende Nationalsozialisten, insbesondere Roehm, initiierte, wobei deren Homosexualität zur politischen Diskreditierung der NS-Bewegung insgesamt benutzt wurde.

Die braunen Machthaber entwickelten keine genuin nationalsozialistische Homosexualitäts-Ideologie. Sie konnten sich - ähnlich wie beim Antisemitismus - auf eine tiefverwurzelte, kirchlich beeinflußte und von der Pathologisierung durch die Medizin geprägte Homophobie der Bevölkerungsmehrheit stützen. Weder das Jahr der Machtübernahme noch das Kriegsende bedeuteten eine grundsätzliche ideologische Zäsur in der Einstellung zur Homosexualität; der fehlende Kontinuitätsbruch wird hier so deutlich wie in fast keinem anderen gesellschaftspolitischen Bereich. NS-spezifisch war vielmehr die Radikalität und Intensität, mit der diese Ideologie schließlich institutionalisiert und in die (Verfolgungs)Praxis umgesetzt wurde.

Daß trotz der propagandistischen Ausrottungsparolen nach der Machtübernahme eine abgestufte und differenzierte Homosexuellenpolitik praktiziert wurde, zeigt sich insbesondere an dem unterschiedlichen Vorgehen gegen homosexuelle Männer einerseits und Frauen andererseits. Die Hypothese von einer geschlechtsspezifischen Homosexuellenpolitik wurde in allen Teilen dieser Arbeit bestätigt. Schon dadurch unterschied sich die Homosexuellenverfolgung grundsätzlich von dem einzigartigen rassistischen Vernichtungskrieg, der sich vor allem gegen die jüdische Bevölkerung richtete.

Homosexuellenpolitik war also auch Geschlechterpolitik: der von Anfang an als Männerbund konzipierte und geführte, streng geschlechterhierarchische NS-Staat verdrängte nach der Machtübernahme auch "arische" und politisch "unbelastete" Frauen aus allen Positionen mit politischer Verantwortung und aus Berufen mit hohem Sozialprestige. Die "Gleichschaltung" bzw. Auflösung der verschiedenen Flügel der Weimarer Frauenbewegung, die Erfassung und ideologische Beeinflussung der Frauen und Mädchen in den NS-Frauenorganisationen und deren Unterordnung unter männliche Parteiführung bildeten eine wichtige Voraussetzung dafür, daß die "soziale Gefährlichkeit" weiblicher Homosexualität - im Vergleich zur männlichen - als gering erachtet wurde.

Neben diesen machtpolitischen Aspekten spielten auch bevölkerungspolitische eine wichtige Rolle. Eklatant ist wiederum das unterschiedliche Vorgehen, denn während man homosexuelle Männer als "bevölkerungspolitische Blindgänger" denunzierte und sie - zumindest rhetorisch - immer wieder zum Sündenbock für den Geburtenausfall machte, schien aufgrund ihres sexistischen Frauenbildes die Mehrheit der Nazis in der weiblichen Homosexualität keine bevölkerungspolitische Gefahr zu sehen. Jede Frau sei "bevölkerungspolitisch nutzbar", hieß es, was einem Aufruf zur Vergewaltigung gleichkam. Die "erbgesunde" "Arierin" war also prinzipiell zur Mutterschaft bestimmt, welche mit unbezahlter Hausarbeit verbunden war und je nach den Erfordernissen der Kriegswirtschaft auch mit zusätzlicher Erwerbsarbeit.

Nach der Machtübernahme war die Durchsetzung einer auf öffentliche "Sauberkeit" bedachten Sexualmoral und die Kontrolle über das generative Verhalten eminent wichtig. Zu den vordringlichsten Maßnahmen gehörte die Zerstörung der sichtbaren, organisierten Homosexuellen-Emanzipationsbewegung mit ihren Forderungen nach Gleichstellung und nach Abschaffung des §175, ihrer Subkultur und ihren Medien. Razzien und Denunziationen sorgten für ein alltägliches Klima der Angst und führten verstärkt zu einem Rückzug ins Private, zu Maskierung und Doppelleben.

Mit dem Roehm-Mord im Juni 1934 setzte die Verfolgung homosexueller Männer in größerem Umfang ein; der Aufbau eines spezifischen Verfolgungsapparats unter der Direktive des besonders homophoben Himmlers begann. Besonderes Augenmerk galt nun auch homosexuellen Männern in den "eigenen Reihen"; gleichzeitig wurde Homosexualität zur Ausschaltung politischer Gegner instrumentalisiert. Die Zuständigkeit des "Sonderreferats Homosexualität" beim Gestapa bis Kriegsbeginn verdeutlicht den politischen Charakter der Verfolgung homosexueller "Staatsfeinde", der auch in den Sonderaktionen gegen die katholische Kirche, gegen den Oberbefehlshaber des Heeres, v. Fritsch, und gegen die Bündische Jugend evident wurde. Hauptvorwurf war in diesem Zusammenhang die Unterwanderungstheorie: die undurchsichtigen homosexuellen Verhältnisse ("Cliquenwirtschaft") würden zu einer den Männerstaat bedrohenden Oppositionsbildung führen. Auf eine analoge politische Instrumentalisierung der weiblichen Homosexualität glaubten die Nazis aufgrund des Ausschlusses von Frauen aus den Machtzentren des "Dritten Reiches" jedoch verzichten zu können.

Die Strafrechtsverschärfung vom Juni 1935 bedeutete eine wesentliche Ausdehnung des Straftatbestandes, des Strafmaßes und des Kreises der potentiellen Opfer des §175. Doch während die Strafwürdigkeit der männlichen Homosexualität nie infragegestellt war, führten - wie in den Strafrechtsdebatten immer wieder belegt - die gesellschaftspolitische Unterordnung von Frauen und das von Asexualität und Passivität bestimmte sexistische Frauenbild der Nazis dazu, daß §175 keine Anwendung auf Frauen fand.

Vehemente Gegner der Straffreiheit weiblicher Homosexualität waren insbesondere die Nationalsozialisten (Frank, Klare u.a.), die - beeinflußt durch die Rassenhygiene - in der Homosexualität primär eine "Rassenentarung" sahen, die per se "Sittenverfall" und eine volksbedrohliche Gefährdung der Erbsubstanz bedeute, die prinzipiell, d.h. geschlechtsübergreifend auszumerzen sei. Die politisch-pragmatische Entscheidung *gegen* die Kriminalisierung wurde u.a. mit den "von Natur aus innigeren Umgangsformen" zwischen Frauen biologistisch verbrämt. Die Verfolgung homosexueller Männer zeigt jedoch, daß die angeführten Schwierigkeiten bei der Grenzziehung zwischen "Erlaubtem" und "Verbotenem" nur ein Scheinargument war: die extreme Ausdehnung des Tatbestandes des §175 hatte die Schwierigkeit des Nachweises weitgehend beseitigt, und so stiegen die Verurteilungsziffern bis Kriegsbeginn von rund 800 (1934) auf über 8000 jährlich an.

Die Nichtkriminalisierung weiblicher Homosexualität durch das Strafrecht trug wesentlich dazu bei, daß sich die lokalen wie zentralen Verfolgungsinstanzen - das "Sonderreferat Homosexualität" beim Gestapa und ab 1936 die "Reichszentrale zur Bekämpfung der Homosexualität und Abtreibung" - auf die Erfassung und Verfolgung homosexueller Männer konzentrierten. Rund 95000 Personen - überwiegend Männer - wurden von Polizei und Gestapo allein zwischen 1937 und 1939 namentlich erfaßt; im gleichen Zeitraum wurden etwa 25000 Männer gerichtlich verurteilt, was u.a. die gute Zusammenarbeit zwischen Polizei und Justiz belegt.

Eine unbestimmte Anzahl wurde, insbesondere ab 1940, direkt ins KZ eingewiesen. Das Instrument der politischen Vorbeugehaft erlaubte die effektive(re) Verfolgungspraxis, womit sich auch die nach Kriegsbeginn wieder zurückgehenden Verurteilungsziffern der Justiz zumindest teilweise erklären lassen.

Trotz des menschlichen Leids und der Schicksale, die sich hinter diesen Zahlen verbergen, wurde deutlich, daß auch gegenüber homosexuellen Männern ein abgestuftes Verfolgungsinteresse bestand, so daß die qualvolle und oft genug tödliche

KZ-Haft nicht zum kollektiven Schicksal wurde. Dies kann nicht ausschließlich mit den Schwierigkeiten bei der "einwandfreien" Erkennung und Erfassung erklärt werden. In der Tat war die Stigmatisierung und Ausgrenzung von homosexuellen Männern und Frauen wesentlich schwieriger als die der Juden, Sinti und Roma oder politischer Gegner, die standesamtlich und anderweitig registriert waren. Allem Gerede von den äußerlich erkennbaren Homosexuellen - dem effeminierten Mann und dem "Mannweib" - zum Trotz war die Masse der Homosexuellen keineswegs untrüglich zu erkennen. Deshalb kam dem strafrechtlichen Konstrukt (§175) so eine große Bedeutung bei der Verfolgung homosexueller Männern zu.

Um eine optimale(re) und vor allem sozialpolitisch dauerhafte Bekämpfung der "Krankheit" Homosexualität zu ermöglichen, war die Klärung der Ursachenfrage dringend notwendig. Die Behauptung einer angeborenen Homosexualität stimmte zwar mit dem im "Dritten Reich" favorisierten Biologismus überein; allerdings schien es politisch nicht opportun, wenn eine bei der "Herrenrasse" so weitverbreitete "Seuche" wie die Homosexualität - geschätzt wurden je 1-2 Millionen homosexuelle Männer und Frauen - durchweg angeboren und damit "unheilbar" sein sollte. Einen Ausweg sollte hier das Teile-und-herrsche-Prinzip und die immer wieder geäußerte Behauptung darstellen, daß die überwiegende Mehrheit der sich homosexuell Betätigenden "Verführte" seien, die man für "erziehbar" hielt, während man den Anteil der "auszumerzenden" "anlagemäßigen" Homosexuellen auf lediglich etwa 2% bezifferte. Es gehört zu den menschenverachtenden Zynismen des "Dritten Reiches", daß drakonische Haftstrafen bis hin zur KZ-Haft angeblich der "Umerziehung" dienen sollten.

Unterschiedliche Meinungen über die Ursachen der Homosexualität und daraus resultierende Schwierigkeiten bei der einwandfreien Erkennung und Erfassung standen einer noch stärkeren, rassenhygienisch motivierten Verfolgung Homosexueller entgegen. Nichtsdestotrotz stellte sich die medizinisch-psychiatrische Homosexualitätsforschung auf vielfältige Weise in den Dienst kriminalpolitischer Verfolgung homosexueller Männer. Überraschenderweise konnte sich auch die nationalsozialistische Psychotherapie profilieren, versprach sie doch, bei (fast) allen Homosexuellen die "verschütteten heterosexuellen Tendenzen" reaktivieren und diese damit auch der Bevölkerungspolitik wieder zur Verfügung stellen zu können.

Neben der spezifischen, vor allem gegen Männer gerichteten Homosexuellenverfolgung, die seit Kriegsbeginn fast ausschließlich der Kriminalpolizei oblag, ging die Polizei seit 1937 in großem Ausmaß gegen sozial Unangepaßte, nicht straffällig gewordene Personen vor, wobei deren generatives Verhalten, Arbeitsfähigkeit und das Angewiesensein auf Sozialleistungen eine wichtige Rolle spielten. Dieser "Asozialen"verfolgung, die sich gegen immer weitere, überwiegend der Unterschicht angehörende Personenkreise richtete, fielen möglicherwise auch am ehesten lesbische Frauen zum Opfer; die Nationalsozialisten hatten immer wieder Homosexualität mit "Asozialität" und insbesondere lesbische Frauen mit Prostituierten assoziiert. Doch blieb auf diese Weise die Homosexualität als Verfolgungsgrund unsichtbar, was auch für Festnahmen unter dem Vorwand anderer Gründe (Delikte) gilt.

Die Radikalisierungstendenz gegen die sog. "inneren Feinde" zeigt sich auch in den Entwürfen des "Gesetzes zur Behandlung Gemeinschaftsfremder", das u.a. die polizeilich angeordnete Sterilisation und die KZ-Einweisung Homosexueller sowie die Zwangskastration homosexueller Männer vorsah. In der Zwangskastration glaubte man offenbar ein probates Mittel zur "Resozialisierung" homosexueller Männer gefunden zu haben, bei Erhalt ihrer Arbeits- und besonders ihrer Wehrfähigkeit.

Die Behandlung lesbischer Frauen im "Dritten Reich" ist nur teilweise mit eindeutigen Verfolgungskriterien zu erfassen. Die aus der strafrechtlichen Situation resultierende "Unsichtbarkeit" weiblicher Homosexualität, Datenschutzgesetze und Quellenmangel machen eine auch nur annähernde Schätzung des Ausmaßes der Verfolgung unmöglich. Mit Sicherheit kann man wohl nur sagen, daß es aus macht- und bevölkerungspolitischen Gründen keine systematische Verfolgung lesbischer Frauen gegeben hat, die mit derjenigen homosexueller Männer (etwa 50000 rechtskräftig Verurteilte und 10-15000 KZ-Inhaftierte) vergleichbar wäre.

Lesbische Frauen, die nicht durch andere Stigmata bedroht waren und die bereit waren, sich mehr oder weniger stark anzupassen, konnten einer Verfolgung weitgehend entgehen. Ihre Lebensweise wurde dagegen zerstört, was sich nicht nur in psychischen Schädigungen Einzelner, sondern auch in der bis weit in die heutige Zeit reichenden Tabuisierung und Diskriminierung der weiblichen Homosexualität insgesamt niederschlug.

Ausblick auf die Situation nach 1945

Unbestreitbar war der 8. Mai 1945 auch für Homosexuelle ein Tag der Befreiung. Die faschistische Diktatur, die unter Mißachtung aller Grundrechte ein Terrorregime ohnegleichen installiert hatte, das schätzungsweise 45 Millionen Menschen das Leben kostete, war durch die Alliierten militärisch besiegt worden. Beendet war damit die absolute Willkürherrschaft, die alle bedroht - wenn nicht verfolgt und vernichtet - hatte, die aus den unterschiedlichsten Gründen den Machthabern im Wege waren. So bot die bürgerliche Demokratie den homosexuellen Männern wenigstens die Gewißheit, nicht mehr wegen ihrer Homosexualität umgebracht zu werden. An der Strafverfolgung änderte sich jedoch zunächst in beiden deutschen Staaten nichts: der §175 wurde beibehalten.

Die Hoffnung auf eine "Stunde Null", auf einen grundlegenden Bruch mit der NS-Vergangenheit erwies sich auch im Hinblick auf die gesellschaftspolitische Einstellung zur Homosexualität und die Lebensbedingungen Homosexueller bald als trügerisch.[1] Zwar legten die Alliierten 1946 den Entwurf eines neues Strafgesetzbuches vor, demzufolge der §175 in seiner alten, bis 1935 gültigen Fassung angewendet werden sollte. Doch die Bundesrepublik als Rechtsnachfolgerin des "Dritten Reiches" bestand bei ihrer Gründung auf der verschärften NS-Fassung und stritt die politische Instrumentalisierung des Paragraphen durch die Nazis ab. Klagen gegen den Fortbestand der NS-Fassung lehnten verschiedene Instanzen bundesdeutscher Gerichte bis hin zum Bundesverfassungsgericht ab.

Reformbestrebungen in den 50er Jahren, den Paragraphen zu streichen, blieben erfolglos. Der amtliche Entwurf des StGBs von 1962, der allerdings nie verabschiedet wurde, beschränkte den Tatbestand für die einfache Homosexualität auf "beischlafähnliche" Handlungen, wie es auch in der Weimarer Republik Praxis gewesen war, allerdings bei einem erhöhten Strafmaß bis zu drei Jahren.

Die Begründungen zum Homosexualitäts-Paragraphen offenbaren bis in die Wortwahl hinein eine frappierende ideologische Übereinstimmung zwischen den Adenauer- und den NS-Juristen. Lediglich auf den "Rasse"-Begriff verzichtete man.[2] Das Strafrecht habe die "natürliche Lebensordnung" zu schützen und die "sittlichen Grundanschauungen des Volkes" zu berücksichtigen - eine Aufgabe, die ihm keineswegs zukommt, denn das Strafrecht hat nur der Ordnung des sozialen, nicht aber des "sittlichen" Zusammenlebens zu dienen. Wie eine kleine soziale Minderheit wie die Homosexuellen überhaupt in der Lage sein sollten, die "sittlichen Grundanschauungen des Volkes" infragezustellen, wurde nie beantwortet. Daneben wurde auch die angebliche "Cliquenwirtschaft" homosexueller Männer als Strafgrund angeführt - ein aus der NS-Zeit sattsam bekanntes, aber niemals bewiesenes "Argument".

Die drohende Wahrnehmung demokratischer Grundrechte durch homosexuelle Männer - wie Herausgabe von Zeitschriften, Bildung von Vereinigungen - lieferte dem Gesetzgeber die entscheidende Begründung für die Beibehaltung der Kriminalisierung, denn nach deren Wegfall sei "ein vermehrtes Hervortreten gleichgeschlechtlicher Neigungen in der Öffentlichkeit", ja sogar ein Eintreten Homosexueller "für die gesellschaftliche Anerkennung gleichgeschlechtlicher Handlungen" zu befürchten.[3] Dagegen sollte das Strafrecht einen "Damm" bilden, befürchtete man doch andernfalls - entgegen aller Logik sowie den Erfahrungen im Ausland - eine ungehemmte Ausbreitung des "Lasters".

Die offensichtliche Ungleichbehandlung männlicher und weiblicher Homosexualität bereitete dem Gesetzgeber offenbar keine argumentativen Schwierigkeiten:

---

1 Zum folgenden s. Finkler, in Stümke/Finkler, S.340-419; Stümke 1989, S.132-171; Baumann, S.145ff.

2 Finkler, S.343ff.

3 Ebd., S.446.

> "Der biologische Geschlechtsunterschied zwischen Mann und Frau prägt <...> den Sachverhalt hier so entscheidend, daß etwa vergleichbare Elemente daneben vollkommen zurücktreten. Die gleichgeschlechtliche Unzucht zwischen Frauen ist eine Erscheinung mit andersartigen und namentlich weniger einschneidenden Folgen für das Zusammenleben in der menschlichen Gesellschaft."[4]

Man kam zu dem Schluß, daß "ihre Bekämpfung <der weiblichen Homosexualität,C.S.> mit Mitteln des Strafrechts <...> aus kriminalpolitischen Gründen nicht geboten" sei.[5]

Mit den gleichen sexistischen Argumenten war bereits 1951 vom Bundesgerichtshof und 1957 vom Bundesverfassungsgericht festgestellt worden, daß §175 nicht gegen den Gleichheitsgrundsatz (Art.3 Abs.2 des Grundgesetzes) verstoße, da es sich bei männlicher und weiblicher Homosexualität um zwei "nicht vergleichbare Tatbestände"[6] handle, und daß deshalb auch die Berufung auf den Gleichheitsgrundsatz unzulässig sei. Wie zuvor schon von der NS-Strafrechtskommission, wurde auch hier das "erheblich seltenere" Vorkommen der weiblichen Homosexualität ins Feld geführt. Dabei berief man sich auf den österreichischen "Sachverständigen" und Rektor der Universität Wien, Grassberger, der den Angaben von HJ-Führer Tetzlaff zufolge in der NS-Zeit behauptet hatte, unter lesbischen Frauen befänden sich zwei Drittel "Asoziale und Kriminelle". Grassberger zufolge sollte die Zahl der in Österreich verurteilten Frauen "weniger als 4%"[7] der wegen Homosexualität verurteilten Männer ausmachen. Zwar könne, so wurde eingeräumt, für die Vergleichbarkeit männlicher und weiblicher Homosexualität als Straftatbestand nicht die (behauptete) unterschiedliche Häufigkeit entscheidend sein, doch wurde dies als "wichtiges Symptom auch für eine qualitative Verschiedenheit"[8] gewertet, die man mit der generellen Passivität von Frauen und der "sexuellen Abstinenz" lesbischer Frauen "begründete". Auch trete die männliche Homosexualität "unvergleichlich viel stärker als die weibliche in der Öffentlichkeit in Erscheinung", was sich das Gericht durch das "größere weibliche Schamgefühl und die größere Zurückhaltung der Frau in Geschlechtsfragen"[9] erklärte. Die ideologische Nähe zu den Argumentationen der NS-Juristen, die sich gegen die Ausdehnung des §175 auf Frauen ausgesprochen hatten, ist im Wortlaut unübersehbar.

Die fehlende Entnazifizierung in der BRD, die sich im Strafrecht wie in anderen politischen Bereichen - in ideologischer wie personeller Kontinuität - zeigte, und

---

4 Ebd., S.448.

5 Ebd.

6 Ebd., S.471.

7 Ebd., S.467. Für den Zeitraum 1922 bis 1936 nannte Grassberger 6098 Fälle männlicher und 142 weiblicher sowie 3550 Fälle männlicher und 114 weiblicher Homosexualität zwischen 1946 bis 1953. - 1962 sprach sich Grassberger, der auch für den Entwurf v. 1962 als "Experte" gehört wurde, gegen die Beschränkung des Tatbestands auf "beischlafähnliche" Handlungen aus (Baumann, S.158).

8 Finkler, S.467.

9 Ebd., S.469.

die lust- und sexualfeindliche Familienpolitik der Adenauer-Regierung bildeten den Hintergrund für die fortgesetzte juristische Kriminalisierung homosexueller Männer und die soziale Diskriminierung homosexueller Männer und Frauen, die weiterhin ein Verleugnen der Identität und ein Doppelleben zur Folge hatten.[10]

Zu den staatlichen "Schutzmaßnahmen" der Familie gehörten neben rigiden Scheidungsgesetzen, der Behinderung von Geburtenkontrolle und dem §218, der jedes Selbstbestimmungsrecht von Frauen negierte, auch die Aufrechterhaltung des §175, wobei nun ein Begriff wie die "gesunde Volksanschauung" durch "christliche Sittenethik" ersetzt wurde. Diese Familienpolitik - der besondere Schutz der Familie war im Grundgesetz verankert worden - ging einher mit einem patriarchalischen Frauenbild, das bspw. mit der Erwerbsarbeit von Frauen und weiblicher Autonomie allgemein wie auch in sexueller Hinsicht nicht vereinbar war.

Nicht nur in der McCarthy-Ära in den USA, sondern auch in der BRD wurde Homosexualität während des Kalten Krieges für den Antikommunismus funktionalisiert; man sprach von Homosexuellen als "Moskaus neuer Garde" und behauptete, diese seien eine "ungeheure Gefahr für die junge deutsche Demokratie".[11] In diesem Klima war es unmöglich, an die liberalen Traditionen der Weimarer Republik anzuknüpfen, und so waren vereinzelte Versuche, das Institut für Sexualwissenschaft und das Wissenschaftlich-humanitäre Komitee wiederaufleben zu lassen, zum Scheitern verurteilt. Auch die Kriminalstatistik spiegelte das aggressive antihomosexuelle Klima und die Verfolgungsintensität der bundesrepublikanischen Behörden wider: im Vergleich zur Weimarer Republik hatte sich die Zahl der nach §175 verurteilten Männer vervierfacht und belief sich zwischen 1950 und 1965 auf 44231 rechtskräftig Verurteilte.[12]

Erst das veränderte politische Klima Ende der 60er Jahre und die SPD/FDP-Koalition machten eine Reform des §175 möglich, die 1968 vom damaligen Justizminister Gustav Heinemann (SPD) eingeleitet wurde. Homosexualität galt zwar weiterhin als unnatürlich und krankhaft - auch die Mediziner setzten die Pathologisierung der Homosexualität fort -, aber nicht mehr als staats- und sozialgefährlich. Der Anspruch, das Strafrecht solle die moralischen Vorstellungen der Bevölkerungsmehrheit absichern, wurde aufgegeben. Mit den Strafrechtsreformen von 1969 und 1973 wurden homosexuelle Handlungen zwischen erwachsenen Männern entkriminalisiert; bis heute sind jedoch sexuelle Beziehungen zwischen einem über 18- und einem unter 18jährigen kriminalisiert, während das Schutzalter für Heterosexuelle bei 16 Jahren liegt.

Die Studentenbewegung bewirkte u.a. eine allgemeine Enttabuisierung und Thematisierung von Sexualität und gab Anstoß zur Bildung neuer sozialer Bewegungen von Frauen und Homosexuellen. Anfang der 70er Jahre - begünstigt auch durch die Entkriminalisierung männlicher Homosexualität - kam es zur Bildung von Emanzipationsgruppen in größerem Umfang, nachdem die homosexuelle Sub-

10 Vgl. hierzu die Interviews mit lesbischen Frauen in Kokula 1986.

11 Stümke 1989, S.144.

12 Baumann, S.64f.

kultur in den 50er und 60er Jahren nur sehr marginal vorhanden und stets von Übergriffen bedroht war. 40 Jahre nach der Vernichtung der alten Organisations- und Lebensformen durch die Nationalsozialisten war damit ein Schritt zum Ausbruch aus der Isolation und zum Aufbau einer neuen Kultur und sozialen Bewegung getan, die heute - bei fortbestehender rechtlicher und sozialer Diskriminierung - nach wie vor notwendig ist.

Die angeführten ideologischen Kontinutäten zeigten sich auch in der unzutreffend als "Wiedergutmachung" bezeichneten Entschädigungspraxis nach dem Krieg: das Bundesentschädigungsgesetz (BEG) von 1956 sah keine Anerkennung der NS-Verfolgung Homosexueller und damit weder eine finanzielle noch eine moralische Entschädigung vor (dies betraf auch z.B. Kommunisten, Zwangssterilisierte und Sinti und Roma).[13] Nach dem Allgemeinen Kriegsfolgengesetz (AKG), gültig ab 1957, konnten Verfolgte, die nicht den Kriterien des BEG entsprachen, aber während der NS-Zeit im KZ inhaftiert waren, Forderungen erheben, die Ausschlußfrist endete jedoch bereits Ende 1959. Aufgrund der fortgesetzten Kriminalisierung verwundert es kaum, daß nur 23 homosexuelle Männer Anträge nach dem AKG stellten. Bis 1986 kamen aufgrund einer Nachfrist noch neun Anträge hinzu; wie diese 32 Anträge entschieden wurden, ist nicht bekannt.[14]

Die Bundesregierung leugnete noch 1986, daß der §175 eine typische NS-Verfolgung darstelle; die Vereinbarkeit mit dem Grundgesetz habe das Bundesverfassungsgericht schon 1957 festgestellt: "Die Bestrafung homosexueller Betätigung in einem nach den strafrechtlichen Vorschriften durchgeführten Strafverfahren ist weder NS-Unrecht noch rechtsstaatswidrig."[15] Deshalb sei es rechtens, daß nach dem AKG nur eine KZ-Haft, aber keine Gefängnishaft als Verfolgung anzuerkennen sei.

1985 gelang es der Fraktion der Grünen im Bundestag, die "vergessenen Opfer" nationalsozialistischer Herrschaft und deren Forderungen nach moralischer und finanzieller Anerkennung ihrer Verfolgung ins öffentliche Bewußtsein zu rücken; sie konnten ihre Forderungen jedoch nicht durchsetzen.[16] Die Bundesregierung

---

13 S. hierzu Christian Pross: Wiedergutmachung. Der Kleinkrieg gegen die Opfer. Frankfurt/M. 1988. - Auch das entsprechende "Opferfürsorgegesetz" in Österreich schließt bis heute eine Anerkennung Homosexueller aus, s. Hauer 1989, S.61.

14 Jutta Oesterle-Schwerin, MdB (Die Grünen) auf einer Diskussionsveranstaltung der Magnus-Hirschfeld-Gesellschaft Berlin-West am 1.11.1989 zum Thema "Homosexuelle und Faschismus".

15 Deutscher Bundestag, Drucksache 10/6287, 31.10.86, Bericht der Bundesregierung über Wiedergutmachung und Entschädigung für nationalsozialistisches Unrecht sowie über die Lage der Sinti, Roma und verwandter Gruppen.

16 Vgl. Anerkennung und Versorgung aller Opfer nationalsozialistischer Verfolgung. Hg. DIE GRÜNEN im Bundestag/Fraktion der Alternativen Liste Berlin. Berlin 1986; Wiedergutmachung und Entschädigung für nationalsozialistisches Unrecht. Öffentliche Anhörung des Innenausschusses des Deutschen Bundestages am 24. Juni 1987. Hg. Deutscher Bundestag. Bonn 1987 (darin die schriftliche Stellungnahme von Ilse Kokula, S.319-329, sowie ihre mündlichen Stellungnahmen, S.49, 76, 111, 146).

entschloß sich Ende 1987, für den Zeitraum 1988 bis 1991 Geld für die finanzielle Anerkennung der bisher ausgeschlossenen Gruppen bereitzustellen (sog. Härtefondsregelung). Die Voraussetzungen für die Bewilligung - der Nachweis einer 50%igen Behinderung aufgrund einer KZ-Haft und das Vorliegen einer "Notlage", d.h. der Bezug von Sozialhilfe u.a. - sind jedoch derart restriktiv, daß bis 1989 nur von neun homosexuellen Männern Anträge gestellt wurden; davon wurde lediglich einer positiv beschieden (Oesterle-Schwerin). Anträge lesbischer Frauen sind nicht bekannt.[17]

Auch in offiziellen Gedenkveranstaltungen und -stätten werden Homosexuelle oft "vergessen" bzw. ausgegrenzt. Es gibt nur wenige Gedenktafeln, die an das von den Nationalsozialisten begangene Unrecht an dieser Minderheit erinnern, so in Berlin-Schöneberg und den ehemaligen KZ Mauthausen (Österreich), Dachau und Neuengamme, die von Homosexuellengruppen und meist gegen erheblichen Widerstand von Organisationen ehemaliger Häftlinge oder der Museumsverwaltung angebracht wurden.

Auch in der DDR, die ihren Anspruch, mit der faschistischen Vergangenheit in personeller wie ideologischer Hinsicht zu brechen, weitgehender erfüllte als die BRD, bedeutete der Neuanfang nach dem Krieg kein Ende der Homophobie.[18] Auch hier wurden Homosexuelle nicht als "Opfer des Faschismus" anerkannt.

In strafrechtlicher Hinsicht wurde wenigstens teilweise mit der Vergangenheit gebrochen: seit 1950 galt in der DDR §175 in alter Form; das oberste Gericht empfahl gleichzeitig, mögliche Verfahren nach §175 wegen "Geringfügigkeit" einzustellen.[19] §175a wurde jedoch wegen des vermeintlichen Jugendschutzes in der NS-Fassung von 1935 beibehalten. 1957 wurde ein Strafrechtsergänzungsgesetz erlassen, demzufolge nur noch §175a angewandt wurde; formal bestand §175 jedoch bis 1968.

Von seiten der SED gab es keine offizielle Stellungnahme zur Homosexualität; diese galt als medizinisch-juristisches, nicht aber als gesellschaftspolitisches Problem; im übrigen wurde das Thema weitgehend totgeschwiegen. Im medizinischen und juristischen Diskurs wurde die Pathologisierung der Homosexualität fortgesetzt, was die soziale Diskriminierung Homosexueller verfestigte. In der Medizin, in der die Entnazifizierung nicht so grundlegend wie in anderen Bereichen durchgesetzt worden war, gab es auch personelle Kontinuitäten: Gudrun v. Kowalski führt in ihrer Arbeit "Homosexualität in der DDR" als Beispiel Rudolf Lemke an,

---

17 In West-Berlin, wo neben dem BEG auch ein eigenes Landesgesetz gilt, beschloß das Abgeordnetenhaus von Berlin auf Betreiben der Alternativen Liste im Juni 1986 die Einrichtung einer Stiftung für alle Verfolgten; hier wird wesentlich unbürokratischer verfahren. Vier homosexuelle Männer haben Anträge gestellt, die alle positiv beschieden wurden (Hilde Schramm, Mitglied des Abgeordnetenhauses (Alternative Liste), auf der Veranstaltung "Homosexuelle und Faschismus" v. 1.11.1989).

18 Zum folgenden s. Gudrun v. Kowalski: Homosexualität in der DDR. Ein historischer Abriß. Marburg 1987.

19 Finkler, S.348.

der, wie berichtet, im "Dritten Reich" neben der strafrechtlichen Verfolgung Homosexueller auch "medizinische Behandlung, Fürsorgemaßnahmen und rassenhygienische Betreuung" gefordert hatte, um so deren "Gefährlichkeit für die völkische Gemeinschaft zu verringern". Trotz oder vielleicht auch wegen der Pathologisierung der Homosexualität als einer biologisch bedingten Krankheit bestand unter den Medizinern jedoch die Tendenz zu Entkriminalisierungsforderungen.

1968, ein Jahr vor der Reform des Nazi-Paragraphen in der BRD, wurde §175 in der DDR formal abgeschafft; der neue §151 kriminalisierte homosexuelle Beziehungen zwischen Erwachsenen und Minderjährigen mit Freiheitsstrafen bis zu drei Jahren. Im Dezember 1988 wurde - auch beeinflußt durch die Basisarbeit von Homosexuellengruppen - die Streichung des §151 beschlossen, die am 1. Juni 1989 in Kraft trat, so daß es damit keine strafrechtliche Sonderbehandlung homosexueller Beziehungen mehr gab. Ausdrücklich betonte der Gesetzgeber bei seiner Entscheidung, daß Homo- und Heterosexualität als Varianten sexuellen Verhaltens gleich zu bewerten seien und folgte damit der wissenschaftlichen Erkenntnis, daß es eine "Verführung" zur Homosexualität nicht gibt.[20]

In den 70er Jahren kam es zu einer größeren Thematisierung der Homosexualität, die aber noch immer überwiegend auf die Sexualwissenschaft beschränkt war. Zwar wurde nun z.T. eine soziale Akzeptanz Homosexueller befürwortet - dies entsprang aber eher dem Wunsch, die Ansprüche einer sozialistischen Gesellschaft gegenüber ihren Minderheiten einzulösen; die Minderbewertung und Pathologisierung der Homosexuellen wurde weitgehend beibehalten, was nicht unwesentlich auf Günter Dörner, den Leiter des Instituts für experimentelle Endokrinologie an der Humboldt-Universität, zurückzuführen ist. Dieser versuchte seit den 60er Jahren - und bis in allerjüngste Zeit - anhand von Rattenversuchen nachzuweisen, daß Homosexualität beim Menschen auf einer Hormonstörung während der Schwangerschaft beruhe. Er empfahl in den 70er Jahren stereotaktische Eingriffe, die dann allerdings in der BRD, nicht in der DDR praktiziert wurden.[21] Grundsätzlich strebte Dörner allerdings die "Prophylaxe" der Homosexualität mittels Hormonzugaben während der Schwangerschaft an. Dörners unhaltbare Hypothesen wurden in der DDR nicht nur in medizinischen Publikationen aufgenommen, sondern erlangten auch international einige Bedeutung.

Anfang der 70er Jahre kam es zu ersten Gruppengründungen Homosexueller, deren Bewerbung um offiziele Anerkennung aber abgelehnt wurde; abgesprochen wurde ihnen damit auch das Recht auf aktive Bekämpfung der Diskriminierung. Seit Anfang der 80er Jahre war eine zunehmende Tendenz zur Auseinandersetzung mit Homosexualität, verbunden mit einer Enttabuisierung in der Öffentlichkeit, in Sexualwissenschaft und Massenmedien, festzustellen, die nicht nur auf die AIDS-Problematik und vermehrte Ausreiseanträge Homosexueller zurückzuführen ist. Dieser Kurswechsel wurde nicht zuletzt von den Selbsthilfegruppen erkämpft, die

20 S. Kurt Bach/Hubert Thinius: Die strafrechtliche Gleichstellung hetero- und homosexuellen Verhaltens in der DDR, in: Zeitschrift für Sexualforschung, 2.Jg. H.3, Sept. 1989, S.237-242.

21 S. Kowalski, S.38-40.

sich ab 1983 zunächst im Rahmen der Evangelischen Kirche, seit 1987 auch in staatlich anerkannten Gruppen organisiert hatten. Damit standen homosexuelle Frauen und Männer nicht mehr im gesellschaftlichen Abseits und in völliger Isolation, wie es für ihre Lebenssituation in der Nachkriegszeit in noch stärkerem Ausmaß als in der BRD prägend war.

ABKÜRZUNGEN

AKG	Allgemeines Kriegsfolgengesetz
BA	Bundesarchiv Koblenz
BA-MA	Bundesarchiv/Militärarchiv Freiburg
BDC	Berlin Document Center
BDF	Bund Deutscher Frauenvereine
BDM	Bund Deutscher Mädel
BEG	Bundesentschädigungsgesetz
BfM	Bund für Menschenrecht e.V.
BPI	Berliner Psychoanalytisches Innstitut
CCC	Constitutio Criminalis Carolina
DFV	Deutscher Freundschaftsverband
DFW	Deutsches Frauenwerk
DPG	Deutsche Psychoanalytische Gesellschaft
EGG	Ehegesundheitsgesetz
(F)KZ	(Frauen)Konzentrationslager
GBG	Gesetz zur Behandlung Gemeinschaftsfremder
GStA	Geheimes Staatsarchiv Berlin-Dahlem
Hervorheb.i.Org.	Hervorhebung im Original
HJ	Hitlerjugend
IfS	Institut für Sexualwissenschaft
IfZ	Institut für Zeitgeschichte München
ITS	Internationaler Suchdienst des Roten Kreuzes
KWI	Kaiser-Wilhelm-Institut
NSDÄB	Nationalsozialistischer Deutscher Ärztebund
NSV	Nationalsozialistische Volkswohlfahrt
o.J.	ohne Jahr
o.O.	ohne Ort
o.Pag.	ohne Paginierung
OKW	Oberkommando der Wehrmacht
RAD	Reichsarbeitsdienst
RADwJ	Reichsarbeitsdienst für die weibliche Jugend
RG	Reichsgericht
RGBl.	Reichsgesetzblatt
RJF	Reichsjugendführer/-führung
RJM	Reichsjustizminister/-ministerium
RKK	Reichskulturkammer
RKPA	Reichskriminalpolizeiamt

RMdI	Reichsministerium des Innern
RPA	Rassenpolitisches Amt
RS	Rückseite
RSHA	Reichssicherheitshauptamt
RSK	Reichsschrifttumskammer
SA	Sturmabteilung
SD	Sicherheitsdienst
SS	Schutzstaffel
StGB	Strafgesetzbuch
VB	Völkischer Beobachter
WhK	Wissenschaftlich-humanitäres Komitee
zit.n.	zitiert nach

Ungedruckte Quellen

I. Zahlreiche Briefwechsel mit ZeitzeugInnen, anderen Personen und Institutionen.

II. Etwa 25 persönliche Gespräche mit ZeitzeugInnen und anderen Personen.

III. Aktenbestände:

Bundesarchiv Koblenz

NSD 17 Rassenpolitisches Amt der NSDAP
NSD Drucksachen
NL 12 Nachlaß Elisabeth v. Gustedt
NS 2 Rasse- und Siedlungshauptamt
NS 19 Persönlicher Stab Reichsführer-SS
NS 44 Reichsfrauenführung
NS 4 Konzentrationslager
NS 32II SS-Helferinnenschule Oberehnheim
R 55 Reichsministerium für Volksaufklärung und Propaganda
R 21 Reichsministerium für Wissenschaft, Erziehung und Volksbildung
R 43 Reichskanzlei
R 61 Akademie für Deutsches Recht
R 58 Reichssicherheitshauptamt
R 22 Reichsjustizministerium
R 86 Reichsgesundheitamt
Kleine Erwerbungen

Bundesarchiv/Militärarchiv Freiburg

Staatsarchiv Sigmaringen

Hessisches Staatsarchiv Marburg

Staatsarchiv Nürnberg

Staatsarchiv München

Institut für Zeitgeschichte München

Staatsanwaltschaft beim Kammergericht Berlin

Geheimes Staatsarchiv Berlin-Dahlem: Rep. 90P: Geheime Staatspolizei

Berlin Document Center: Personalakten

Landesarchiv Berlin: Vereinsakten

Zentrales Staatsarchiv Potsdam

49.01 Reichsministerium für Wissenschaft, Erziehung und Volksbildung
15.01 Reichsministerium des Innern
30.01 Reichsjustizministerium
30.13 Akademie für Deutsches Recht

Gedruckte Quellen und Literatur

Aly, Götz: Medizin gegen Unbrauchbare, in: Beiträge zur nationalsozialistischen Gesundheits- und Sozialpolitik Bd.1. Berlin 1985.

Anerkennung und Versorgung aller Opfer nationalsozialistischer Verfolgung. Hg. DIE GRÜNEN im Bundestag/Fraktion der Alternativen Liste Berlin. Berlin 1986.

Arndt, Ino: Das Frauenkonzentrationslager Ravensbrück, in: Studien zur Geschichte der Konzentrationslager. Hg. Institut für Zeitgeschichte. Stuttgart 1970, S.93-129.

Aronson, Shlomo: Reinhard Heydrich und die Frühgeschichte von Gestapo und SD. Stuttgart 1971.

Artzt, Heinz: Mörder in Uniform. München 1979.

Auschwitz - Geschichte und Wirklichkeit des Vernichtungslagers. Reinbek 1982.

Auschwitz, in: Lambda-Nachrichten (Wien), 6.Jg. 1984, Nr.1, S.27-29.

Ayaß, Wolfgang: "Ein Gebot der nationalen Arbeitsdisziplin". Die Aktion "Arbeitsscheu Reich" 1938, in: Beiträge zur nationalsozialistischen Gesundheits- und Sozialpolitik Bd. 6. Berlin 1988, S.43-74.

Bach, Kurt/Hubert Thinius: Die strafrechtliche Gleichstellung hetero- und homosexuellen Verhaltens in der DDR, in: Zeitschrift für Sexualforschung, 2.Jg. H.3, Sept. 1989, S.237-242.

Balßen, Meinhard: Beitrag zur Frage der Erblichkeit der Asozialität. Diss.med. Hamburg 1940.

Bartsch, Robert: Das "gesunde Volksempfinden" im Strafrecht. Diss.jur. Hamburg 1940.

Baumann, Jürgen: § 175. Über die Möglichkeit, die einfache, nicht-jugendgefährdende und nichtöffentliche Homosexualität unter Erwachsenen straffrei zu lassen. Berlin/Neuwied 1968.

Baur, Erwin/Eugen Fischer/Fritz Lenz: Menschliche Erblichkeitslehre und Rassenhygiene. München 1920.

Baur, Hermann: Beiträge zur Genese der weiblichen Homosexualität. Diss.med. Mulhouse 1937.

Beck, Gad: Im Untergrund der Nazi-Hauptstadt, in: Capri. Zeitschrift für schwule Geschichte 2/1987, S.6-14.

Beratungsstellen für Erb- und Rassenpflege, in: Psychiatrisch-Neurologische Wochenschrift, Bd.37 Nr.25, 1935.

Berendsen, Anne: Vrouwenkamp Ravensbrück. Utrecht 1946.

Bergmann, Anna: Die "Rationalisierung der Fortpflanzung": Der Rückgang der Geburten und der Aufstieg der Rassenhygiene/Eugenik im deutschen Kaiserreich 1871-1914. Diss. FU Berlin 1988.

dies.: Frauen, Männer, Sexualität und Geburtenkontrolle. Zur "Gebärstreikdebatte" der SPD 1913, in: Hg. Karin Hausen: Frauen suchen ihre Geschichte. München 1983, S.81-109.

Bergmann, Ernst: Erkenntnisgeist und Muttergeist. Eine Soziosophie der Geschlechter. Breslau [2]1933.

Berthelsen, Detlef: Alltag bei Familie Freud. Die Lebenserinnerungen der Paula Fichtl. Frankfurt/M. 1989.

Bettelheim, Bruno: Erziehung zum Überleben. Zur Psychologie der Extremsituation. Stuttgart 1980.

Binding, K./A.E. Hoche: Die Freigabe der Vernichtung lebensunwerten Lebens. Ihr Maß und ihre Form. Leipzig 1920.

Blasius, Dirk: Ehescheidung in Deutschland 1794-1945. Göttingen 1987.

Bleibtreu-Ehrenberg, Gisela: Tabu Homosexualität. Die Geschichte eines Vorurteils. Frankfurt/M. 1978.

Bleuel, Hans Peter: Das saubere Reich. Die verheimlichte Wahrheit. Eros und Sexualität im Dritten Reich. Bern/München 1972.

Bleuler, Eugen: Lehrbuch der Psychiatrie. Berlin 1943.

Bloch, Iwan: Das Sexualleben unserer Zeit in seinen Beziehungen zur modernen Kultur. Berlin [9]1909.

Bluhm, Agnes: Die rassenhygienischen Aufgaben des weiblichen Arztes. Berlin 1936.

Boberach, Heinz (Hg.): Meldungen aus dem Reich. Die geheimen Lageberichte des Sicherheitsdienstes der SS 1938-1945. Herrsching 1984f.

Bock, Gisela: Die Frauen und der Nationalsozialismus, in: Geschichte und Gesellschaft, 15.Jg. 1989, H.4, S.563-579.

dies.: "Keine Arbeitskräfte in diesem Sinne". Prostituierte im Nazi-Staat, in: Hg. Pieke Biermann: Wir sind Frauen wie andere auch. Prostituierte und ihre Kämpfe. Reinbek 1980, S.70-107.

dies.: Zwangssterilisation im Nationalsozialismus. Studien zur Rassenpolitik und Frauenpolitik. Opladen 1986.

dies.: Geschichte, Frauengeschichte, Geschlechtergeschichte, in: Geschichte und Gesellschaft, 14.Jg. 1988, H.3, S.364-391.

dies.: Historische Frauenforschung: Fragestellungen und Perspektiven, in: Hg. Karin Hausen: Frauen suchen ihre Geschichte. Historische Studien zum 19. und 20. Jahrhundert. München 1983, S.22-60.

Boehm, Felix: Schriften zur Psychoanalyse. München 1978.

ders.: Erhebung und Bearbeitung von Katamnesen, in: Zentralblatt für Psychotherapie, Bd.14 1941, H.1/2, S.17-25.

ders.: Rezension von Rudolf Lemkes "Über Ursache und strafrechtliche Beurteilung der Homosexualität", in: Zentralblatt für Psychotherapie, Bd.14 1942, S.119-124.

Boeters, Gustav: Zur Entmannung von Sittlichkeitsverbrechern, in: Monatsschrift für Kriminalpsychologie, Bd.25 1934, S.579-582.

Boisson, Jean: Le triangle rose. La déportation des homosexuels (1933-1945). Paris 1988.

Böhme, Albrecht: Psychotherapie und Kastration. München 1935.

Böser, Th.: Die homosexuelle Propaganda und ihre Bekämpfung, in: Volkswart, 22.Jg. Nr.4, April 1929, S.49-56 und Nr.5, Mai 1929, S.67-70.

Brecht, Karen u.a. (Hg.): "Hier geht das Leben auf eine sehr merkwürdige Weise weiter..." Zur Geschichte der Psychoanalyse in Deutschland. Hamburg 1985.

Brethner, Frithjof: Das Asozialenproblem, in: Neues Volk. Blätter des RPA der NSDAP, 8.Jg. 1940, S.6-8.

Bromberger, Barbara u.a.: Schwestern, vergeßt uns nicht. Frauen im Konzentrationslager: Moringen, Lichtenburg, Ravensbrück 1933-1945. Frankfurt/M. 1988.

Broster, L.R./Clifford Allen/H.W.C. Vines u.a.: The Adrenal Cortex and Intersexuality. London 1938.

Broszat, Martin: Zur Perversion der Strafjustiz im Dritten Reich, in: Vierteljahreshefte für Zeitgeschichte, 6.Jg. 1958, H.4, S.390-405.

Brown, Judith C.: Schändliche Leidenschaften. Das Leben einer lesbischen Nonne in Italien zur Zeit der Renaissance. Stuttgart 1988.

Buber-Neumann, Margarete: Milena, Kafkas Freundin. München 1977.

Buchheim: Bearbeitung des Sachgebiets "Homosexualität" durch die Gestapo. Gutachten des Instituts für Zeitgeschichte. Bd.1, München 1958.

Buchmann, Erika: Frauen im Konzentrationslager. Stuttgart 1946.

Bullough, Vern L.: An annotated bibliography of homosexuality. 2 Bde., New York 1976.

Burger, R.: Ein Fall von fraglicher Homosexualität, in: Monatsschrift für Kriminalbiologie und Strafrechtsreform 1941, H.7/8, S.236-241.

Burghardt, Christina: Die deutsche Frau. Küchenmagd, Zuchtsau, Leibeigene im Dritten Reich - Geschichte oder Gegenwart? Münster 1978.

Bürger-Prinz, Hans: Betrachtungen über einen Homosexuellenprozeß, in: Monatsschrift für Kriminalbiologie und Strafrechtsreform, 29.Jg. 1938, H.7, S.333-336.

ders./H. Weigel: Über den Transvestitismus bei Männern, in: Monatsschrift für Kriminalbiologie und Strafrechtsreform, 31.Jg. 1940, H.6, S.125-143.

ders.: Gedanken zum Problem der Homosexualität, in: Monatsschrift für Kriminalbiologie und Strafrechtsreform, 30.Jg. 1939, H.9, S.430-438.

ders.: Über das Problem der Homosexualität, in: Monatsschrift für Kriminalbiologie und Strafrechtsreform, 32.Jg. 1941 (=1941a), H.1, S.32-39.

Ceglowska, Teresa: Strafkompanien im KL Auschwitz, in: Hefte von Auschwitz 17. Hg. Staatliches Museum Auschwitz 1985.

Christel, Albert: Apokalypse unserer Tage. Erinnerungen an das KZ Sachsenhausen. Hg. Manfred Ruppel/Lothar Wolfstetter. Frankfurt/M. 1987.

Chroust, Peter: Friedrich Mennecke. Innenansichten eines medizinischen Täters im Nationalsozialismus, in: Beiträge zur nationalsozialistischen Gesundheits- und Sozialpolitik Bd.4. Berlin 1987, S.67-121.

Cocks, Geoffrey: Psychotherapy in the Third Reich. The Göring Institute. New York/Oxford 1985.

Combs, William L.: The voice of the SS. A history of the SS journal "Das Schwarze Korps". New York u.a. 1986.

Corbin/Farge/Perrot u.a.: Geschlecht und Geschichte. Ist eine weibliche Geschichtsschreibung möglich? Frankfurt/M. 1989.

Czarnowski, Gabriele: Frauen - Staat - Medizin. Aspekte der Körperpolitik im Nationalsozialismus, in: Beiträge zur feministischen Theorie und Praxis 14. Köln 1985, S.79-99.

dies.: Familienpolitik als Geschlechterpolitik, in: Hg. Johanna Geyer-Kordesch/Annette Kuhn: Frauenkörper, Medizin, Sexualität. Düsseldorf 1986, S.263-283.

D'Eramo, Luce: Der Umweg. Reinbek 1981.

Dahm, Volker: Die nationalsozialistische Schrifttumspolitik nach dem 10. Mai 1933, in: Hg. Ulrich Walberer: 10. Mai 1933. Bücherverbrennung in Deutschland und die Folgen. Frankfurt/M. 1983, S.36-83.

Dall'Orto, Giovanni: Per il bene della razza, al confino il pederasta, in: Babilonia Nr.35, April 1986, S.14-17.

ders.: Allarmi, siamo gay, in: Panorama Nr.20, April 1986, S.156-165.

ders.: Credere, obbedire, non "battere", in: Babilonia Nr.36, Mai 1986, S.13-17.

Dannecker, Martin: Der Homosexuelle und die Homosexualität. Frankfurt/M. 1986.

Das Frauenkonzentrationslager Ravensbrück, in: Internationale Hefte der Widerstandsbewegung. Wien 1960, S.82-98.

Delarue, Jacques: Geschichte der Gestapo. Düsseldorf 1964.

Deussen, Julius: Sexualpathologie, in: Fortschritte der Erbpathologie, Rassenhygiene und ihrer Grenzgebiete, 3.Jg. 1939, H.2, S.67-102.

Deutsch, Helene: Über die weibliche Homosexualität, in: Internationale Zeitschrift für Psychoanalyse, Bd.18 1932, H.2, S.219-241.

Deutsche Politik in Polen 1933-1945. Aus dem Diensttagebuch von Hans Frank Generalgouverneur. Hg. J. Geiss/W. Jacobmeyer. Opladen 1980.

Deutsche Strafgesetze. Hg. Leopold Schäfer. Berlin [10]1943.

Deutsches Strafrecht. Hg. Roland Freisler. Berlin 1939.

Dick, Lutz van/Christoph Kranich: Zeugnisse des Schreckens. Schwule besuchen die KZ-Gedenkstätte Auschwitz, in: Magnus, 1.Jg. Nr.1, Okt. 1989, S.48-51.

Diels, Rudolf: Lucifer ante portas. Es spricht der erste Chef der Gestapo. Stuttgart 1950.

Dobkowsky, Th.: Gebißuntersuchungen an homosexuellen Männern, in: Zeitschrift für die gesamte Anatomie, Abt. 2: Zeitschrift für Konstitutionslehre 10 1924, H.2, S.191ff.

Dokumente zur "Euthanasie". Hg. Ernst Klee. Frankfurt/M. 1985.

Domarus, Max: Hitler - Reden und Proklamationen 1932-1945. Kommentiert von einem deutschen Zeitgenossen. Bd.1, München 1965.

Dorn, Valeska: Erinnerungen aus der Feuerbergstraße 1939-1942, in: Hamburger Frauenzeitung Nr.8 1984, S.4-7.

Doucet, Friedrich W.: Im Banne des Mythos. Die Psychologie des Dritten Reiches. Esslingen 1979.

ders.: Homosexualität. München 1967.

Doughty, Frances: Lesbian biography, biography of lesbians, in: Frontiers. A journal of Women Studies. Vol.IV Nr.3, Herbst 1979, S.76-79.

Dröge, Annette: In dieser Gesellschaft überleben. Zur Alltagssituation lesbischer Frauen. Berlin 1983.

Dürkop, Marlies: Zur Funktion der Kriminologie im Nationalsozialismus, in: Hg. Udo Reifner/B.-R. Sonnen: Strafjustiz und Polizei im Dritten Reich. Frankfurt/M./New York 1984, S.97-120.

Ebbinghaus, Angelika u.a. (Hg.): Heilen und vernichten im Mustergau Hamburg. Bevölkerungs- und Gesundheitspolitik im Dritten Reich. Hamburg 1984.

Ebbinghaus, Angelika (Hg.): Opfer und Täterinnen. Frauenbiographien des Nationalsozialismus. Nördlingen 1987.

Ebeling, Helmut: Schwarze Chronik einer Weltstadt. Hamburg 1968.

Eberhard, Ehrhard F.W. (Hg.): Geschlechtscharakter und Volkskraft. Darmstadt/Leipzig 1930.

ders.: Die Frauenbewegung und ihre erotischen Grundlagen. Wien/Leipzig 1924.

Eckhardt, Karl August: Widernatürliche Unzucht ist todeswürdig, in: Schwarzes Korps v. 22.5.1935.

ders.: Widernatürliche Unzucht. Eine rechtsgeschichtliche Skizze, in: Deutsche Rechtswissenschaft, Bd.3 1938, S.170-175.

Eissler, W.U.: Arbeiterparteien und Homosexuellenfrage. Zur Sexualpolitik von SPD und KPD in der Weimarer Republik. Berlin 1980.

Elberskirchen, Johanna: Die Liebe des dritten Geschlechts. Homosexualität, eine bisexuelle Varietät. Keine Entartung - keine Schuld. Leipzig 1903.

Eldorado. Homosexuelle Frauen und Männer in Berlin 1850-1950. Geschichte, Alltag und Kultur. Hg. Berlin Museum. Berlin 1984.

ElefantenPress (Hg.): Frauen unterm Hakenkreuz. Berlin 1983.

Elling, Hanna: Frauen im deutschen Widerstand 1933-1945. Frankfurt/M. 1979.

Engelmann, Fritz, in: Die konträre Sexualempfindung, ihre Beziehungen zur Intersexualität und ihre Beeinflussungsmöglichkeit durch die Hormone der Nebenniere, in: Archiv für Frauenkunde, Bd.19 1933, H.2/3, S.160-167.

Entscheidung des Reichsgerichts in Strafsachen vom 4.6.1936, in: Deutsche Justiz. Monatsbeilage Das Recht, 40.Jg. 1936.

Envelopes of sound. The art of oral history. Hg. Ronald J. Grele. Chicago 1975.

Erdle, Wilhelm: Angriffe auf die Sittlichkeit Jugendlicher und Angriffe Jugendlicher auf die Sittlichkeit. Diss.jur. Köln 1939.

Espenschied: Ein eigenartiges Verbrechensmotiv. (Ein Beitrag zur Kriminalität der homosexuellen Frau), in: Kriminalistik, 14.Jg. 1940, H.12, S.137-139.

Faderman, Lillian: Love between women in 1928 - Why progressivism is not always progress, in: Hg. Monika Kehoe: Historical, literary, and erotic aspects of lesbianism. New York/London 1986, S.23-42.

Fenelon, Fania: Das Mädchenorchester in Auschwitz. München 21982.

Fickert: Rassenhygienische Verbrechensbekämpfung. Leipzig 1938.

Fikentscher, R.: Ärztliche Gesichtspunkte und Erfahrungen bei der Durchführung des Sterilisierungsgesetzes an weiblichen Erbkranken, in: Medizinische Klinik Nr.10, 8.3.1935, S.311-313.

Fischer-Homberger, Esther: Neue Materialien zur "Krankheit Frau" (19. und 20. Jahrhundert), in: Feminismus. Inspektion der Herrenkultur. Hg. Luise F. Pusch. Frankfurt/M. 1983, S.308-339.

Foucault, Michel: Sexualität und Wahrheit. Bd.1: Der Wille zum Wissen. Frankfurt/M. 1983.

Förster, Rudolf: Über Sexual-Delikte und sexuelle Triebrichtungen. Hamburg 1932.

Föster, Michael: Schwester Pia und die Sklaven, in: Hg. Rainer Schilling: München von hinten. Berlin 1982, S.51-58.

Fraenkel, Ernst: Der Doppelstaat. Recht und Justiz im "Dritten Reich". Frankfurt/M. 1984.

Frank, Hans: Nationalsozialistische Strafrechtspolitik. München 1938.

Frankenthal, Käte: Der dreifache Fluch: Jüdin, Intellektuelle, Sozialistin. Lebenserinnerungen einer Ärztin in Deutschland und im Exil. Frankfurt/M./New York 1981.

Frauen-KZ Ravensbrück. Hg. Komitee der Antifaschistischen Widerstandskämpfer der DDR, Autorenkollektiv unter Leitung von G. Zörner. Frankfurt/M. 1982.

Frauengruppe Faschismusforschung: Mutterkreuz und Arbeitsbuch. Zur Geschichte der Frauen in der Weimarer Republik und im Nationalsozialismus. Frankfurt/M. 1981.

Freud, Sigmund: Drei Abhandlungen zur Sexualtheorie (1905), in: Hg. Anna Freud/Ilse Grubrich-Semitis: Sigmund Freud, Werkausgabe in zwei Bänden. Bd.1, Frankfurt/M. 1978, S.235-317.

ders.: Über die Psychogenese eines Falles von weiblicher Homosexualität, in: Internationale Zeitschrift für Psychoanalyse, 6.Jg. 1920, S.1-24.

Frevert, Ute: Bewegung und Disziplin in der Frauengeschichte. Ein Forschungsbericht, in: Geschichte und Gesellschaft, 14.Jg. 1988, H.2, S.240-262.

Frick, Wilhelm: Bevölkerungs- und Rassenpolitik. Ansprache des Reichsministers des Innern, Frick, auf der ersten Sitzung des Sachverständigenbeirats am 28.6.1933. Langensalza 1933.

ders.: Die deutsche Frau im nationalsozialistischen Staate. Langensalza 1934.

Friedrich, Jörg: Freispruch für die Nazi-Justiz. Die Urteile gegen NS-Richter seit 1948. Reinbek 1983.

Fröhlich, Elke: Ein "Volksschädling", in: Bayern in der NS-Zeit. Bd.6: Die Herausforderung des Einzelnen. Geschichten über Widerstand und Verfolgung. Hg. Martin Broszat/Elke Fröhlich. München/Wien 1983, S.76-114.

Fuhge, G.: Rezension von Rudolf Lemke "Neue Auffassungen zur Pathogenese, Klinik und strafrechtlichen Stellung der männlichen und weiblichen Homosexualität, in: Zentralblatt für Psychotherapie Bd.13, 1942, H.6, S.372.

Fürstenberg, Doris (Hg.): Jeden Moment war dieser Tod. Interviews mit jüdischen Frauen, die Auschwitz überlebten. Düsseldorf 1986.

Gansmüller, Christian: Die Erbgesundheitspolitik des Dritten Reiches. Planung, Durchführung und Durchsetzung. Köln/Wien 1987.

Gauhl, Karl Werner: Statistische Untersuchungen über Gruppenbildung bei Jugendlichen mit gleichgeschlechtlicher Neigung unter besonderer Berücksichtigung der Struktur dieser Gruppen und der Ursache ihrer Entstehung. Diss.phil. Marburg 1940.

Geschichte der Frauenemanzipation in Deutschland und Österreich. Hg. Daniela Weiland. Düsseldorf 1983.

Girndt, Cornelia/Abraham Lauve: Die vertanen Jahre. Ein notwendiger Rückblick aus Anlaß der 600-Jahr-Feier der Universität Heidelberg, in: Frankfurter Rundschau v. 18.10.1986.

Glas-Larsson, Margareta: Ich will reden. Tragik und Banalität des Überlebens in Theresienstadt und Auschwitz. Hg. Gerhard Botz. Wien 1981.

Gollner, Günter: Homosexualität. Ideologiekritik und Entmythologisierung einer Gesetzgebung. Berlin 1974.

Granderath: Strafzumessung und Erziehungsmaßnahmen bei homosexuellen Jugendlichen, in: Die Rheinprovinz, 14.Jg. Juni 1938, S.388-393.

Grassberger, Roland: Die Unzucht mit Tieren. Wien/New York 1968.

Grau, Günter: Die Situation der Homosexuellen im Konzentrationslager Buchenwald. Berichte von Augenzeugen, in: Zeitschrift für Sexualforschung, 2.Jg. H.3, Sept. 1989, S.243-253.

ders.: Die Verfolgung und "Ausmerzung" Homosexueller zwischen 1933 und 1945 - Folgen des rassehygienischen Konzepts der Reproduktionssicherung, in: Hg. A. Thom/G.I. Caregorodcev: Medizin unterm Hakenkreuz. Berlin/DDR 1989, S.91-110.

ders.: Ehrung homosexueller KZ-Opfer. Rede aus Anlaß einer Kranzniederlegung in der nationalen Mahn- und Gedenkstätte Buchenwald am 11.1.1987, in: Nummer, Sept./Okt. 1987, S.6.

Grossmann, Atina: Sexualreform und Frauen. Lebenschaffend - machterhaltend?, in: Hg. Barbara Schaeffer-Hegel: Frauen und Macht. Berlin 1984, S.36-57.

Gürtner, Franz (Hg.): Das kommende deutsche Strafrecht. Besonderer Teil: Bericht über die Arbeit der amtlichen Strafrechtskommission. Berlin 1935.

ders.: Das kommende deutsche Strafrecht. Allgemeiner Teil. Bericht über die Arbeit der amtlichen Strafrechtskommission. Berlin 1934.

Gütt, Arthur/Ernst Rüdin/Falk Ruttke: Das Gesetz zur Verhütung erbkranken Nachwuchses. München 1934.

ders./Linden/Maßfeller (Hg.): Blutschutz- und Ehegesundheitsgesetz. München 1936.

ders.: Der Aufbau des Gesundheitswesens im Dritten Reich. Berlin 1938.

Haarmann, Gustav: Über die Erbbedingtheit der Homosexualität. Diss.med. Münster 1942.

Habel, H.: Ein Beitrag zu der Frage der Abhängigkeit sexueller bzw. erotischer Strebungen von der zerebralen Verfassung und vom Hormonhaushalt, in: Monatsschrift für Kriminalbiologie und Strafrechtsreform 1941, H.9/10, S.283-295.

Habich, Christiane (Hg.): Lilian Harvey. Berlin 1990.

Hackfield, A.W.: Über die Kastration bei vierzig sexuell Abnormen, in: Monatsschrift für Psychiatrie und Neurologie, Bd.87 Okt.1933, H.1, S.1-31.

Hacker, Hanna: Frauen und Freundinnen. Studien zur "weiblichen Homosexualität" am Beispiel Österreich 1870-1938. Weinheim/Basel 1987.

Handbuch der Erbkrankheiten. Hg. Arthur Gütt. Bd.1: F. Dubitscher: Der Schwachsinn. Leipzig 1937.

Hapke, Eduard: Welche Aufgaben erwachsen dem Erzieher aus den gleichgeschlechtlichen Verirrungen der gefährdeten und schwererziehbaren Jugendlichen?, in: Evangelische Jugendhilfe, 15.Jg. 1939, Nr.4/5, S.78-90.

Harder, Alexander: Kriminalzentrale Werderscher Markt. Die Geschichte des "Deutschen Scotland Yards". Bayreuth 1963.

Hark, Sabine: "Welches Interesse hat die Frauenbewegung an der Lösung des homosexuellen Problems?" Zur Sexualpolitik der bürgerlichen Frauenbewegung im Deutschland des Kaiserreichs, in: Beiträge zur feministischen Theorie und Praxis 25/26: Lesben. Nirgendwo und überall. Köln 1989, S.19-27.

Hattingberg, Hans v.: Über die Liebe. Eine ärztliche Wegweisung. München 1936.

Hauer, Gudrun: Homosexuelle im Faschismus, in: Lambda-Nachrichten (Wien), 6.Jg. 1984, Nr.1, S.17-26.

dies.: Homosexuelle im Nationalsozialismus, in: Störfaktor (Wien) 11, 3.Jg. 1989, H.2, S.6-19.

dies.: Lesben- und Schwulengeschichte - Diskriminierung und Widerstand, in: Homosexualität in Österreich. Hg. Michael Handl u.a. Wien 1989, S.50-65.

Haug, Wolfgang Fritz: Die Faschisierung des bürgerlichen Subjekts. Die Ideologie der gesunden Normalität und die Ausrottungspolitiken im deutschen Faschismus. Berlin 1986.

Hausen, Karin: Die Polarisierung der "Geschlechtscharaktere" - eine Spiegelung der Dissoziation von Erwerbs- und Familienleben, in: Hg. Werner Conze: Sozialgeschichte in der Familie der Neuzeit Europas. Stuttgart 1977, S.363-393.

Heger, Heinz: Die Männer mit dem rosa Winkel. Berlin 1972.

Heiber, Helmut (Hg.): Reichsführer! Briefe von und an Himmler. München 1970.

Henry, George William: Sex Variants, a Study of Homosexual Patterns. New York 1941.

Hentig, Hans v.: Die Verhältnis-Anzeige, in: Monatsschrift für Kriminalpsychologie und Strafrechtsreform, 16.Jg. 1925.

ders.: Die Kriminalität der lesbischen Frau. Stuttgart 1959.

Hermand, Jost: Alle Macht den Frauen. Faschistische Matriarchatskonzepte, in: Argument 146, Berlin 1984, S.539-554.

Hermannsen, Walter/Karl Blome: Warum hat man uns das nicht früher gesagt? Ein Bekenntnis deutscher Jugend zu geschlechtlicher Sauberkeit. München/Berlin [4]1943.

Herzer, Manfred: Bibliographie zur Homosexualität. Verzeichnis des deutschsprachigen nichtbelletristischen Schrifttums zur weiblichen und männlichen Homosexualität aus den Jahren 1466 bis 1975. Berlin 1982.

Hilberg, Raul: Die Vernichtung der europäischen Juden. Berlin 1982.

Hildebrandt, Kurt: Norm, Entartung, Verfall bezogen auf den Einzelnen, die Rasse, den Staat. Stuttgart 1939.

Himmler, Heinrich: Ahnen und Enkel, in: Der Hoheitsträger, 2.Jg. Dez. 1938, S.10-12.

Hirschfeld, Magnus: Die Homosexualität des Mannes und des Weibes. Berlin 1914.

ders.: Kastration bei Sittlichkeitsverbrechern, in: Zeitschrift für Sexualwissenschaft, Bd.15 1928, H.4, S.54f.

Hitler, Adolf: Mein Kampf. München [28]1933.

Hockerts, Hans Günter: Die Sittlichkeitsprozesse gegen katholische Ordensangehörige und Priester 1936/1937. Mainz 1971.

Hoffmann, Alfred: Unfruchtbarmachung und Kriminalität. Leipzig 1940.

Hoffmann, Ferdinand: Sittliche Entartung und Geburtenschwund. München/Berlin [6]1939.

Hohmann, Joachim S. (Hg.): Der unterdrückte Sexus. Historische Texte und Kommentare zur Homosexualität. Lollar 1977.

ders.: Frauen und Mädchen in faschistischen Lesebüchern und Fibeln. Köln 1986.

Horlboge, Werner: Die Unfruchtbarmachung Asozialer gemäß dem Gesetz zur Verhütung erbkranken Nachwuchses (Nach dem Krankengut des Krankenhauses beim Untersuchungsgefängnis Berlin-Moabit). Diss.med. Berlin 1939.

Höhne, Heinz: Mordsache Röhm. Hitlers Durchbruch zur Alleinherrschaft 1933-1934. Reinbek 1984.

Höß, Rudolf: Kommandant in Auschwitz. Autobiographische Aufzeichnungen. Hg. Martin Broszat. München 1963.

Hurst, Albert: Die Homosexualität, ihre Behandlung und Bestrafung vor und nach der Strafrechtsnovelle vom 28. Juni 1935. Diss.jur. Freiburg 1953.

Hüttenberger, Peter: Heimtückefälle vor dem Sondergericht München 1933-1939, in: Bayern in der NS-Zeit. Bd.4: Herrschaft und Gesellschaft im Konflikt. Hg. Martin Broszat u.a. München/Wien 1981, S.435-526.

Igra, Samuel: Germany's national vice. London 1945.

Jacobsen, H.-A./W. Jochmann (Hg.): Ausgewählte Dokumente zur Geschichte des Nationalsozialismus 1933-1945. Bielefeld o.J.

Jeanne Mammen 1890-1976. Hg. Jeanne-Mammen-Gesellschaft. Stuttgart 1978.

Jellonnek, Burkhard: Homosexuelle unter dem Hakenkreuz. Die Verfolgung von Homosexuellen im Dritten Reich. Paderborn 1990.

Jenne, Ernst: Soll §175 auf Frauen ausgedehnt werden?, in: Deutsches Recht, 6.Jg. 1936, S.469f.

ders.: Soll §175 des St.G.B. auf Frauen ausgedehnt werden?, in: Reichswart, 8.Jg. Nr.43 v. 22.10.1927.

Jensch, Klaus: Zur Genealogie der Homosexualität, in: Archiv für Psychiatrie und Nervenkrankheiten, Bd.112 1941, S.527-540.

ders.: Weiterer Beitrag zur Genealogie der Homosexualität, in: Archiv für Psychiatrie und Nervenkrankheiten, Bd.112 1941, S. 679-696.

Jones, Ernest: The early development of female sexuality, in: The International Journal of Psycho-Analysis, Vol.8 Oct.1927, S.459-472.

Jugendkriminalität und Jugendopposition im NS-Staat. Ein sozialgeschichtliches Dokument hg. u. eingeleitet v. Arno Klönne. Münster o.J.

Just, Günther: Agnes Bluhm und ihr Lebenswerk, in: Die Ärztin, 17.Jg. 1941, S.516-526.

K. v. Sch.(anonym): Es begann die Zeit der Maskierung, in: Hg. Rolf Italiaander: Wir erlebten das Ende der Weimarer Republik. Düsseldorf 1982, S.98f.

Kalau vom Hofe, Maria: Kriminalpsychologie, in: Zentralblatt für Psychotherapie, Bd.14 1942, S.37-41.

Kaplan, Janice L.: Holocaust museum council reaffirms inclusion of Gays, in: The Washington Blade v. 12.12.1986, S.3.

Kaplan, Marion: The Jewish Feminist Movement in Germany. Westport, Conneticut 1979.

Katz, Jonathan Ned: Gay/lesbian almanac. A new documentary. New York 1983.

Kaupen-Haas, Heidrun: Die Bevölkerungsplaner im Sachverständigenbeirat für Bevölkerungs- und Rassenpolitik, in: dies. (Hg.): Der Griff nach der Bevölkerung. Aktualität und Kontinuität nazistischer Bevölkerungspolitik. Nördlingen 1986, S.103-120.

Käßbacher, Max: Einige Fälle hereditärer Homosexualität, in: Ärztliche Rundschau, 44.Jg. 1934, Nr.18, S.279f.

Kemper, Werner: Die Störungen der Liebesfähigkeit beim Weibe. Zur Klinik, Biologie und Psychologie der Geschlechtsfunktion und des Orgasmus. Leipzig 1942.

Kerrl, Hanns: Nationalsozialistisches Strafrecht. Nationalsozialistische Staatskunst und Strafrechtserneuerung, in: Preußische Justiz, Rechtspflege und Rechtspolitik, 95.Jg. Nr.41, 28.9.1933, S.413-436.

Kersten, Otto: Geschlechtliche Jugenderziehung. Stuttgart 1941.

Kindlers Literaturgeschichte der Gegenwart. Bd.3, München/Zürich 1976.

Klare, Rudolf: Homosexualität und Strafrecht, Hamburg 1937.

ders.: Hoheitsträger, kennst du diese? Die Homosexuellen als politisches Problem, in: Der Hoheitsträger, 2/1937 (=1937a), S.22-25.

ders.: Zum Problem der weiblichen Homosexualität, in: Deutsches Recht, 8.Jg. H.23/24, 10.12.1938, S.503-507.

ders.: Die Bekämpfung der Homosexualität in der deutschen Rechtsgeschichte, in: Deutsches Recht, 7.Jg. 1937 (=1937b), S.281-285.

ders.: Hoheitsträger, kennst du diese? Die Homosexuellen als politisches Problem. 2. Teil: Die weibliche Homosexualität, in: Hoheitsträger 3/1938 (=1938a), S.14-17.

Klaus, Martin: Mädchen im Dritten Reich. Der Bund Deutscher Mädel (BDM). Köln 1983.

Klee, Ernst: "Euthanasie" im NS-Staat. Die "Vernichtung lebensunwerten Lebens". Frankfurt/M. 1985.

ders.: Was sie taten - was sie wurden. Ärzte, Juristen und andere Beteiligte am Kranken- oder Judenmord. Frankfurt/M. 1986.

Kleindel, Walter (Hg.): Das große Buch der Österreicher. Wien 1987.

Kleine, H.O.: Die Erbpathologie in der Frauenheilkunde, in: Ziel und Weg, 8.Jg. 1938, Nr.18, S.482-489.

Kleinhans, Joachim: Die Voraussetzungen der Entmannung. Diss.jur. Freiburg 1936.

Klönne, Arno: Jugendprotest und Jugendopposition. Von der HJ-Erziehung zum Cliquenwesen der Kriegszeit, in: Bayern in der NS-Zeit. Bd.4: Herrschaft und Gesellschaft im Konflikt. Hg. Martin Broszat u.a. München/Wien 1981, S.527-620.

Koch, Friedrich: Sexuelle Denunziation. Die Sexualität in der politischen Auseinandersetzung. Frankfurt/M. 1986.

Koch, Rudolf: Über Sittlichkeitsverbrecher. Leipzig 1940.

Koenders, Pieter: Homoseksualiteit in bezet Nederland. Amsterdam 1984.

Kogon, Eugen: Der SS-Staat. Das System der deutschen Konzentrationslager. München 1983.

Kokula, Ilse: Freundinnen. Lesbische Frauen in der Weimarer Zeit, in: Hg. Kristine v. Soden/Maruta Schmidt: Neue Frauen. Die Zwanziger Jahre. Berlin 1988, S.160-166.

dies.: Weibliche Homosexualität um 1900 in zeitgenössischen Dokumenten. München 1981.

dies.: Jahre des Glücks, Jahre des Leids. Gespräche mit älteren lesbischen Frauen. Kiel 1986.

dies.: Lesbisch leben von Weimar bis zur Nachkriegszeit, in: Eldorado. Homosexuelle Frauen und Männer in Berlin 1850-1950. Geschichte, Alltag und Kultur. Hg. Berlin Museum. Berlin 1984, S.149-161.

dies.: Sophie Hoechstetter (1873-1943), in: Ariadne. Almanach des Archivs der deutschen Frauenbewegung, H.14 Juli 1989, S.16-21.

dies.: Zur Situation lesbischer Frauen während der NS-Zeit, in: Beiträge zur feministischen Theorie und Praxis 25/26: Lesben. Nirgendwo und überall. Köln 1989, S.29-36.

Kolle, Kurt: Psychiatrie. Berlin/Wien 1939.

Koonz, Claudia: Mothers in the fatherland. Women, the familiy and Nazi politics. New York 1987.

Kowalski, Gudrun v.: Homosexualität in der DDR. Ein historischer Abriß. Marburg 1987.

Kraepelin, Emil: Psychiatrie. Ein Lehrbuch für Studirende und Ärzte. Bd.4, Leipzig [8]1915, S.2076-2116.

ders.: Geschlechtliche Verirrungen und Volksvermehrung, in: Münchner Medizinische Wochenschrift, 65.Jg., 29.1.1918, S.116-120.

Krafft-Ebing, Richard v.: Neue Studien auf dem Gebiete der Homosexualität, in: Jahrbuch für sexuelle Zwischenstufen 3, 1903, S.1-36.

ders.: Psychopathia sexualis. Mit besonderer Berücksichtigung der konträren Sexualempfindung. Wien [14]1912.

ders.: Über gewisse Anomalien des Geschlechtstriebs und die klinisch-forensische Verwertung derselben als eines wahrscheinlich functionellen Degenerationszeichens des centralen Nervensystems, in: Archiv für Psychiatrie und Nervenkrankheiten 7, 1877, S.305-312.

ders.: Zur weiblichen Homosexualität, in: Jahrbuch für sexuelle Zwischenstufen 1901.

Kranich, Christoph u.a. (Hg.): Schwule in Auschwitz. Bremen 1990.

Kranz, Heinrich Wilhelm: Die Gemeinschaftsunfähigen. Ein Beitrag zur wissenschaftlichen und praktischen Lösung des sog. Asozialenproblems. Gießen Teil 1 1939; Teil 2 u. 3 (zusammen mit Siegfried Koller) 1941.

Kreis, Gabriele: Frauen im Exil. Düsseldorf 1986.

Kretschmer, Ernst: Keimdrüsenfunktion und Seelenstörung, in: Deutsche medizinische Wochenschrift, 47.Jg. 1921, S.649f.

ders.: Körperbau und Charakter (Erstaufl. 1921). Berlin [12]1936.

Kreuter, E.: Hodentransplantation und Homosexualität, in: Zentralblatt für Chirurgie 1922, Nr.16, S.538-541.

Kuckuc, Ina (i.e. Ilse Kokula): Der Kampf gegen Unterdrückung. Materialien aus der deutschen Lesbierinnenbewegung. München 1975.

Kudlien, Fridolf u.a.: Ärzte im Nationalsozialismus. Köln 1985.

Kuhn, Annette/Valentine Rothe: Frauen im deutschen Faschismus. 2 Bde., Düsseldorf 1982.

Küster, Ingeborg: Politik - haben Sie das denn nötig? Autobiografie einer Pazifistin. Hamburg 1983.

Lang, Theo: Beitrag zur Frage nach der genetischen Bedingtheit der Homosexualität, in: Zeitschrift für die gesamte Neurologie und Psychiatrie, Bd.155 1936, S.702-713.

ders.: Erbbiologische Untersuchungen über die Entstehung der Homosexualität, in: Münchner Medizinische Wochenschrift, 88.Jg. Nr.27, 29.8.1941, S.961-965.

ders.: Beitrag zur Frage nach dem Vorkommen einer totalen fötalen Geschlechtsumwandlung beim Menschen, in: Archiv der Julius Klaus-Stiftung für Vererbungsforschung, Sozialanthropologie und Rassenhygiene (Zürich), Bd.19 1944, S.45-52.

ders.: Bemerkungen zu dem Aufsatz "Homosexualität" von Prof. Dr. med. Paul Schröder, in: Monatsschrift für Kriminalbiologie und Strafrechtsreform 1941, H.5, S.162-168.

ders.: Der Nationalsozialismus als politischer Ausdruck unserer biologischen Kenntnis, in: Nationalsozialistische Monatshefte, 1.Jg.1930, H.9, S.393-397.

ders.: Der Nationalsozialistische Deutsche Ärztebund, in: Nationalsozialistische Monatshefte, 1.Jg. 1930, H.1, S.38f.

ders.: Die Homosexualität als genetisches Problem, in: Monatsschrift für Kriminologie und Strafrechtsreform (Zürich), 39.Jg. 1956, H.5/6, S.167-182.

ders.: Ergebnisse neuer Untersuchungen zum Problem der Homosexualität, in: Monatsschrift für Kriminalbiologie und Strafrechtsreform, 30.Jg. 1939 (=1939a), S.401-413.

ders.: Fünfter Beitrag zur Frage nach der genetischen Bedingtheit der Homosexualität, in: Zeitschrift für die gesamte Neurologie und Psychiatrie, Bd.170 1940, S.663-671.

ders.: Studies on the genetic determination of homosexuality, in: Journal of nervous and mental disease (New York), Bd.52 1940, S.55-64.

ders.: Untersuchungen an männlichen Homosexuellen und deren Sippschaften mit besonderer Berücksichtigung der Frage des Zusammenhangs zwischen Homosexualität und Psychose, in: Zeitschrift für die gesamte Neurologie und Psychiatrie, Bd.171 1941 (=1941a), S.651-679.

ders.: Über die erbliche Bedingtheit der Homosexualität und die grundsätzliche Bedeutung der Intersexualitätsforschung für die menschliche Genetik, in: Allgemeine Zeitschrift für Psychiatrie, Bd.112 1939, S.237-254.

ders.: Weiterer Beitrag zur Frage nach der genetischen Bedingtheit der Homosexualität, in: Zeitschrift für die gesamte Neurologie und Psychiatrie, Bd.157 1937, S.557-574.

ders.: Zum Problem der Homosexualität, in: Juristische Rundschau 1952, H.7, S.273-275.

ders.: Zur Frage nach der genetischen Struktur von Homosexuellen und deren Eltern, in: Archiv der Julius Klaus-Stiftung für Vererbungsforschung, Sozialanthropologie und Rassenhygiene (Zürich), Bd.20 1945, S.51-76.

Langbein, Hermann: Menschen in Auschwitz. Wien 1972.

Lange, Johannes: Bemerkungen zu der Abhandlung von Boeters: Zur Entmannung von Sittlichkeitsverbrechern, in: Monatsschrift für Kriminalpsychologie, Bd.25 1934, S.582-587.

Lange-Cosack: Rezension von Klaus Jensch "Zur Genealogie der Homosexualität", in: Monatsschrift für Kriminalbiologie und Strafrechtsreform 1941, H.5, S.173-175.

Langelüddeke, Albrecht: Die Entmannung von Sittlichkeitsverbrechern. Berlin 1963.

Laplanche, J./J.-B. Pontalis: Das Vokabular der Psychoanalyse. Frankfurt/M. [7]1986.

Laska, Vera: Women in the Resistance and Holocaust. Conneticut 1983.

Lautmann, Rüdiger/Winfried Grikschat/Egbert Schmidt: Der rosa Winkel in den nationalsozialistischen Konzentrationslagern, in: Hg. Rüdiger Lautmann: Seminar: Gesellschaft und Homosexualität. Frankfurt/M. 1977, S.325-365.

ders.: Eine Sexualität am sozialen Rande: Die Schwulen. Damals - Alltag im Nationalsozialismus, in: ders.(Hg.): Der Zwang zur Tugend. Die gesellschaftliche Kontrolle der Sexualitäten. Frankfurt/M. 1984, S.156-180.

Lechler, Karl Ludwig: Erkennung und Ausmerze der Gemeinschaftsunfähigen, in: Deutsches Ärzteblatt Nr.70, 1940, S.293-295.

Lehker, Marianne: Frauen im Nationalsozialismus. Frankfurt/M. 1984.

Lemke, Hilde: Sinn und Ziel des Arbeitsdienstes, in: Die Ärztin, 9.Jg. 1933, H.6, S.124-128.

Lemke, Jürgen: Ganz normal anders. Auskünfte schwuler Männer aus der DDR. Frankfurt/M. 1989.

Lemke, Rudolf: Über Ursache und strafrechtliche Beurteilung der Homosexualität. Jena 1940.

ders.: Neue Auffassungen zur Pathogenese, Klinik und strafrechtlichen Stellung der männlichen und weiblichen Homosexualität, in: Medizinische Klinik, 36.Jg., Dezember 1940 (=1940a), S.1355-1357.

Lengyel, Olga: Five chimneys. A woman survivors's true story of Auschwitz. London u.a. 1972.

Lennartz, Ernst/Hahn/A.J. Burgwalder: §175 muß bleiben! Denkschrift des Verbandes zur Bekämpfung der öffentlichen Unsittlichkeit an den Deutschen Reichstag. Köln 1927.

Leonhard, Götz: Die Vorbeugende Verbrechensbekämpfung im nationalsozialistischen Staat und ihre Lehren für die Zukunft. Diss.jur. Mainz 1952.

Lesben und Faschismus, o.Verf. (i.e. Heinz-Dieter Schilling), in: Hg. Heinz-Dieter Schilling. Schwule und Faschismus. Berlin 1983, S.152-173.

Linden, Herbert: Bekämpfung der Sittlichkeitsverbrechen mit ärztlichen Mitteln, in: Allgemeine Zeitschrift für Psychiatrie, Bd.112 1939, S.405-423.

Linnhoff, Ursula: Weibliche Homosexualität zwischen Anpassung und Emanzipation. Köln 1976.

Lockot, Regine: Erinnern und Durcharbeiten. Zur Geschichte der Psychoanalyse und Psychotherapie im Nationalsozialismus. Frankfurt/M. 1985.

Lohmann, Hans-Martin: Psychoanalyse und Nationalsozialismus. Beiträge zur Bearbeitung eines unbewältigten Traumas. Frankfurt/M. 1984.

Lundholm, Anja: Das Höllentor. Reinbek 1988.

Macciocchi, Maria-Antonietta: Jungfrauen, Mütter und ein Führer. Frauen im Faschismus. Berlin 1979.

Majer, Diemut: Grundlagen des nationalsozialistischen Rechtssystems. Führerprinzip, Sonderrecht, Einheitspartei. Stuttgart u.a. 1987.

Mann, Erika: Briefe und Antworten. Hg. Anna Zanco Prestel. 2 Bde., München 1984/85.

Martin: Zurücknahme der Bestallung wegen Homosexualität, in: Der öffentliche Gesundheitsdienst, 5.Jg. 1939/40.

Maurer, Hansjörg: §175. Eine kritische Betrachtung des Problems der Homosexualität. München 1921.

Mayer, Joseph: Biologische und sozialethische Erwägungen zum §175, in: Deutsches Ärzteblatt, Bd.59, 21.1.1930, S.28-30.

Medizin und Nationalsozialismus. Tabuisierte Vergangenheit - ungebrochene Tradition? Hg. Gerhard Baader/Ulrich Schultz. Berlin 1980.

Meggendorfer, Friedrich: Über die Behandlung der Sexualverbrecher, in: Psychiatrisch-Neurologische Wochenschrift, 35.Jg., 26.8.1935, S.413-428.

Meyer, Adele (Hg.): Lila Nächte. Die Damenklubs der Zwanziger Jahre. Köln 1981.

Meyer, Walter: Könnte es eine chemisch-physiologische Diagnose und eine erfolgreiche Therapie der echten Homosexualität geben?, in: Psychiatrisch-Neurologische Wochenschrift, 39.Jg. Nr.28, 10.7.1937, S.307-310.

Mezger, Eduard: Kriminalpolitik auf kriminologischer Grundlage. Stuttgart [2]1942.

Miller, Arthur: Spiel um Zeit. Frankfurt/M. 1981.

Milton, Sybil: Women and the Holocaust. The case of German and German-Jewish women, in: Hg. Renate Bridenthal/Atina Grossman/Marion Kaplan: When biology became destiny. Women in Weimar and Nazi Germany. New York 1984, S.297-333.

Mitteilungen des Wissenschaftlich-Humanitären Komitees 1926-1933. Faksimilie-Nachdruck. Hg. Friedemann Pfäfflin. Hamburg 1985.

Mittelbach, Hans: Die Verordnung gegen Volksschädlinge. Bielefeld 1941.

Mohr, Fritz: Einige Betrachtungen über Wesen, Entstehung und Behandlung der Homosexualität, in: Zentralblatt für Psychotherapie, Bd.15 1943, H.1/2, S.1-20.

Moll, Albert: Über die Strafbarkeit des gleichgeschlechtlichen Verkehrs, in: Ärzteblatt, Bd.59, 1.1.1930, S.5-7.

Mosse, George L.: Homosexualität und Faschismus in Frankreich, in: Capri. Zeitschrift für schwule Geschichte 2/1987, S.15-21.

ders.: Nationalismus und Sexualität. Bürgerliche Moral und sexuelle Normen. München/Wien 1985.

ders.: Rassismus. Ein Krankheitssymptom in der europäischen Geschichte des 19. und 20. Jahrhunderts. Königstein/Ts. 1978.

Muser, Hans: Homosexualität und Jugendfürsorge. Paderborn 1933.

Müller, Charlotte: Die Klempnerkolonne in Ravensbrück. Erinnerungen des Häftlings Nr. 10787. Frankfurt/M. 1981.

Müller-Hill, Benno: Tödliche Wissenschaft. Die Aussonderung von Juden, Zigeunern und Geisteskranken 1933-1945. Reinbek 1984.

Müller: Fürsorgeerziehung oder Strafvollzug für Vergehen nach §175 StGB?, in: Die Rheinprovinz, 14.Jg. Juni 1938, S.385-388.

Nationalsozialistische Leitsätze für ein neues deutsches Strafrecht. Besonderer Teil. Hg. Reichsleiter des Reichsrechtsamtes der NSDAP, Hans Frank. Berlin 1936.

Nebe, Arthur: Aufbau der deutschen Kriminalpolizei, in: Kriminalistik, 12.Jg. 1938, S.4-8.

Niederreuther: Die Begriffe "Lehrer" und "Erzieher" nach §174 StGB in der reichsgerichtlichen Rechtsprechung, in: Deutsche Justiz, 102.Jg., 18.10.1940, S.1157-1162.

Pawelczynska, Anna: Values and violence in Auschwitz. Berkeley 1979.

Peitzmeier, Josef: Natürliche Eugenik, in: Theologie und Glaube. Zeitschrift für den katholischen Klerus, 29.Jg. 1937, S.655-660.

Perl, Gisella: I was a doctor in Auschwitz. New York 1979.

Peter, Rolf: Bevölkerungspolitik, Erb- und Rassenpflege in der Gesetzgebung des Dritten Reiches, in: Deutsches Recht, 7.Jg. 1937, H.11/12, S.235-245.

Peukert, Detlev: Arbeitslager und Jugend-KZ: die "Behandlung Gemeinschaftsfremder" im Dritten Reich, in: Die Reihen fast geschlossen. Beiträge zur Geschichte des Alltags unterm Nationalsozialismus. Hg. Detlev Peukert u.a. Wuppertal 1981, S.413-434.

ders.: Volksgenossen und Gemeinschaftsfremde. Anpassung, Ausmerze und Aufbegehren unter dem Nationalsozialismus. Köln 1982.

Philos (i.e. Franz Scheda): Die lesbische Liebe, in: Zur Psychologie unserer Zeit, H.9 1907.

Pichinot, Hans-Rainer: Die Akademie für Deutsches Recht - Aufbau und Entwicklung einer öffentlich-rechtlichen Körperschaft des Dritten Reichs. Diss.jur. Kiel 1981.

Plant, Richard: The pink triangle. The Nazi war against homosexuals. New York 1986.

Pollak, Michael: Die Grenzen des Sagbaren. Lebensgeschichten von KZ-Überlebenden als Augenzeugenberichte und als Identitätsarbeit. Frankfurt/M. 1988.

Posmysz, Zofia: Urlaub an der Adria. Berlin/DDR 1985.

Pross, Christian: Wiedergutmachung. Der Kleinkrieg gegen die Opfer. Frankfurt/M. 1988.

Rabofsky, Eduard/Gerhard Oberkofler: Verborgene Wurzeln der NS-Justiz. Strafrechtliche Rüstung für zwei Weltkriege. Wien 1985.

Raithel, Wilhelm: Homosexueller Fetischismus mit masochistischem Einschlag. Ein Beitrag zur Kasuistik und zur Psychopathologie der abnormen Triebrichtungen, in: Allgemeine Zeitschrift für Psychiatrie, Bd.121 1942, S.71-82.

Rapsch, Volker: Streiflichter einer Karriere. Anmerkungen zur Laufbahn der Journalistin Annamarie Doherr (1909-1974). Diss.phil. Berlin 1984.

Rattenhuber, Franz: Die gefährlichen Sittlichkeitsverbrecher. Leipzig 1939.

Raymond, Janice G.: Frauenfreundschaft. Philosophie der Zuneigung. München 1987.

Rector, Frank: The Nazi extermination of homosexuals. New York 1981.

Reden, Friedrich v.: Ein Beitrag zur Frage der Homosexualität. Diss.med. Hamburg 1939.

Reichenbach, Herbert: Der Einfluß der "Rassenhygiene" und der Psychiatrie auf die Bedeutung und das soziale Schicksal der "Asozialen" in der Zeit der faschistischen Diktatur in Deutschland, in: Medizin im Faschismus. Symposium über das Schicksal der Medizin in der Zeit des Faschismus in Deutschland 1933-1945. Hg. A. Thom/H. Spaar. Berlin/DDR 1985, S.167-172.

Reichsgesetzblatt 1933, 1934, 1935, 1939, 1941.

Reinhardt, Lore: Die deutsche Frau als Quelle völkischer Kraft und sittlicher Gesundung. Ein Beitrag zur Prägung eines neuen deutschen Frauentyps. Leipzig 1934.

Reuter, Fritz: Aufartung durch Ausmerzung. Sterilisation und Kastration im Kampf gegen Erbkrankheiten und Verbrechen. Berlin 1936.

Rheine, Th. v.: Die lesbische Liebe. Zur Psychologie des Mannweibes. Berlin 1933.

Rheinsberg, Anna: "Man bleibt, wo man gebraucht wird". Die Geschichte der Hilde Radusch: Begegnung mit einer ungewöhnlichen Frau, in: Frankfurter Rundschau v. 30.11.1985.

Rich, Adrienne: Zwangsheterosexualität und lesbische Existenz, in: Hg. Dagmar Schultz: Macht und Sinnlichkeit. Ausgewählte Texte von Adrienne Rich und Audre Lorde. Berlin 1983, S.138-168.

Richterbriefe. Dokumente der deutschen Rechtsprechung 1942-1944. Hg. Heinz Boberach. Boppard a.R. 1975.

Riebeling: Rezension von Rudolf Lemke "Über Ursache und strafrechtliche Beurteilung der Homosexualität", in: Medizinische Klinik, 36.Jg., 1.11.1940, S.1232.

Rilke, Alice: Die Homosexualität der Frau und die Frauenbewegung, in: Deutsches Recht, 9.Jg. 1939, H.3/4, S.65-68.

Rinser, Luise: Gefängnistagebuch. Reinbek 1982.

Ristow, Erich: Erbgesundheitsrecht. Stuttgart/Berlin 1935.

Ritter, Gerhard Reinhard: Die geschlechtliche Frage in der deutschen Volkserziehung. Berlin/Köln 1936.

Rodenberg, Carl-Heinz: Zur Frage des kriminaltherapeutischen Erfolges der Entmannung homosexueller Sittlichkeitsverbrecher, in: Deutsche Justiz, 10.Jg., 11.9.1942, S. 581-587.

Roellig, Ruth Margarete: Berlins lesbische Frauen (mit Vorwort von Magnus Hirschfeld). Berlin 1928.

Rogge-Börner, Sophie: Rezension des Buches von L.G. Tirala: "Rasse, Geist und Seele", in: Die Deutsche Kämpferin, 4.Jg. Juni 1936, H.3, S.116f.

Rosenberg, Alfred: Der Mythus des 20. Jahrhunderts. München 1930.

ders.: Der Sumpf. Querschnitt durch das "Geistes"-Leben der November-Demokratie. München 1930.

Rost, Karl Ludwig: Sterilisation und Euthanasie im Film des "Dritten Reiches". Nationalsozialistische Propaganda in ihrer Beziehung zu rassenhygienischen Maßnahmen des NS-Staates. Diss.med. Berlin 1985.

Roth, Karl Heinz: "Erbbiologische Bestandsaufnahme" - ein Aspekt "ausmerzender" Erfassung vor der Entfesselung des Zweiten Weltkrieges, in: ders. (Hg.): Erfassung zur Vernichtung. Von der Sozialhygiene zum "Gesetz über Sterbehilfe". Berlin 1984, S.57-100.

ders.: Das Leben an seinen "Rändern", "Asoziale" und nationale Minderheiten, in: Was ist der Mensch wert? Bad Boll 1983, S.120-134.

ders.: Die "Behandlung" von Homosexuellen im Nationalsozialismus, in: Konkret Sexualität 1985, S.26-29.

Rösler, Ingo: Die faschistische Gesetzgebung und Rechtsprechung gegen "Wehrkraftzersetzung" als Mittel der zwangsweisen Erhaltung der Kampfmoral von Truppe und Bevölkerung im zweiten Weltkrieg, in: Zeitschrift für Militärgeschichte, 10.Jg. 1971, H.5, S.561-575.

Rössle, R.: Über die Hoden von Sittlichkeitsverbrechern, in: Virchows Archiv für pathologische Anatomie und Physiologie, Bd.296 1936, S.69-81.

Ruit, Marian van der: De Onschuld. Amsterdam 1981.

Runge: Familiäres Vorkommen von sexuellen Triebanomalien, in: Allgemeine Zeitschrift für Psychiatrie, Bd.104 1936, S.118.

Rüdin, Ernst: Zur Rolle der Homosexuellen im Lebensprozeß der Rasse, in: Archiv für Rassen- und Gesellschafts-Biologie, 1.Jg. 1904, S.99-109.

Sanders, J.: Homosexuelle Zwillinge, in: Genetica (s'Gravenhage) 1934, S.401-434.

Saupe, Herbert: Hermaphroditismus, sexuelle Hypoplasie und Intersexualität. Diss.med. Leipzig 1937.

Schallmeyer, Wilhelm: Vererbung und Auslese. Grundriß der Gesellschaftsbiologie und der Lehre vom Rassedienst. Jena [3]1918.

Schäfer, Leopold: Die Einzelheiten der Strafgesetznovelle vom 28. Juni 1935, in: Deutsche Justiz, 97.Jg. 1935, S.994-999.

Scheer, Rainer: Die nach Paragraph 42b RStGB verurteilten Menschen in Hadamar, in: Psychiatrie im Faschismus: die Anstalt Hadamar 1933-1945. Hg. Dorothee Roer/Dieter Henkel. Bonn 1986, S.237-255.

Scheda, Franz: Abarten im Geschlechtsleben. Die lesbische Liebe. O.O. 1930.

Scherer, Klaus: "Asozial" im Dritten Reich. Die vergessenen Verfolgten. Münster 1990.

Scherf, Yvonne: De vervolging van homoseksualiteit tijdens de Tweede Wereldoorlog. Amsterdam 1987.

Schleich, Botho: Die Bekämpfung der Homosexualität und die Rechtsprechung, in: Deutsches Recht, 7.Jg. 1937, H.13/14, S.299f.

Schmid-Bortenschlager, Sigrid: Thema Faschismus. Zu einigen Romanen österreichischer Autorinnen der dreißiger Jahre, in: Zeitgeschichte, 9.Jg. 1981, H.1, S.5-8.

Schmidt, Gerhard: Selektion in der Heilanstalt 1933-1945. Frankfurt/M. 1983.

Schmidt, Gunter: Helfer und Verfolger. Die Rolle von Wissenschaft und Medizin in der Homosexuellenfrage, in: Mitteilungen der Magnus-Hirschfeld-Gesellschaft Nr.3, Juli 1984, S.21-32.

Schmitt, Lothar: Ein Beitrag zur Lehre von der weiblichen Homosexualität, in: Monatsschrift für Kriminalpsychologie und Strafrechtsreform, 17.Jg. 1926, S.216-223.

Schmuhl, Hans-Walter: Rassenhygiene, Nationalsozialismus, Euthanasie. Von der Verhütung zur Vernichtung 'lebensunwerten Lebens', 1890-1945. Göttingen 1987.

Schneider, Kurt: Die psychopathischen Persönlichkeiten. Wien [6]1943.

Schol, Herbert: Untersuchungen an Persönlichkeit und Sippe der Asozialen der Stadt Gießen. Diss.jur. Gießen 1937.

Schoppmann, Claudia: "Der Skorpion". Frauenliebe in der Weimarer Republik. Kiel 1985.

dies.: Als Lesbe immer zwischen allen Fronten - Hilde Radusch, in: LesbenStich, 7.Jg. 1985, Nr.4, S.40f.

dies.: Gerda "Moritz" Rotermund, in: LesbenStich, 7.Jg. 1986, Nr.1, S.22f.

Schönberg, Miro: "Die Garbo für die Seele, die Dietrich für den Bauch. Lesbisch-Sein vor der Frauenbewegung, in: Hg. Gisela Dischner: Eine stumme Generation berichtet. Frauen der dreißiger und vierziger Jahre. Frankfurt/M. 1982, S.70-86.

Schrader: Ein eigenartiger Fall von Psychopathie verbunden mit Transvestismus, in: Ärztliche Sachverständigen-Zeitung, 43.Jg. 1937, Nr.22, S.299-301.

Schramm, Reinhard: Ich will leben... Bericht über Juden in einer deutschen Stadt. Weißenfels 1990.

Schröder, Paul: Homosexualität, in: Monatsschrift für Kriminalbiologie und Strafrechtsreform, 31.Jg. 1940, H.10/11, S.221-234.

ders.: Nochmals: Homosexualität, in: Monatsschrift für Kriminalbiologie und Strafrechtsreform 1941, H.5, S.168-171.

Schubart-Fikentscher, Gertrud: Zum Problem der weiblichen Homosexualität, in: Die Frau, 46.Jg. H.7, April 1939, S.366-375.

Schultz, Johannes Heinrich: Bemerkungen zu der Arbeit von Theo Lang über die genetische Bedingtheit der Homosexualität, in: Zeitschrift für die gesamte Neurologie und Psychiatrie, Bd.157 1937, S.575-578.

ders.: Geschlecht, Liebe, Ehe. Die Grundtatsachen des Liebes- und Geschlechtslebens in ihrer Bedeutung für Einzel- und Volksdasein. München [2]1941.

ders.: Homosexuelle Veranlagung oder verweichlichende Erziehung?, in: Die medizinische Welt, 23.5.1936, S.761.

ders.: Rezension der Arbeiten von Bürger-Prinz, Lang, Linden, in: Zentralblatt für Psychotherapie, Bd.12 1940 (=1940a), H.2/3, S.181-183.

ders.: Rezension von Paul Schröder "Homosexualität" u.a., in: Zentralblatt für Psychotherapie Bd.14, 1942, S.217.

ders.: Vorschlag eines Diagnose-Schemas, in: Zentralblatt für Psychotherapie, Bd.12 1940, H.2/3, S.132-161.

Schulz, Fritz C.R.: Über körperliche und psychische Degeneration bei kriminellen Frauen, in: Zeitschrift für Gesundheitsverwaltung und Gesundheitsfürsorge, 5.Jg. 1934, H.7, S.145-149.

Schücker, Anton: Zur Psychopatholgie der Frauenbewegung. Leipzig 1931.

Schwalbe, Julius: Stellungnahme zu einer Aufhebung des §175 STGB, in: Deutsche Medizinische Wochenschrift, 56.Jg. Nr.3, 17.1.1930, S.85-88 und Nr.4, 24.1.1930, S.127-130.

Schwan, Heinz: Himmlers Anregungen für die medizinische Forschung. Diss.med. Kiel 1973.

Schwarz, Gudrun: "Gemeinschaftsleben ist immer ein Wagnis". Frauensiedlung und -gymnastikschule Schwarzerden in der Rhön, in: Die ungeschriebene Geschichte. Dokumentation des 5. Historikerinnentreffens. Wien 1984, S.238-250.

dies.: Die nationalsozialistischen Lager. Frankfurt/M./New York 1990.

dies.: "Mannweiber" in Männertheorien, in: Hg. Karin Hausen: Frauen suchen ihre Geschichte. Historische Studien zum 19. und 20. Jahrhundert. München 1983, S.62-80.

Seidler, Franz: Prostitution, Homosexualität, Selbstverstümmelung. Probleme der deutschen Sanitätsführung 1939-1945. Neckargmünd 1977.

Sellmann, Adolf: 50 Jahre Kampf für Volkssittlichkeit und Volkskraft. Die Geschichte des Westdeutschen Sittlichkeitsvereins 1885-1935. Schwelm 1935.

Siemen, Hans-Ludwig: Das Grauen ist vorprogrammiert. Psychiatrie zwischen Faschismus und Atomkrieg. Giessen 1982.

Siemsen, Hans: Die Geschichte des Hitler-Jungen Adolf Goers. Berlin 1981.

Slotopolsky, Benno/Hans Schinz: Histologische Hodenbefunde bei Sexualverbrechern, in: Virchows Archiv für pathologische Anatomie und Physiologie, Bd.257 1925, S.294-355.

Smith, Bradley F./Agnes F. Peterson (Hg.): Heinrich Himmler: Geheimreden 1933-1945 und andere Ansprachen. Frankfurt/M. 1974.

Smith-Rosenberg, Carroll: "Meine innig geliebte Freundin!" Beziehungen zwischen Frauen im 19. Jahrhundert, in: Hg. Claudia Honegger/Bettina Heintz: Listen der Ohnmacht. Zur Sozialgeschichte weiblicher Widerstandsformen. Frankfurt/M. 1981, S.357-392.

Socarides, Charles W.: Der offen Homosexuelle. Frankfurt/M. 1971.

Soden, Kristine v.: Die Sexualberatungsstellen der Weimarer Republik 1919-1933. Berlin 1988.

dies.: "All dem hat Hitler ein grausames Ende bereitet". Magnus Hirschfeld und das "Institut für Sexualwissenschaft" in Berlin. Hörfunk-Feature v. 4. u. 13.12.1985, Koproduktion Hessischer Rundfunk/Sender Freies Berlin.

SS-Arzt Dr. Vaernet, in: Lambda-Nachrichten (Wien), 10.Jg. 1988, Nr.2, S.53-55.

Staemmler, Martin: Rassenpflege im völkischen Staat. München 1933.

Steger, Bernd/Günter Thiele: Der dunkle Schatten. Leben mit Auschwitz. Erinnerungen an Orli Reichert-Wald. Marburg 1989.

Stempel, Hans: Als Ludwig Thoma die Sau rausließ. Die anonym erschienenen antisemitischen Artikel im "Miesbacher Anzeiger", in: Frankfurter Rundschau v. 16.9.1989.

Stephenson, Jill: Women in Nazi society. London 1975.

Striehn, Otto: Kastration nach § 14 II des Gesetzes zur Verhütung erbkranken Nachwuchses und nach § 42 k des Reichsstrafgesetzbuches unter Berücksichtigung der an der Kreis-Heil- und Pflegeanstalt zu Frankenthal vorhandenen Fälle. Diss.med. Bleicherode am Harz 1938.

Strüder, J.: Beitrag zur Homosexuellenfrage, in: Kriminalistische Monatshefte, 11.Jg. Okt. 1937, H.10, S.217-221, 248-251.

Stümke, Hans-Georg/Rudi Finkler: Rosa Winkel, rosa Listen. Homosexuelle und 'Gesundes Volksempfinden' von Auschwitz bis heute. Reinbek 1981.

Stümke, Hans-Georg: Homosexuelle in Deutschland. Eine politische Geschichte. München 1989.

Styron, William: Sophie's choice. New York 1976.

Suhling, Lucie: Der unbekannte Widerstand. Erinnerungen. Frankfurt/M. 1980.

Szepansky, Gerda: "Blitzmädel", "Heldenmutter", "Kriegerwitwe". Frauenleben im Zweiten Weltkrieg. Frankfurt/M. 1986.

dies.: Frauen leisten Widerstand 1933-1945. Frankfurt/M. 1983.

Terhorst, Karl-Leo: Polizeiliche planmäßige Überwachung und polizeiliche Vorbeugungshaft im Dritten Reich. Heidelberg 1985.

Tetzlaff, Walter: Homosexualität und Jugend, in: Der HJ-Richter (Schulungsblatt der HJ-Gerichtsbarkeit), Folge 5 Febr. 1942, S.1-6.

Thalmann, Rita: Frausein im Dritten Reich. München/Wien 1984.

Thevoz, R./H. Braunig/C. Lowenthal-Hensel (Hg.): Die Geheime Staatspolizei in den preußischen Ostprovinzen 1934-1936: Pommern 1934/35 im Spiegel von Gestapo-Lageberichten und Sachakten. 2 Bde., Köln/Berlin 1974.

Thiele, H.: Die nordisch-germanische Auffassung über die Invertierten, in: Volk und Rasse, 14.Jg. 1939, S.103-106.

Tidl, Georg: Die Frau im Nationalsozialismus. Wien u.a. 1984.

Tillion, Germaine: Ravensbrück. Neuchatel 1946.

Tirala, Lothar Gottlieb: Rasse, Geist und Seele. München 1935.

Topographie des Terrors. Gestapo, SS und Reichssicherheitshauptamt auf dem "Prinz-Albrecht-Gelände". Hg. Reinhard Rürup. Berlin 1987.

Trendtel: Zur Frage des "homosexuellen Rauschzustandes", in: Archiv für Kriminologie, Bd.99 1936, S.44-53.

Tuchel, Johannes/Reinold Schattenfroh: Zentrale des Terrors. Berlin 1987.

Urbanitzky, Grete von, in: International Biographical Dictionary of Central European Emigrés 1933-1945. Vol.II Part 2, München u.a. 1983.

Verhandlungen des Reichstags. 3. Wahlperiode 1924, Bd.393, Berlin 1927.

Vermehren, Isa: Reise durch den letzten Akt. Ravensbrück, Buchenwald, Dachau: eine Frau berichtet. Reinbek 1979.

Vermij, Lucie Th.: Erika Mann - mehr als eine Frau im Schatten berühmter Männer, in: Lesben-Stich, 6.Jg. 1985, Nr.2, S.14-21.

Vismar, Erhard: Perversion und Verfolgung unter dem deutschen Faschismus, in: Hg. Rüdiger Lautmann: Seminar: Gesellschaft und Homosexualität. Frankfurt/M. 1977, S.308-325.

Volksgemeinschaft und Volksfeinde. Kassel 1933-1945. Hg. Jörg Kammler u.a. Fuldabrück 1984.

Vortragsbericht: L.G. Tirala: Homosexualität und Rassenmischung, in: Verhandlungen der Gesellschaft deutscher Naturforscher und Ärzte, 93. Versammlung 1935, S.148.

Wachenfeld, Friedrich: Homosexualität und Strafrecht. Leipzig 1901.

Wagner, Patrick: Das Gesetz über die Behandlung Gemeinschaftsfremder. Die Kriminalpolizei und die "Vernichtung des Verbrechertums", in: Beiträge zur nationalsozialistischen Gesundheits- und Sozialpolitik Bd.6. Berlin 1988, S.75-100.

Wagner, Walter: Der Volksgerichtshof im nationalsozialistischen Staat. Stuttgart 1974.

Wehner, Bernd: Dem Täter auf der Spur. Die Geschichte der deutschen Kriminalpolizei. Bergisch Gladbach 1983.

Weil, A.: Die Körpermaße der Homosexuellen als Ausdrucksform ihrer spezifischen Konstitution, in: Archiv für Entwicklungsmechanik der Organismen 49, 1921, S.538ff.

Werner, Paul: Die vorbeugende Verbrechensbekämpfung durch die Polizei, in: Kriminalistik, 12.Jg. 1938, S.58-61.

Westenrieder, Norbert: "Deutsche Frauen und Mädchen!" Vom Alltagsleben 1933-1945. Düsseldorf 1984.

Westphal, Carl: Die conträre Sexualempfindung. Symptom eines neuropathischen (psychopathischen) Zustandes, in: Archiv für Psychiatrie und Nervenkrankheiten 2, 1869, S.73-108.

Wiedergutmachung und Entschädigung für nationalsozialistisches Unrecht. Öffentliche Anhörung des Innenausschusses des Deutschen Bundestages am 24. Juni 1987. Hg. Deutscher Bundestag. Bonn 1987.

Wiegand, Albert: Kastration und Sterilisation, in: Deutsche Sonderschule, 5.Jg. 1938, S.577-579.

Wiesen Cook, Blanche: Female support networks and political activism: Lilian Wald, Crystal Eastman, Emma Goldman, Jane Addams, in: dies. (Hg.): Women and support networks. New York 1979, S.13-41.

Wiggershaus, Renate: Frauen unterm Nationalsozialismus. Wuppertal 1984.

Wilde, Harry: Das Schicksal der Verfemten. Die Verfolgung der Homosexuellen im Dritten Reich und ihre Stellung in der heutigen Gesellschaft. Tübingen 1969.

Wistrich, Robert: Wer war wer im Dritten Reich? München 1983.

Witte, Emma: Wir völkischen Frauen und der §175, in: Reichswart, 8.Jg. Nr.51 v. 17.12.1927, S.2f.

Wittrock, Christine: Weiblichkeitsmythen. Das Frauenbild im Faschismus und seine Vorläufer in der Frauenbewegung der 20er Jahre. Frankfurt/M. 1983.

Wolf, Charles: Die Kastration bei sexuellen Perversionen und Sittlichkeitsverbrechen des Mannes. Basel 1934.

Wolf, Walter: Erblichkeitsuntersuchungen zum Problem der Homosexualität, in: Archiv für Psychiatrie und Nervenkrankheiten, Bd.73 1925, H.1, S.1-12.

Wolff, Charlotte: Augenblicke verändern uns mehr als die Zeit. Eine Autobiographie. Weinheim/Basel 1982.

dies.: Magnus Hirschfeld. A portrait of a pioneer in sexology. London u.a. 1986.

Wulf, Joseph: Literatur und Dichtung im Dritten Reich. Gütersloh 1963.

Wulffen, Erich: Das Weib als Sexualverbrecherin. Berlin [2]1934.

Wuttke, Walter: Homosexuelle im Nationalsozialismus (Ausstellungskatalog). Ulm 1987.

Wuttke-Groneberg, Walter (Hg.): Medizin im Nationalsozialismus. Tübingen 1980.

Zahler, Heinrich: Frühsymptome der Ehehindernisse aus der Endokrinologie und deren Grenzgebieten, in: Ärztliche Sachverständigen-Zeitung Nr.7, 1.4.1939, S.85-93.

Zassenhaus, Hiltgunt: Ein Baum blüht im November. Bericht aus den Jahren des Zweiten Weltkriegs. Hamburg 1974.

Zehn Jahre Rassenpolitisches Amt der NSDAP, in: Neues Volk, H.2 April 1944, S.1f.

Zeplin, Alfred: Sexualpädagogik als Grundlage des Familienglücks und des Volkswohls. Rostock 1938.

Zimmerlein, K.: Verschmähte "lesbische" Liebe als Brandstiftermotiv, in: Kriminalistische Monatshefte, 7.Jg. 1933, S.112f.

Zimmermann, Susan: Weibliches Selbstbestimmungsrecht und auf "Qualität" abzielende Bevölkerungspolitik. Ein unverarbeiteter Zusammenhang in den Konzepten der frühen Sexualreform, in: Beiträge zur feministischen Theorie und Praxis 21/22. Köln 1988, S.53-71.

Zur Rolle der Frau in der Geschichte des deutschen Volkes (1830-1945). Hg. Hans-Jürgen Arendt/Siegfried Scholze. Leipzig 1983.

Zywulska, Krystyna: Wo früher Birken waren. München 1980.

Anita Heiliger

Alleinerziehen als Befreiung

Mutter-Kind-Familien als positive Sozialisationsform
und als gesellschaftliche Chance

Frauen • Gesellschaft • Kritik, Band 1, 1991, 272 Seiten, br.,
ISBN 3-89085-517-2, ca. 38,- DM

Es ist ein hartnäckiges Klischee, daß Ein-Eltern-Familien zu bedauern sind und ein schweres Leben führen. Das Gegenteil ist der Fall, wie die erste große empirische Untersuchung zeigt: Alleinerziehende, und das sind vor allem Frauen, kommen mit ihrer Situation sehr gut zurecht. Und auch die Kinder entwickeln sich positiv: Oft sind sie sogar selbständiger und selbstbewußter als Gleichaltrige, die in 'intakten' Familien aufwachsen.
(Die Autorin in *Psychologie heute*)

Das Buch basiert auf einer empirischen Untersuchung im Deutschen Jugendinstitut. Es zeichnet die Entstehungsbedingungen dieser Lebensform bei den Befragten biographisch nach und konzentriert sich dabei im besonderen auf den Ablauf der Beziehung zwischen Frauen und den Vätern ihrer Kinder. So lassen sich Trennungsprozesse nachvollziehen und ihre Bedeutung für das derzeitige Leben der Frauen mit ihren Kindern einschätzen.

Die Autorin, *Anita Heiliger*, ist wissenschaftliche Referentin am Deutschen Jugendinstitut in München. Sie hat bereits zahlreiche Beiträge zur Mädchen- und Frauenforschung publiziert.

Centaurus-Verlagsgesellschaft · Pfaffenweiler